AF566015

THOMAS HOPPE

Acrylmalerei

THOMAS HOPPE

Acrylmalerei

DIE KÜNSTLERISCHEN TECHNIKEN

E. A. SEEMANN

Meinem Vater Friedrich Hoppe gewidmet

Bibliografische Information der Deutschen Nationalbibliothek
Die Deutsche Nationalbibliothek verzeichnet diese Publikation in der Deutschen Nationalbibliografie; detaillierte bibliografische Daten sind im Internet über http://dnb.dnb.de abrufbar.

ISBN: 978-3-86502-144-1

Thomas Hoppe, Gemälderestaurator/VDR
Klausstr. 11, 22765 Hamburg
thomas.hoppe.restaurator@t-online.de
www.thomas-hoppe-restaurator.de

Projektmanagement: Caroline Keller
Lektorat: Christina Mergel, Julia Zytowski
Umschlaggestaltung: Lambert und Lambert, Düsseldorf
Bildbearbeitung: Kay Pingel, Hamburg
Bildredaktion: Thomas Hoppe, Hamburg
Layout: Britta Lembke, Hamburg
Satz: Jörg Metze, atelier f:50, Berlin
Redaktionelle Textbetreuung: Walter Diem, Hamburg
Druck und Bindung: Westermann Druck Zwickau

Printed in Germany

Vorwort zur vierten Auflage

2006 wurde an der Tate Modern in London ein hochrangiges Symposium zum Thema „Modern Paints Uncovered" veranstaltet – zur Malerei mit wässrigen Acrylfarben, die im Jahr zuvor ein rundes Jubiläum hatten. Hier wurden erstmals von Experten die Erfahrungen aus 50 Jahren im Umgang mit diesem Material zusammengetragen.

Zuerst waren es amerikanische Künstlerfarbenhersteller, die in enger Kooperation mit Künstlern und Malern Acrylharzfarben entwickelten und schließlich auf den Markt brachten. Henry Levinson mit seiner Firma Permanent Pigments, Inc. in Norwood, Ohio, war 1955 der Erste, der unter dem Namen »Liquitex« wässrige Künstleracrylfarben anbot.

Zuvor stellte schon 1947 die Firma Bocour Artists Colors, Inc. in New York unter dem Namen »Magna Plastic Artist Colors« erste acrylharzgebundene Künstlerfarben her. Diese Magna Colors waren über Jahre hinweg die einzigen lösemittelhaltigen Acrylharzfarben.

In Europa waren es 1962 George Rowney & Co. in London, die hier die »Cryla Artists' Acrylic Colour« vorstellten. Auf dem Kontinent hingegen nahm Alois K. Diethelm 1963 in der Schweiz die Produktion mit seiner »Lascaux Acryl-Künstlerfarbe« auf. Unter der Leitung von Hans Gert Müller führte 1964 Dr. Franz Schoenfelds Künstlerfarbenfabrik LUKAS in Düsseldorf Acrylfarben unter dem Namen »Lukascryl« ein. Kurz darauf folgte ihr auch ihr Düsseldorfer Nachbar Schmincke & Co. mit »Primacryl«, und im gleichen Jahr wurden in Holland von Talens »Rembrandt Akrylfarben« herausgebracht. Erst 1970 war dann auch das traditionsreiche englische Unternehmen »Winsor & Newton« mit den Artists' Acrylic Colours auf dem Markt vertreten.

Die zuerst in Amerika hergestellten Künstleracrylfarben waren zunächst noch relativ dünnflüssig. Mark Golden formulierte ihre Qualität etwa so: »Acrylkünstlerfarben können so flüssig-fein wie Ölfarben oder so flach und opak wie Gouache sein. Sie können flexibel aufgebaut sein und sich auch so halten, wenn man sie auch nur so verdünnt, dass sie färben und glänzen in wundervoller Transparenz.«

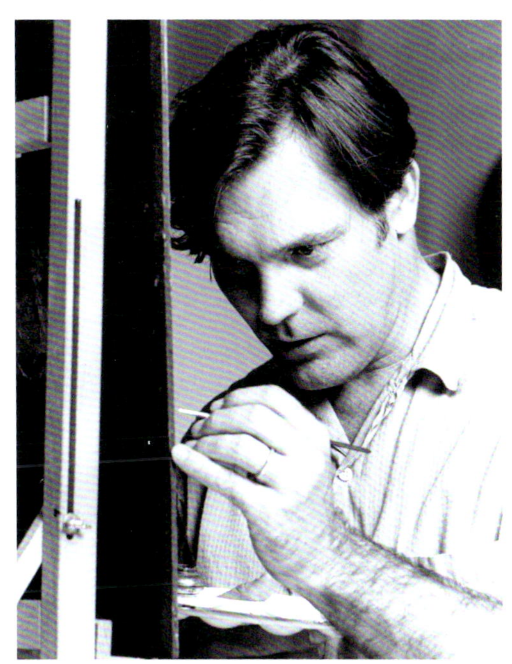

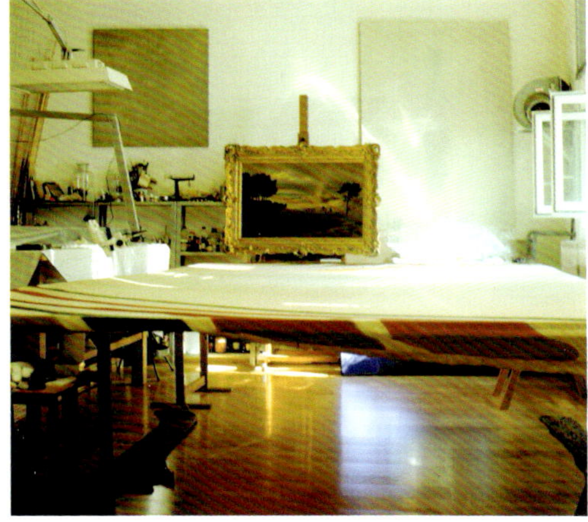

Wenngleich eine künstlerische Malarbeit durch die Wahl der Malmittel aus Acrylharzen wesentlich erleichtert wurde, ist gerade die Acrylmalerei bestimmten Gesetzmäßigkeiten unterworfen. Der unmittelbare Ausdruck dieser Maltechnik scheint mit einer umfassenden Auseinandersetzung mit dem Material und seiner Besonderheit zu konkurrieren. Kunstwerke, deren Oberflächenbeschichtung hauptsächlich aus Acrylfarbschichten bestehen, werden immer wieder unzulänglich verpackt, höchst selten gerahmt, verglast oder die Rückseiten mit einem Schutz versehen.

Um aber die notwendigen Vorkehrungen vorab zu erklären, riet mir der fast schon visionäre Produzent von Künstleracrylfarben Alois K. Diethelm in einem langen Gespräch am Kamin eines traditionsreichen Hotels in Zürich, dieses Buch zu schreiben. Das besondere und eigentliche Geheimnis ist nichts mehr, als bei der Verarbeitung die richtige Rezeptur am geeigneten Ort zu wählen, um das Farbmaterial zu applizieren: Alles Weitere kommt dann fast von selbst! Das hat mich ermutigt, ein Archiv aufzubauen und damit schließlich dieses Buch herauszubringen. Dass das acrylische Material nun wirklich nicht so jung war, wurde mir nicht erst dabei bewusst. Es fand ja bereits in der Restaurierung »eigener« wie auch fremder Kunst Wirkung und Einsatz und wurde lebhaft diskutiert.

Der langen Entwicklungszeit von Acrylmalmaterialien lag vor allem auch die späte Nachfrage zu Grunde, will sagen die Erkenntnis dessen, was man damit alles anfangen kann. (Außerdem behinderten ja zwei Kriege die eigentliche Kreativität in Europa und der Welt der Farben.) Als Dispersion/Emulsion ist das Acrylfarbmaterial die logische Fort- bzw. Weiterentwicklung wässriger Temperafarbe unterschiedlicher Rezeptur. Darüber hinaus wurde es in den Laboren der chemischen Industrie und später in denen der Künstlerfarbenhersteller so sicher zusammengestellt, dass es in den Ateliers die künstlerische Arbeit durch die Eigenschaft, schnell und sicher zu trocknen, eher beförderte. (Indes fehlt nun die Kontemplation, die sich dereinst vor der künstlerischen Arbeit meist einstellte; ein Umstand, der auf die »Modernen Zeiten« zurückzuführen ist und nun im Zusammenspiel mit anderen Gewerken ganz neu- und andersartige Kunst-werke entstehen lässt.)

Dabei ist es gar nicht so ungewöhnlich, dass – wie es auf den kommenden Seiten anklingt – feinste künstlerische Arbeiten auf Papier in Aquarell oder verschiedenen Drucktechniken möglich werden. Wenn die Arbeiten dann Hausgröße erreichen, kann das Acrylmaterial zwar noch den teils immensen Energieformen von Wind und Wetter trotzen. Gegen kleine Unachtsamkeiten oder schlimmer noch Gewalt ist jedoch kein Kunstwerk gewappnet.

Fast alle Hersteller bieten eine Vielfalt von Produkten und Zusatzmitteln von der Grundierung über die Farben an sich bis hin zu verschiedenen Firnissen sowie für andere künstlerische Vervielfältigungstechniken an. Die vielen Möglichkeiten ein Werk mit Acrylfarben, ein Kunstwerk zumal, entstehen zu lassen, sind hier in der Zusammenstellung wiedergegeben. Die Beispiele führen dabei von der kleinen Arbeit auf Papier, ob als Skizze, Druckerzeugnis oder Aquarell, über die traditionelle Staffeleimalerei auf Leinwand oder Holz bis hin zum über hundert Quadratmeter großen Wandbild: Sie alle sind ausnahmslos mit Acrylfarben ausgeführt.

Ich möchte mich bei allen Sammlern Kunstinstituten, Fotografen und befreundeten Künstlern bedanken, die viele der in diesem Buch abgebildetenKunstwerke beitrugen. Nicht zuletzt möchte ich auch den Herstellern von Künstler-Acrylfarben meinen Dank ausdrücken, die mich sachkundig unterstützt und dieses Buch tatkräftig begleitet haben. Schließlich gilt dieser Dank auch meinen Kollegen, den Restauratoren Erich Gantzert-Castrillo, Wolfram Gabler und Artur Ketnath, ohne die hier manches Werk keinen Eingang gefunden hätte. Bedanken möchte ich mich besonders bei Barbara Diethelm, Annette Kleine und Wolfgang Müller.

Der Hochschule für Bildende Künste Dresden sende ich elbaufwärts zum 250. Bestehen Geburtstagsgrüße, vor allem in die Bibliothek – wo sich unterdessen meine maltechnische Schriftenansammlung befindet – und ganz besonders herzlich grüße ich den Maltechniker Prof. Ivo Mohrmann.

Die in diesem Buch mit * versehenen Farbtöne sind heute so nicht mehr erhältlich.

Thomas Hoppe,
Hamburg-Ottensen,
im Sommer 2014

INHALTSVERZEICHNIS

10 **CHEMIE UND GESCHICHTE**

10 Grundlagen zur Chemie von Acrylfarben
11 Dispersion, Emulsion oder Latex
12 Vom Beginn der Herstellung von Acrylkunstharzen
13 Zu den Eigenschaften von Dispersionen
13 Zur Chemie von Dispersionen
15 Zur Herstellung von Dispersionen
17 Die Eigenschaften von Kunstharzdispersionen
19 Die Bestandteile einer Dispersion
20 Hilfsstoffe
23 Kritische Pigment-Volumen-Konzentration
26 Zur Geschichte der heutigen Künstleracrylfarben
27 Der Anfang: Erste Herstellung von Künstleracrylharzfarben
29 Magna Colors

33 **ZUR ANWENDUNG VON ACRYLFARBEN**

33 Theorie, Praxis & Anwendung
38 Allgemeine Erfahrung von Künstlern zur Anwendung wässriger Acrylkünstlerfarben
39 Der Malaufbau
39 Bildträger und Grundierung
44 Zur Malweise mit Acrylmalfarben
50 Drucktechniken
50 Die Holzdruckwerkstatt »Schwarze Kunst«
59 Zu den Bildbeispielen
61 Über das »Aufspannen«
62 »Grundieren«
102 Mal- und Hilfsmittel für die Acrylmalerei
109 Firnisse
111 Hilfsmittel
114 Acrylkleber
114 Siebdruckpaste
120 SIRIUS® Primary System von Lascaux
121 Herstellerliste

127 **DIE KÜNSTLERISCHE VERWENDUNG VON ACRYLFARBEN**

127 Erste künstlerische Unternehmungen mit Acrylfarben
129 Katalog der Künstler
130 Joan Miró
130 Jean Dubuffet
133 Morris Louis
135 William Nelson Copley
136 Sam Francis
139 Roy Lichtenstein
141 Kenneth Noland
143 Robert Rauschenberg
144 Georg Karl Pfahler
144 Piero Dorazio
147 Andy Warhol
148 Sol LeWitt
150 Claes Oldenburg
151 Franz Gertsch
152 Gotthard Graubner
154 Roman Opalka
156 On Kawara
158 Paul Thek
158 Markus Prachensky
160 Rolf Rose
162 Robert Barry
163 Doug Ohlson
164 Frank Stella
166 David Hockney
167 Dieter Krieg
168 Robert Mangold
170 Ulrich Erben
170 Peter Krahé
172 Imi Knoebel
173 Sigmar Polke
175 Joseph Marioni
176 Victor Sanovec
178 Rémy Zaugg
179 Bruce McLean
180 Neil Jenney
182 HD Schrader

184 Clemencia Labin
185 Matthias Brandes
186 Richard Prince
188 Jürgen Brockmann
189 Günther Förg
190 Giulia Follina
191 Walter Dahn
192 Jochen Kuhn
194 Katja Kölle
196 Petr Kvíčala
198 Christina Allamoda-Krahé
199 Jochen Twelker

200 PFLEGE, KONSERVIERUNG & RESTAURIERUNG VON ACRYLBILDERN

200 Zur möglichen Schädigung von Acrylbildern
204 Prophylaxe und Pflege
205 Vorbeugende Maßnahmen
207 Rahmung
210 Weniger aufwändige Möglichkeiten der Rahmung
212 Verpackung, Lagerung und Transport
212 Maßnahmenkatalog für Restaurierungen
214 Untersuchung an Kunstwerken
222 Restaurierung eines Wandbildes von Jochen Twelker

224 Literaturnachweis

228 Kataloge

229 Register

Chemie und Geschichte

Schon im 18. Jahrhundert wurden Untersuchungen zu der Chemie von Salzen und Estern von Acrylsäuren betrieben, ohne dass man damals schon genau wusste, was da vor einem lag: Als Oxidationsprodukt von Acrolein ist die Acrylsäure erst seit etwas über 100 Jahren bekannt.

Die Polymerisation von Acrylsäureallylester zu einem harten, klaren und transparenten Körper entdeckte u. a. schon Bernhard Tollens (1841 – 1918). Die systematische Untersuchung von Acrylsäureester indes besorgten Hans Freiherr von Pechmann (1850 – 1902) und Dr. Otto Röhm (1876 – 1939). Otto Röhm promovierte 1901 über die »Polymerisationsprodukte der Acrylsäure« und gründete gemeinsam mit O. Haas eine chemische Fabrik, die sich künftig auch sehr intensiv mit der Verarbeitung von Acryl- und Methaacryl-Verbindungen beschäftigen sollte.

Ein Grund für das sprunghafte Anwachsen der Forschungen auf diesem Gebiet war die (künstliche) Verknappung der Rohstoffe, zum Beispiel von Naturkautschuk, und der damit verbundene Anstieg der Weltmarktpreise.
Röhm beschrieb in seiner Dissertation die Eigenschaften der Acrylsäure, so z. B. ihre leichte Polymerisierbarkeit. Nach Jahren der Forschertätigkeit wurde ihm 1915 ein Patent auf den »Ersatz für trocknende Öle als Bindemittel für Farben, Firnis und Imprägnierungsmittel« erteilt (D.R.P. Nr. 29.53.40). In der Patentschrift heißt es: »Der polymere Acrylsäureester vereinigt die Vorzüge dieser Bindemittel unter Ausschaltung ihrer Nachteile [dass sie nämlich langsam trocknen und beim Eintrocknen nachdunkeln würden. Denn trotz richtiger Trocknung solcher Farben unter Zuhilfenahme von Gummi, Eiweiß und Eigelb seien sie lange nicht so widerstandsfähig]. Acrylsäureester ... ist gegen Einflüsse der Witterung und viele andere chemische Einflüsse unempfindlich, farblos durchsichtig und sehr zäh.« Röhms Ergebnisse wurden erst Jahre später in die Praxis umgesetzt und hier vor allem zu industriellen Zwecken.

Grundlagen zur Chemie von Acrylfarben

Der Begriff Acryl geht auf eine Wortverknüpfung aus Acrolein, der lateinischen Übersetzung von acer – für scharf – und olere – für riechen – und Hylé, dem griechischen Wort für Materie, zurück.

Acrylverbindungen lassen sich meist von der Acrylsäure (Propensäure) ableiten, deren wichtigste hier nachfolgend genannt seien:

Acrylsäure	$CH_2 = CH - COOH$
Acrylnitril	$CH_2 = CH - CN$
Acrylsäureester	$CH_2 = CH - COOR$
Acrylsäureamid	$CH_2 = CH - CONH2$ [so genanntes Acrylamid]
Acrolein	$CH_2 = CH - CHO$

Wenn das ∂-Wasserstoffatom durch organische Reste ersetzt wird – etwa durch Alkyle, Halogene oder die Nitrilgruppe –, unterscheiden sich diese Verbindungen im Polymerisationsverhalten graduell voneinander. Zur Klasse der Methacrylverbindungen gelangt man, wenn an die Stelle des ∂-Wasserstoffatoms die Methylgruppe tritt:

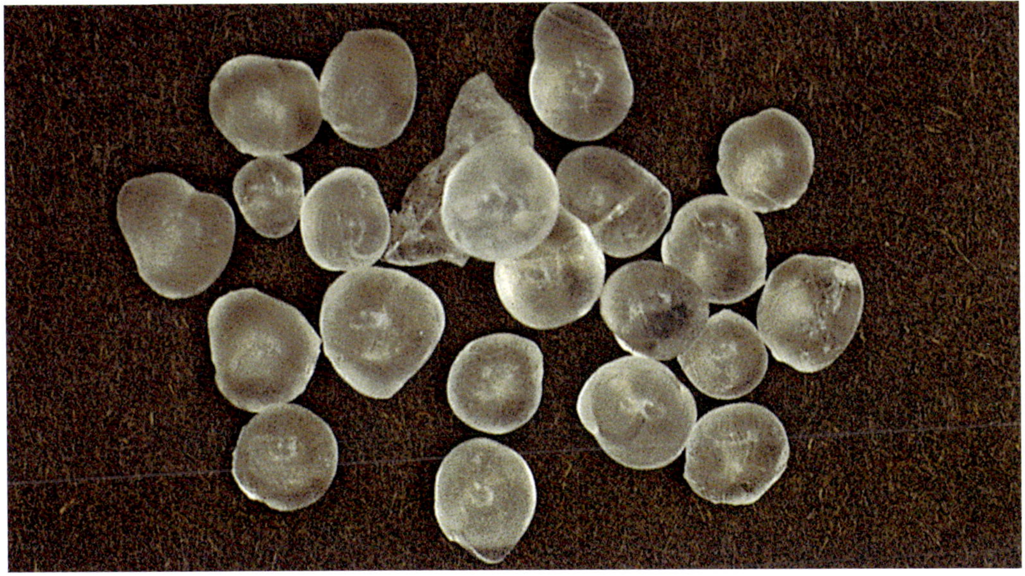

Paraloid B 72 als Harztropfen; etwa in vierfacher Vergrößerung

Methacrylsäure $H_2C = C(CH_3)COOH$

Methacrylnitril $H_2C = C(CH_3)CN$

Methacrylsäureester $H_2C = C(CH_3)COOR$

Methacrylsäureamid [so genanntes Methyacrylamid] $H_2C = C(CH_3)CONH_2$

Methacrolein $H_2C = C(CH_3)CHO$

Dispersion, Emulsion oder Latex

Für wässrige kolloiddisperse Systeme besteht weder eine strenge Systematik noch eine international einheitliche Terminologie. So werden im allgemeinen Sprachgebrauch die Begriffe: Dispersion – Emulsion – Latex vielfach synonym verwendet. Diese Systeme bestehen meist aus zwei Stoffen und heißen darum auch »Zweistoffsysteme«. Ihre Bestandteile scheinen äußerlich nur eine Phase zu bilden. Tatsächlich sind sie aber nicht molekular miteinander gemischt, wie dies bei Gasgemischen, Lösungen oder Mischkristallen der Fall ist.

Die Bezeichnungen von Dispersionen sollten sich sinnvollerweise aber erst einmal nach den jeweiligen Aggregatzuständen aller beteiligten Komponenten richten. Dabei wird das

Verteilungsmittel (Wasser, wässrige Lösung) als

Dispersionsmittel (Dispersionsmedium = auch kontinuierliche, externe oder äußere Phase) bezeichnet. Die darin verteilte

disperse Phase wird auch als diskrete, diskontinuierliche, interne oder innere Phase bezeichnet.

DISPERSIONSMITTEL		DISPERSE PHASE		BEZEICHNUNG
Gas	+	Gas	=	molekulare Mischung (z. B. Luft)
Gas	+	Flüssigkeit	=	Aerosol (z. B. Nebel, Wolken)
Gas	+	Festkörper	=	Aerosol (z. B. Rauch, Staub)
Flüssigkeit	+	Gas	=	Schaum
Flüssigkeit	+	Flüssigkeit	=	Sol, Emulsion (z. B. Milch)
Flüssigkeit	+	Festkörper	=	Sol, Dispersion (z. B. natürlicher Latex)
Flüssigkeit	+	Festkörper	=	Suspension (z. B. Tonschlamm)

Ist das Dispersionsmittel bei Raumtemperatur eine Flüssigkeit, so nennt man das System ein Sol. Ist die Flüssigkeit zudem noch Wasser, so wird es als Hydrosolsystem bezeichnet.

EMULSIONEN sind demnach kolloiddisperse Sole, die aus praktisch nicht miteinander mischbaren Stoffen bestehen und bei Raumtemperatur flüssig sind.

DISPERSIONEN werden ebenfalls als kolloiddisperse Sole bezeichnet. Die Komponenten setzen sich bei Raumtemperatur aus einem Festkörper und einer Flüssigkeit zusammen.

Wässrige kolloiddisperse Systeme werden daher – vielleicht etwas kompliziert – wie folgt definiert: »Synthetische wässrige Kunstharzdispersionen (oder wässrige Polymerlatices) sind Kolloiddispersionen hochpolymerer Stoffe in einem im Wesentlichen wässrigen Medium.«

Der Begriff wässrige Kunststoffdispersionen oder wässrige Polymerlatices differenziert zwischen den technisch wichtigen Plastisolen. Bei den so genannten Hochpolymerdispersionen ist die Flüssigkeitsphase meist ein flüssiger Weichmacher, der im Verlauf der Anwendung und bei erhöhter Temperatur von Hochpolymeren dauerhaft absorbiert wird. Leider wurde und wird der Begriff Emulsion noch immer auf kolloiddisperse Hochpolymersysteme unzutreffend angewendet, auch wenn es teilweise zutreffend ist. Denn das bei der Herstellung dieses Systems angewendete Verfahren ergibt zuerst eine Emulsion. Das ist der Fall, wenn etwa durch Emulgieren geschmolzener Wachse, Harze oder wasserunlöslicher polymerisierbarer Flüssigkeiten in wässrigen Dispersionsmitteln der dispergierte Stoff (Wachs, Harz, Polymer) im Enderzeugnis als dispergierter Festkörper bei Raumtemperatur vorliegt. Das gilt für so genannte Glanzmittel-»Emulsionen« der Polymerdispersionen [emulsion paints] in Anstrichbindemitteln.

Latex ist ein ursprünglich von Botanikern gewählter Begriff, der den Milchsaft von Kautschuk liefernden Pflanzen bezeichnet. Erst neuerdings wird diese Bezeichnung für physikalisch und technologisch nahe stehende Hochpolymer- oder Kunstharzdispersionen angewendet. Indes, Naturkautschuk diente ja auch als Vorbild für die synthetischen Nachbildungen der Chemiker, denn seit 1910 schon war man auf der Suche nach einem synthetischen Kautschuk-Latex.

Vom Beginn der Herstellung von Acrylkunstharzen

Das 1915 Otto Röhm erteilte D.R.-Patent sollte weiter reichende Veränderungen in Gang setzen. Aber erst 1928 waren die Eigenschaften von Acrylglas (und Plexiglas) so weit bekannt, dass einer Herstellung auf Rohstoffbasis nichts mehr im Wege stehen sollte. Durch die CO-POLYMERISATION von Methyacrylsäuremethylester als Grundstoff und Acryl- bzw. Methyacrylsäurebuthylester als so

Zu den Eigenschaften von Dispersionen

	homopolymere Polyvinylacetat-dispersion	homopolymere Polyvinylacetat-dispersion mit 20 % Weichmacher	copolymere Polyvinylacetat-dispersion	copolymere Acrylat-dispersion Acrylsäure-ester	copolymere Acryldispersion Acrylsäure-ester
Festkörper-gehalt	**50%**	**54%**	**55%**	**53%**	**46%**
Teilchengröße in – µ	**1–3**	**1–3**	**0,5**	**0,3–2,0**	**0,1**
Viskosität Pa.s	**20–60**	**20–60**	**1–3**	**0,5–2,0**	**1,0–3,3**
Dichte	**1,19 g/cm³**	**1,18 g/cm³**	**1,18 g/cm³**	**1,15 g/cm³**	**1,12 g/cm³**
Wasseraufnahme des Films innerhalb 24 Std./Wasserlagerung	**30%**	**20%**	**10%**	**10%**	**5%**
Filmeigenschaft	ergeben keine Filme, spröde	klar, elastisch, fast klebfrei	klar, klebfrei, elastisch	klar, zäh, elastisch	klar, hart, zäh, elastisch
Mindestfilm-temperatur	**+15 °C**	**0 °C**	**+8 °C**	**0 °C**	**+12 °C**

genannte Weichmacher konnte eine Dispersion hergestellt werden, die tatsächlich mit Acrylglas (Plexiglas) vergleichbar war.

Erste Produkte waren Acronal von BASF und Plexigum von Röhm und Haas aus Darmstadt. Diese damals nur für die chemische Industrie hergestellten Dispersionen waren und sind auch heute noch für Künstler indessen nur Rohstoffe. Erst nach einer relativ langen Entwicklungs- bzw. Einführungsphase (der 2. Weltkrieg lag immerhin dazwischen) konnten »Acryl-Künstlerfarben« auf den Markt gebracht werden (siehe Seite 127f. »Erste künstlerische Unternehmungen mit Acrylfarben«).

Zur Chemie von Dispersionen

Dispersionen werden auch als Polymerisatharze in Dispersionsform bezeichnet. Bei einer Herstellung nach dem Polymerisationsverfahren lagern sich unter bestimmten Bedingungen abertausende von so genannten monomer chemischen Grundbausteinen zu Riesenmolekülen – oder Makromolekülen – zusammen. Durch Energiezufuhr oder durch energiereiche Molekülbruchstücke (so genannte Radikale) kann man die beweglichen Elektronen der Monomermoleküle so weit anregen, dass sie mit den Elektronen anderer Monomermoleküle reagieren. Durch einfaches Aneinanderreihen der Monomerbausteine bilden sich lange, kettenförmige Makromoleküle, die auch als Polymermoleküle bezeichnet werden. Lässt man verschiedenartige Monomere miteinander reagieren, die meist Flüssigkeiten, aber zuweilen auch Gase sind, erhält man Copolymerisate oder Mischpolymerisate. Zu der Gruppe der Polymerisatharze zählen neben Polyacrylatharzen auch Polyvinylacetate (PVA) und auch Polyvinylchlorid (PVC).

Wenn ein chemischer Grundbaustein verbindungsfähig sein soll, muss er eine gewisse Reaktionsfähigkeit besitzen. Mit Hilfe von Katalysatoren und Beschleunigern wird die Reaktion ausgelöst und somit die Polymerisation in Gang gesetzt. Die dabei frei werdenden, oft ganz erheblichen Wärmemengen müssen abgeführt werden.

Bei der Copolymerisation wird aber ein andersartiger Rohstoff dazwischengeschaltet. Dieser als homopolymer bezeichnete Kunststoff besteht aus einer Molekülfolge, während bei Copolymeren die Komponenten je nach Mischungsverhältnis wechseln (vgl. Schema).

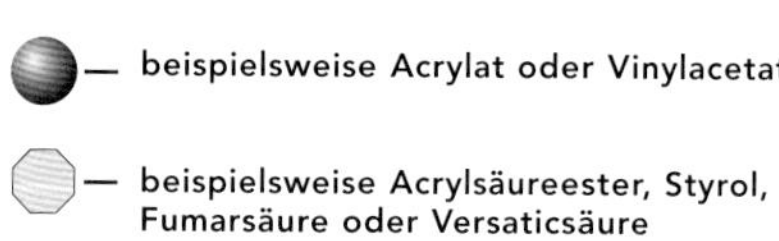

Prinzip Kunststoffe

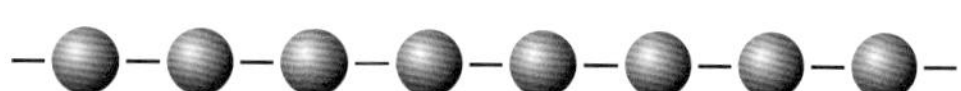

Schema eines homopolymeren Kunststoffes

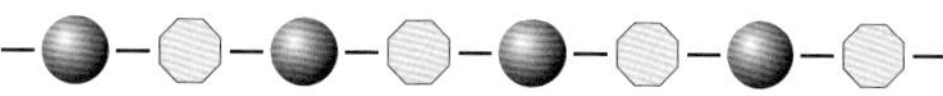

Schema eines copolymeren Kunststoffes je nach Mischungsverhältnis

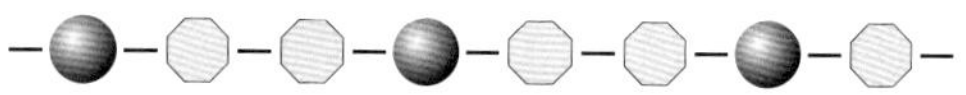

Man unterscheidet üblicherweise folgende vier Arten von Polymerisationsverfahren:

Blockpolymerisation heißt es, wenn außer den Monomeren keine anderen Stoffe anwesend sind.

Bei der Lösungspolymerisation sind die Monomeren und auch das entstandene Polymerisat in einem Lösungsmittel gelöst.

Für die Perlpolymerisation werden die flüssigen Monomere in Wasser zu Tröpfchen verteilt und dabei entstehen Perlen von unterschiedlicher Größe.

Zur Emulsions- bzw. Dispersionspolymerisation werden die Monomeren mit Hilfe von Emulgatoren in Wasser emulgiert und in dieser Form polymerisiert.

Die Art der Polymerisation steht eng in Verbindung mit der Entstehung und der Menge von Reaktionswärme, die abgeführt werden muss. Das geschieht, indem das Monomer durch inerte chemische Stoffe verdünnt wird, die nicht direkt an der chemischen Reaktion beteiligt sind. Das Verdünnungsmittel kann auch ein Nichtlösungsmittel sein, wobei sich besonders Wasser zum Verdünnen eignet. Das liegt unter anderem daran, dass Wasser eine hohe Wärmekapazität besitzt, da es für eine Temperaturerhöhung von nur 1 °C relativ viel Wärme verbraucht. Darüber hinaus ist Wasser nicht toxisch, unbrennbar und überdies extrem umweltfreundlich bzw. umweltverträglich. Als so genanntes Nichtlösungsmittel braucht es bei der Polymerisationsform besondere Hilfsstoffe, so genannte Emulgatoren, damit eine möglichst feine Verteilung des Monomers im Wasser entstehen kann. Durch die Umhüllung jedes einzelnen, noch so kleinen Kunststoffteilchens mit Wasser entsteht eine große Berührungsoberfläche der verschiedenen Substanzen. Es kommt hier also zu einer großen Oberflächenspannung. Diese ist nun ständig bestrebt, die Berührungsflächen auf ein Minimum zu reduzieren, was aber eine Trennung der einzelnen Phasen zur Folge hätte. Deshalb ist die Mitverwendung von Emulgiermitteln unerlässlich.

Emulgatoren verhindern nach einer Dispergierung in Wasser ein abermaliges Zusammenfließen der einzelnen Monomertröpfchen zu größeren Einheiten, denn dann wäre eine Entmischung dieser zwei Phasen die Folge. In allen Fällen entsteht eine feine, relativ stabile Verteilung der Monomertröpfchen in Wasser, also eine wässrige Emulsion. Von dieser Emulsion nun geht man bei der Emulsionspolymerisation aus.

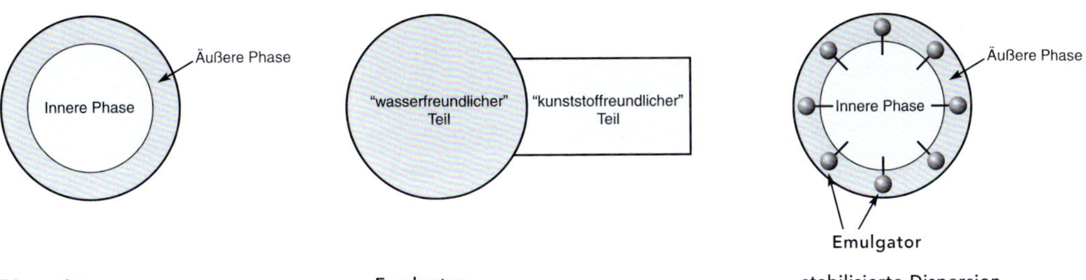

Dispersion

Emulgator

stabilisierte Dispersion

Wie erwähnt, sind zur Einleitung einer Polymerisation reaktive Molekülbruchstücke, so genannte Radikale, notwendig. Es gibt aber chemische Substanzen, die sich unter definierten Bedingungen in ebensolche Radikale zerteilen. Weil man mit diesen Substanzen eine Polymerisation in Gang setzen, initiieren kann, werden sie auch als INITIATOREN bezeichnet. Bei der EMULSIONSPOLYMERISATION werden allgemein wasserlösliche Initiatoren angewendet, die in wasserlösliche Radikale zerfallen.

Ein in der wässrigen Phase gebildetes Radikal trifft hier auf in der Wasserphase gelöste Monomermoleküle und reagiert nacheinander mit mehreren dieser Moleküle unter Bildung eines kurzkettigen Oligomerradikals, in dem nur wenige Monomerbausteine enthalten sind. Die wenigen Monomereinheiten bewirken aber schon, dass das wachsende OLIGOMERRADIKAL nicht mehr in Wasser löslich ist. Es fällt die zweite Phase aus und wird vom Emulgator stabilisiert, der sich an die neu entstandene Grenzfläche anlagert, und ein so genanntes LATEXTEILCHEN ist aufgekommen.

Nun ist aber die Menge der zur Verfügung stehenden Emulgatoren ganz besonders entscheidend, um die sich neu bildende disperse Phase stabilisieren zu können. Wenn relativ viele Emulgatoren vorhanden sind, kann an einem Grenzpunkt jedes lösliche Oligomerradikal stabilisiert und zum Latexteilchen »herangebildet« werden.

Nach abgeschlossener Teilchenbildungsphase liegt eine bestimmte Latexteilchenmenge vor. In der wässrigen Phase zerfällt nun andauernd der Initiator und so gibt es permanent neue Radikale. Solange Monomere vorhanden sind, werden fortwährend neue Polymermoleküle – eines nach dem anderen in großer Menge – gebildet. Diese werden immer größer und dicker, bis eine richtige Polymerkugel entstanden ist.

Wenn Latexteilchen durch Polymerisation wachsen, erfolgt dies nach bestimmten Gesetzmäßigkeiten. Ein Polymermolekül nach dem andern lässt den Umfang der kleinen Kügelchen immer mehr anwachsen. Maßgebend dafür ist die Polymerisationsgeschwindigkeit, denn die Reaktionen verlaufen nicht immer regelmäßig.
Siehe Schema oben.

Zur Herstellung von Dispersionen

Die Emulsionspolymerisation erfolgt hauptsächlich nach drei Verfahren:

I. Bei dem so genannten EINTOPF- oder »BATCH«-VERFAHREN wird aus Wasser, Monomeren und Emulgatoren zunächst eine Emulsion hergestellt, in der dann die Polymerisation ausgelöst wird. Da die schlagartig frei werdende Polymerisationswärme kaum spontan, direkt bei der Entstehung abgeführt werden kann, ist dieses Verfahren von der Technik der Wärmeführung her schlecht zu betreiben. Das ist allerdings bei den so genannten halbkontinuierlichen Verfahren, den im Folgenden beschriebenen Monomeren- und Emulsionszulaufverfahren, nicht der Fall.

II. Denn beim MONOMEREN-ZULAUFVERFAHREN werden in einem Polymerisationskessel Wasser, Emulgator und Initiator bei Temperaturen zwischen 80 – 100 °C vorgelegt und aus einem zweiten Kessel die Monomere langsam zudosiert.

III. Beim EMULSIONS-ZULAUFVERFAHREN wird, wie beim »Batch«-Verfahren, zunächst aus Monomeren, Wasser, Emulgator und Initiator eine Emulsion hergestellt und ein Teil davon im Polymerisationskessel aufgeheizt. Nach Einsetzen der Polymerisation wird aus dem Zulaufkessel die restliche Emulsion langsam zudosiert.

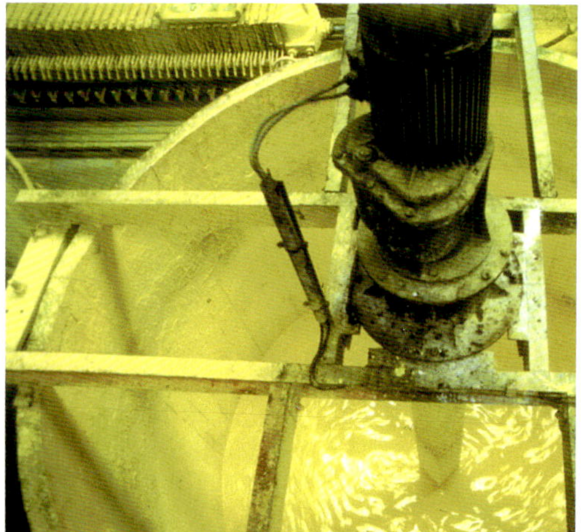

Disolver

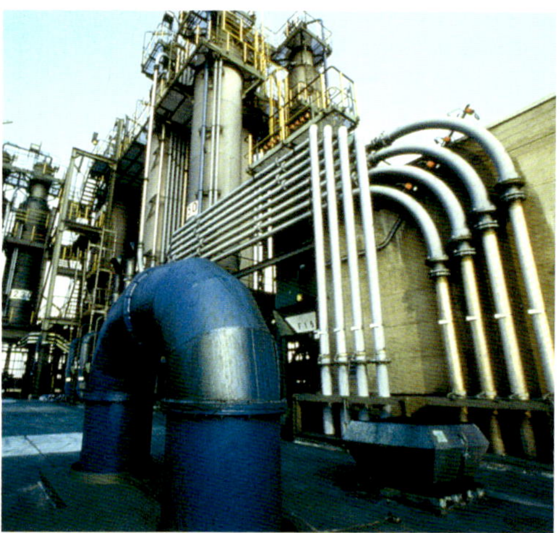

Industrieanlage

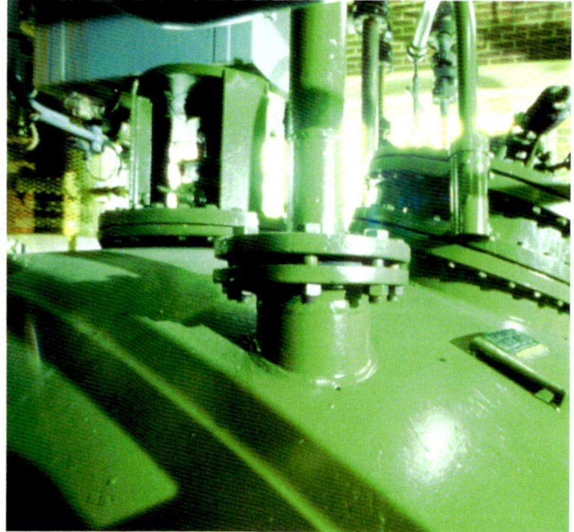

Polymerisationskessel

Die bei diesen halbkontinuierlichen Verfahren nach und nach frei werdende Polymerisationswärme kann durch Kühlung des Polymerisationskessels bequem abgeführt werden, wodurch eine kontrollierbare Temperaturführung des Ansatzes möglich ist.

Jedes dieser drei Polymerisationsverfahren hat spezielle Vorteile und ermöglicht die Herstellung von Dispersionen nach genau festgelegten und anwendungstechnischen Anforderungen.

Industriell werden Dispersionen bzw. DISPERSIONSFARBEN etwa folgendermaßen hergestellt:

Die Komponenten werden genau in der oben beschriebenen Reihenfolge in einem großen Mischbehälter zusammen vermengt und durchmischt. Das dazu erforderliche Wasser – meist zu etwa 50 % – wird in dem Kessel (Reaktionskessel) vorbereitet; Verdickungsmittel, Netzmittel und Entschäumer u. Ä. werden dazugewogen und vermischt. Danach beginnt die eigentliche Dispergierung mit dem Disolver, einem starken Rührwerk mit einer gezahnten Rührscheibe. Durch die schnellen, kräftigen Umdrehungen der Rührscheibe und die damit verbundenen Scherkräfte kommt es zu einer homogenen Mischung und zur feinen Verteilung von Pigmenten und Füllstoffen. Zum Schluss werden noch Filmbildungshilfsmittel, Dispersionsbindemittel oder Entschäumer zugesetzt und mit einem langsam laufenden Rührwerk vermischt.

KÜNSTLERACRYLFARBEN bzw. DISPERSIONSFARBEN werden abschließend nochmals auf einem Walzenstuhl nach-»gerieben«, dieser Vorgang ist – anders als etwa bei Ölfarben – nur notwendig, um eine gleichmäßige Konsistenz und eine Flüssigkeit ohne Luftblasen erhalten zu können.

Durch Variation der Ausgangsstoffe und durch Kombination verschiedener Monomere lassen sich die Eigenschaften der Dispersionsbindemittel beeinflussen. So ist es bei der Variante der Copolymerisation nicht nur eine Sache der verschiedenen Anteile der Komponenten, sondern entscheidend ist auch die Art der Komponenten. So können drei und mehr solcher Monomeren miteinander kombiniert und damit die Eigenschaften des Fertigproduktes verändert werden. Wenn noch ein drittes Monomer in das Molekül eingebaut wird, entsteht dabei ein Terpolymerisat. Diese Art von Kunstharzdispersion ist heute meist die Regel.

Die Eigenschaften von Kunstharzdispersionen

Durch die vielen Möglichkeiten der Kombination und Auswahl der Monomere oder auch deren Mengenverhältnisse kann man neue Stoffe mit spezifischen Eigenschaften fast beliebig konstruieren. Ebenso wichtig für den praktischen Einsatz sind auch die physikalischen Eigenschaften, die entweder gezielt angestrebt werden oder sich aber herstellungsbedingt ergeben.

TEILCHENGRÖSSE BZW. PARTIKELGRÖSSE

Kunstharzdispersionen sind Zweistoffsysteme, bei denen sich die Feststoffteilchen mit Hilfe von Emulgatoren und Schutzkolloiden fein verteilt während der Polymerisation bilden. Die Größe der Teilchen lässt sich durch einen mehr oder weniger intensiven Rührprozess steuern. Die Teilchengröße hat später wesentlichen Einfluss auf die Eigenschaften des Films. Die Verhältnisse der Teilchengrößen sind schon in der optischen Erscheinungsform erkennbar:

Das Aussehen einer Dispersion gibt also einen gewissen Anhaltspunkt. Grobdisperse Dispersionen sehen meist etwas »weißer« aus. Je feinteiliger aber eine Dispersion ist, desto bläulicher und transparenter wirkt sie auch. Dieses bläuliche Aussehen ist geradezu ein Merkmal feinteiliger Dispersion. Die feineren Partikel sind dann nur noch unter einem starken Elektronenrastermikroskop erkennbar. In der Praxis handelt es sich meist um Gemische verschieden großer Partikel. Die Größe der Partikel und ihre Verteilung bestimmen unter anderem die Viskosität (d. h. das Eindringvermögen in mehr oder weniger poröse Untergründe) und auch ihren Glanz. Feindisperse Bindemittel sind meist besser pigmentbenetzend als grobdisperse.

FESTKÖRPERGEHALT

Je nach Typ einer Dispersion liegt der Festkörpergehalt zwischen 40 und 60 %, in den meisten Fällen im Mittel bei 48 bis 55 %. Müsste man mit einem Kunstharz eine klare oder lösungsmittelhaltige Harzlösung mit dem gleichen Festkörpergehalt herstellen, so wäre die Viskosität bedeutend höher bzw. die Herstellung wäre überhaupt nicht mehr möglich.

KONSISTENZ

Während die Viskosität echter Harzlösungen von der Molekülgröße des Kunstharzes und von Konzentration, Temperatur und Art des Lösungsmittels abhängig ist, spielen bei Dispersionen die Teilchengröße, deren Zusammenlagerungen und die für die Herstellung notwendigen Emulgatoren und Schutzkolloide eine wichtige Rolle. Eine praktische Folge daraus ist die pastose Konsistenz bestimmter Typen sowie die starke Herabsetzung der Viskosität bei einem Zusatz von Wasser.

MISCHBARKEIT/VERTRÄGLICHKEIT

Die Mischbarkeit mit anderen Dispersionen oder Harzen spielt maltechnisch eine große Rolle. Wenn etwa eine Ausflockung (= Koagulation) eintritt oder aus einer Mischung ein trüber Film entsteht, so ist die Verträglichkeit nicht einwandfrei. Beispiel: Gewisse Acrylharzdispersionen vertragen sich nicht mit bestimmten Vinylester-Dispersionen.

HÄRTE UND ELASTIZITÄT

Bei einer Temperatur von +20 °C können Dispersionsbindemittel weich, klebrig oder hart und spröde

TEILCHENGRÖSSE	OPTISCHE ERSCHEINUNGSFORM
oberhalb 1 μ	milchig-weiße Dispersion
1 μ bis 0,1 μ	bläulich-weiße bis bräunlich-weiße Dispersion
0,1 μ bis 0,05 μ	grauweiß-halbtransparent
unter 0,05 μ	praktisch transparent

(1μ = 1/1000 mm)

sein. Andere Typen zeigen ein eher zähes Verhalten und sind zum Teil hochelastisch. In erster Linie wird das Verhalten durch die Art der Monomeren, also durch die chemische Zusammensetzung, bestimmt. Bei niedrigen Temperaturen werden alle thermoplastischen Kunstharze hart und spröde; dies ist der so genannte GLASZUSTAND. Die thermoplastischen Kunstharze beginnen demgegenüber in höheren Temperaturbereichen langsam zu fließen. Im Übergangsbereich zeigen die Dispersionsbindemittel die für das jeweilige Anwendungsgebiet geforderten Eigenschaften. Durch die Zugabe von Weichmachern lässt sich dieser Übergangsbereich zu den niedrigeren Temperaturen hin steuern, also zu jeder gewünschten Richtung hin verschieben. Die mechanischen Eigenschaften, also etwa das Reiß- und Dehnungsverhalten, hängen stets von diesen für jedes Dispersionsbindemittel charakteristischen Eigenschaften ab.

VERHALTEN GEGENÜBER WASSER

Wenn ein Dispersionsfilm erst einmal getrocknet ist, entsteht bei Zugabe von Wasser kein Bindemittel mehr, d.h., ein etwaiges Re-Emulgieren ist nicht mehr möglich. Filme aus Dispersionen zeigen allerdings eine ganz ausgeprägte WASSERQUELLBARKEIT. Bei der Einwirkung von Wasser stellt man eine mit der Quellung verbundene Gewichtszunahme fest. Bei manchen Bindemitteltypen kann man das sogar an einem WEISSWERDEN DES FILMS feststellen; beim Trocknen geht die Quellung aber meist wieder zurück. Die Wasseraufnahmefähigkeit verschiedener Typen schwankt zwischen 5 und 50 %. Für dieses Verhalten sind unter anderem die bereits erwähnten Emulgatoren und Schutzkolloide verantwortlich. Ferner wird sich eine Wasserquellbarkeit der Polyvinylalkohol enthaltenden Dispersionen im Laufe der Zeit zurückbilden. Durch hohe Zusätze wasserlöslicher Bindemittel etwa, zum Beispiel von Methylcellulose oder später beim Malen mit Verzögerern, lassen sich Produkte herstellen, die ähnlich wie Leimfarben reagieren. Derart mehr oder weniger verbesserte Leimfarben sind eine Kreuzung aus Leim- und Dispersionsfarbe.

PIGMENTBINDEVERMÖGEN

Das optimale Verhältnis von Pigmenten und Bindemitteln variiert je nach Verwendungszweck stark und auch je nach den den Typen entsprechenden bzw. angezeigten Eigenschaften. Oberhalb des kritischen Punktes der so genannten PIGMENT-VOLUMEN-KONZENTRATION verändern sich zahlreiche Filmeigenschaften. Der Raum zwischen den einzelnen Pigmentpartikeln wird nicht mehr vollständig mit Bindemittel ausgefüllt und enthält dann Luft.

Dieser Umstand wird sich auf das DECKVERMÖGEN eher positiv auswirken, weil Pigmente und Füllstoffe ein Deckvermögen erreichen, das sie mit anderweitigen Bindemitteln nur schwach oder gar nicht erreichen würden. Das Pigmentbindevermögen ist aber eine spezifische Bindemitteleigenschaft, die grob besagt, dass mit feindispersen Dispersionen eine »bessere Verwertung« des Bindemittels möglich ist. Umgekehrt ergeben grobdisperse Bindemittel eine bessere Verarbeitung und Deckfähigkeit.

FILMBILDUNG, D.H. TROCKNUNG VON ACRYLDISPERSIONEN

Bei der Filmbildung von Dispersionen verdunstet zuerst das in ihnen vorhandene Wasser und die Konzentration der Teilchen wird erhöht, bis sich die einzelnen Kunstharzteilchen gegenseitig berühren. Sind die Dispersionsteilchen ausreichend plastisch, flexibel oder verformbar, kommt es zu einer Verschmelzung der einzelnen Kügelchen und damit zur FILMBILDUNG. Sind Pigmente oder Füllstoffe vorhanden (das sollte bei Acrylharzkünstlerfarben normalerweise der Fall sein), so werden diese gleichzeitig miteinander und mit dem Untergrund fest verbunden, also verklebt!

Nach Verdunsten des Wassers fließen die einzelnen Kunststoffpartikel zusammen, bleiben aneinander kleben und »verschweißen« gleichsam miteinander. Dieser Vorgang wird kalter Fluss genannt. Um diesen kalten Fluss überhaupt erst zu ermöglichen, muss der Kunststoff aber weich und klebrig sein, sonst wird keine einheitliche Filmbildung zustande kommen.

Die für Dispersionsfarben in Frage kommenden Polymerisate besitzen thermoplastische Eigenschaften: In Kälte werden sie hart und spröde, während sie in Wärme weich bis klebrig sind. Es muss also bei der Trocknung auch eine bestimmte Temperatur berücksichtigt werden!

MINIMALE FILMBILDUNGSTEMPERATUR/ MINDESTFILMBILDUNGSTEMPERATUR (MFT)

Unterhalb einer bestimmten Temperatur, die von der Konstitution des Bindemittels, d.h. der Anordnung der Atome im Molekül einer Verbindung, abhän-

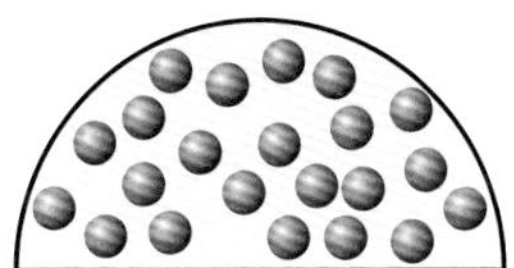

nach 1 Minute

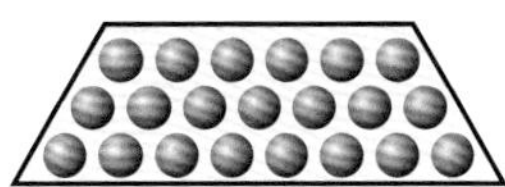

nach 9 Minuten

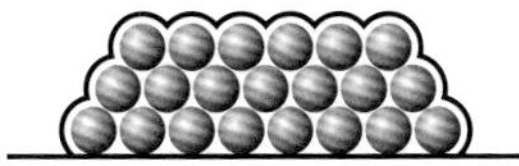

nach 10 Minuten

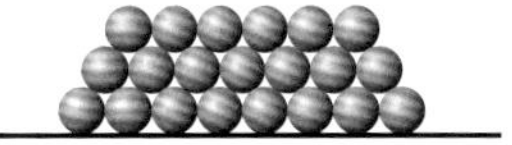

nach 11 Minuten

Trocknungsverhalten von Acryldispersionen

gig ist, bildet sich kein fester Film mehr aus. Das Bindemittel trocknet weiß bis pudrig-pulvrig und ohne Adhäsion zum Untergrund auf. Diesen Punkt nennt man den Weißpunkt eines Bindemittels: Äußerst knapp darüber liegt die Minimale Filmbildungstemperatur (MFT), die erforderlich ist, um einen Film mit den erforderlichen Eigenschaften erhalten zu können.

REGEL:
Untergrund, Malmaterial und die umgebende Luft müssen während der Verarbeitung und der Trocknung wenigstens die vom Hersteller angegebene Mindestfilmbildungstemperatur (MFT) aufweisen.

Auch die Filmbildungstemperatur lässt sich durch Zugabe weniger Prozente Lösungsmittel oder Weichmacher beeinflussen. Zum Teil wird es auch möglich sein, durch Misch- oder Copolymerisation zweier oder mehrerer Kunstharzvorprodukte zum Ziel zu kommen. Denn auch durch einfache Mischung verschiedener Kunststofftypen kann eine gute Filmbildung beim Endprodukt erreicht werden.

Die MFT vieler Kunststoffdispersionen würde ohne die Mitverwendung permanenter oder temporärer Hilfsstoffe (also Lösungsmittel) so hoch, dass keine oder zumindest nur eine unvollkommene Filmbildung gewährleistet wäre. Aus Gründen höherer Festigkeit im fertigen Film werden nun aber gerade die Bindemittel mit hoher MFT bevorzugt. Bei niedriger MFT würden die Filme wieder weich und daher zum Beispiel sehr viel leichter verschmutzen.

Die Filmbildung einer Dispersion läuft abgekürzt und im Modell zusammengefasst etwa so ab:

1. Verdunstung des Wassers aus dem Film
2. Langsames Zusammenfließen der weichen Polymerteilchen zu einem in sich zusammenhängenden Film
3. Verdunstung etwaiger Filmbildungshilfsmittel und Verhärtung des Kunststofffilms

Bis alle Lösungsmittel aus den Polymerteilchen abgewandert sind, also die eigentliche Härte erreicht wird, vergehen mehrere Tage und manchmal sogar Monate.

Die Bestandteile einer Dispersion

Die Zusammensetzung einer Kunstharzdispersionsfarbe bzw. einer Kunstharzdispersion ist fast immer gleich, d.h., es variieren meist nur die Volumenanteile von Bindemitteln, Füllstoffen und anderen Bestandteilen. Eine »einfache« Dispersionsfarbe selbst herstellen zu wollen, die nur aus Kunstharzdispersion, Pigmenten, Extendern (Füllstoffen) und Wasser besteht, wäre theoretisch zunächst zwar einfach, ist aber praktisch wohl kaum durchführbar. Wegen verschiedener Anforderungen, etwa zum Beispiel an Lagerstabilität, Konfektionierung usw., sind viele verschiedene Hilfsmittel erforderlich, die in genau dosierten Mengen zugesetzt werden müssen, um eine Farbe oder ein Bindemittel mit verarbeitungsfähigen Eigenschaften zu erzielen. Die Dosierung dieser Komponenten und der Grad bzw. die Art der Verarbeitungsfähigkeit ist von chemischen, laborfremden Laien nicht zu bewältigen und bereitet sogar dem Fachmann zuweilen erhebliche Schwierigkeiten.

Hilfsstoffe

Im Folgenden werden die verschiedenen Komponenten und ihre Bedeutung angegeben sowie die Hilfsstoffe und Zusatzmittel, die entweder zur Verarbeitung oder zur Abwandlung bzw. Verbesserung der Materialeigenschaften einer Kunstharzdispersion benötigt werden.

Als Hilfsstoffe werden hier allgemein nur jene Mittel bezeichnet, die eine Verarbeitung erleichtern bzw. verbessern. Dazu gehören: Wasser, Verdicker, Wasserenthärter, Netzmittel, Emulgator und Entschäumer.

WASSER

Die wichtigste und zugleich billigste Komponente ist Wasser, das Viskosität, Verarbeitungseigenschaften und schließlich auch den Preis beeinflusst. Wie viel Wasser eingesetzt wird, liegt in dem jeweiligen Produkt begründet. Das zur Herstellung einer Dispersion verwendete Wasser muss besonders aufbereitet sein, es muss sehr sauber und keimfrei sein, damit es zu keiner mikrobakteriellen Verschmutzung kommt.

VERDICKER

Die Wirkungsweisen von Verdickern, auch als Verdickungs- oder Andickungsmittel bezeichnet, sind sehr vielseitig: Viskosität, Streichbarkeit, Verlauf, Trocknung, Lagerstabilität und Wasserfestigkeit der Farben hängen davon ab. Es gibt viele Arten von Verdickungsmitteln. Einige seien hier kurz erwähnt.

CELLULOSEETHER

In der großen Gruppe der Celluloseether, wie zum Beispiel Glutolin®, wird chemisch gesehen je nach Typ zwischen Methylcellulose, Hydroxyethylcellulose oder Hydroxypropylcellulose unterschieden. Celluloseether gibt es in Viskositätsbereichen von niedrig bis hochviskos, und sie haben eine gut verdickende Wirkung.

POLYACRYLAT-VERDICKER

Auch die Polyacrylat-Verdicker (zum Beispiel Rohagit®) sind als weitere Verdicker hier zu nennen. Sie haben bei guter Verstreichbarkeit mittlere bis gut verdickende Eigenschaften. Die Viskosität hängt vielfach vom pH-Wert ab. Denn ein Anstrichmittel, das im alkalischen Medium hochviskos ist, kann im sauren Bereich wasserdünn sein. Die Polyacrylat-Verdicker sind in der Regel als niedrigviskose Dispersionen im Handel, die sich erst durch die Zugabe von Ammoniak in klare und hochviskose Lösungen umwandeln lassen.

BENTONETYPEN

Eine wichtige Verdickergruppe sind auch die Bentonetypen, sie nehmen eine Mittelstellung zwischen Verdickern und Füllstoffen ein und sind natürlicher Herkunft. Sie werden auch als Montmorillonite, Natrium-Magnesium-Lithium-Fluor-Silikate mit hoher Wasserquellbarkeit, bezeichnet.

WASSERENTHÄRTER UND NETZMITTEL

Von nicht geringer Bedeutung für die Manipulation von Wasser sind Netzmittel und Wasserenthärter (einmal abgesehen von der jeweiligen Qualität des Wassers hinsichtlich seiner Reinheit). Je nach Region weist das gebräuchliche Leitungswasser unterschiedliche Härten auf; es gibt im Extremfall besonders weiches oder aber sehr hartes Wasser. Hier sind jeweils die Ca-Ionen gelöst, sie bestimmen den Grad der Härte. Um Pigmente und Füllstoffe einer Kunstharzdispersionsfarbe in Wasser gründlich zu dispergieren, muss die Oberflächenspannung herabgesetzt werden: Und das wird zum Beispiel mit Natriumpolyphosphaten (Calgon®) erreicht. Zusätzlich werden wasserlösliche Salze der niedrig molekularen Polycarbonsäure eingesetzt. Mischungen von Polyphosphaten und Polycarbonsäuresalzen steigern sich sogar gegenseitig in ihrer Wirkungsweise.

Diese Netzmittel setzen also die Oberflächenspannung herab: Man nennt sie auch nichtagene oder anionaktive Substanzen, denn sie haben sowohl benetzende als auch emulgierende Wirkung. Netzmittel und Emulgatoren sind eng miteinander verwandt, da bei beiden die Beziehung zur Oberfläche die entscheidende Rolle spielt. Netzmittel verbessern nicht nur die Verstreichbarkeit und das Deckvermögen; sie wirken auch benetzend auf den Untergrund und beeinflussen bzw. verbessern damit sogar wesentlich auch die Haftbeständigkeit.

EMULGATOR

Ein Emulgator ist zu einem Teil sowohl in Wasser als auch zum anderen in Kunststoff löslich. Somit schafft er eine Verbindung zwischen Kunststoff und Wasser und hält die einmal entstandene Dispersion stabil. Es sind entweder hochpolymere Stoffe, wie zum Beispiel Celluloseester oder Polyvinylalkohol, oder grenzflächenaktive Stoffe wie Netzmittel oder Tenside.

Emulgatoren setzen die Grenzflächenspannung zwischen Pigment, Extender und Wasser herab. Eine Überdosierung macht diese Filme aber wasserempfindlich. Ihre Einsatzmenge ist also abhängig vom verwendeten Dispersionsbindemittel, von den eingesetzten Pigmenten und Extendern bzw. deren Verhältnis zueinander. Generell werden 0,2 – 0,6 Volumenprozente Emulgatorenmenge auf Pigment- und Füllstoffanteil eingesetzt.

ENTSCHÄUMER

Netz- bzw. Dispergiermittel und Emulgatoren erhöhen in einer Dispersion die Neigung zum Schäumen. Zusätzlich wird durch das Rühren bzw. Dispergieren des Bindemittels noch Schaum erzeugt, und zudem verhindern Verdickungsmittel noch das Entweichen von Luft: Das gilt auch beim Applizieren, also Aufbringen oder Vermalen der Farbe auf dem Untergrund. Schaum verringert daneben aber auch das nutzbare Volumen in Behältern und Gebinden, vor allem aber hinterlässt er Fehlstellen im Film, die für spätere Risse verantwortlich sein können. So kann etwa Feuchtigkeit in die Leinwand eindringen, oder Staub gelangt in feinste Bruchstellen von Luftblasen und markiert sich später im Film etwa als dunkle Punkte. Schaum bringt also beim Produzieren und beim Verarbeiten große Probleme mit sich.

Dem wirkt man entgegen, indem während des Dispergierens, am Schluss beim langsamen Rühren Entschäumer zugesetzt werden. Es gibt verschiedene Entschäumer mit mehr oder weniger starker Wirkung. Früher wurden Silikonöle eingesetzt, die aber oft zu Kraterbildung oder zu so genannten Fischaugen und anderen Schwierigkeiten beim Malen führten. Heute werden stabile Gemische aus Mineralölen und hochmolekularen Alkoholen, eventuell unter Zugabe von etwas Silikon, eingesetzt.

ZUSATZSTOFFE

Zusatzstoffe werden zur Abwandlung und zur Verbesserung der Materialeigenschaften eingesetzt. Dazu gehören: Weichmacher, Füllstoffe und Extender, Pigmente, Farbstoffe oder Farbteige, so genannte pH-Puffer, Filmbildungshilfsmittel und Biozide.

WEICHMACHER

Laut DIN 55945 sind Weichmacher »... flüssige oder feste, indifferente organische Substanzen mit geringem Dampfdruck, überwiegend solche esterartiger Natur. Sie können ohne chemische Reaktion ...«, etwa durch Lösen oder Quellvermögen, »... mit hochpolymeren Stoffen in physikalische Wechselwirkung treten und ein homogenes System mit diesen bilden. Weichmacher verleihen den mit ihnen hergestellten Gebilden bzw. Überzügen bestimmte angestrebte physikalische Eigenschaften ...«, z. B. niedrigere Einfriertemperatur, erhöhtes Formänderungs-Vermögen und erhöhte plastische Eigenschaften, geringere Härte und eventuell besseres Haftvermögen. Weichmacher unterscheiden sich grundsätzlich als:

1. **gelatinierende** oder
2. **nicht gelatinierende** } **Weichmacher**
3. **Weichharze**

Dabei müssen stets folgende Eigenschaften erreicht werden:

- **Farblosigkeit,**
- **Geruchsfreiheit,**
- **geringe Flüchtigkeit,**
- **Lichtechtheit,**
- **chemische Indifferenz,**
- **Kältebeständigkeit,**
- **physiologische Unbedenklichkeit,**
- **Migrationsbeständigkeit,**

- **hohe Weichmacherwirkung**

und die
- **Verträglichkeit mit anderen Stoffen.**

Weichmacher werden überdies unterteilt in primäre und sekundäre Weichmacher. Letztere werden stets in Verbindung mit primären Weichmachern verwendet, um einem Kunststoff noch zusätzliche Materialqualitäten zu verleihen. Sie gehen mit den Makromolekülen so genannte Sekundarbindungen ein und verringern damit die Wechselwirkungskräfte zwischen den Polymeren. Sie setzen auch das Erweichungsintervall herab und verringern somit die Härte eines Kunststoffs. Man kann mit Weichmachern die Qualität von Biegsamkeit und Elastizität bis hin zur Klebrigkeit steuern. Weichmacher können in folgende größere Kategorien eingeteilt werden:

- **Esterweichmacher**
- **chlorierte Produkte**
- **Epoxyweichmacher**
- **Polymerweichmacher oder Weichharze**

Weichmacher spielen für die Acrylharzdispersionen im Künstlerfarbensektor praktisch keine Rolle mehr, sie wurden hier der guten Ordnung halber erwähnt.

FÜLLSTOFFE ODER EXTENDER

Als Extender bezeichnet man die in Dispersionsfarben unerlässlichen Füllstoffe, die mit dem Bindemittel zusammen das eigentliche Gerüst der Dispersion bilden. In den vergangenen Jahren hat sich mehr und mehr der Begriff »Extender« anstatt der veralteten Bezeichnungen Füllstoff oder auch Verschnittmittel durchgesetzt. Denn ihr Einsatz bewirkt hier wesentlich mehr als lediglich Verschneiden, Verbilligen oder einfach nur Füllen.

In der Gruppe der Extender für Dispersionsfarben sind als wichtige Vertreter folgende Substanzen zu nennen:

- **Calciumcarbonat**
- **Calcium-Magnesium-Carbonat**
- **Bariumsulfat**
- **Kieselsäure**
- **Aluminiumsilikat**
- **Magnesiumsilikat**
- **Calcit, Kalkspat, Kreide**
- **Dolomit**
- **Schwerspat, Blanc-Fixe**
- **Quarzmehl, Kieselgur**
- **Kaolin, China Clay, Glimmer**
- **Talkum**

Sie kommen zum Teil natürlich vor und werden als veredelte Formen modifiziert oder aber sie werden künstlich hergestellt. Meist weisen sie recht unterschiedliche kristalline Formen auf. So gibt es kristalline und plättchenförmige Extender oder wie bei natürlicher Kreide Kalkreste von Schalentieren. Extender, die wasserlösliche Bestandteile enthalten, führen in Dispersionsfarben zu Verdickungen oder zu Koagulationen: Sie werden darum hier nicht eingesetzt.
In den letzten Jahren hat ein gewisser Wandel im Umgang mit Extendern eingesetzt. Denn während früher noch Bariumsulfat in all seinen verschiedenen Erscheinungsformen der wohl wichtigste Füllstoff war, etwa mit dem relativ teuren Schwerspat, wird heute eher auf spezifisch leichte Extender zurückgegriffen.

Extender wirken:

- **im Film selbst,**
- **auf den Untergrund** oder
- **zur Oberfläche hin.**

Besonders leichte Extender, also jene mit einem größeren Volumen, ergeben auch Dispersionsfarben mit verbesserter Ergiebigkeit. Aufgrund der unterschiedlichen Anforderungen aus der Farbenindustrie wird heute eine Auswahl mineralischer Extender verlangt, die nicht nur eine genau definierte Korngrößenaufteilung aufweisen, sondern auch ganz spezifische Eigenschaften haben müssen, um genau definierte Funktionen zu erfüllen.

Die Art und Menge des in einer Dispersionsfarbe eingesetzten Extenders beeinflusst diese Eigenschaften:

- **Deckvermögen**
- **Farbtontiefe**
- **Glanz**
- **Wasserdampfdurchlässigkeit**
- **Verlauf**
- **pH-Wert**
- **Kreidungsresistenz**
- **Chemikalienempfindlichkeit**
- **Oberflächenhärte**
- **Elastizität**

In den letzten Jahren wurden sehr viele neue, mineralische Extender entwickelt. Während früher noch die Füllstoffe oder Verschnittmittel (Extender) im Wesentlichen lediglich gebrochen, gemahlen und gesiebt wurden, wobei die Korngrößen naturgemäß stark schwankten, werden heute eine enorme Genauigkeit in Korngrößenbegrenzung und genau definierte Unterschiede der einzelnen Rohstoffe erzielt. Je nach Verwendungszweck kann heute ein Extender mit einem mittleren Teilchendurchmesser von beispielsweise 1,2 µ oder 2,5 µ oder auch von 25 µ eingesetzt werden (1 µ = 1/1000 mm). Die feinen Extender mit einem Teilchendurchmesser von weniger als 3 µ fördern geradezu die optimale Ausnützung der Pigmente (zum Beispiel Titandioxid) und damit auch das Deckungsvermögen einer fertigen Dispersionsfarbe.

Um eine dichte »Packung« erzielen zu können, werden jeder Dispersionsfarbe Extender unterschiedlicher Teilchengröße beigegeben. Man versucht die prozentuale Zugabe so zu steuern, dass die Zwischenräume der größeren Extender durch feinteiligere ausgefüllt werden.

Mineralien mit den Namen Calcite lagen noch zum Ende der Achtzigerjahre bei der Herstellung mineralischer Extender an erster Stelle. Ihr spezifisches Gewicht liegt mit 2,7 im Vergleich zum Bariumsulfat von 4,5 sehr niedrig. Die meisten anderen Extender haben eher untergeordnete Bedeutung. Sie dienen der Verfestigung, Verdickung und durch ihre Einwirkung auf das Streulicht der Mattierung des Films oder tatsächlich wohl auch noch zur Verbilligung.

Kritische Pigment-Volumen-Konzentration

In diesem Zusammenhang spielt natürlich auch die Pigment-Volumen-Konzentration (PVK) eine bedeutende Rolle. Das Pigment- und Extenderbindevermögen eines Bindemittels ist nicht so selbstverständlich und wird häufig erst durch den Zusatz von Stabilisatoren und Netzmitteln erreicht. Sind Dispersionsfarben »überlagert« oder wurden sie Frost ausgesetzt, so kann es passieren, dass der Stabilisator einer Dispersion nicht mehr wirksam ist. Es kommt besonders dann zur Koagulation (Eindickung, Pigmentausfällung usw.), wenn zum Beispiel der Anteil von Extendern mit großer Oberfläche besonders hoch ist. Solche Extender sind zum Teil Tonerdehydrat, Bentonit und Aluminiumsilikat. Die PVK gibt hierbei die Volumenprozente von Pigmenten und Extendern am Gesamtvolumen des Festkörperanteils einer Kunstharzdispersionsfarbe an, also: Pigment, Extender und festes Bindemittel.

Es wird angenommen, dass die Grenze der Kritischen Pigment-Volumen-Konzentration (= KPVK) oberhalb einer optimalen Packung zwischen Bindemittel- und Pigmentteilchen liegt. Während unterhalb der KPVK ein Überschuss von Bindemitteln herrscht (und das erkennt man dann an der unvermeidlichen Glanzbildung), reichen oberhalb der KPVK die Menge der Bindemittelteilchen nicht mehr aus, um die Gesamtoberfläche der Pigment- und Extenderpartikel ausreichend binden zu können. Die heute sehr verschieden anzutreffenden Bindemitteltypen lassen denn auch verschiedene PVK zu. Als Beispiel sei hier nochmals an die grobdisperse, homopolymere Dispersion erinnert. Bei diesem Typ ist die KPVK in der Regel niedriger als bei den feindispersen Styrolacrylat-, Reinacrylat- oder Vinylacrylat-Terpolymeren (vgl. »homopolymere Dispersionen« Seite 13).

PIGMENTE UND FARBSTOFFE

Pigmente und Farbstoffe verleihen den Kunstharzdispersionen ihr eigentliches farbiges Aussehen. Sie verdichten aber auch den Film und verbessern seine Widerstandsfähigkeit.

Das am häufigsten eingesetzte Weißpigment ist Titandioxid in seiner Rutil-Kristallmodifikation. Es gibt noch verschiedene Titandioxid-Mischpigmente, die mit Extendern abgemischt sind.
Die Gewinnung von Titandioxid erfolgt aus Ilmenit, einem Eisentitanat, das von Natur aus leicht gelbstichig und nicht kreidungsbeständig ist. Erst durch spezielle Nachbehandlung, wie zum Beispiel das Besprühen mit anorganischen oder organischen Substanzen, gewinnt man durch diese Art Ummantelung des Pigments kreidungsbeständige Produkte. Besonders beständig ist Titandioxid gegenüber Chemikalien, Temperaturschwankungen und atmosphärischen Einflüssen; außerdem ist es ungiftig. Als weiteres Weißpigment ist noch Lithopone, ein Mischpigment aus Zinksulfid und Bariumsulfat in unterschiedlichen Abmischungen, zu nennen. Trotz des Vordringens von Titandioxid mit seinem hohen Deckvermögen hat Lithopone sich also behaupten können. Denn seine Eigenschaften (Verbesserung der Verarbeitung, im Verlauf und des Glanzes) sind so besonders, dass es für Spezialzwecke und zur Verbilligung auch heute noch eingesetzt wird.

Buntpigmente werden eingeteilt in

I. **Anorganische Pigmente**

II. **Organische Pigmente**

ANORGANISCHE PIGMENTE

Zu den anorganischen Pigmenten gehören alle natürlichen Erdfarben wie gebrannte Umbra oder natürliche Terra di Siena. Sie eignen sich nicht zur Herstellung von Acrylfarben, weil sie meist für diesen Zweck zu stark verunreinigt sind, oft einen extrem hohen Bindemittelbedarf haben und zudem nur lasierende Farbtöne ergeben. So sind auf den Tuben zwar meist diese bekannteren Farbtonbezeichnungen erwähnt, aber sie dienen nur als Gedächnisstütze für die Maler.

Eisenoxidpigmente erweisen sich oft als erstaunlich normungsfähig, sodass sie hohen Qualitätsanforderungen genügen. Meist besitzen sie eine herausragende Farbkraft und eine hohe Farbintensität, sie sind ferner hochlichtecht und witterungsbeständig.

ORGANISCHE PIGMENTE

Organische Pigmente eignen sich in der Rohform in Pulver- bis pudriger Konstitution kaum zur Herstellung von Dispersionsfarben. Sie besitzen (unter dem Mikroskop betrachtet) eine extrem große Oberfläche, sind also schwer zu benetzen und erfordern daher sehr viel Netzmittel. Ohnedies klumpen sie bei der Mischung mit Wasser oder wässrigen Bindemitteln und bilden gar Knollen; eine optimale Einarbeitung ist mit ihnen fast nie möglich. Auch die Scherkräfte beim Dispergieren reichen da nicht mehr aus. Meist sind die organischen Pigmente sehr fein, was leicht zu immensen Staubentwicklungen beim Pigmentieren führt. Deshalb werden organische Pigmente fast durchweg in Form von fertig angeteigten Farbpasten bzw. Farbteigen, den so genannten Konzentraten, verarbeitet, weshalb sie meist auch ohne Dispergierung direkt beigemischt werden können.

PH-PUFFER

Der pH-Puffer ist ein Alkali und meist handelt es sich um Ammoniak, mit dessen Hilfe der pH-Wert von sauer bis alkalisch eingestellt werden kann. Bestimmte Verdickungsmittel sprechen oft auf eine bestimmte Alkalität an und das hat wiederum einen gewissen Einfluss auf die Lagerungsfähigkeit und die Verarbeitung. pH-Puffer sind eigentlich dazu bestimmt, eine Dispersionsfarbe überhaupt erst produzierbar und bereit zur Verarbeitung zu machen und auch um sie lagerstabil zu erhalten.

FILMBILDUNGSMITTEL

Die Polymerisate, die in Kunstharzfarben Verwendung finden, besitzen thermoplastische Eigenschaften, d. h., sie werden in Kälte immer spröde und hart, während sie bei Wärme weich und klebrig sind. Darum wird bei der Trocknung auch die

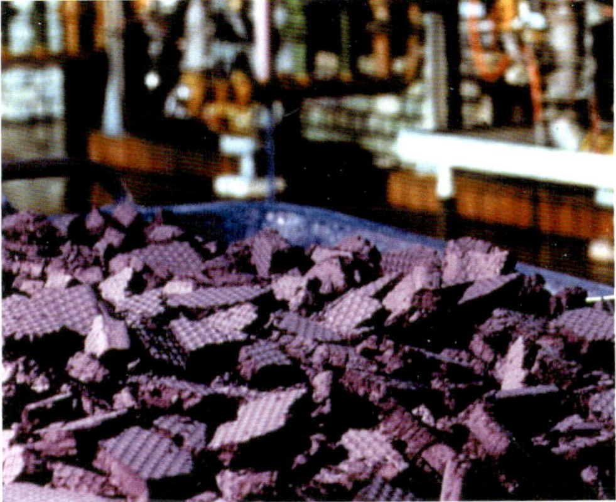

Pigmentlager in der Großindustrie

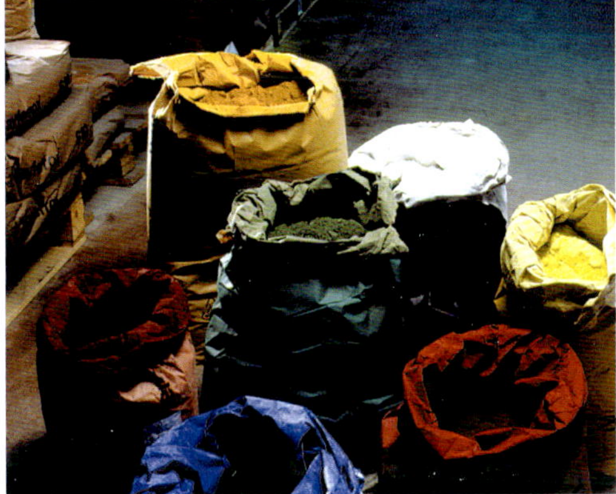

Pigmentlager der Künstlerfarbenfabrik Lascaux/ Colour & Restauro …

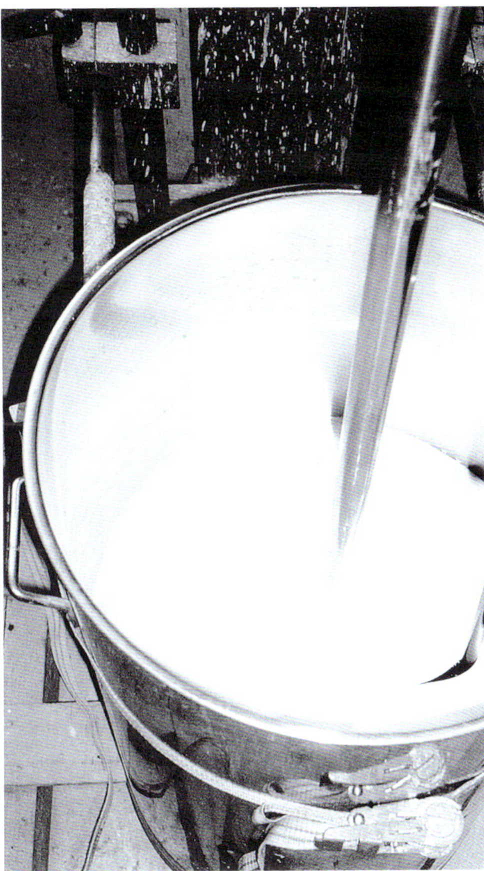

… und die Weiterverarbeitung zu Künstleracrylfarben

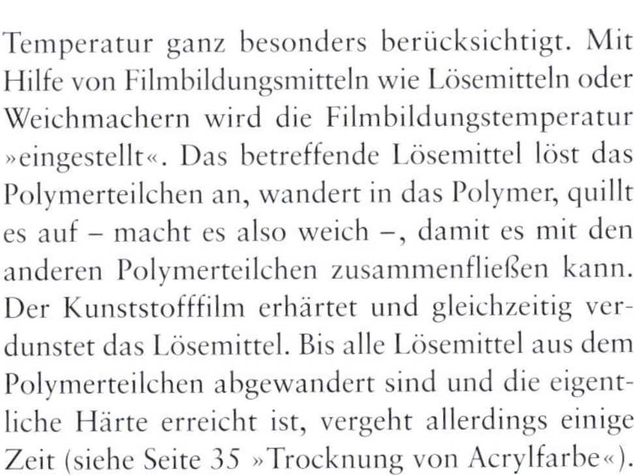

Temperatur ganz besonders berücksichtigt. Mit Hilfe von Filmbildungsmitteln wie Lösemitteln oder Weichmachern wird die Filmbildungstemperatur »eingestellt«. Das betreffende Lösemittel löst das Polymerteilchen an, wandert in das Polymer, quillt es auf – macht es also weich –, damit es mit den anderen Polymerteilchen zusammenfließen kann. Der Kunststofffilm erhärtet und gleichzeitig verdunstet das Lösemittel. Bis alle Lösemittel aus dem Polymerteilchen abgewandert sind und die eigentliche Härte erreicht ist, vergeht allerdings einige Zeit (siehe Seite 35 »Trocknung von Acrylfarbe«).

BIOZIDE

Weitere Hilfsmittel sind in der Regel Fungizide, Biozide und Bakterizide. Wenn auch die Rohstoffe für Dispersionsfarben kaum einen Nährboden für Mikroorganismen bilden, so muss doch mit einer Pilz- und Bakterienvermehrung gerechnet werden. Sobald die Tuben oder Gebinde geöffnet sind, und spätestens bei der Verarbeitung, ist trotz größter Umsicht oft ein Kontakt mit Mikroorganismen oder anderen Fremdsubstanzen unvermeidbar. Sie werden über das verwendete Wasser, durch Pinsel, Lappen oder Finger in die Dispersion eingebracht oder sie setzen sich aus der Luft ab. Die Folge ist Zersetzung der Farbe, zum Beispiel durch Gärung und Fäulnis, und damit verbunden ist ein Abbau der Viskosität, das Sich-Absetzen der Pigmente und schließlich eine meist unangenehme Geruchsbildung. Darum müssen fungizide und bakterizide Zusätze, so genannte Biozide, zum Schutz der gebrauchsfertigen Dispersion wie auch zur Erhöhung der Lagerstabilität eingesetzt werden. Außerdem gibt es die Möglichkeit, durch Einbau speziell wasserunlöslicher Verbindungen (Fungizide) den Farbfilm auch vor Pilzbefall zu schützen, eine so genannte Filmkonservierung zu bewirken.

Es gibt zahlreiche KONSERVIERUNGSMITTEL, die chemisch früher oftmals Quecksilberverbindungen waren, heute aber meist durch Zinnverbindungen oder Ähnliches ersetzt worden sind. Die Verwendung von Bioziden ändert sich fortwährend, sei es aus ökologischen oder auch aus ökonomischen Gründen.

Zur Geschichte der heutigen Künstleracrylfarben

ERSTE LÖSEMITTELLÖSLICHE ACRYLHARZE

Die Firma Bocour Artists Colors, Inc. in New York brachte 1947 unter dem Namen »Magna Plastic Artist Colors« die ersten acrylharzgebundenen Künstlerfarben auf den Markt. Weil damals als Ausgangsmaterial nur das lösemittellösliche Acryloid F-10 diente, waren sie noch lösemittelhaltig. Als so genannte MAGNA COLORS waren sie bis in die Neunzigerjahre die einzigen lösemittelhaltigen Acrylharzfarben, deren Produktion sehr zum Leidwesen etlicher Künstler, zum Beispiel Roy Lichtensteins, unterdessen eingestellt worden ist. Als ihre legitimen Nachfolger dürfen inzwischen die »Mineral Spirit Colors« – kurz MSA Colors genannt – von Golden Artist Colors, Inc./New Berlin/USA gelten. Der Inhaber, Sam Golden, war einst technischer Leiter bei Bocour Artists Colors, sodass bestimmte Verflechtungen nicht ausgeschlossen werden können.

Die ersten lösemittellöslichen Acrylharze wurden schon zum Ende der Zwanzigerjahre unter dem Produktnamen Acryloid von Röhm and Haas Company Co. in Philadelphia und als Lucite bei E. I. Dupont de Nemours in New York auf den Markt gebracht. In ihrer Zusammensetzung und ihren Eigenschaften ähneln beide in gewisser Weise dem ab 1933 in Darmstadt hergestellten Plexiglas. In Deutschland wurde 1928 das erste lösemittellösliche Acrylharz in Darmstadt bei Röhm zur Reife gebracht; es hatte den Namen Plexigum KP 74.

Je nach Copolymerisationsgrad waren sie unter folgenden Typenbezeichnungen in Toluol und Xylol löslich:

- **Acryloid B-72**
- **Ethylacrylat**
- **Methylacrylat**
- **Lucite 45**
- **Isobutylmethacrylat,**

oder aber in Testbenzin, wie die beiden Butylmethacrylate:

- **Acryloid F-10**
- **Lucite 44.**

In der vor allem kriegsbedingt intensivierten Anstrichmittel-Industrie wurde der Werkstoff Acryl als Schutzüberzug und Lack eingesetzt. Aber erst zwanzig Jahre darauf entdeckten überwiegend amerikanische Künstler vor allem die in Testbenzin löslichen Butylmethacrylate Acryloid F-10 und Lucite 44 bei der Selbstherstellung ihrer Acrylharzfarben.

ERSTE WÄSSRIGE ACRYLHARZDISPERSIONEN

Vor allem in den Laboren von BASF in Ludwigshafen oder bei Röhm und Haas in Darmstadt wurde die Entwicklung wässrig gebundener Acrylharze vorangetrieben; es sind dies die so genannten Acrylharzdispersionen. Röhm und Haas meldete 1930 als Erster eine Emulsionspolymerisation zum Patent an. Das zunächst Plexigum KD1 benannte Ethylmethylmethacrylat trug später den Namen Plextol.

BASF konnte nach anfänglichen Schwierigkeiten und Bedenken kommerzieller Art (sie befürchteten einen Rückgang des Lösemittelabsatzes) zunächst 1934 mit der Acrylharzdispersion Corialgrund (Corium = Lederhaut) in den Handel kommen. Röhm and Haas Company, ein Tochterunternehmen des Darmstädter Stammsitzes, das überwiegend festes Plexiglas herstellte, produzierte aus Kostengründen erst ab 1953 wässrige Acrylharzdispersionen, zum Beispiel Rhoplex AC-33, das genau wie das deutsche Plextol B 500 ein Ethylmethylmethacrylat war und sich vor allem für Außenanstriche eignete. Die beiden erwähnten Acrylattypen werden noch bis heute, wenn auch in modifizierter Form, hauptsächlich bei der Herstellung von Künstleracrylfarben eingesetzt.

ERSTE KUNSTHARZE IN DER MALTECHNIK

Die ersten Kunstharze, welche überhaupt in der Maltechnik Einsatz fanden, waren »Polyvinyl-

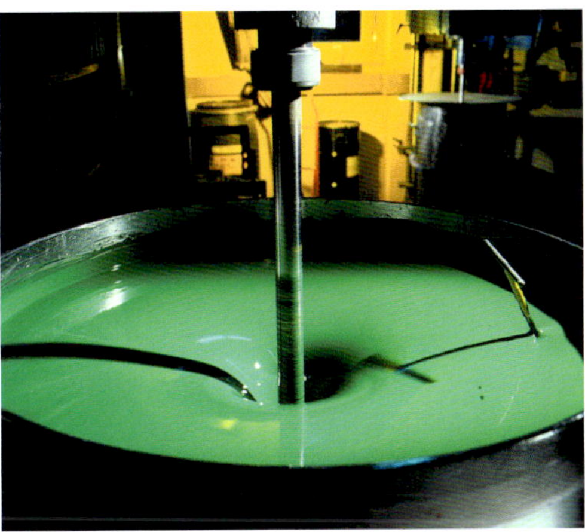

Rührwerk, Künstlerfarbenfabrik Lascaux Colours & Restauro

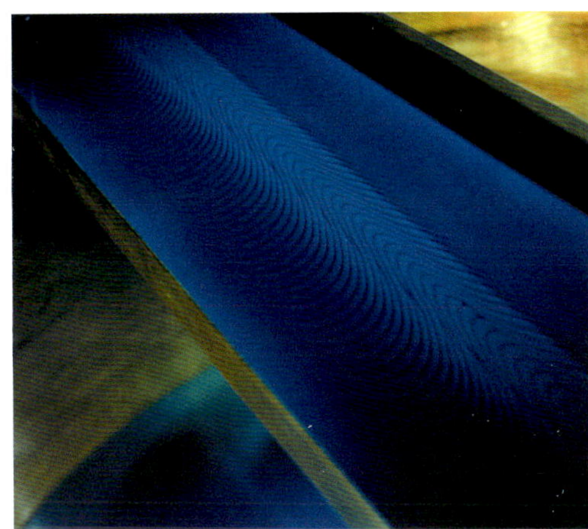

Walzenstuhl, Künstlerfarbenfabrik Lascaux Colours & Restauro

azetatemulsionen«. Bereits Ende der Dreißigerjahre entwickelte der damalige Eigner von Schmincke & Co., E. O. Hesse, gemeinsam mit Richard Jacobi vom Doerner-Institut Grundierungen als Ersatzstoff für die bisher üblichen Leim-Kreide-Grundierungen, die bis dato teilweise noch ölhaltig waren. Richard Jacobi übrigens entwickelte ein Verfahren zur »Konservierung alter Glasmalereien«. Bei dieser Methode wurde das originale Glas zwischen zwei Acrylglas-Schichten gelegt, ein so genanntes Sandwich-Verfahren. Richard Jacobi, Inhaber zahlreicher Patente, trieb aber vor allem mit seiner Forschertätigkeit die Entwicklung festen Acrylglases voran.

Die Farben- und Lackfabrik von Dr. Kurt Herberts in Wuppertal-Barmen brachte dann Mowilith- und Acronaldispersionen für plastische Grundiermassen, hauptsächlich für den Gebrauch im Malerhandwerk auf den Markt. Es hieß PLASTODUR, dem man jedoch Pigmentfarben nicht einfach zusetzen konnte. Deshalb wurde ein spezieller Binder namens PLASTOMULS entwickelt, mit dem dann das Anreiben endlich möglich war.

Über den Umweg der Anstrichtechnik fanden dann Kunstharzdispersionen Eingang in die Maltechnik. Während noch aus Kostengründen in der Anstrichtechnik Bindemittel auf der Basis von Acrylderivaten und ihren Copolymeristen zur Anwendung kamen, konnten sich für die Anwendung im künstlerischen Bereich durchweg Acrylharzdispersionen behaupten.

POLYMERLATEX

Die heute umkämpften globalen Märkte machten eine Fusion großer Chemiekonzerne notwendig. Die PolymerLatex Deutschland GmbH wurde 2011 vom britischen Konzern Yule Catto & Co. übernommen und heißt nun Synthomer.

Der Anfang: Erste Herstellung von Künstleracrylharzfarben

Leonard Bocour und sein Kompagnon Sam Golden erkannten sehr früh schon die guten Zukunftsaussichten des neuen Materials. So waren wohl Bocour Artists Color Incorporation/New York und die California Products Corp. in Cambridge/Mass. die ersten einer Reihe von neu gegründeten Künstlerfarbenfabriken, die Acrylharzdispersionen verarbeiteten. Bocour Artists Color brachten die Magna-Acrylharzfarben bereits 1946 auf den Markt, zur selben Zeit als California Products NEW MASTERS vorstellten, eine »copolymer emulsion«.

Zuerst haben amerikanische Künstlerfarbenhersteller in enger Kooperation mit Künstlern und Malern, und damit sozusagen an der Wurzel, Acrylharzfarben entwickelt und auf den Markt gebracht. Henry Levinson war mit seiner Firma Permanent Pigments, Inc. in Norwood/Ohio der Erste, der 1955 Künstleracrylfarben unter dem Namen »Liquitex« mit zwanzig Farbtönen auf den Markt brachte. Der Markenname »Liquitex« existiert auch heute noch, obschon davon ausgegangen werden muss, dass sich im Lauf der Zeit und auf Grund der vielen Besitzerwechsel die Qualitäten verändert haben. Gleiches gilt für »Aqua-Tec« von Bocour Artists Colors/New York, die seit 1962 auf dem Markt sind. Eine »Politec« genannte Acrylkünstlerfarbe brachte zuvor 1957 José Gutiérrez in Mexiko in den Handel.

In Europa war es zuerst die Firma George Rowney & Co. in London, die 1962 Künstleracrylharzfarben mit ihren »Cryla Artists' Acrylic Colours« vorstellen konnten. In der Schweiz nimmt Alois K. Diethelm 1963 seine Produktion von »Lascaux Acryl-Künstlerfarbe« auf. In Deutschland führte nach fast zehnjähriger Entwicklungszeit unter der Leitung von Hans Gert Müller 1964 Dr. Fr. Schoenfelds Künstlerfarbenfabrik LUKAS in Düsseldorf zunächst unter dem Namen »Lukakryl«, später »LUKAS Cryl«, ein. Kurz darauf folgte ihnen auch der Düsseldorfer Nachbar H. Schmincke & Co. mit seinem »Primacryl« bezeichneten Produkt. Es wurde so bezeichnet, weil man mit dieser Farbsorte besonders gut in der Alla-Prima-Technik arbeiten konnte. Dr. Ernst Seifert, ein leidenschaftlicher Maler, war Chemiker bei der Röhm und Haas GmbH und trieb in Deutschland die Entwicklung von Acrylharzdispersionen für die Maltechnik voran. Er beriet zu seiner Zeit vor allem die beiden Düsseldorfer Künstlerfarbenfabriken.

Im gleichen Jahr (1964) wird in Holland von Talens »Rembrandt Acrylfarbe« herausgebracht. Gut fünf Jahre später, nämlich erst 1970, war dann auch das traditionsreiche Unternehmen von »Winsor & Newton« endlich mit den »Winsor & Newton Artists' Acrylic Colours« auf dem Markt vertreten.

SCHWIERIGKEITEN IN FABRIKATION UND ANWENDUNG

Oft beobachtete Phänomene, wie etwa die Trennung der Farbmittel vom Acrylbindemittel, die Bildung von Luftbläschen im Pigment-Bindemittelgemisch oder unregelmäßige Viskosität wurden anfangs gelegentlich noch beobachtet und treten zuweilen heute noch auf, wenn sich Malkünstler ihre Acrylfarben selbst herstellen. Auch an der Problematik der Verlängerung der oft sehr kurzen Antrockenzeiten wird noch längere Zeit gearbeitet werden.

Die Herstellung von Künstleracrylfarben lässt seit den Sechzigerjahren allmählich einen deutlichen Auftrieb gegenüber den herkömmlichen Ölfarben erkennen. Die Meinungen von Theoretikern, Maltechnikern und Chemikern gingen oft sehr weit darüber auseinander, ob sich denn dieser Werkstoff auch wirklich bei den oft sehr kritischen Künstlern durchsetzen würde. Denn dass dieses neue Medium eine Malerei mit Ölfarben vollständig hätte verdrängen können, lässt sich bis heute nicht darstellen. Deutlich erkennbar ist aber ein Gefälle zwischen der Alten und der Neuen Welt.

Während Anfang der Siebzigerjahre in Amerika schon rund 60 % des Künstlerfarbenmarktes durch die Acrylwerkstoffe abgedeckt wurden, waren es in Europa nur rund 25 %, wobei die Tendenz steigend ist (Achtzigerjahre USA etwa 80 %, Europa 25 bis 40 %).

Auf Grund des wesentlich niedrigeren Bindemittelbedarfs bei der Herstellung von Acrylfarben fallen im Vergleich zur Ölfarbenproduktion wesentlich geringere Kosten an, und das bei gleichem Farbton und gleicher Menge, was nicht zuletzt auf die Verbraucher umgelegt wird. Vereinzelt anzutreffende und häufig ganz erstaunliche Preisspannen einzelner Fabrikanten zwischen den verschiedenen Medien sind meist wohl nicht nur auf kostengünstige Kalkulationen zurückzuführen …

Zwar erweist sich bei der Herstellung und Verwendung von Künstleracrylfarben Wasser noch immer als das beste Medium für die Verdünnung und Reinigung. Im Übermaß angewendet, können jedoch böse und besonders unliebsame Überraschungen auftreten. Fast alle Hersteller bieten unterdessen eine Vielfalt von Produkten und Zusatzmitteln, von der Grundierung bis zu verschiedenen Firnissen, an:

- **Gele zur Unterstützung von Pastositäten**
- **Malmedien für verschiedene Glanzstufen**
- **Verdickungsmittel**
- **Verdünnungsmittel**
- **Trocknungsverzögerer**
- **Modellierpasten**
- **Druckpasten**

Magna Colors

Unter dem Namen Magna Colors war eine nur in Amerika erhältliche Künstleracrylfarbe seit 1947 auf dem Markt. Die Produktion dieser lösemittelhaltigen Acrylharzfarbe wurde allerdings zu Beginn der Neunzigerjahre eingestellt. Auf Grund ihrer guten Verträglichkeit und Mischbarkeit mit Öl- und Ölharzfarben stand sie relativ kurz gewissermaßen im Schnittpunkt eines neuen maltechnischen Zeitalters zur Verwendung wässriger Acrylharzfarben.

Der ehemalige Leiter von Bocour Artists, Inc. in New York, Leonard Bocour, muss als der eigentliche Schöpfer der ersten Acrylbindemittel in Künstlerfarben angesehen werden. Schon zu Beginn der Vierzigerjahre hatte er ersten Kontakt zu dem Medium. Bocour nahm frühestens kurz nach Kriegsende mit dem Produzenten des Acryloid F-10, der Firma Röhm & Haas Company in Philadelphia, Kontakt auf. Mit den Eigenarten von Ölfarben und ihrem technischen Umgang vertraut, war Bocour auf der Suche nach einer neuen, mit Öl mischbaren Farbe.

Schließlich gelang es ihm, nach eingehender Forschung gemeinsam mit dem Hersteller des Rohstoffs, 1947 die damals hochmodernen »Magna Plastic Artist Colors«, kurz Magna Colors, mit sechsunddreißig Farbtönen, ein »Magna Medium« als dazugehöriges Malmittel und den Firnis »Magna Varnish« auf der Basis von Polyvinylacetaten auf den Markt zu bringen. Die Farben wurden Magna benannt, weil sie so »magnificient« waren, gab Bocour zu.

ZUSAMMENSETZUNG

Das Acryloid F-10 von Röhm und Haas, ein n-Butylmethacrylat, wurde vierzigprozentig in aromatenhaltigem Testbenzin gelöst. So bildete es nicht nur den Grundstoff, sondern auch buchstäblich die Lösung der Magna Colors, die außerdem noch Pigmente und Stabilisatoren, später auch Konsistenzgeber enthielten. Morris Louis bemängelte zunächst die noch dünne, fast suppenähnliche Konsistenz, sodass Bocour sich wohl um 1958 dazu gezwungen sah, seine Rezeptur weiter zu modifizieren. In der Absicht, den Ölfarben, auf die sich die meisten Künstler seiner Zeit noch eingestellt hatten, noch ein gutes Stück näher zu kommen, wurde nun erstmals Bienenwachs hinzugegeben.

EIGENSCHAFTEN

Auf Grund ihrer buttrigen Konsistenz lassen sich Magna Colors ganz ähnlich wie die traditionellen Malfarben vermalen und stehen so in ihrer Viskosität den Ölfarben am nächsten. Sie wurden meist verdünnt eingesetzt, als organische Lösemittel konnten Testbenzin, Terpentinöl, Nitroverdünnung oder vergleichbare Lösemittel verwendet werden. Nach der Trocknung sollten sie aber in diesen Lösemitteln wieder löslich sein, ein Umstand, der sie von den wässrigen Acrylharzfarben unterscheidet. Von Vorteil war dieses Verhalten, um Farbreste wieder von der Palette aufnehmen oder Pentimenti einbringen zu können. Bei der Schichtenmalerei wirkt sich das allerdings nachteilig aus; Empfehlungen sprachen sich für ein Zwischenfirnissen des unlöslich auftrocknenden »MAGNA VARNISH« aus. Wegen ihres starken Aromatengehaltes waren die Magna Colors stark gesundheitsgefährdend.

Magna Colors trockneten je nach Art und Menge des Malmittelzusatzes bereits in etwa einer halben Stunde oder je nach Verdünnungsgrad auch erst in zwei Stunden. Sie waren jedoch stets wieder lösbar. Wegen des teils immensen Volumenverlustes in pastosen Farbpartien konnte es zu Schrumpfungen und zur Ausbildung von Spannungsrissen kommen. Unter den Kunstharzen zählen generell die Acrylharze zu den lichtbeständigsten Sorten. Denn das gelöste Bindemittel trocknet glasklar auf und absorbiert so gut wie kein natürliches UV-Licht, sodass Gilbungen stets fehlen. Einfallendes Licht wird lediglich durch die Körnung der Pigmente reflektiert, was eine besonders starke Farbintensität zur Folge hat.

Im Gegensatz zu den reinen Ölfarben bzw. Ölharzfarben enthalten Acrylharzfarben keine ungesättigten Fettsäuren, sodass eine oxidative oder gar zerstörende Einwirkung auf Leinwandgewebe ausbleibt. Gerade Acrylharzfarben lassen sich auf ungrundierte Leinwandgewebe besonders gut auftragen. Auch wegen der sehr viel höheren Elastizität von Acrylharzfarben wurden den Malern ganz neue Möglichkeiten und für die künstlerische Anwendung zeitgemäße Wege eröffnet, wie etwa die der Einfärbetechnik Morris Louis' (siehe Seite 133).

Häufig wurden Acrylharzfarben mit Öl- und/oder Ölharzfarben vermischt in der Hoffnung, jeweils die Vorzüge beider nutzen zu können. Die löslichen

Acrylharze sollten dabei als eine Art Trocknungsbeschleuniger fungieren (Sikkativ wäre hier wohl ganz sicher zu viel gesagt). Es fällt dabei schwer, die Bestimmung der Mengenanteile festzulegen, ohne eine Wiederlöslichkeit der Ölfarbanteile befürchten zu müssen, die ja bei Harzanwesenheit ohnehin schwer zu umgehen ist. Es gab Empfehlungen, dass etwa zwanzig Gewichtsanteile Acrylharz nicht überschritten werden sollten. Sicherlich wird es auch damals schon so gewesen sein, wie eine Warnung zu bedenken gab, dass sich nämlich die Eigenschaft der Acrylharzfarbe verändert und eher die Nachteile einer derartigen Mischung zu Tage treten. Überdies behindern sich die unterschiedlichen Eigenschaften, ganz besonders die Trocknungsprozesse, gegenseitig derart, dass eine stabile Filmbildung nicht möglich ist.

REZEPT ZUR SELBSTHERSTELLUNG

Ein Rezept gibt an, dass drei Teile des Lösemittels Terpentin zu zwei Teilen Granulat von Acryloid F-10 oder anfangs Lucite 44, später Elvacite 2044, als Binder gegeben werden. Hier sollten die Künstlerpigmente dann trocken (sic!) eingemischt werden.

WÄSSRIGE ACRYLHARZKÜNSTLERFARBEN

Die bevorzugt in Acrylharzdispersionsfarben eingesetzten Basisacrylate gehören zu der Gruppe der nicht vernetzenden Polyacrylate. Sie sind nicht härtbar und werden so auch als Thermoplaste bezeichnet. Innerhalb weiter Grenzen sind die Charakteristika von Dispersionen differenzierbar. Ausgangspunkte für Polyacrylprodukte sind stets die Acrylsäure und Methacrylsäure bzw. deren Ester. Der Unterschied zwischen der Acrylsäure und der wesentlich härteren Methacrylsäure besteht in dem Einbau der Methylgruppe [CH_3], die eine Beweglichkeit zwischen den Gliedern einer Methacrylkette behindert, während die Polyacrylkette flexiblere Möglichkeiten in den Bewegungen aufweist. Der Einsatz so genannter Weichmacher entfällt bei wässrigen Acrylharzdispersionen, weil sich auf Grund ihrer Polymerisationsfreudigkeit Copolymere mit unterschiedlichen Härtegraden bilden!

Demnach haben die Butylester die höchste Festigkeit und lassen sich zudem in Benzin lösen: Sie wurden bei der Herstellung der testbenzinhaltigen Acrylharzfarben MAGNA COLORS und »MSA Colors« eingesetzt. Alle anderen Polymere lassen sich in Estern, Ketonen, Chlor- und Benzolkohlenwasserstoffen lösen. Als Rein-Polymerisate werden nur die Methyl-, Ethyl- und Butylester der Acrylsäure verwertet, die dann auch genau in dieser Reihenfolge eine größere Dehnbarkeit, Weichheit und damit Klebrigkeit erreichen. Polymethylacrylate und Polyethylmethylacrylate ergeben zwar für sich allein keine Filme; in Dispersionen eignen sie sich zur Normierung von Härtegraden. Sehr entscheidend dafür ist die Länge des Alkoholrestes (-OH), der schließlich den Erweichungspunkt und die Benzinlöslichkeit beeinflusst.

Noch in der Anfangsphase – sogar noch später – wurden Künstleracrylfarben überwiegend aus dem Basisacrylat eines Copolymerisats zwischen einem weicheren Ethylacrylat und dem härteren Methylmethacrylat erzeugt. Die amerikanischen Künstlerfarbenhersteller verwendeten hauptsächlich Rhoplex AC 234 von Röhm and Haas, hervorgegangen aus der Type 33, während in Deutschland eine vergleichbare Type mit dem Plextol B 500 der Röhm GmbH aus Darmstadt verwendet wurde.

Die Firma Lascaux Colours & Restauro in Brüttisellen/Schweiz verarbeitet neben anderen Bindemitteln mit dem Butylmethacrylat ein weicheres Material. Nach Mitteilung der Röhm GmbH in Darmstadt werden die meisten europäischen Künstlerfarbenhersteller mit dem Acrylat der Standardtype B 500 beliefert. Dennoch stellen sich bei gleicher Verwendung dieses Basisacrylates Unterschiede in Konsistenz, Trocknungsverhalten und im Oberflächenglanz heraus. Das liegt vor allem an den spezifischen Eigenarten eines jeden Produktes, das im Handel erhältlich ist – kein Fabrikant wird ja so schnell sein Geheimnis preisgeben! Hauptsächlich wird die Konzentrierung der Zusätze die Eigenschaften des Acrylates beeinflussen.

Folgende Hilfsstoffe werden den fertig angelieferten Dispersionen beigefügt:

- **Pigmente bzw. Pigmentpräparate**
- **Netzmittel**
- **Hilfsmittel zur Filmbildung**
  für die Einstellung von Härte und Trocknungszeit, etwa:
- **Butyldiglykolacetat bzw. Bariumsulfat**

- **Konservierungsmittel bis zu 0,02 %**
- **Verlaufmittel zum Einstellen der Viskosität, etwa Aluminiumsilikate oder amorphes »Aerosil«**
- **Verdicker; z. B. Cellulosederivate oder Polyacrylate**
- **Entschäumer bei dünnflüssigen Ausführungen**

Eine auf dem Künstlerfarbensektor exemplarische Acrylharzfarbe in Europa ist die Sorte »LUKASCRYL« von Dr. Fr. Schoenfeld aus Düsseldorf. Ihr Festkörpergehalt beträgt in der Künstlerqualität der ersten Sorte rund 70 %, während die Sorte »LUKAS Cryl liquid« mit rund 60 % zu Buche schlägt. Das Verhältnis von Pigment zu Bindemittel liegt je nach Auswahl der Rohstoffe zwischen 1 : 1 und 1 : 7.

Als Novum dürften die von Lascaux entwickelten AQUACRYL-Farben gelten. Sie tragen diesen Namen zu Recht, weil sie den echten Aquarellfarben sehr ähnlich, das heißt stets wiederlöslich vermalbar sind. Als Hilfsmittel wird aber auch ein Medium angeboten, das diese Wiederlöslichkeit einschränkt und gar aufheben kann.
In den so genannten ACRYL-STUDIENFARBEN sind keine Rein-Acrylate mehr, sondern meist Mischungen aus Acrylaten und Vinylacetaten enthalten.

EIGENSCHAFTEN WÄSSRIGER ACRYLHARZDISPERSIONEN

Mark Golden formulierte die Qualität von Acrylfarben etwa so: »Acrylkünstlerfarben können so flüssig-fein wie Ölfarben oder so flach und opak wie Gouache sein. Sie können flexibel aufgebaut sein und sich auch so halten, wenn man sie nur so verdünnt, dass sie färben und in wundervoller Transparenz glänzen. Acrylfarben sind so ausgewogen. Welche andere Künstlerfarbe wird es Malern erlauben, ihre Fehler derart schnell zu übermalen?«

Die zuerst in Amerika hergestellten Künstleracrylfarben waren zunächst noch relativ dünnflüssig und sie sind es auch heute noch. In Europa – und besonders in Deutschland – hingegen machten die Hersteller vielerlei Zugeständnisse an die Ölmaler, die man hauptsächlich zu bedienen trachtete. Alois K. Diethelm gab aber zu bedenken, dass dieser Umstand zu einer Verlangsamung bei der Verbreitung von Künstleracrylfarben geführt, noch sehr viel mehr an Verwirrung gestiftet und die Verbreitung schließlich gar verzögert habe, wenn es nicht gar die gesamte Entwicklung bzw. Einführung einer Acrylkünstlerfarbe beeinträchtigt habe. Denn die eigentlichen Vorteile gegenüber Ölmalfarben wurden so über lange Zeit nicht ins richtige Licht gestellt, und es wurde versäumt, Künstleracrylfarben als eigenständiges Produkt mit neuen und vor allem ganz anderen Möglichkeiten zu offerieren.

Europäische Künstler brachten schließlich dieses neue Material aus den Vereinigten Staaten mit, wo es ihre amerikanischen Kollegen schon längere Zeit nutzten. Sie forderten einen ähnlichen, vielleicht sogar verbesserten Werkstoff auch in ihren Ländern. Die entsprechende Farbtype war dann späterhin in einer zweiten Variante auf dem Markt erhältlich: Die flüssigere Form wurde in Töpfen oder Gläsern ausgeliefert und sie erlaubte entsprechend den damaligen Kunstströmungen einen dünneren Farbverlauf im flächigen Auftrag. Die (alte) pastöse Sorte, mit etwa 10 % mehr Feststoffgehalt, blieb dagegen in ihrer buttrigen Konsistenz den Ölfarben noch am ähnlichsten.

Durch den Zusatz von Malmitteln konnten Acrylfarben außergewöhnlich dick aufgetragen werden. Diese Verdicker waren in Gelform erhältlich und ermöglichten bei richtiger Verwendung ein Auftrocknen ohne große Spannungen. Demgegenüber ließen sie bei starker Verdünnung mit Wasser oder einem entsprechenden Malmedium einen fast aquarellartigen Malauftrag zu. Und endlich sind seit einiger Zeit richtige Acryl-Aquarellfarben auf dem Markt.

Die Möglichkeit, Acrylharzdispersionen nur mit Wasser zu verdünnen, kommt auch modernen UMWELTSCHUTZANFORDERUNGEN sehr entgegen oder hilft den gegen Terpentinöl allergischen Malern, ihren Beruf auch weiterhin auszuüben. Denn Acrylfarben sind bis auf den gelegentlich leicht auftretenden Ammoniakgeruch, der auf die alkalische Herstellung der Dispersion mit Ammoniak zurückzuführen ist, fast vollständig geruchlos. Dennoch muss darauf aufmerksam gemacht werden, dass Acrylfarben neben Acrylharzen, Wasser und Pigmenten auch unter Umständen reizende Konservierungsstoffe benötigen. Bei besonders empfindlichen Anwendern kann es wegen der in Acrylfarben notwendigerweise enthaltenen Alkalien bei längerem oder permanentem Hautkontakt trotz allem zu leichten allergischen Reaktionen kommen.

Vor Mischungen zwischen wässrigen Künstleracrylharzdispersionen und anderen Malmaterialien muss zunächst eindringlich gewarnt werden. Grundsätzlich sind sie unverträglich mit allen ölhaltigen Werkstoffen; auch von Mischungen mit anderen Wasserfarben muss – ohne entsprechende Vorversuche – abgeraten werden:

- **Die sauer eingestellten Vinylemulsionen würden die Beständigkeit der Mischungen ganz empfindlich stören!**

- **In manchen Wasserfarben ist auch Borax enthalten, das zum gefürchteten Ausflocken (Koagulieren) von Acrylfarben führt.**

- **Sogar das Mischen von Künstleracrylfarben unterschiedlicher Hersteller muss kritisch beurteilt werden, obwohl zwar stets das gleiche Basisacrylat enthalten ist, die Zusätze oder Hilfsstoffe der Rezepturen sich aber nicht unbedingt gleichen. Hier helfen aber Probeaufstriche, Klarheit zu gewinnen.**

PIGMENTE FÜR KÜNSTLERACRYLHARZDISPERSIONEN

Durch die leicht alkalische Einstellung von Acrylharzdispersionen mit einem pH-Wert von rund 9,5 ist die Verträglichkeit von Pigmenten auf den Einsatz laugenbeständiger Typen beschränkt. So fällt etwa das auch in der Wandmalerei ungeeignete Preußischblau für die Acrylmalerei aus. Alizarin, Karmin, Bleichromate, Bleiweiß, Grünspan, Kobaltgrün und Zinkgrün sind ebenso ungeeignet wie Verlackungen von Mangan. Auch französischer Ocker, wie eigentlich fast alle Erdfarben, scheiden aus, weil sie in Acrylharzdispersionen zum Quellen neigen!

Zinkweiß, das nur von einigen wenigen Herstellern angeboten wird, ist reaktiv und wirkt erhärtend auf Acrylfarben. Wenn aber Zinkweiß mit einem Schutzkolloid ausgestattet ist, etwa mit einem Polyvinylalkohol, kann es problemlos in Acrylfarbe gebunden werden; die reaktive Eigenschaft wird so unterbunden.

Hauptsächlich finden die meist erst im zwanzigsten Jahrhundert erfundenen synthetischen organischen Pigmentfarbstoffe als Farbmittel in Acrylharzfarben Verwendung. Diese Pigmentkategorie zeichnet sich durch ganz besondere Licht-, Wärme- und Chemikalienbeständigkeit aus. Im Blau- und Grünsegment ersetzen die Phtalocyaninpigmente Preußischblau oder Kobaltgrün; die Rottöne von Krapplack über Karmin- und Kadmiumrot hin zu Hansagelb ersetzt die Chinacridonreihe, während synthetische Eisenoxide die Erdfarben ersetzen.

So genannte Metalleffektpigmente haben sich unterdessen überall durchgesetzt, ganz besonders in der Autolackindustrie, aber auch im Künstlerfarbensektor haben sie Eingang gefunden. Sie enthalten meist Glimmer, ein Aluminiumsilikat, das mit Eisenoxiden oder Titandioxid abgemischt wird.

VERARBEITUNGSHINWEIS:

Acrylfarben sind stets in Wasser dispergiert und deshalb besonders gegen Frost empfindlich, trocknen aber stets wasserunlöslich auf.

Zur Anwendung von Acrylfarben

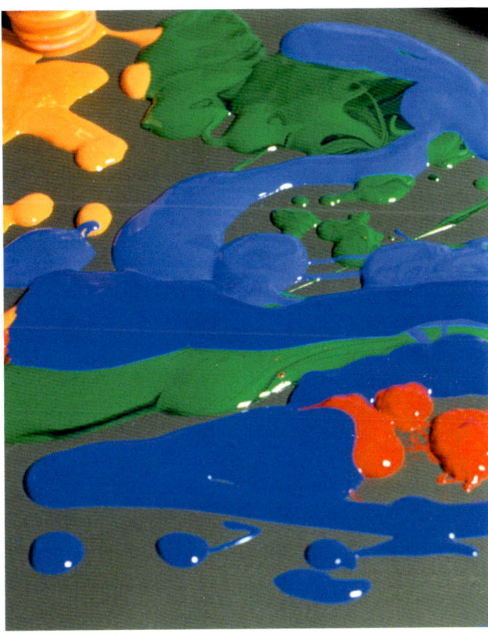

Theorie, Praxis & Anwendung

Obschon das Herstellungsverfahren für Acrylharz – das übrigens auch zur Herstellung von festem Plexiglas führte – bereits seit dem Jahr 1915 patentiert war, wurden die Dispersionen aus Acrylharzen erst Anfang der Dreißigerjahre entwickelt. Industriell konnten die so genannten Acrylharzbinder sogar erst um 1950 in den USA hergestellt werden, beispielsweise für Fassadenfarben. Diese auch als Acrylatbinder bezeichneten Farben erwiesen sich als sehr brauchbares Bindemittel für Malfarben. Für die Anwendung in Künstlerfarben kamen sie erst Anfang der Sechzigerjahre auf den europäischen Markt.

Die aus Acrylsäure und Methacrylsäure hergestellten Kunstharze weisen vielfältig differenzierte Eigenschaften auf. Wie in einem Baukasten können mit Hilfe der Copolymerisation Harze mit speziellen Eigenschaften produziert werden. Aus der chemischen Großindustrie kommen für die Herstellung von Künstlerfarben Harze, Harzlösungen und als Halbfertigfabrikate die Dispersionen in Frage, die dabei entweder in fester Form, als Harzlösung in einem Lösemittel gelöst oder mikroskopisch fein verteilt in einer wässrigen Dispersion auftreten. Meist werden die Ableger der Methacrylsäure von den Künstlerfarben als Harze für die Herstellung von lichtechten, hochelastischen und gut haftenden Firnissen eingesetzt. Die Filme sind lichtecht, alterungsbeständig und bleiben lange benzinlöslich. Besonders feindisperse Lösungen, aber auch feine Dispersionen können als Isoliermittel auf stark saugenden Malgründen dienen. Acrylharze in Lösung und in Dispersion werden auch häufig als Klebemittel in der Restauriertechnik eingesetzt. Gröbere Acryldispersionen sind meist Malmittel bei der Herstellung von Acryl-Dispersionsfarben.

- Der Begriff DISPERSION wurde in den Fünfzigerjahren für den deutschen Sprachraum geprägt, um damit zwischen öl- bzw. harzhaltigen Emulsionen zu unterscheiden. Acrylmalfarben sind in der Tat prinzipiell »Temperafarben«, also Emulsionsfarben bzw. ölfreie Emulsionen, weil bei der Polymerisation von Acrylsäuren oder Methacrylsäuren Polymerisatharze hergestellt werden, in denen nur Wasser als Verdünnungsmittel eingesetzt wird.

- Prinzipiell soll der Begriff TEMPERAFARBEN nur solchen Malfarbensystemen vorbehalten bleiben, deren Malmittel aus einer echten Emulsion besteht. Denn Emulsionen sind stets stabile Mischungen zweier nicht miteinander mischbarer Flüssigkeiten. Die zwei wichtigsten Emulsionen für die Maltechnik sind die Ei-Emulsion und die Kasein-Emulsion: Einfache Leim-Malfarben als »Temperafarben« zu bezeichnen, entspricht nicht dem maltechnischen Stand der Dinge.

• Dispersionsfarben sind wasserverdünnbare Malfarben, die wasserunlöslich auftrocknen. Mikroskopisch kleine Kunststoffteilchen sind in ihrem Malmittel gleichmäßig in Wasser verteilt; bei Normaltemperatur bilden sie einen zusammenhängenden Film, sobald der Wasseranteil teils in den Malgrund eingeschlagen, teils verdunstet ist. In diesen Kunststofffilm werden die Pigmente eingebettet.

Bei der Emulsionspolymerisation wird das Monomer in Form wässriger Emulsionen zu einer Polymerisation gebracht, an deren Ende dann das Polymerisat dispergiert (d. h. in feiner stabiler Verteilung) vorliegt.

Die besseren, meist von den Künstlerfarbenherstellern eingesetzten Acrylbindemittel bleiben dauernd biegsam bzw. elastisch und altern praktisch nicht. Solche Acrylatbinder sind nach der Trocknung glasklar und lassen so die Pigmente natürlich und in ihrer vollen Leuchtkraft erscheinen. Sie vergilben ebenso wenig, wie sie oxidieren, runzeln oder krakelieren. Acrylfarben sind zwar mit Wasser verdünnbare Kunststoff- und Dispersionsfarben, trocknen aber zu wasserfesten Filmen auf. So hochwertig ein Rüstzeug auch sein mag, die Qualität und Beständigkeit eines Werkes ist in hohem Maße auch von der Beherrschung der dabei angewendeten Technik und der eingesetzten Materialien abhängig.

Die Hersteller von Künstleracrylfarben stellen im Gegensatz zu anderen Farbenherstellern nur ein Dreiphasen-Basismaterial (Bindemittel, Pigment und Wasser) her. Dadurch entsteht dann auch eine ganz besondere Modifizierbarkeit der Acrylfarben. Aber auch die für den Künstlerfarbensektor hergestellten reinen Acrylemulsionen können zum Selbstherstellen verwendet werden, in die bereits alle notwendigen Additive wie Schutzkolloide, Netzmittel und auch Biozide »eingebaut« sind.

DIE BESONDERHEIT UND EIGENARTEN VON ACRYLHARZFARBEN

Hohe Licht- und Alterungsbeständigkeit wird Acrylharzfarben vor allem zugesprochen.

Die Deckkraft von Acrylharzfarben ist auf Grund geringerer Pigmentmenge deutlich kleiner als die von Ölfarben! Das ideale Verhältnis Pigment-/Bindemittel liegt bei 1:1 bis 1:7. Ölfarben benötigen oft die dreifache Menge.

Wegen der porösen Oberfläche ist die Lichtstreuung ziemlich stark. Die Farbwirkung von Acrylharzfarben wird daher als nicht besonders tief, als matt empfunden.

Weil die Pigmentkörner allein durch das einfallende Licht reflektiert werden, ist ihre Farbwirkung aber tatsächlich stärker.

Glänzend eingestellte Acrylfarben wirken oft speckig.

Acrylfarbaufstriche wirken oft ohne Pinselstrich durch weichere und runde Konturen auffällig, was auf den Volumenverlust nach dem Verdunsten des Wassers zurückzuführen ist.

Rissbildung ist meist auf grobe Stoßeinwirkung oder fehlerhafte maltechnische Vorarbeit zurückzuführen, zum Beispiel mangelnde Adhäsion auf zu glattem Untergrund.

Modellierungen wie etwa in der Nass-in-Nass- oder Primamalerei, sind nur bei außergewöhnlich guter Kenntnis des Materials möglich.

Farbabstufungen sind meist nur in einem Nebeneinander der Pinselstriche schattierend möglich, was wieder in das »Mittelalter« vor den Anfängen der Ölmalerei zurückführt.

EIGENSCHAFTEN

Acrylfarben erhalten ihre ungewöhnlichen Eigenschaften durch die Acrylharzemulsion. Die darin enthaltenen hochwertigen Bindemittel trocknen ohne Oxidation, nur durch Verdunstung des Wasseranteils zu einem farblosen, permanenten Film, der praktisch auf jeder Unterlage haftet. Er ist wasserdampfdurchlässig, nicht verseifbar und weit gehend chemikalienbeständig. Die stabile Emulsion ist eine milchige Flüssigkeit, welche die Farben zuerst aufhellt, nach dem Trocknen aber die volle Intensität reiner, unverschnittener Pigmente zur Geltung bringt.

Acrylfarben haften praktisch auf jedem Untergrund, sofern er fettfrei und sauber ist. Weil Acrylfarbschichten elastisch hart, hoch alterungsbeständig und sehr gut haftfest sind, muss beim mobilen Arbeiten, zum Beispiel auf Reisen, in der Landschaft, aber auch im Atelier zum Transport der Werke kein Reißen, Brechen oder Abblättern der Farben befürchtet werden. Werke auf Leinwand, Stoff und Papier können bedenkenlos gerollt werden. Dank der elastischen Eigenschaften sind Acrylfarben auch in beliebiger Schichtdicke zu verarbeiten, in jeder Maltechnik, vom schweren pastosen Auftrag bis zum feinsten Pinselstrich.

Weil Acrylfarben ihrer besonderen Eigenart nach zwar wasserverdünnbar, nach dem Trocknen aber wasserunlöslich sind, ist dieser Vorgang nicht reversibel: Einmal getrocknete Farben sind nicht wieder verwendbar. Sie lassen sich jedoch nach der Trocknung noch längere Zeit mit heißem Wasser wieder anquellen und von nicht saugenden Untergründen leicht wieder entfernen. Löslich bleiben Acrylfarben in Alkohol, in Aceton und in Kunstharz- und Nitroverdünnern.

Acrylfarben sind in jeder Technik auf praktisch jedem Untergrund anwendbar, d.h., sie können mit Wasser verdünnt oder unverdünnt gespachtelt, deckend oder lasierend in fast jeder Schichtdicke – von schwerpastos bis feinpinselig dünn – vermalt werden. Ihre Oberfläche wirkt nach der Trocknung seidenmatt. Acrylfarben können darüber hinaus fast unbegrenzt übermalt werden. In dünnen Schichten aufgetragen, trocknen die Acrylfarben in wenigen Minuten, in extrem dicken Schichten in etlichen Stunden, je nach Temperatur. Sie benötigen jedoch zur vollen Durchhärtung längere Zeit, meist mehrere Tage. Trotzdem können auch dicke Schichten ohne Reißgefahr nach einigen Stunden übermalt werden.

TROCKNUNG VON ACRYLFARBE

Die wässrigen Acrylfarben sind im nassen Zustand frostempfindlich und dürfen nicht unter +15 °C verarbeitet werden; auch für eine gute Trocknung sollte die Temperatur nach der Verarbeitung, also während der Trocknungsphase nicht unter +10 °C liegen. Dass bei der Trocknung die Acrylfarben dunkler werden, ist dadurch bedingt, dass die nassen Farben durch die milchige Bindemittelemulsion zunächst aufgehellt werden; nach dem Trocknen erhalten sie dann erst ihren eigentlichen Farbwert. Dieser Vorgang ist nicht bei allen Farbtönen gleich, er ist zum Beispiel bei Farbtönen, die Weiß enthalten, stärker. Sonst sind die physikalischen Gesetzmäßigkeiten bei Emulsionsfarbensystemen aber gleich. Von vielen wird die schnelle Trocknung von Acrylfarben als nachteilig empfunden, andere wiederum sehen dies gerade wegen der sich dadurch ergebenden neuen Möglichkeiten als Vorteil an.

Beim Trocknen von Acrylfarben schlägt ein Teil des Wassers in den Malgrund ein, während der Rest verdunsten muss. Auf dem Malgrund bleiben dabei die kleinen Kunststoffpartikel zurück und fließen bei Normaltemperatur zu einem zusammenhängenden Film zusammen. Sie »verschweißen« miteinander und lagern die vorhandenen Pigmente ein. Weil es sich bei den Acrylharzen um Thermoplaste handelt, also um in Wärme verformbare Stoffe, gibt es eine Mindesttemperatur, die zur Filmbildung, zum »Verschweißen« nötig ist. Sie liegt bei der üblichen Zusammensetzung der hier in Frage kommenden Acryldispersionen über +10 °C. Unter 10 °C findet keine vollständige Filmbildung mehr statt (siehe Seite 36).

Die Trocknung wässriger Acrylharzdispersionen verläuft durch Verdunsten des Wasseranteils, ist also ein physikalischer Vorgang. Weil das polymerisierte Acrylharz in Wasser dispergiert vorliegt, also nicht gelöst ist, bilden sich ausschließlich wasserfest auftrocknende Filme. Weil aber der Wasseranteil mit rund 30 % sehr hoch liegt, führt der im Gegensatz zur Ölfarbe relativ schnell verlaufende Trocknungsprozess und der damit einhergehende Volumenverlust zu einigen Spannungen und argen Zugkräften im Bildgefüge: Dem muss vor allem bei größeren Bildträgern Rechnung getragen werden!

Die VERARBEITUNGSZEIT kann zwischen einer Viertelstunde, über etliche Stunden bis hin zu Tagen betragen. Sie wird beeinflusst vom Klima (d.h. Luftfeuchtigkeit und Temperatur), der Art und Beschaffenheit des Untergrundes sowie der Schichtdicke des Acrylfarbenauftrages. Die schnelle Trockenzeit bietet Acrylmalern ein zügiges, spontanes und sicher produktiveres Arbeiten. Ist eine allzu rasche Trocknung unerwünscht, so empfiehlt sich der Einsatz von Trocknungsverzögerern (siehe Seite 108).

Goldschmidt beschrieb den Trocknungsvorgang sehr anschaulich etwa so: »Kugelförmige Teilchen lagern sich während der Verdunstung des Wassers und bei der Filmbildung zusammen. Je weiter dieser Prozess vorwärts kommt, desto mehr zieht sich die Flüssigkeitsoberfläche zwischen die dicht zusammengedrängten Teilchen zurück. Dadurch nimmt einerseits der Krümmungsgrad der Flüssigkeitslamellen zwischen den rundlichen Teilchen ab. Andererseits nimmt der Kapillardruck im Innern des Dispersionskonzentrats zu, wodurch sich die Teilchen gegeneinander drängen. Ist dieser Kapillardruck ausreichend und groß genug, so werden die Teilchen derart fest gepresst, dass sie sich schließlich deformieren.«

Sie füllen so weit gehend die Hohlräume und verschweißen sich gleichsam an ihren Knotenpunkten. Robert Feller hat festgestellt, dass im Verlauf des Trocknungsprozesses von Acrylharzfarben nahezu 97 % des Wassers innerhalb von nur zweieinhalb Stunden, nach 24 Stunden fast 99 %, aber erst nach sieben bis elf Tagen der gesamte Wasseranteil verdunstet ist.

MINDESTFILMBILDUNGSTEMPERATUR

Für eine einwandfreie Filmbildung ist ein bestimmter Wärmezustand erforderlich, der oberhalb der MINDESTFILMBILDUNGSTEMPERATUR (MFT) liegen muss. Unterhalb einer bestimmten Grenze werden die Filme zum Reißen neigen, und nur oberhalb der MFT wird eine Koaleszenz zuverlässig verlaufen. Die für Künstlerfarben geeigneten Copolymerisate sind generell auf eine MFT von etwa +10 °C abgestimmt. Weil noch einige andere Stoffe an einer Acrylkünstlerfarbe beteiligt sind, wird innerhalb bestimmter Sicherheitsgrenzen meistens eine VERARBEITUNGSTEMPERATUR von +15 °C bis +30 °C von den Künstlerfarbenfabrikanten angegeben. Bei hohen Temperaturen bis +30 °C verkürzt sich ganz logisch die Trocknungszeit erheblich. Demgegenüber wird sich unterhalb von +10 °C selten ein maltechnisch sicherer Film bilden, auch später nicht! Und auch das sollten Acrylmaler stets bedenken, wenn sie in ihren Ateliers nach getaner Arbeit die Heizung abschalten.

Alle Acrylkunststofffilme besitzen auf Grund ihrer Zusammensetzung eine chemische Verwandtschaft zum Plexiglas. Der Künstlerfarbenhersteller kann beim derzeitigen Stand der Technik aus chemisch verschieden konstruierten Acrylharzdispersionen ein Acrylfarbenbindemittel komponieren, dessen Filme fast ideale maltechnologische Eigenschaften haben. Sie haften unter normalen Bedingungen auf allen üblichen Untergründen, erlauben bei dickem Auftrag die Einarbeitung verschiedener Materialien zu Collagen. Die Filme sind nicht oxidierbar, sie sind alterungs- und chemikalienbeständig, sie vergilben weder im Licht noch in der Dunkelheit oder bei hohen Temperaturen, sie sind und bleiben wasserhell. Die getrockneten Filme sind wasserdampfdurchlässig, sie belassen deshalb auch den Bildträgern, zum Beispiel Holz- und Putzgründen, ihre Wasserdampfdurchlässigkeit. Temperatur- und Chemikalienbeständigkeit sind natürlich auch abhängig von den jeweiligen Pigmenteigenschaften. Wie schon erwähnt, sind die getrockneten Filme weder in Wasser noch in Terpentinöl oder Benzin lösbar.

FARBTONVERSCHIEBUNGEN BEIM TROCKNEN VON ACRYLFARBEN

Die Acrylharzdispersion, aus der Acrylfarben hergestellt werden, ist eine milchig weiße Flüssigkeit, welche die Malfarbe nach dem Farbauftrag zunächst deutlich aufhellt. Besonders ausgeprägt scheint dieses Verhalten bei den Pigmenten der so genannten Chinacridonreihe. Diese Verschiebung des Farbtones tritt im nassen Zustand zunächst noch einige Abstufungen heller vor Augen und besitzt zudem noch milchig weiße Anzeichen. Dieser Zustand bildet sich aber wieder zurück, wenn das Bindemittel klar und transparent aufgetrocknet ist und der Farbton in seiner beabsichtigten Farbgebung dann auch dunkler getrocknet ist, sodass die Pigment-Farbtönung vollständig herauskommt (wenn sich dieses Phänomen aber im ganzen Bildgefüge abspielt, dann ist es ja gar nicht mehr so beunruhigend).

FILMBILDUNG UND FILMTROCKNUNG

Es besteht grundsätzlich ein Unterschied zwischen Filmbildung und Filmtrocknung. Dies ist umso wichtiger, weil viele Maler, die ursprünglich Ölmaler waren, dazu neigen, die dort richtigen Vorstellungen und Erfahrungen auch auf diesen Malfarbentypus zu übertragen. Denn Ölfarben enthalten keine flüchtigen Bestandteile; in ihrem Auftrag bleibt deshalb fast die ganze der Tube entnommene Malfarbenmenge erhalten, ihr Film nimmt beim Trocknen sogar durch Sauerstoffaufnahme an Gewicht und Volumen noch zu!

EINSATZ VON TROCKNUNGSVERZÖGERERN

Wässrige Malfarben enthalten als Quell- und Lösemittel für die natürlichen und synthetischen Leime und Dispersionsmittel für die Kunststoffdispersionen immer nur Wasser, das beim Trocknen vollständig aus dem Aufstrich entweicht. Zurück bleiben nur das nicht flüchtige Bindemittel, nämlich die Trockenleimsubstanz oder bei Acryldispersionen der Kunststoff und die darin eingelagerten Pigmente. Jeder, der einmal käufliche so genannte Tempera- oder Plakattemperafarbe pastos aufgetragen hat, kennt den Substanzverlust und die Schwundrisse, die hier beim Trocknen auftreten. Die Farbfläche sieht dann etwa so aus wie der Erdboden eines überschnell ausgetrockneten Flussbettes in heißen Gegenden. Maler sollten also bedenken:

Ein trocknungsverzögerndes Malmittel, selbst hergestellt oder gekauft, ist nichts anderes als ein auf Malfarbenkonsistenz verdicktes Wasser.

Ein pastoser Auftrag nimmt beim Trocknen deutlich sichtbar – und sogar messbar – an Volumen ab!

Durch Zusatz von Trocknungsverzögerern können Verbraucher wie Hersteller die Trockenzeit von Acrylfarben fast beliebig variieren und sogar den Preis fast beliebig verringern. Diese Malmittel besitzen jedoch die unerfreuliche Eigenschaft, einen Festkörpergehalt vorzutäuschen. Es sind Acrylfarben auf dem Markt, deren Festkörpergehalte um 30 bis 40 % differieren. Vom Festkörpergehalt einer Acrylfarbe sind neben anderen Eigenschaften ihre Ergiebigkeit und die Fähigkeit, in pastosem Auftrag »stehen« zu bleiben, abhängig. Nur dann können sie ihr Volumen halten.

ALTERUNGSBESTÄNDIGKEIT

Die Alterungsbeständigkeit nimmt allgemein bei Acrylfarben umso mehr ab, je dünner die Auftragsstärke (also die Schichtdicke) und je geringer ihre Bindemittelanteile sind. Außerdem sind einzelne Pigmente im Verhalten verschieden. Die Wetter- und Alterungsbeständigkeit von Acrylfarben wird vor allem durch die Einwirkungsart und -dauer von Wasser meist negativ beeinflusst und sodann auch durch die atmosphärischen Umweltverhältnisse (wie Sonneneinstrahlung, Industrie- bzw. Rauchgase und andere atmosphärische Einflüsse) beeinträchtigt. Ein wesentlich verbesserter Schutz gegen solcherart Umwelteinflüsse wird durch Erhöhung des Bindemittelanteils und der Schichtdicke erreicht: vor allem aber durch eine zweckmäßige und ausreichende Schlussversiegelung der Malereien. Denn durch eine gute Versiegelung werden die Pigmente noch besser eingebettet und vor klimatischen Einflüssen geschützt. Obendrein wird das Eindringen von Wasser in den Farbfilm behindert, wenn nicht ganz unterbunden, und dadurch können auch Schmutzablagerungen selbst nach Jahren leicht abgewaschen werden.

THERMOPLASTIZITÄT

Alle Acrylharzfarben haben thermoplastische Eigenschaften. Sie verhalten sich wie ihre Grundstoffe, die Copolymerisate, bei Raumtemperatur besonders elastisch. Wenn sie aber erwärmt werden, lockert sich der Molekülverbund und die Schichten lassen sich verformen: Der Film wird weich und fühlbar klebrig. Dieses Verhalten stammt auch von dem ungewöhnlich guten Dehnungsverhalten des Materials, das sich auch nach dem heutigen Forschungsstand im gealterten Zustand nicht mehr ändern wird.

Wegen der guten Elastizität lassen sich Acrylharzfarben besonders gut auf flexiblen Bildträgern verarbeiten: Rissbildung oder Craquelés sind bei guter Vorarbeit nicht zu erwarten. Sollten sie dennoch auftreten, sind meist starke Stoßeinwirkung oder aber Fehler in der Vorarbeit die Ursache des Schadens. Wegen der thermoplastischen Eigenschaft weisen Acrylharzfarben eine geringe Wärmebeständigkeit auf. Schon oberhalb +60 °C zeigen sich erste Veränderungen, die sich ab +120 °C in einer die Prolyse signalisierenden Gelbverfärbung äußern. Unterhalb der MFT aber und auch bei Frost im getrockneten Zustand werden Acrylfarben zunehmend spröde.

LÖSLICHKEIT

Acrylharzfilme sind leicht anlösbar mit Aceton, Ethylalkohol, Isopropylalkohol, Methylalkohol, Ethylacetat, Toluol, Xylol und aromatenhaltigem Testbenzin. Gegen Laugen und Säuren gelten sie allgemein als beständig. Manche dieser Eigenschaften sind nicht ganz unwichtig, wenn Flecken von Acrylmalfarben auf die Kleidung gespritzt sind und es diese zu entfernen gilt.

ELEKTROSTATISCHE AUFLADUNG

Die meisten Kunststoffe gelten als gute Isolatoren: Darum wird auf Grund des relativ hohen Oberflächenwiderstandes eine elektrostatische Aufladung entstehen. Durch stärkere Berührungen von Kunststoffflächen miteinander, einem anderen Nichtleiter oder sogar nur mit Luft werden gegensätzlich aufgeladene Staub-, Ruß- oder andere Teilchen aus der Luft angezogen und können so die Oberfläche verschmutzen.

EIGENART GETROCKNETER ACRYLFARB-SCHICHTEN

Die Oberfläche getrockneter Acrylfarbschichten erscheint in starker Vergrößerung nicht absolut glatt. Vielmehr erscheinen die ehemals runden Teilchen rhombisch verformt. So zeigt sich die Oberfläche in einer Art seidenmattem Glanz, ein Umstand, der sich durch die stumpfe Erscheinung von Acrylfarbschichten erklärt. Diese Eigenart lässt sich aber mit dem Einsatz eines von jedem Hersteller angebotenen Glanzmediums leicht beheben. Die mikroskopisch kleinen Zwischenräume erklären denn auch die von den meisten Fabrikanten erwähnte Wasserdampfdurchlässigkeit. Sie wirkt sich in der Praxis stets nur dann negativ aus, wenn eine Tube beschädigt sein sollte: Der Inhalt trocknet dann in der vermeintlich geschlossenen Tube aus.

Allgemeine Erfahrung von Künstlern zur Anwendung wässriger Acrylkünstlerfarben

Auf den folgenden Seiten werden als Hintergrundmaterialien die allgemeinen Erfahrungen aus der malkünstlerischen Praxis mit wässrigen Acrylkünstlerfarben in loser Folge nachgezeichnet. Es mag unter Umständen ein wenig verwundern, wenn hierbei die eine oder andere Praxis sowohl als positiv wie auch als negativ festgehalten wird. Manche sind gegenüber der oft grellbunten Farbigkeit mehr als voreingenommen und manch andrer schätzt an Acrylfarben gerade diesen Umstand. Andere Vorzüge werden sich in diesem Abschnitt nicht unmittelbar der einen oder anderen Seite zuschlagen lassen. Aber die oft unterschätzten Eigenschaften wiewohl überschätzte Qualität gleichermaßen führen zu teils erheblichen Spannungen und Schwachstellen in einem auch bei der Acrylmalerei äußerst sensiblen Gefüge: Gewebe – Grundierung – Malschichten, die in einem anderen Zusammenhang beschrieben werden (siehe maltechnische Fehlerquellen Seite 200).

So manche Bemerkung in den vorangegangenen Beiträgen lässt mindestens eine ganz wesentliche Folgerung zu, dass nämlich gerade dieses Material ohne weiteres die Schaffung »anonymer Oberflächen« erlaubt. Raimer Jochims favorisiert die Marke Aqua-Tec, um den für ihn typischen ebenmäßigen, nicht fleckigen Farbaufbau in spezifisch seidenglänzender Oberfläche aufzuspachteln. Der individuelle Pinselstrich wird beispielsweise in einer ganzen Kunstgattung vollständig vermieden, was zu der, wenn auch etwas gewagten, Behauptung führt: Ohne das neue Künstlermaterial der Acrylfarben wäre vieles in der modernen Kunst nicht möglich gewesen. David Hockney schätzt neben den für seine Zwecke malerischen und auch maltechnischen Vorzügen von Acrylmalfarben das Fehlen sichtbarer Spuren von Handarbeit, während Andy Warhol dazu lobend anmerkte »... no-hands look character ...« werde sichtbar. Andererseits schätzt Ulrich Erben zwar die Brillanz mancher Acrylfarbe, vermisst jedoch die Farbtiefe von Ölfarbe, die für ihn »... nach wie vor die Königin der Farben ...« sei.

NEGATIVE ERFAHRUNGEN

So wird am häufigsten der Mangel an schöner Farbtiefe, Farbreichtum oder gar feinem »Schmelz« angegeben.

Auch sei eine modellierende Malweise ohne den Zusatz zwar geeigneter, jedoch teils stark konsistenzverändernder Malmittel nicht möglich.

Eine gewisse Plastizität ist kaum ausführbar, da Übergänge schroff wirken würden.

Auch Farbverläufe sind nicht so leicht hervorzubringen, und nebeneinander liegende Farbstriche lassen sich nicht zu einer Form binden.

Das häufig anzutreffende Phänomen von Farbtonveränderungen, nicht nur während des Trocknungsvorgangs, sondern auch beim Ausmischen der Farbtöne wird bemängelt.

Außerdem wird, wie es unter dem malkünstlerischen Aspekt heißt, ein Volumen oder Lichtkontinuum im Raum kaum möglich.

Schließlich heißt es oft, dass die im Vergleich zur Ölfarbe geringere Deckkraft Übermalungen oder eine Konzeptänderung kaum ermöglicht, wiewohl

Acrylfarben stets eine wesentlich genauere, meist maltechnische Planung erfordern.

POSITIVE ERFAHRUNGEN

Dennoch wird eine fortlaufende und ebenso spontane Arbeitsweise auf Grund der kurzen Wartezeiten durch die schnelle Trocknung von Acrylfarben ermöglicht.

Große Bildformate, die sich nur auf dem Boden liegend ausführen lassen, können schneller und gefahrloser betreten werden.

Die große Leuchtkraft und auch hohe Farbintensität erlaubt den bewussten Einsatz von Farbflächen bei der Malerei.

Damit steht auch in engem Zusammenhang, dass eine gewisse Flächigkeit im Aufbau von Acrylfarbschichten u. a. von Künstlern der »Pop-Art« geschätzt wurde.

Der ungebrochen flächige Farbauftrag wird ohne jegliche Modellierung über das klare bis transparente Acrylbindemittel erreicht, das deswegen auch eine besonders reine Farbwirkung zulässt.

Ohne die regelmäßige Konsistenz bei stark bunter Farbigkeit durch die leuchtenden Pigmente, Leuchtpigmente gar, wäre das Werk manches Künstlers nicht möglich, wie zum Beispiel bei Rupprecht Geiger oder Frank Stella.

Der Malaufbau

Wenn auch das Malmaterial aus besonders hochwertigen Acrylharzen ein außerordentlich guter Werkstoff ist, so sind doch bei einer richtigen Anwendung einige Prämissen zu beachten. Denn unterdessen werden Malmaterialien aus Acrylharzen für praktisch jede maltechnische Anforderung hergestellt, feilgeboten und schließlich verarbeitet. Neben der bildnerischen Gestaltung eines mehr oder weniger klassischen Staffeleibildes, können damit auch auf der Wand große Kunstwerke hergestellt werden, können Aquarelle mit feinsten Nuancen gemalt, ja es kann sogar gedruckt oder es können einfachere Dekorationsmalereien ausgeführt werden. Komplex und kompliziert wird bei diesen Maltechniken die Wandmalerei erscheinen. Nicht nur aus diesem Grund wird im nachfolgenden Text die Technik der Wandmalerei an erster Stelle genannt werden, sondern auch deshalb, weil hier die Forderung nach einem korrekten Malaufbau in besonderem Maße erfüllt sein muss.

ZUERST: DIE PLANUNG EINES WERKES

Allgemein sollte jede maltechnische Planung für ein Kunstwerk wie folgt verlaufen, damit man sich später unliebsame Überraschungen ersparen kann:

1. **Aufschluss über Art und Beschaffenheit des gegebenen oder gewählten Bildträgers bzw. Malgrundes**

2. **Aufschluss einer eventuell notwendigen Untergrund-Vorbehandlung im Hinblick auf**
   a. die Beschaffenheit des Untergrundes
   b. die Art der eigentlichen Malfarbe

3. **Entscheidung für die geeignete Maltechnik**

4. **Auswahl der geeigneten Malfarbe**

5. **Vorbereitung der Malfarbe (Modifizierung durch Verdünnung oder Verdickung, Verstärkung der Haftfestigkeit und Menge usw.)**

6. **Klärung zum Schutz des Werkes (Versiegelung; Firnis), bezogen auf die vorherrschenden klimatischen Bedingungen**

Bildträger und Grundierung

Acrylfarben trocknen mit ganz außerordentlich innerem Zug, d. h. mit »Spannung« auf. Die Kohäsionskräfte sind bei diesem Farbentyp sehr ausgeprägt. Man kann das vor allem bei relativ »dicken« Farbaufträgen auf fragileren Bildträgern wie Papier, Pappe, dünnem Sperrholz und auch auf weniger schwerem Malleinen beobachten, wenn diese sich beim Trocknen mehr oder weniger stark beulen oder »werfen«. Aber auch alte, mürbe Putzgründe oder Wandflächen, die nicht sachgemäß nachgefestigt oder ähnlich vorbehandelt worden sind, können sich unter Umständen von der Wand lösen.

Da auf dem Markt die unterschiedlichsten Künstleracryl- und Acryldispersionsfarben in verschiedenen Zusammensetzungen und Varianten erhältlich sind, können auch Unverträglichkeiten untereinander nicht ausgeschlossen werden. Darum schützen Vorsichtsmaßnahmen noch am ehesten vor eventuell sich einstellenden Misserfolgen. Die größte Sicherheit bietet sich noch immer, wenn stets Farben des gleichen Systems oder gleicher Herkunft entsprechend den Empfehlungen des Herstellers eingesetzt werden. Trotz prinzipieller Verträglichkeit von Acrylfarben untereinander sollten in jedem Fall Vorversuche durchgeführt werden, damit Schädigungen, wie zum Beispiel das gefürchtete Eindicken, Ausscheiden von Bindemitteln oder Pigmenten, das Koagulieren der Farben selbst und gar entstehende Spannungsunterschiede im getrockneten Film ausgeschlossen werden können. Diese Schäden sind in den meisten Fällen nachträglich nicht mehr zu beheben, was sich bei genau verabredeten oder eigens geplanten Auftragsarbeiten umso empfindlicher bemerkbar machen kann.

Bei der Planung eines Werkes sollten folgende Komponenten besondere Berücksichtigung finden:

- Witterung
- örtliche Verhältnisse
- vorgegebene Arbeitszeit
- Farbmenge (Tuben-, Flaschen- oder Gebindegrößen)
- geeignete Werkzeuge
- Installationen für die Arbeit (Arbeitsgerüst usw.)
- Hilfsmittel

Für das Malen mit Acrylfarben ist die Wahl des geeigneten Untergrunds eine ebenso wichtige Voraussetzung für den Erfolg eines Werkes wie dessen sachgemäße Vorbehandlung. Prinzipiell kann aber auf Leinwand, Karton, Papier, Holz usw. direkt und ohne Vorbehandlung gemalt werden.

WANDMALEREI UND AUSSENANSTRICHE

Alle Arbeiten im Außenbereich, sei es auf der Wand, auf Metallen, auf Holzoberflächen usw., von denen eine hohe Lebensdauer erwartet wird, sind deshalb in allen Punkten genauestens und sorgfältig vorzubereiten und zu planen.

Ein gesunder lufttrockener Kalkputz ist ein ebenso guter Bildträger wie Zementgrund oder verlängerter Zementputz. Aber diese Gründe saugen in der Regel sehr ungleichmäßig. Darum ist es auch hier zweckmäßig, vorzugrundieren oder ähnlich vorzubehandeln, um damit für gleichmäßige Saugfähigkeit zu sorgen. Mürbe, sandige Putzgründe sollte man meiden, oder aber man muss sie fluatieren und somit festigen. Durch Fluatieren werden alkalische Untergründe gleichzeitig neutral, sodass auch alkaliempfindliche Pigmente auf diesen Gründen verwendet werden können.

GRUNDSÄTZE FÜR DIE AUSFÜHRUNG VON WANDMALEREI

Die nachstehend aufgeführten allgemeinen Grundsätze behandeln die maltechnischen Anforderungen bei Wandmalereien. Sie können jedoch auch ganz generell als »checklist« gelten:

Vorab müssen ganz besonders die klimatischen Bedingungen vor Ort und am Gewerk geprüft werden, und zwar sowohl für die Fertigung selbst als auch nach Fertigstellung der Wandmalerei.

Der Untergrund sollte möglichst kompakt sein, d.h., er sollte weder stauben oder gar bröckeln noch blättern, sanden oder abkreiden. Nötigenfalls müssen Nachbehandlungen eingeleitet werden, wie Abspachteln der lockeren Bestandteile, Einlassen von Tiefgrund oder Sealer, Entfernung lockerer Bereiche durch Abschlagen, Abkratzen oder Abbürsten. Sodann muss in gewünschter Form ausgeglichen oder verfestigt und abschließend immer isoliert werden. Generell sollte man sich an handwerklichen Richtlinien orientieren oder gleich die geeigneten Handwerker beauftragen.

So genannter Cottondruckcanvas

Nessel mit Köperbindung

Glatte oder fette Untergründe müssen aufgeraut werden. Zuweilen kann man auch mit Salmiakwasser anlaugen oder eventuell mit Haftgrund vorstreichen.

Der Malgrund muss unbedingt sauber und vor allem trocken sein.

Malgründe sollten stets auf ihre Saugkraft hin untersucht und überprüft werden. Unregelmäßig oder stark saugende Untergründe sind mit stark verdünnter Acrylfarbe oder mit Acrylprimer zu isolieren.

Eine gute und ausreichende Haftung sollte besonders schon beim Voranstrich, vor allem bei der eigentlichen Arbeit mit Acrylmalfarben kein Problem sein. Allenfalls müssen der korrekten Reihe nach mehrere Voranstriche stattfinden, bis die gewünschte Haftung einsetzt.

Metalle sind zwar sichere Bildträger für Acrylfarben, jedoch sind Eisen- und Stahlflächen vor der Malerei gründlich zu entrosten und vor der Grundierung mit einer Rostschutzfarbe zu passivieren. Denn gerade metallische Untergründe müssen rostfrei, fettfrei und gereinigt sein oder mit geeigneten Rostschutzgrundierungen vorgestrichen sein.

WEITERE BILDTRÄGER

Als Malgrund eignen sich auch alle guten malbereiten Maltücher, Malleinen, Malpappen und Malpapiere, wie sie eigens für Acrylmalerei von der Künstlerfarbenindustrie hergestellt und im Handel angeboten werden. Meist kann man sie ohne besondere Vorgrundierung bemalen, wie alle festen und normal bzw. wenig bis gar nicht saugenden Bildträger wie zum Beispiel Leinen, Holz, Sperrholz, Tischlerplatten und ähnliche Materialien, wenn geradezu eine gewisse »Materialität« der Oberflächen erwünscht ist. Sicherheitshalber sollte aber dennoch grundiert oder wenigstens isoliert werden.

LEINWAND (UND ALLE TEXTILEN GEWEBE)

Die Appreturen von textilen Geweben bestehen aus stärke-/celluloseähnlichem Material: Sie sind darum wasserempfindlich und sollten vor dem Grundieren bzw. Malen ausgewaschen oder wenigstens gründlich ausgespült werden. Vor einer Acrylmalerei sollte auch nicht mit tierischen Leimen vorgeleimt werden, denn ein wasserempfindlich bleibender Leim ist nichts anderes als eine Art Appretur. Allenfalls Vorkenntnisse der »höheren« chemischen Maltechnik mit Alaun erlauben den Einsatz von tierischen Leimen.

Um eine gute Verankerung zu erreichen, muss die Farbe des ersten Auftrags umso dünner sein, je stärker der Untergrund saugt.

Die Qualität der im Handel angebotenen fertig grundierten Leinwände variiert stark. Es empfehlen sich vor allem Halbkreide- oder magere Ölgründe und natürlich spezielle Acrylgründe der Gesso-Qualität. Sie sollten aber in jedem Fall vollkommen durchgetrocknet und fettfrei sein, bevor gemalt werden kann. Im Zweifelsfall sollte die grundierte Leinwand mit leichtem Seifenwasser, bzw. mit Wasser, dem ein Detergens zugesetzt wurde, abgewaschen werden.

So genannte saugende Kreidegründe eignen sich nur schlecht für eine Malerei mit Acrylfarben, da sie meist ungenügend gebunden sind sowie zum Abblättern neigen. Die Acrylfarben können selbst

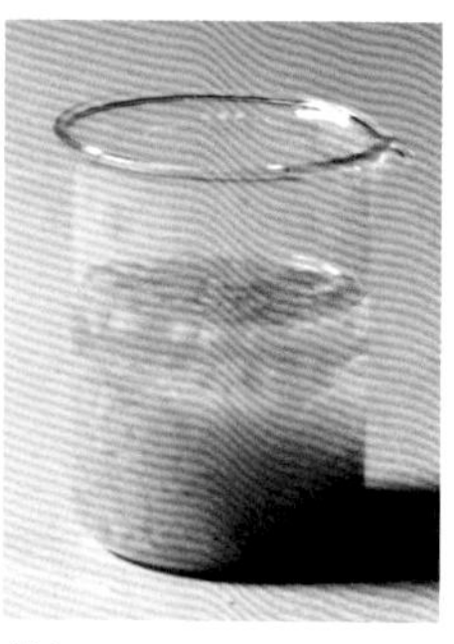

Abb. a

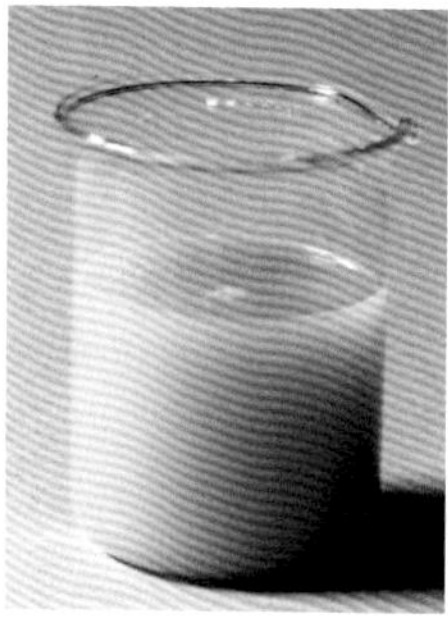

Abb. b

Abb. a: 70 : 1000 Leimansatz bei der Verwendung von – wässrigen – Acrylfarben stets nur mit dem Zusatz von Alaun

Abb. b: Der nach etwa 24 Stunden in warmem Wasser aufgelöste Leimansatz. Dann ist möglichst direkt zu grundieren oder direkt zu malen, wodurch unnötige Haftungsschwierigkeiten und Spannungen im Bildaufbau vermieden werden.

nicht in die Grundierung eindringen und sich daher nicht ausreichend verankern. Wird eine unbehandelte Leinwand im Handel gekauft, so sollte diese stets mit unverdünnter Grundierung aus dem Handel, zum Beispiel mit Gesso-Haftgrund, so genanntem Primer/ Weiß oder der günstigen Studien-Acrylfarbe Weiß unverdünnt vorbehandelt werden, damit diese Grundierung nicht auf die Rückseite durchschlägt.

Wird eine farblose Grundierung gewünscht, so kann mit einem zu etwa 25 % verdünnten Acrylharz-Medium vorgrundiert und dadurch isoliert werden. Ein direktes Bemalen der Leinwand ist auch möglich; dabei muss jedoch die Verdünnung der Acrylfarben so ausgerichtet werden, dass unerwünschtes Durchschlagen auf die Rückseite der Leinwand vermieden wird.

Mit einer weißen Acrylfarbe wird der eigentliche Grund speziell zur Leinwand hin geschaffen. Auf bereits imprägniertem Grund empfiehlt sich immer ein mit Wasser verdünnter Acrylfarbenauftrag mit Pinsel, Bürste oder Rolle. Je nach beabsichtigter Dichte oder gewünschtem Deckungsgrad kann dann ein zweiter Aufstrich erfolgen, muss aber nicht. Sollte auf eine solche Art der Imprägnierung verzichtet werden, so muss der zuerst erfolgende Aufstrich stärker als etwa 1:1 verdünnt werden.

PAPIERE, PAPPEN ODER KARTONAGEN

Wer auf Papier oder Karton malen möchte und einen farbig getönten Grund erreichen will, muss nur eine Künstleracrylfarbe bis zum gewünschten Sättigungsgrad verdünnen. Es geht unter Umständen auch ohne jegliche Grundierung, das sollte aber stets überprüft werden.

HOLZ, SPAN- ODER HOLZFASERPLATTEN

Wenn Holz, Span- oder Holzfaserplatten als Bildträger gewählt werden, muss zunächst eine Imprägnierung mit einem verdünnten Acryllack für den Außenbereich erfolgen. Eine Verdünnung mit Wasser sollte das Verhältnis zwischen 1 : 2 und 1 : 4 weder über- noch unterschreiten. Eventuelle Verunreinigungen, wie Wachse, Fette oder Trennmittel sollten vor dem Imprägnieren mit Lösemittel entfernt werden. Außerdem sollten die Flächen mit feinem Schleifpapier nachgeschliffen werden: Auf diese Fläche kann dann direkt gemalt werden. Es empfiehlt sich auch hier, eine Grundierung mit weißer Studien-Acrylfarbe vorzunehmen, die mindestens zu 25 % mit Wasser verdünnt wurde. Studien-Acrylfarben sind günstiger, weil hier nur die Pigmente, nicht aber das Bindemittel ausgetauscht wurden.

Das Vorleimen des Gewebes muss stets vor der Grundierung erfolgen.

GRUNDIERUNG

Eine vorherige weiße oder sogar »bunte« Grundierung ist schon aus optischen Gründen ganz zweckmäßig. Sie ist bei der Arbeit auch angenehm, weil sie für gleichmäßiges Saugen sorgt. Stark saugende Bildträger, wie manche Dämmplatten, müssen mehrmals mit stark verdünnter Acrylfarbe oder Gesso behandelt werden.

REZEPT:

1 Teil	Acrylfarbe
5 – 10 Teile	Wasser

Mit industriell hergestellten Grundiermitteln nach der jeweiligen Verarbeitungsvorschrift grundieren.

GIPSPUTZ

Gipsputz und auch Gipsplatten sollten vorher am besten mit lösungsmittelhaltigem Tiefgrund isoliert werden. Tiefgrund sollte verwendet werden, damit das nachfolgende Grundiermittel gleichmäßig einziehen, den Grund festigen und sich richtig in ihm verankern kann. In diesen Grundiermitteln verwendet die Industrie oft spezielle Dispersionen mit geringer Teilchengröße der Kunststoffpartikel oder sie bietet auch tief eindringende Kunstharzlösungen an.

Je feinporiger und je saugfähiger ein Untergrund ist, desto stärker muss verdünnt und umso häufiger muss grundiert werden.

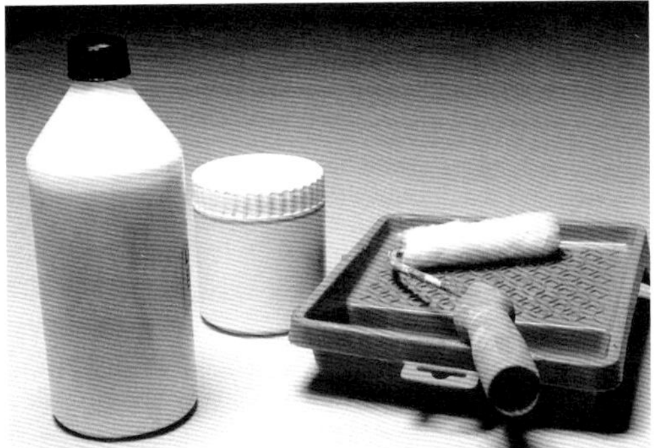
Zubehör für das Grundieren mit der Rolle

DIE BEZEICHNUNG »MISCHTECHNIK«

Der Begriff Mischtechnik wird gerade in Verbindung mit Acrylharzfarben nicht selten recht nachlässig angewandt. Ist er schon bei Arbeiten mit Tempera-, Öl- und Aquarellfarben nicht immer fachlich richtig, wenn es um die Beschreibung der vermalten Materialien geht, so ist gerade hier manchmal Ungenaues zu lesen. Oft wird eine Technik mit Kunstharzdispersionsfarben als Malerei auf der Basis von Polyvinylacetaten bezeichnet, oder es wird einfach von Pulverfarben (d.h. Pigmenten) und dazu dem leicht obskur gefassten Begriff Dispersion gesprochen: Das ist natürlich wenig korrekt! Richtig müsste es heißen: Pigment, Kunstharz und die Benennung des Trägermaterials, wenn Künstler, Assistenten und Mitarbeiter von Galerien sich bei der Bezeichnung der Technik nicht so ganz sicher sind.

Grundieren mit der Rolle

ZUM UMGANG MIT ACRYLMALFARBEN

Die besondere Eigenart aller Acrylfarben ist, dass sie immer nur mit Wasser verdünnbar sind, jedoch nach der Trocknung nicht nur wasserunlöslich, sondern sogar wasser- und wetterfest werden. Außerdem trocknen sie von Natur aus rasch an. Die Schnelligkeit des Trocknens kommt vor allem jenen Malern entgegen, die rasch arbeiten und nicht erst das langsame An- und Durchtrocknen abwarten können oder wollen.

Es gibt auch immer wieder Künstler, die es reizt, die Eigenschaften der Acrylfarben auf sehr persönliche Weise zu variieren. Solange das etwa in der Modifikation mit den einfacheren tierischen Leimen oder den mittels Ammoniak aufgeschlossenen Kasein- oder Acrylharz-Leimen geschieht, lassen sich die Auswirkungen übersehen, und dagegen ist wohl nichts weiter einzuwenden.

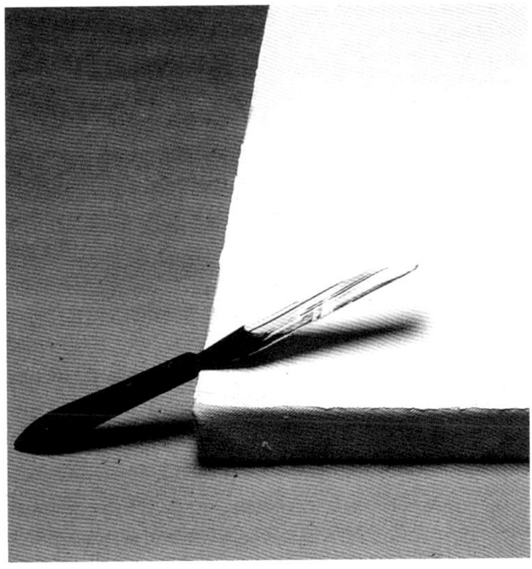
Grundieren mit dem Spachtel

Aber von Kombinationen mit Harzlösungen oder Ölfarben sei hier dringend abgeraten, weil dabei der auf technisch raffinierte Weise in Dispersion gehaltene Kunststoffanteil bei seiner »gesunden» Verfilmung gestört werden würde und deshalb vom Gesamtsystem keine gute Verfilmung erwartet werden kann. Wegen der ausgewogenen Zusammensetzung von Acrylfarben lassen sich nur unter bestimmten Bedingungen Ölfarben in Acrylfarben tatsächlich emulgieren. Was aber dabei technisch und chemisch tatsächlich geschieht, ist bisher aus verständlichen Gründen nicht beschrieben.

Zur Malweise mit Acrylmalfarben

Wegen ihrer raschen Antrocknung werden Acrylfarben zweckmäßigerweise nicht von der in der Ölfarbenmalerei üblichen Flachpalette vermalt. Man arbeitet mit ihnen wohl besser von Wasserfarbenpaletten mit Vertiefungen und aus Farbschalen oder ähnlichen Gefäßen. Auch ein nasses Tuch, das man über eine Flachpalette gezogen hat, hilft, denn auf diese Weise lassen sich die Acrylfarben leicht nass halten und länger vermalen.

Acrylfarben trocknen auf dem Pinsel, dem Spachtel und anderen Arbeitsgeräten ebenso schnell wie auf dem Malgrund. Deshalb muss man Pinsel und alle anderen Geräte, die mit der Acrylfarbe in Berührung gekommen sind, sofort in Wasser stellen oder reinigen. Einmal getrocknete Acrylfilme sind unlöslich in Wasser, in Terpentinöl und in Benzin. Sie lassen sich nur anquellen, lösen nur in scharfen Lösungsmitteln, in Alkohol, in Estern, Ketonen oder Nitroverdünnung. Verklebte Tubenverschlüsse lassen sich durch Eintauchen in heißes Wasser wieder gängig machen.

Manche Acrylfarben des Handels sind so zusammengesetzt – sie enthalten zuweilen nur färbendes Pigment in der Rezeptur –, dass sie für lasierende Malverfahren geradezu prädestiniert sind, weil sie ungemein reine Farbtönungen zeigen. Sie sind deshalb für altmeisterliche Malverfahren und den Aufbau eines Bildes aus Lasuren hervorragend geeignet.

Acryldispersionsfarben dürfen als legitime Nachfolger der »Ei- und Kasein-Emulsionsfarben« gelten und eignen sich wie diese hervorragend als Untermalfarben für eine nachfolgende Ölmalerei. Umgekehrt sind dagegen Ölfarbenfilme kein besonders guter Malgrund für Acrylfarben, denn auf diesem »fetten« Untergrund wird die wässrige Acrylmalfarbe nicht gut haften können. Dispersionsfarben verschiedener Hersteller können, müssen aber nicht miteinander verträglich sein. Vorversuche sind in einem solchen Fall immer richtig. Mischungen, die koagulieren oder ihre Konsistenz auffallend verändern, sollten nicht mehr vermalt werden.

ACRYLKÜNSTLERFARBEN
Acrylkünstlerfarben sind qualitativ hochwertig und für alle Werke geeignet. Echtheit, Reinheit und Farbtiefe sind nur hier wirklich optimal eingestellt.

STUDIEN-ACRYLFARBEN
Studien-Acrylfarben sind besonders für großflächige künstlerisch-dekorative Arbeiten hergestellt. Sie sind weniger pastos eingestellt und es werden keine ganz hochwertigen Pigmente eingesetzt; deswegen sind sie auch viel preisgünstiger. Sie lassen sich auch als hochwertige Dispersionsfarbe bei einer Großanwendung am Bau einsetzen.

DISPERSIONSFARBE AUF DER BASIS VON ACRYLATEN
Dispersionsfarbe, wie sie als Außenwandfarbanstrich heute am Bau eingesetzt wird, hat eine Qualität, die kaum für künstlerische Zwecke ausreicht. Sie sollte der Anwendung am Bau vorbehalten bleiben.

SELBSTHERSTELLUNG VON ACRYLFARBEN
Von wenigen Ausnahmen abgesehen, werden in aller Regel fabrikmäßig hergestellte Künstleracrylmalfarben verarbeitet. Nur selten und dann meist aus Kostengründen werden sich Künstler aus einer Acryldispersion Malfarben selbst herstellen.

Die Benetzungsschwierigkeiten bei den organischen Pigmenten sind allerdings ganz enorm. In einer solchen selbst hergestellten Malfarbe können leicht Nesterbildungen von noch nicht benetzten Pigmenten zu Tage treten. Von hier aus nehmen später so manche Malschäden ihren Ausgang. Wer sich dennoch seine Acrylfarbe selbst herstellen will, der sollte sich möglichst auf die Verarbeitung von spezifisch schweren und deshalb meist wasserbenetzbaren Pigmenten beschränken.

REZEPT UND VORGEHENSWEISE
Man sumpft die Pigmente etwa 24 Stunden vorher in Wasser ein, gießt vor der Dispersionszugabe das

überstehende Wasser ab und rührt in den gut durchgezogenen wässrigen Pigmentbrei die Kunststoffdispersion gründlich und gleichmäßig ein. Schwerer benetzbare Pigmente lassen sich durch Zusatz synthetischer Netzmittel oder durch einen Schuss Spiritus zum Ansatzwasser leichter benetzen. Als Daumenregel kann beim Ansetzen gelten: Mischt man einen Raumteil Acryldispersion mit zwei Raumteilen Pigment-Wasser-Paste gründlich zusammen, dann trocknet ein Aufstrich dieser Mischung in der Regel wasserfest auf. Ist das noch nicht der Fall, dann sollte stärker abgebunden werden, denn auch eine Skizzenfarbe sollte mindestens wasserfest abgebunden sein, wenn man Wert darauf legt, den Charakter einer Acrylfarbe zu erhalten. Bei zu geringer Bindung ähneln solche Acrylfarben mehr den Leimfarben. Vom Versuch, auf diese Weise organische Pigmente in Acrylfarben einzuarbeiten, muss abgeraten werden. Hier wären die richtige Dosierung von Bindemittel, Pigment und Substrat und eine homogene Dispersion aller Bestandteile so schwer zu erreichen, dass man diese Arbeit der Künstlerfarbenindustrie überlassen sollte.

MAL- BZW. VERDÜNNUNGSMITTEL UND ANDERE HILFSMITTEL

Als Mal- und Verdünnungsmittel dient stets Wasser. Gute, fabrikatorisch hergestellte Acrylfarben sind überdies so stark abgebunden, dass selbst dünn aufgetragene und also lasierende Aufträge noch wasserfest auftrocknen und dass auch das in der Ölfarbentechnik bei zu starker Verdünnung der Untermalungsfarbe gefürchtete »Einschlagen« hier normalerweise nicht auftreten wird.

TROCKNUNGSVERZÖGERER

Um die wirklich sehr kurze Trocknungszeit von Acrylfarben zu verlängern, um bei einer längeren »Offenzeit« Nass-in-Nass-Malen im Sinne der alten Alla-Prima-Technik zu gewährleisten, müssen Trocknungsverzögerer eingesetzt werden, die allerdings im gewissen Rahmen nur bei Innenanwendungen richtig funktionieren.
Auch durch Aufsprühen von Wasser auf die frische Malerei oder durch Zusätze von Wasser oder wässrigen Leimen zur Acrylfarbe kann man die Trockenzeit verlangsamen. Manche Hersteller bringen trocknungshemmende bzw. -verzögernde Malmittel auf den Markt, die aus bestimmten Acrylpolymerisaten hergestellt werden, die mit Ammoniak wasserlöslich gemacht und zu Leim gequollen sind.
Die meisten Acrylfarbenhersteller bieten ihre eigenen Trocknungsverzögerer an. »Leim-Malmittel« verzögern die Trocknung durch Einbringen von Wasser in den Aufstrich genauso, wie das auch ein Stärke- oder Zelluloseleim täte. Nur hat dieses Malmittel im Gegensatz zu den wasserempfindlich bleibenden, normalen Leimen die Eigenschaft, nach Verdunsten des Ammoniaks und des Wassers wasserunlöslich aufzutrocknen. Es macht deshalb die Bildschicht aber nicht wasserunempfindlich. Manche Künstlerfarbenfabriken bieten darüber hinaus andere Acrylfarbenmalmittel an, die ebenfalls Verdickungsmittel sind, aber neben der Leimsubstanz anorganische Füllstoffe enthalten, mit deren Hilfe man einer zu dünnen oder zu stark verlaufenden Acrylfarbe Struktur und Körper verleihen kann.

Werden Acrylfarben zudem anstatt mit Wasser mit einer etwa 2 bis 5%igen Glutolinleimlösung verdünnt, so kann ebenfalls eine längere Offenzeit erzielt werden.

KALKECHTE ACRYLFARBEN UND »SCHÖNE« PIGMENTE

Viele Acrylfarben sind kalkecht und wetterbeständig eingestellt, sodass sie sich damit auch für Wandmalerei im Freien eignen. Oft werden die mangelnden coloristischen Eigenschaften von Acrylfarben kritisiert. Um jedoch die Anfälligkeiten »schöner« Pigmente hinsichtlich Lichtechtheit und Wetterbeständigkeit auszugleichen, wurde auf ähnliche und für diesen Zweck besser geeignete Pigmente zurückgegriffen; leider ist als Nachteil oft der höhere Preis in Kauf zu nehmen.

ACRYLHARZFIRNISSE

Einen geeigneten Oberflächenschutz für Acrylbilder finden zu wollen, wirft für Künstler wie Restauratoren gleichermaßen Probleme auf. Denn sowohl mit Firnisbeschichtungen als auch durch das Verglasen von Acrylbildern sieht man sich immer vor dem Konflikt, das unmittelbare Erlebnis der teils höchst delikaten Oberflächencharaktere stark einzuschränken.

Man kann aus bestimmten benzinlöslichen Acrylharzen Firnisse mit den typischen Acrylharzeigenschaften herstellen, deren Filme lange Zeit benzinlöslich bleiben. Wenn ein solcher Firnisfilm auf einem benzinlöslich aufgetrockneten Acrylfarbenbild sitzt, dann kann er mit einem Lösemittel, zum Beispiel mit Benzin, abgenommen werden, das die eigentliche Malschicht weder anquillt noch anlöst.

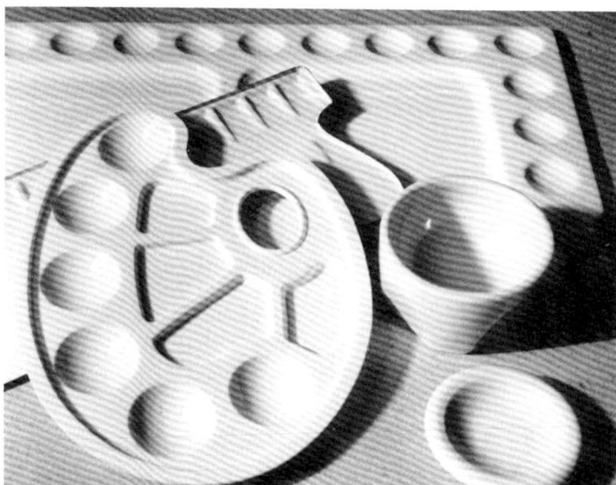
Verschiedene Paletten mit Vertiefungen und Näpfe, die sich beim Malen mit Acrylfarben gut bewährt haben

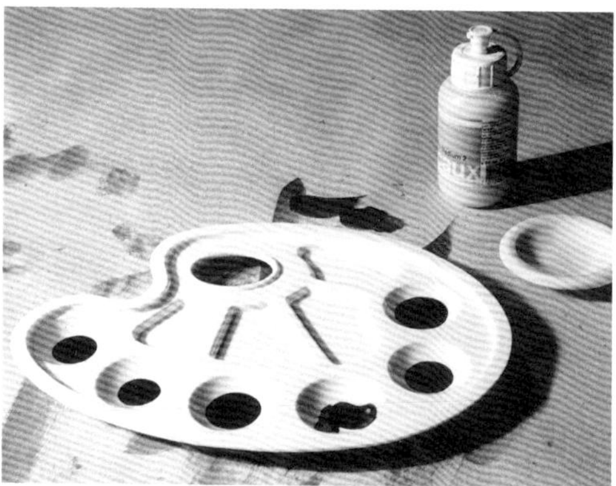
Für alle Fälle sollten alle Materialien in ausreichender Menge, sauber und somit malbereit zur Verfügung stehen.

Acrylbilder können aber auch mit Dammar-, Mastix- und Zyklohexanonharzfirnissen gefirnisst werden.

SPACHTELTECHNIK

Das Besondere der Acrylmalerei wird bei der Arbeit mit Acrylharzdispersionen erst anschaulich, wenn plastisch, also in Spachteltechnik gemalt wird. Das Besondere liegt aber nicht in einem dickpastösen Auftrag der Farbe, sondern im Einebnen, Glätten bzw. sehr glatten Farbauftrag. Dem weit verbreiteten Irrtum, bei der Spachteltechnik solle die Farbe möglichst dick aufgetragen werden, steht anwendungstechnisch gegenüber, dass diese Technik nur den Sinn haben kann, möglichst feine und strukturlose Oberflächen zu erhalten. Reliefartiger Auftrag wird nur durch sukzessiven Farbenauftrag und -aufbau in differenzierter Form erreicht. Ein dicker, pastöser Farbauftrag mit dem Borstenpinsel verlangt dagegen eine schnelle und gezielte Arbeitsweise. Außerdem werden für die Spachteltechnik spezielle Malmittel mit besonders zubereiteten Zuschlagstoffen angeboten. Auf diese Malmittel sollte man im Einzelfall sicherheitshalber zurückkommen.

PÂTEPEINTURE

Eine Weiterentwicklung der schwärmerisch als Klecksografie bezeichneten Maltechnik ist wohl die Pâtepeinture, wie sie durch die Arbeit des schweizerischen Psychoanalytikers Rorschach bekannt wurde. Direkt aus der Tube wird die Acrylfarbe möglichst dick und pastos auf einen Papierbogen aufgebracht. Der mit Farbe benetzte Papierbogen wird zusammengefaltet und unter Druck mit den Fingern geknetet.

AQUARELLTECHNIK MIT ACRYLFARBEN UND AQUACRYLFARBEN

Noch zu seiner Zeit gab Kurt Wehlte zu einer Aquarelltechnik mit Acrylfarben an, dass er sie nicht als besonders geeignet erachte, da diese Farben zu viel Bindemittel enthielten. Darum müsse sehr stark verdünnt werden. Wenn sie nicht auf unnormal saugenden Untergünden zum Einsatz kämen, wäre eine Unterbindung unausweichlich. Ohnehin sollten sie ebenso wenig wie Temperafarben zum Aquarellieren gebraucht werden.

Eine relativ neue Entwicklung auf dem Acrylfarbensektor sind der Aquarelltechnik sehr ähnliche bzw. sehr nahe kommende Farben, die sich sehr fein und sogar wieder löslich auftragen lassen. Dabei werden ebenfalls hochwertige Pigmente eingesetzt und besonders dafür eingestellte Acrylbindemittel verwendet.

Reine Aquarellfarben wurden auf einer Acrylbasis von der Firma Lascaux in der Schweiz bereits Anfang der Neunzigerjahre entwickelt. Diese so genannten Aquacryl™-Farben bestehen aus feinst dispergierten, hochechten und reinen Pigmenten, die ihren Eigenschaften nach schon fast Farbstoffcharakter besitzen. Gebunden ist die Aquacryl-Charge mit speziellen wasserlöslich bleibenden (!) Reinacrylaten, die in dieser Kombination als hervorragend lichtecht und alterungsbeständig gelten dürfen.

Damit bilden diese Aquacrylfarben eine moderne Neuformulierung der klassischen Aquarellfarbe und vergrößern die »Palette« von Möglichkeiten für eingefleischte Acrylmaler. Sie lassen sich zudem auch als Lasurpigmente einsetzen. Abgesehen davon

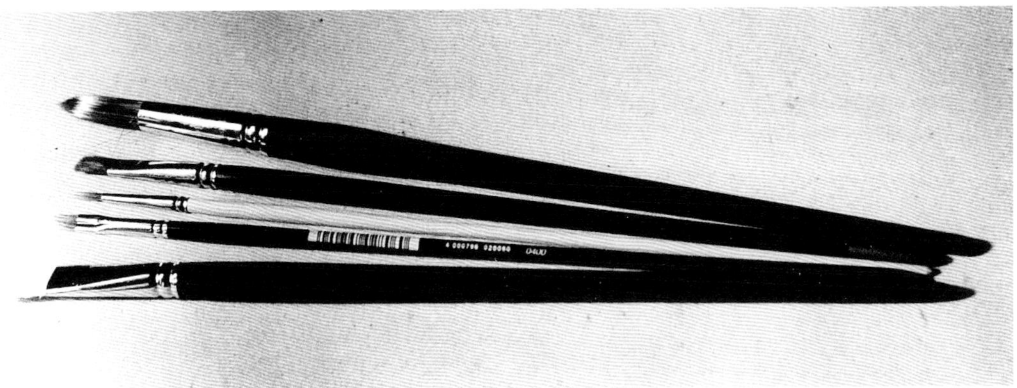

Pinsel für das Malen mit Acrylfarben

sind sie natürlich ebenso leicht zu verarbeiten wie die echten Aquarellfarben, aber darüber hinaus bilden sie in dem Acrylfarbensystem eine neuartige Ergänzung. Getrocknete Schichten lassen sich leicht übermalen, auch »schwere« Aufträge lassen sich wieder anlösen und können »verwaschen« werden.

Diese Aquacrylfarben können nicht nur auf den »normalen« Aquarellpapieren verarbeitet werden, sondern auf praktisch jedem saugenden, starren oder auch flexiblen Untergrund, sofern nach ausreichend gemachten Vorversuchen diese Technik akzeptabel oder geeignet erscheint. Auch in Kombination, etwa für sehr spezielle Anwendungen im Druckbereich, lassen sich Aquacrylfarben einsetzen (vgl. »Siebdruckpaste« Seite 114).

In geschlossenen Gebinden, seien es Tuben oder Flaschen, sind diese Farben nahezu unbeschränkt haltbar, in der gelieferten Konsistenz hoch konzentriert und also dickflüssig und damit höchst ergiebig. Sie trocknen in jeder Konzentration gleichmäßig und matt auf; dabei bleibt ihre Farbtiefe und Farbintensität aber erhalten. Selbst dünne Schichten trocknen nahezu wasserfest auf und können sowohl mit dem Pinsel, in Airbrush (Luftpinsel) und auch mit ganz anderen Malwerkzeugen verarbeitet werden.

Als Grundierung eignen sich Lascaux-Gesso, auch vergleichbare Gesso-Grundierungen oder Acryl-Halbkreidegründe, für freskoartige feinkörnige Strukturen auch so genannte Strukturpasten, wie etwa Lascaux Structura®.

Als Mal- und Hilfsmittel stehen für Aquacryl spezielle Malmittel, als Medium matt und als Medium Glanz, zur Verfügung, die auf der gleichen Bindemittelbasis beruhen. Durch Mischungen mit »anderen« Medien aus der Reihe von Lascaux entstehen wasserunlösliche, also wasserfeste Farben. Um sie alterungsbeständig und abriebfest zu machen und die Gemälde besser reinigen zu können, verwendet man die Transparentlacke oder speziell mit UV-Schutz die Transparentlacke UV von Lascaux; Letztere verzögern die bleichende Wirkung der Sonneneinstrahlung deutlich.

LASIERENDE EFFEKTE

Einen lasierenden Effekt kann man durch starke Verdünnung oder fast aquarellartigen Farbauftrag erreichen. Die als Lasurpigmente von den meisten Acrylfarbenherstellern auf den Tuben gekennzeichneten Pigmente müssen besonders gut gebunden sein. Dass dabei auch weniger Farbe verbraucht wird, versteht sich fast von selbst. Der getrocknete Acrylfarbenfilm ist von den meisten Herstellern hochlichtecht eingestellt und gilbt nicht, auch nicht bei Lichtabschluss. Es gibt beispielsweise Aquacrylfarben in 25 Farbtönen, mit acht reinen transparenten Eisenoxiden, die sich leicht lasierend vermalen lassen.

PERLACRYLFARBEN AM BEISPIEL LASCAUX

Dass Perlglanzpigmente in so genannten Perlacrylfarben eingesetzt werden, ist eine an sich logische Konsequenz. Es sind dies dann Farben von großer Farbintensität und starker Leuchtkraft, die durch den Perlglanz der Pigmente erzeugt werden. Gut pigmentierte Sorten sind auch gut deckend, obschon ein gleichmäßiger Farbauftrag mit Perlacrylfarbe

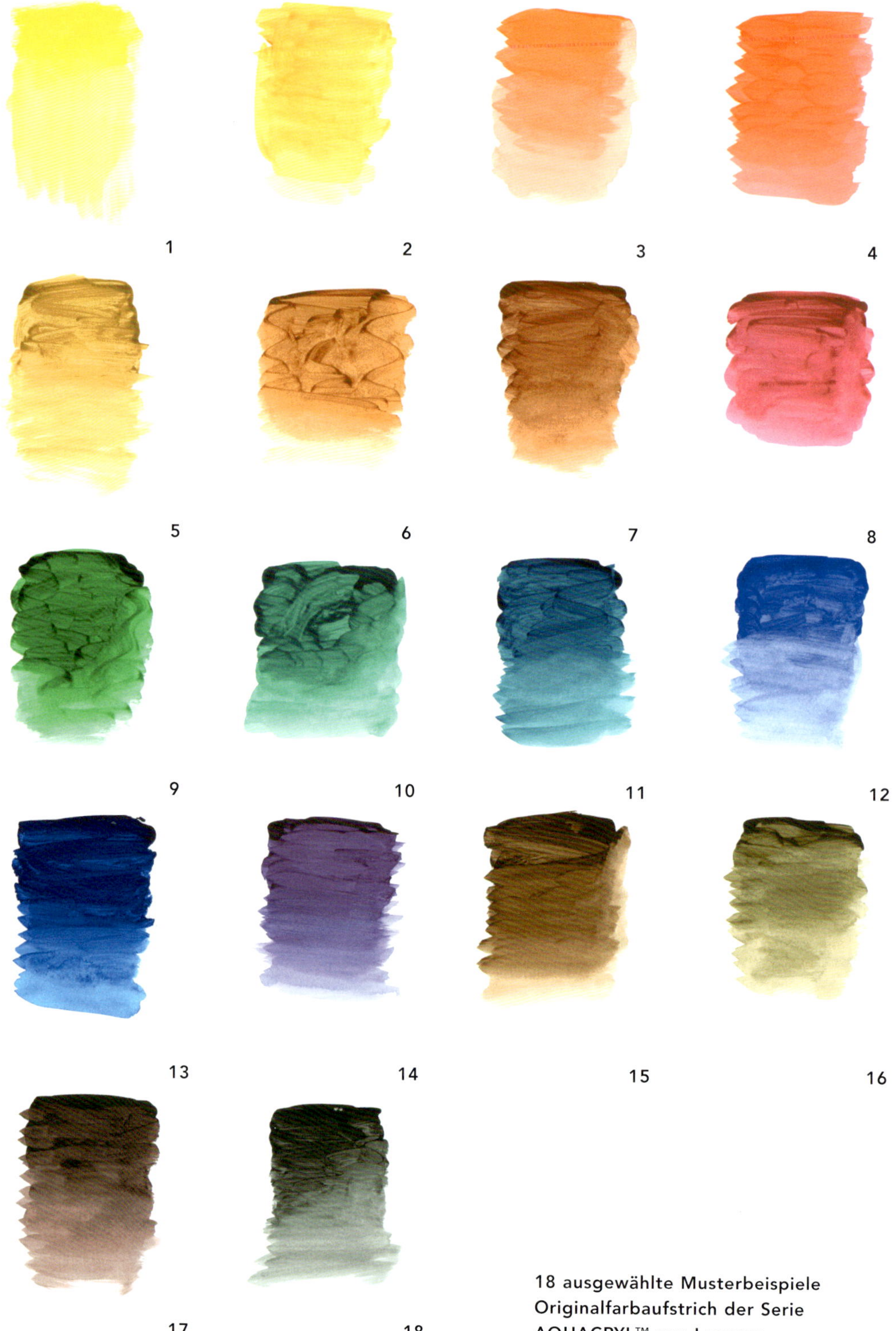

18 ausgewählte Musterbeispiele Originalfarbaufstrich der Serie AQUACRYL™ von Lascaux

nicht immer leicht gelingen wird. In gewisser Weise ähneln sie hierbei den echten Bronzen. Abgesehen davon sind sie sehr lichtecht und hoch alterungsbeständig. Wenn auf den Gebinden nichts anderes vermerkt ist, sind sie toxikologisch und physiologisch unbedenklich. Ihr Farbauftrag hat einen guten Verlauf; die getrocknete Farbschicht ist je nach Farbaufbau elastisch hart, kratzfest und je nach Untergrund wasserbeständig.

Die Anwendungsgebiete von Perlacrylfarben sind ebenso unbegrenzt wie die der Acrylfarben generell. Wenn ein irisierender Tiefenglanz erwünscht sein sollte, lassen sich mit ihnen für praktisch jede Anwendung ungewöhnliche Effekte, feinste Nuancen und ausgefallene Wirkungen erzielen. Bei der Verarbeitung muss aber darauf geachtet werden, dass eine gewisse, oft auftretende Schlierenbildung vermieden wird. Das erreicht man am besten, wenn mit dem Werkzeug (Pinsel, Spritzpistole oder Roller) stets in eine Richtung gearbeitet wird. So lassen sie sich je nach gewünschter Farbauftragsstärke in fast jedem beliebigen Mengenverhältnis mit Wasser mischen, denn prinzipiell gelten die gleichen Verarbeitungsrichtlinien wie für Standardacrylfarben.

Dennoch rufen unterschiedliche Auftragsmengen und Verdünnungen auch unterschiedliche Wirkungen hervor. Diese Parameter werden zusätzlich beeinflusst von der Art der Flächenbehandlung, etwa wenn man sich an den Pinselspuren orientiert oder beim Spritzen Farbverdünnung und Druck variiert. Hierbei muss man allerdings viel probieren, um schließlich seinen eigenen und ganz speziellen Effekt zu finden.

Lasierende Effekte erreicht man zum Beispiel durch den Einsatz bestimmter Malmittel:

durch Beimischen von
Lascaux Medium 1/Glanz
oder
durch Beimischen von
Lascaux Medium 3/Seidenmatt

Um bestimmte Strukturierungen erzeugen zu können, verarbeitet man am besten die Acrylstrukturpasten. Deutliche Strukturwirkungen ergeben auch schon Beimischungen zu Standardacrylfarben. Da diese aber meist sehr farbstark sind, ist zum Beispiel eine größere Menge an Perlweiß ratsam. Lascaux empfiehlt für ein helles Rosa ein Mengenverhältnis von:

1 Teil Rot
9 Teile Perlacrylweiß

Obwohl wegen ihrer Effektwirkung der Einsatz von Perlacrylfarben anregend wirkt, sollte dieser Verführungseffekt nicht allzu stark eingesetzt werden. Hier ist weniger mehr, denn der irisierende Effekt geht häufig verloren. Sparsam und gezielt eingesetzt, lassen sich jedoch überraschende Effekte erzielen.

Für außergewöhnlich beanspruchte Objekte ist ein Schlussüberzug sehr ratsam, auch wenn nur ein gewisser Emailleeffekt erzeugt werden soll. (Lascaux empfiehlt einen Auftrag des Transparentlackes 2062 matt oder Glanz, auch in Abmischungen.)

LASCAUX AQUACRYL™-FARBEN MIT DEN JEWEILIGEN FARBBEZEICHNUNGEN:

1.	AQUACRYL Lascaux Gelb	# 811
2.	AQUACRYL Permanent Gelb	# 812
3.	AQUACRYL Permanent Orange	# 820
4.	AQUACRYL Permanent Rot	# 821
5.	AQUACRYL Transoxid Gelb	# 861
6.	AQUACRYL Transoxid Orange	# 862
7.	AQUACRYL Transoxid Rot	# 863
8.	AQUACRYL Permanent Magenta	# 830
9.	AQUACRYL Lascaux Gelbgrün	# 851
10.	AQUACRYL Lascaux Grün	# 850
11.	AQUACRYL Türkisblau	# 843
12.	AQUACRYL Ultramarinblau	# 840
13.	AQUACRYL Permanent Blau	# 841
14.	AQUACRYL Azurblau	# 842
15.	AQUACRYL Transoxid Marron	# 865
16.	AQUACRYL Transoxid Olivbraun	# 860
17.	AQUACRYL Transoxid Sepia	# 864
18.	AQUACRYL Anthrazitschwarz	# 870

Musterbeispiele von Lascaux: Perlacryl #208 Dunkelblau (oben) & Perlacryl #211 Smaragdgrün (unten)

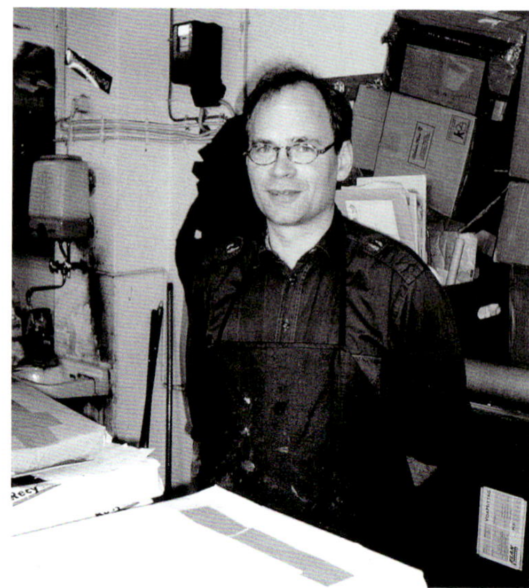

Der Drucker Klaus Raasch in seiner Druckwerkstatt »Schwarze Kunst« in Hamburg-Bahrenfeld

Drucktechniken

Auch bei einigen Drucktechniken können Acrylmalmaterialien, wenn auch in abgewandelter und stark vereinfachter bzw. verbesserter Form, eingesetzt werden.

HOCHDRUCK

Hierbei nehmen die hoch liegenden Teile des Druckstocks die Druckfarbe – etwa durch Einreiben, Bepinseln oder Überwalzen – auf. Während des Andrückens bzw. Anpressens des Druckstocks wird die Farbe an das Papier abgegeben.

KARTOFFELDRUCK, LINOLSCHNITT, HOLZSCHNITT UND HOLZDRUCK

Die unaufwändigste Hochdrucktechnik ist wohl der KARTOFFELDRUCK: Man benötigt ein einfaches Schneidwerkzeug, zum Beispiel ein Taschenmesser, etwas Farbe, Papier und natürlich eine feste Kartoffel. Diese Technik ist so einfach, dass man sie eventuell auch »im Feld« anwenden kann, wenn gerade nichts anderes zur Hand ist.

Der LINOLSCHNITT ist die etwas kompliziertere und meist an Schulen gängige Hochdrucktechnik. In glattes und etwas dickeres Linoleum schneidet man die Negativform mit speziellen Linolmessern. Provisorische Abdrücke lassen sich mit einem Falzbein und Löffel abziehen, um einen ersten Eindruck zu erhalten. Normalerweise wird mit gewöhnlicher Druckerfarbe gearbeitet, aber auch wasserlösliche Farben (zum Beispiel Gouache- oder Dekora-Acrylfarbe) kommen als Druckfarbe in Frage. Wenn die Abzüge nicht gerade in Druckmaschinen gedruckt werden, wozu die Linolplatten auf dicke Holzplatten aufgeleimt werden, kann man mühelos von der Linolplatte direkt drucken.

Auch mit anderen Materialien kann man Schnitte, so genannte Materialschnitte, oder Stiche ausführen, die dann im Hochdruckverfahren gedruckt werden können. Ein härteres Gummi oder ein Stück Fußbodenbelag aus Kunststoff eignen sich für exakte Schnitte, während sich weichere Gummisorten zum Stempeln bewähren.

Die Holzdruckwerkstatt »Schwarze Kunst«

KLAUS RAASCH

Klaus Raasch studierte von 1981 bis 1986 an der Hochschule für Bildende Künste in Hamburg. Schon 1984 gründete er gemeinsam mit Artur Dieckhoff die Buchdruckwerkstatt »Schwarze Kunst«. Raasch

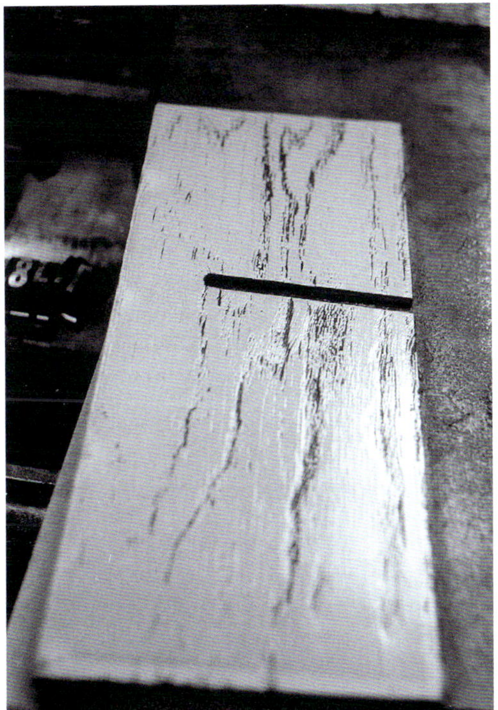

Abb. 1

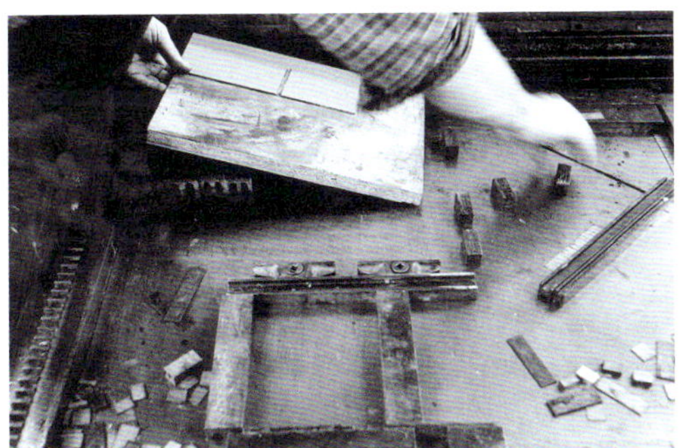

Abb. 2

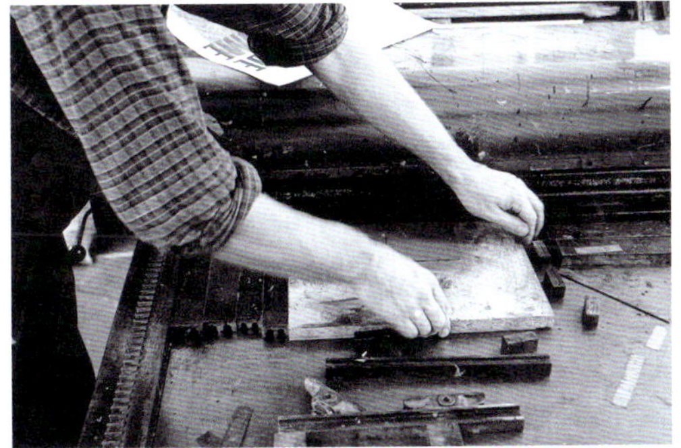

Abb. 3

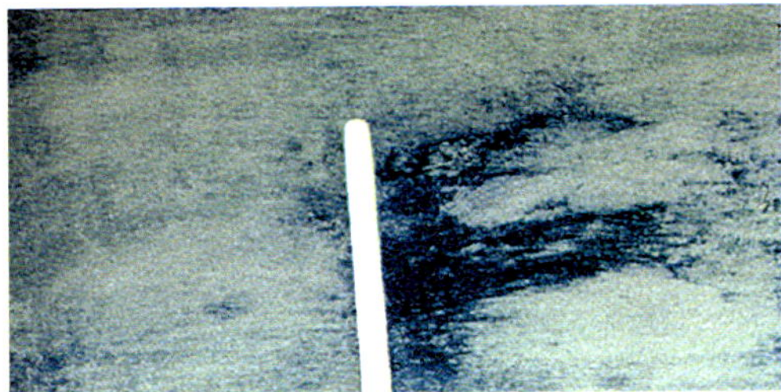

Abb. 4

veröffentlicht seit Anfang der Neunzigerjahre Bücher und Mappenwerke mit Originalwerken. Teile dieser oft zyklisch angelegten Druckwerke sind auch in öffentlichen Sammlungen zugänglich, zum Beispiel in der Herzog-August-Bibliothek in Wolfenbüttel, im Germanischen Nationalmuseum Nürnberg oder in der Deutschen Bücherei, Leipzig.

Dieckhoff (Jahrgang 1948) arbeitet in Lehre und Forschung über die Geheimnisse der Druckgrafik in Hamburg seit 1972. Zu seinen bekanntesten Werken zählt das immer wieder variierte Thema »Lebe wild und gefährlich!«, sicher auch der erste Animationsfilm der Kunstgeschichte. Artur Dieckhoff hatte verschiedene Ausstellungen, zum Beispiel im Gutenbergmuseum Mainz, im Altonaer Museum und im Museum für Kunst und Gewerbe, beide in Hamburg.

Die Auflagen aus der verlegerischen Arbeit werden bei Klaus Raasch bewusst klein gehalten. Oft werden dabei in einem großen Spielraum neue, ungewohnte Materialien ausprobiert und experimentelle Druckverfahren eingesetzt. Die vorliegende Arbeit wurde eigens für den Druck mit Acrylfarben noch einmal aufgelegt. Die einzelnen Druckgänge dokumentieren dabei sowohl schrittweise die Entstehung eines mehrfarbigen Blattes als auch die ungewöhnliche Arbeitsweise in der Kombination verschiedener Techniken.

Abb. 1–4 Zunächst wird der Fond (Hintergrund) angedruckt. Dabei wird eine leichte Holzstruktur in das Papier geprägt und dann erst farbig bedruckt. In diesem Fall besteht die Druckplatte jedoch aus Linol, die rückseitig mit Holz verstärkt wurde. Klaus Raasch spannt diesen Druckstock ein und richtet ihn passgenau aus. Die Abbildung 4 (oben) zeigt das Ergebnis des ersten Druckvorganges.

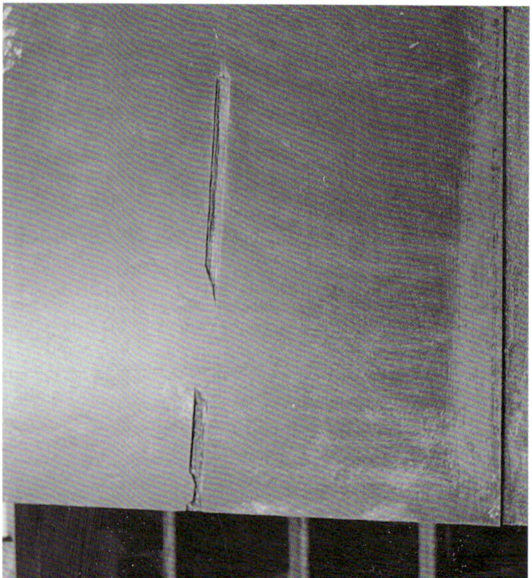

Abb. 5

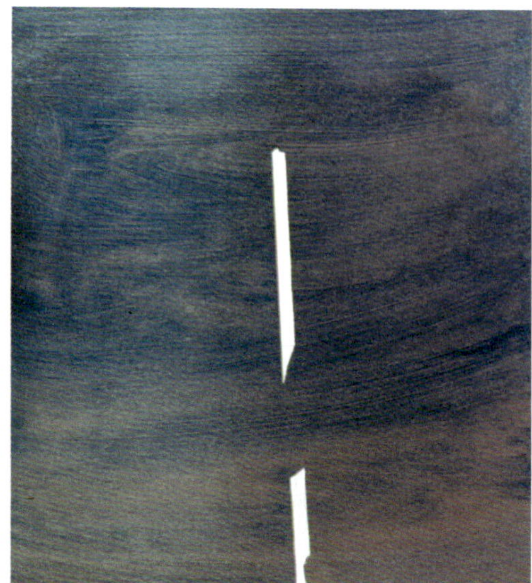

Abb. 6

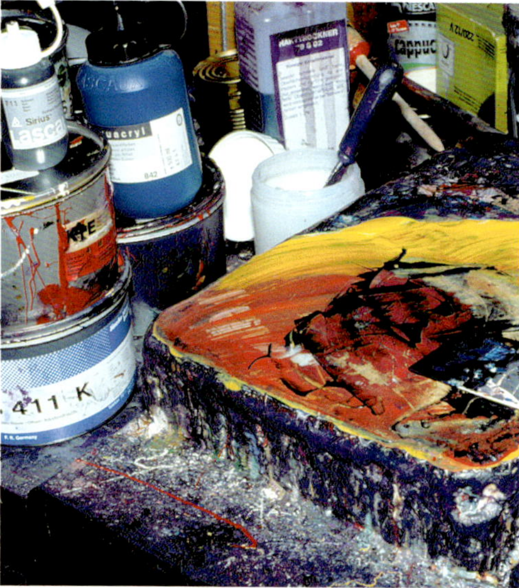

Abb. 7

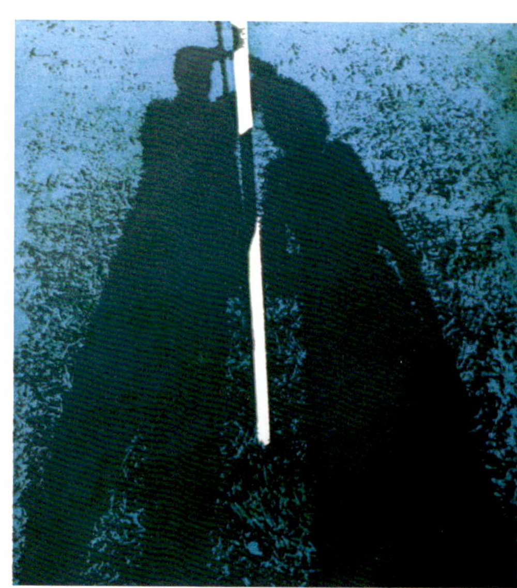

Abb. 8

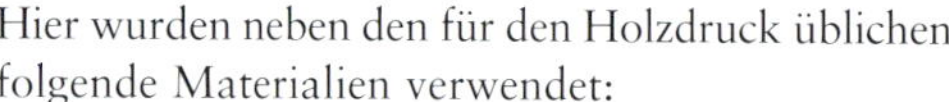

Hier wurden neben den für den Holzdruck üblichen folgende Materialien verwendet:

Lascaux Aquacryl™ Gelb, Blau
Lascaux Sirius® Schwarz
Lascaux Perlacryl in fast allen Farbtönen
Lascaux Siebdruckpaste
siehe Abbildung 7

Sodann wird passgenau das Paar mit einigen Hintergrundmotiven in einer anderen Farbe darüber gedruckt. In dem dritten Druckgang wird der Himmel angelegt; das kann bis zu drei weitere Druckgänge beanspruchen, um eine möglichst plastische Tiefe erzeugen zu können. Oben links ist die Druckplatte, rechts das Ergebnis des zweiten Druckganges zu sehen (Abb. 5 & 6). Die Abbildung 8 greift dem nächsten Druckgang vor.

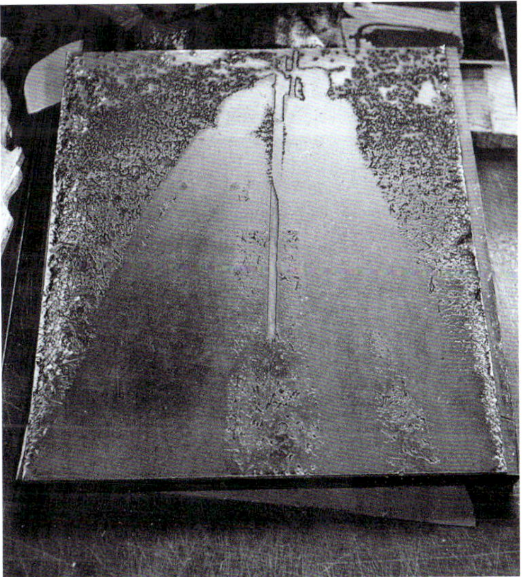
Abb. 9

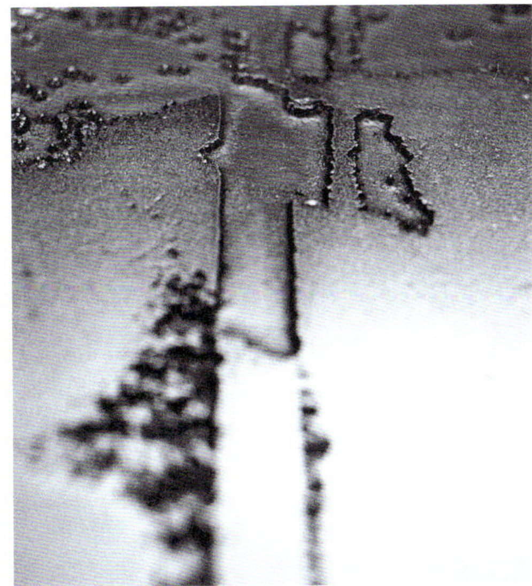
Abb. 10

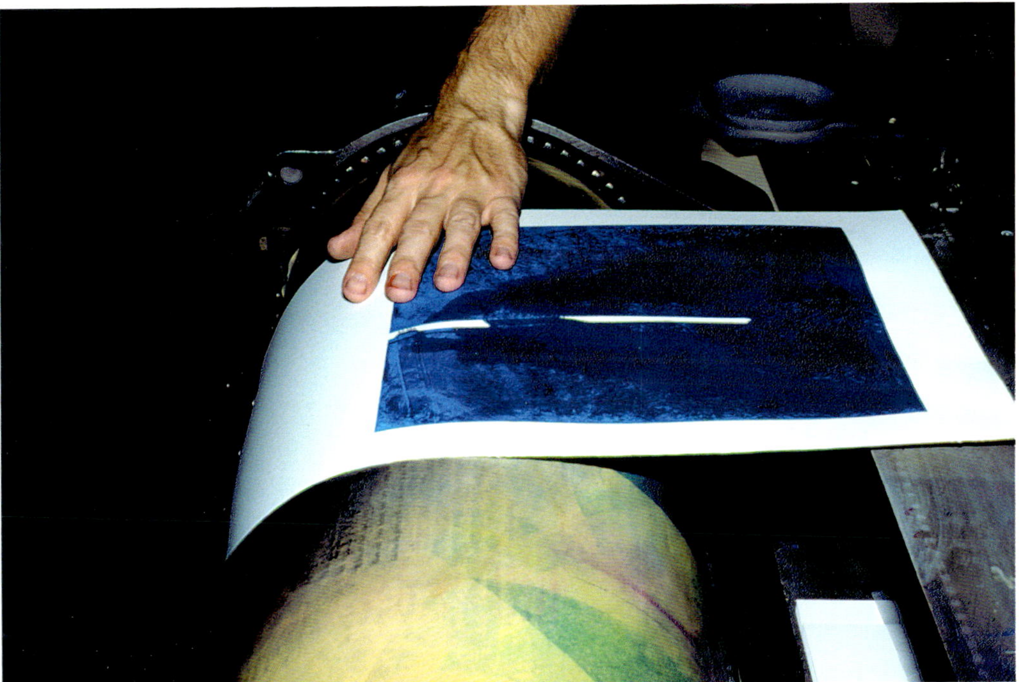
Abb. 11

Bei diesem Druckgang ist die Druckplatte des Paares noch ein echtes, noch bis vor gar nicht so langer Zeit gebräuchliches Klischee. Die Abbildung links gibt es als Gesamtansicht wieder; rechts sehen Sie ein stark vergrößertes Detail (Abb. 9 & 10).

Klaus Raasch legt das bedruckte Papier von Hand auf die Walze seiner alten »Heidelberger« Druckmaschine ein. Übrigens werden hier noch klassische Verfahren und Techniken eingesetzt (siehe Abbildung 11 und 12 nächste Seite).

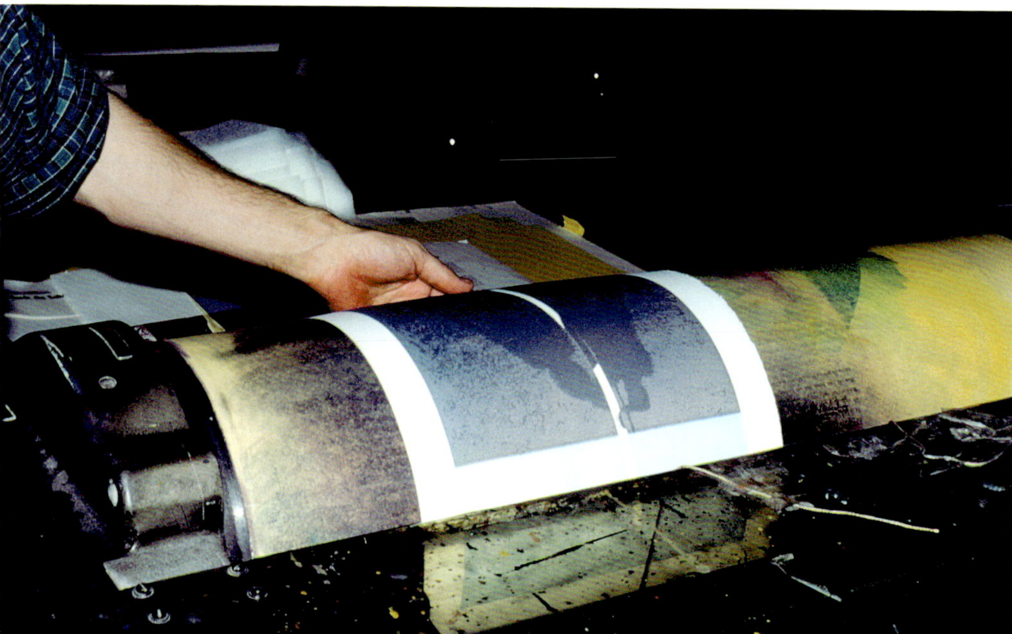

Abb. 12

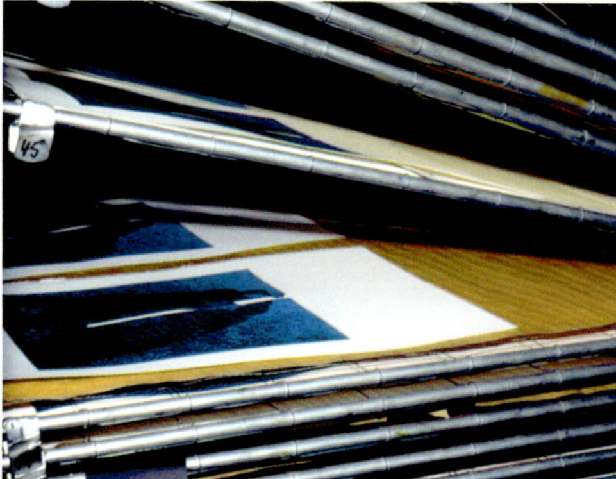

Abb. 13

Nach diesem Druck wird das Papier entnommen und in eigens dafür angefertigte Trocknungssiebe zum Trocknen eingelegt (Abb. 12 & 13).

Bei diesem Blatt fehlt der eigentlich letzte Druckgang: Der Farbton des Papiers entspricht hier dem Weiß.

Im letzten Druckgang wird der Fahnenmast eingesetzt. Dieser Druckgang wird im herkömmlichen Verfahren, also auch mit Holzdruckfarben, an dieser Stelle eingefügt (Abb. 14 & 15).

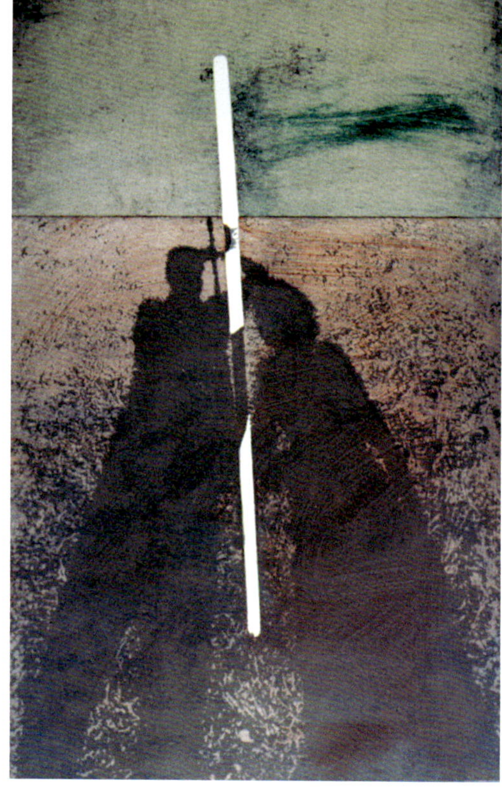

Abb. 14

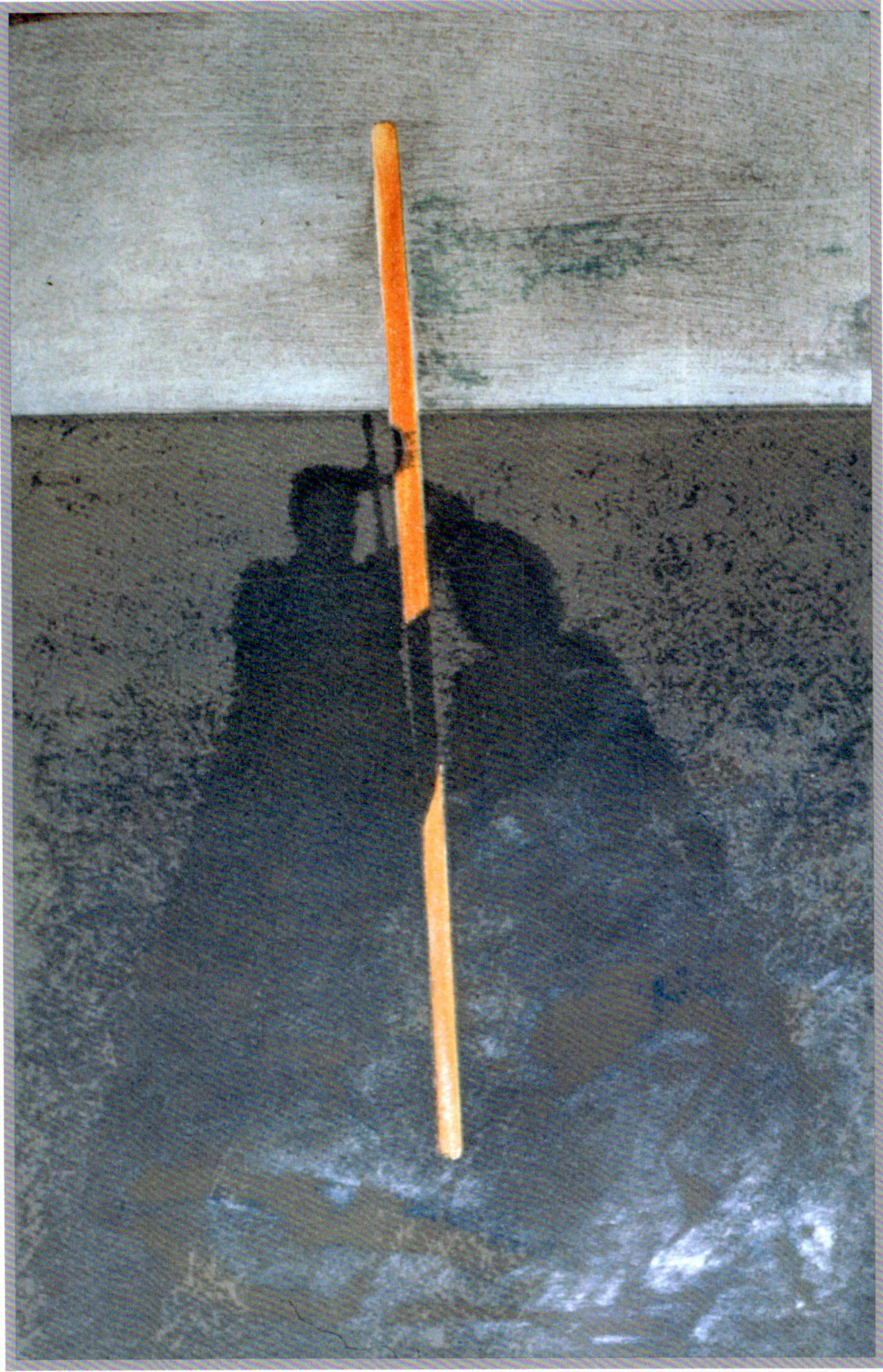

Abb. 15: Der Holzdruck »Paar« in der künstlerischen und handwerklichen Gestaltung von Klaus Raasch

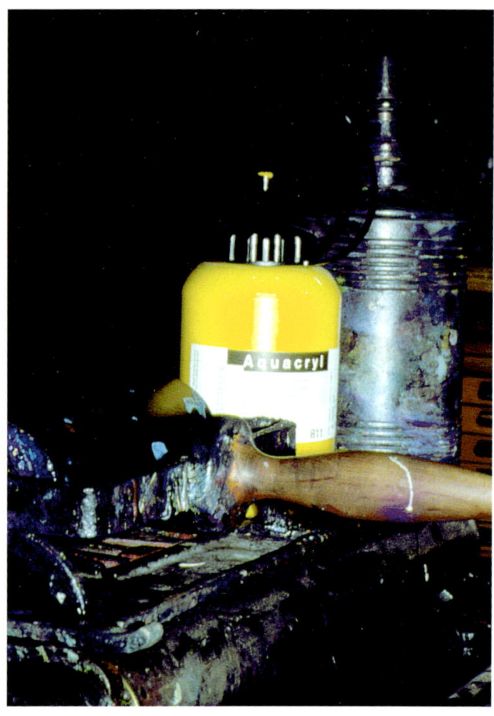

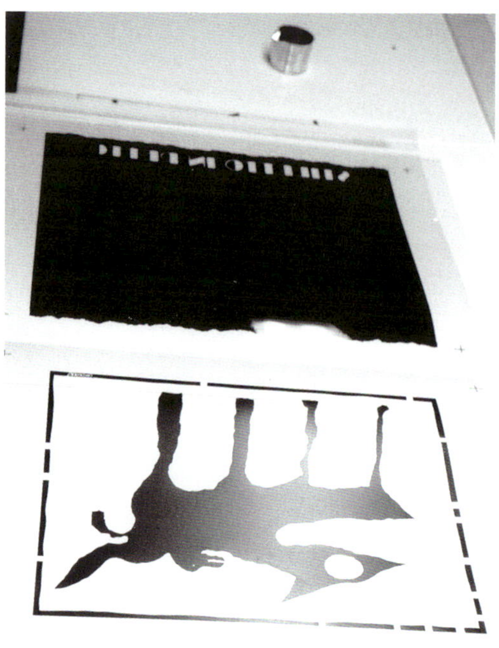

Abb. 1

SIEBDRUCK

Der Siebdruck, auch Serigrafie genannt, ist im Prinzip eine verbesserte Art der Schablonentechnik. Weil die nicht druckenden Partien auf einem Seide-, Nylon- oder Metallnetz mit einer filmdünnen Lack- oder Leimschicht abgedeckt werden, wird dieses Verfahren auch als Filmdruck bezeichnet.

Ein auf Metall- oder Holzrahmen gespanntes Sieb wird auf Papier- oder Stoffflächen gelegt. Die Negativform wird vorher fotografisch mit speziellen, für die Siebdrucktechnik geeigneten und lichtempfindlichen Beschichtungen abgedeckt bzw. umgesetzt. Durch die »offenen« Partien des Siebs wird dann eine spezielle pastöse Druckfarbe mit einem Gummirakel auf dem Sieb verteilt. Sie dringt nur durch die offenen, nicht abgedeckten Poren des Siebs auf die Druckträger aus Papier oder Stoff. Je nach Farbsorte bzw. Bindemitteltyp ist der Druckauftrag deckend oder lasierend.

PLETT

Plett (eigentlich Diethard Plett, 1941 geboren) gehört nach eigener Aussage dem Ameisenclan an. Er lebt und arbeitet in Hamburg-Mottenburg (Altona). Die Siebdruckarbeiten entstanden Ende 1998 nach eigenen Vorlagen und Schablonen aus der ständigen künstlerischen Arbeit mit Silhouetten. Zurzeit stellt Plett keine Siebdrucke mehr her, wohl aber arbeitet er mit Acrylfarben unterschiedlichster Provenienzen.

PLETT DRUCKT »STILETTO IN PETTO« IM SIEBDRUCKVERFAHREN

Abb. 1: Die Vorlagen für das Motiv »stiletto in petto« werden auf zwei verschiedene lichtundurchlässige Folien übertragen. Oben ist der Hintergrund mit der Schrift erkennbar; unten sieht man die Figur und die gestrichelte Randeinfassung.

Abb. 2: Das beschichtete Sieb wird in den Siebdrucktisch eingespannt und das Papier darunter passgenau eingespannt.

Abb. 3: Nun wird die aus Lascaux Decora und Lascaux Siebdruckpaste eigenhändig angemischte Siebdruckfarbe auf dem Sieb gleichmäßig verteilt.

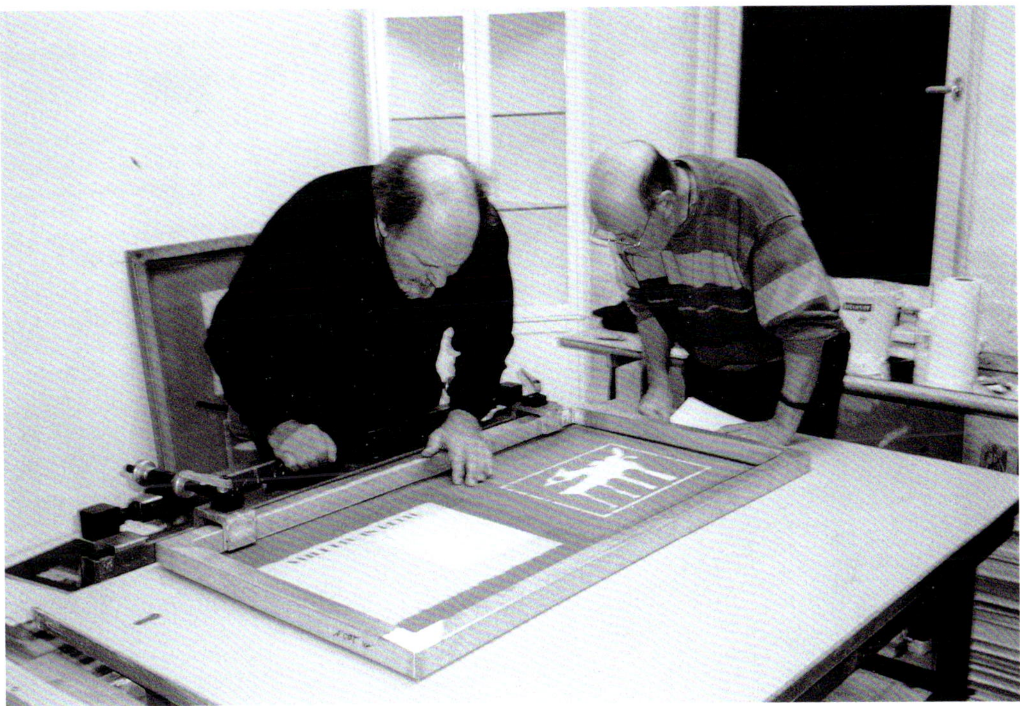

Abb. 2

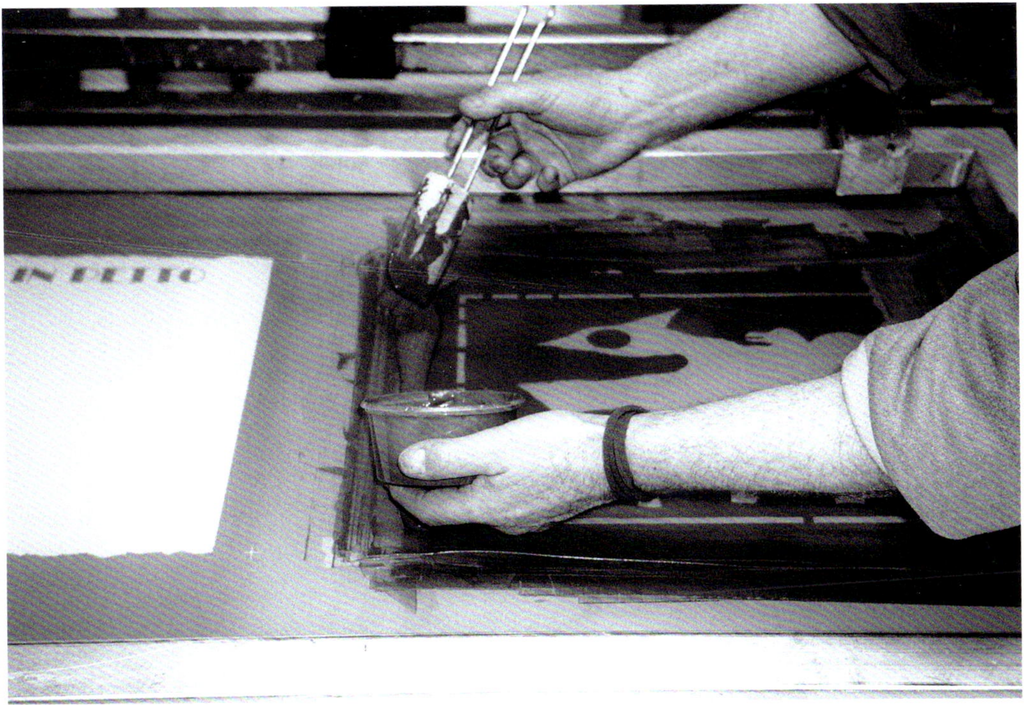

Abb. 3

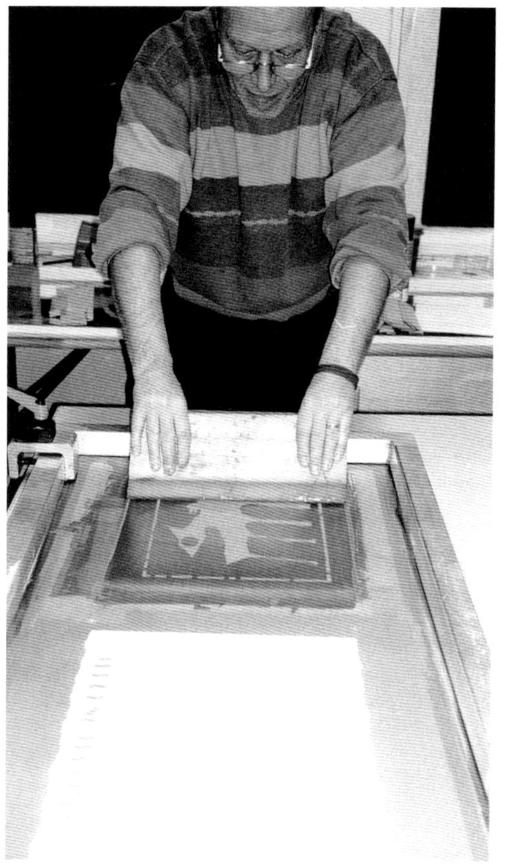

Abb. 4

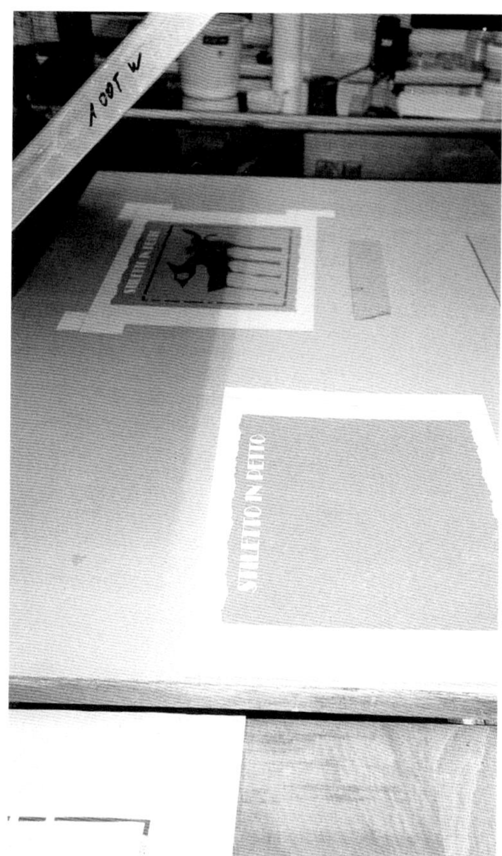

Abb. 5

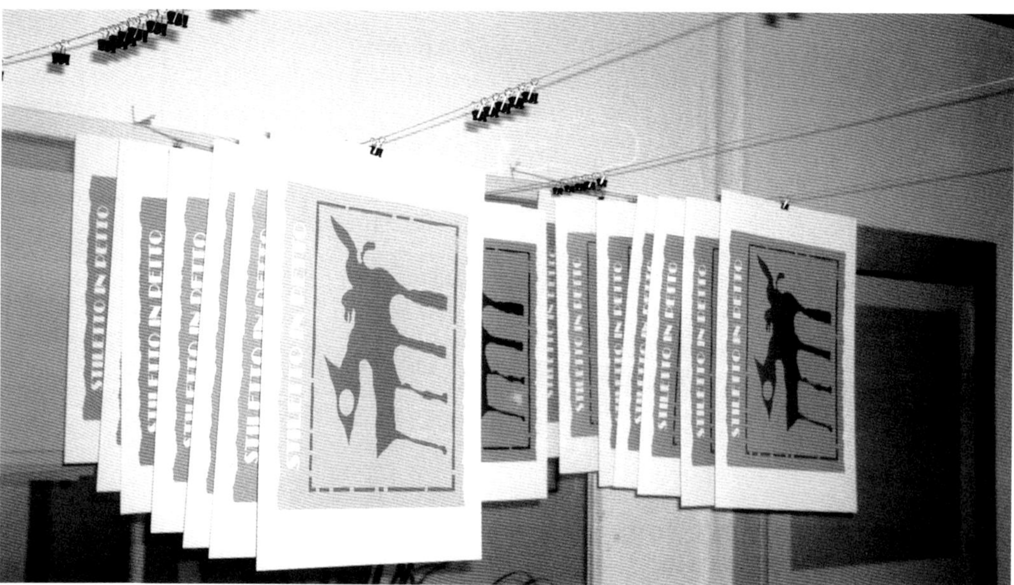

Abb. 6

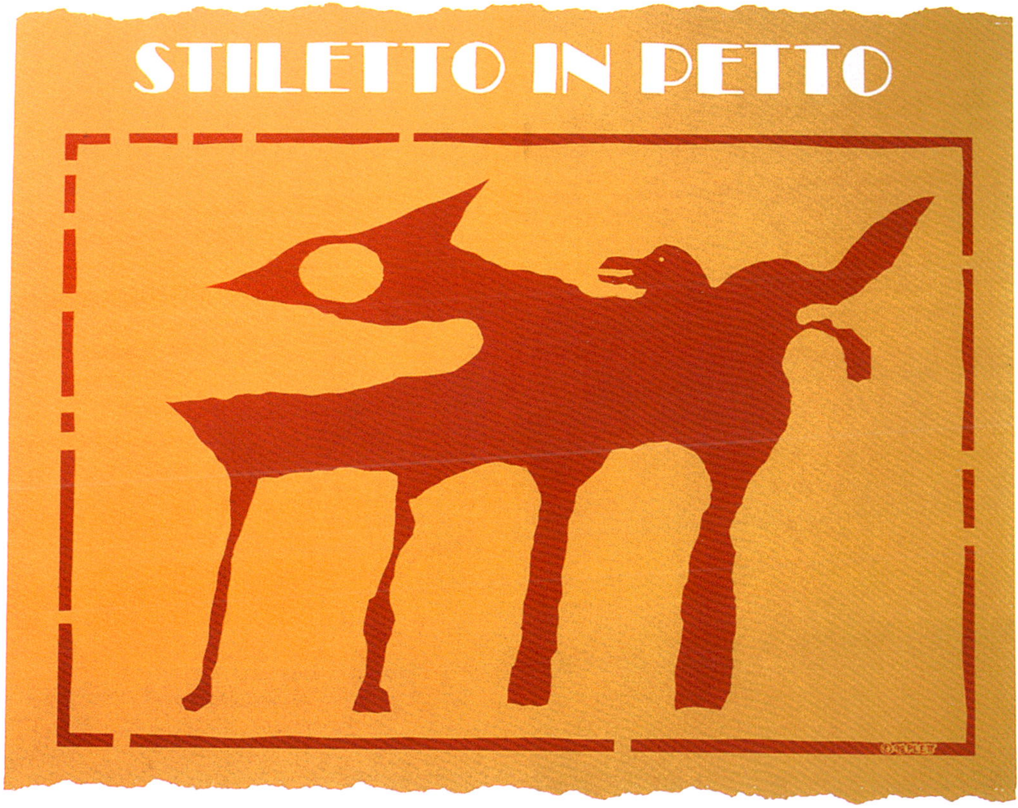

Der fertige Siebdruck erhält seine brillante Farbigkeit und scharfe Konturierung erst durch die zwei Druckgänge.

Abb. 4: Mit einem Rakel wird die Farbe durch die feinen Maschen des Siebs auf das Papier gedruckt. Weil eine normale Acrylfarbe sehr schnell antrocknet, wird hier die Lascaux Siebdruckpaste als Trocknungsverzögerer eingesetzt.

Abb. 5: Unten rechts ist das Resultat des ersten Druckgangs zu sehen, während oben links das Ergebnis der zweiten darüber liegenden Schicht erkennbar ist.

Abb. 6: Die frisch bedruckten und daher empfindlichen Papiere müssen in geeigneter Weise trocknen. Das geschieht auf sehr einfache Weise, indem sie auf Leinen mit besonderen Papierhaltern ähnlich wie Wäsche getrocknet werden.

Zu den Bildbeispielen

Bei den folgenden Beispielen handelt es sich um selbst verfertigte Bildträger, die in der Regel aus einem Holzkasten bestehen, auf dem eine Hartfaserplatte appliziert wurde. Wenn bei den Beschreibungen nicht an erster Stelle der so genannte Cotton Duck Canvas oder ein vergleichbares Gewebe angeführt ist, wurde direkt auf der Hartfaserplatte (Masonite®) gearbeitet, grundiert oder gemalt. Die Nummerierung entspricht den festgehaltenen Arbeitsschritten und die Angaben zu den technischen Besonderheiten erfolgen hier gesondert.

Bei den Beispielen sollen vor allem Techniken und Verfahrensweisen dargestellt werden. Dabei sind die Farbangaben zum Teil nebensächlich, es sei denn, sie sind besonders hervorgehoben. Auch diese Angaben zeigen wegen der drucktechnisch bedingten Abweichungen nur bedingt die korrekte Farbe.

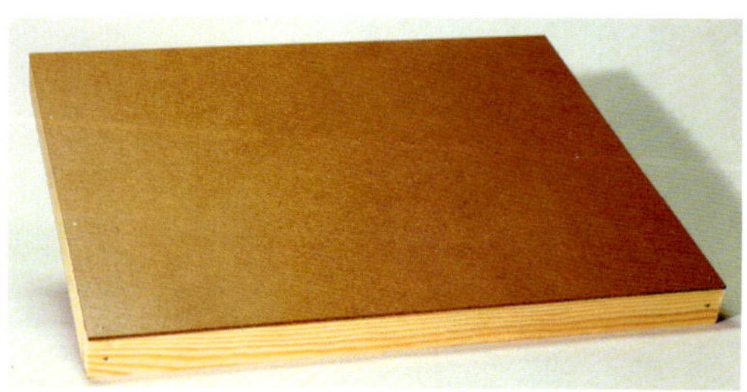

Abb. 1

Abb. 2

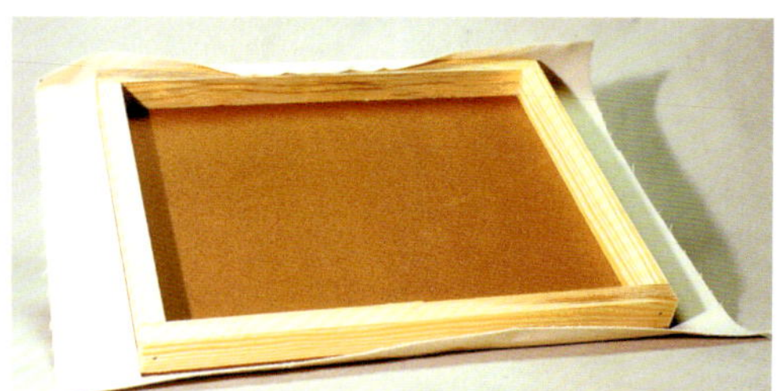

Abb. 3

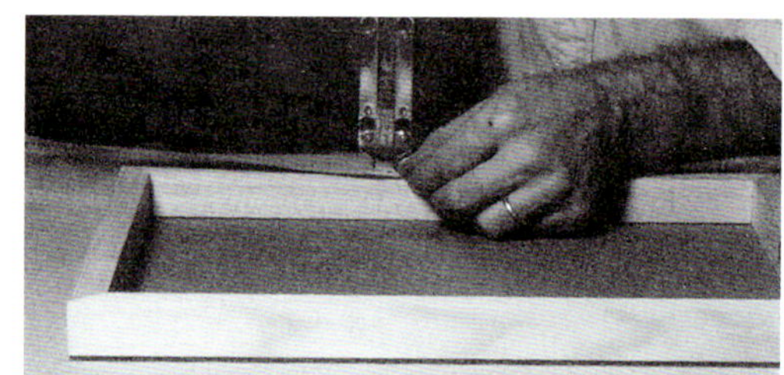

Abb. 4

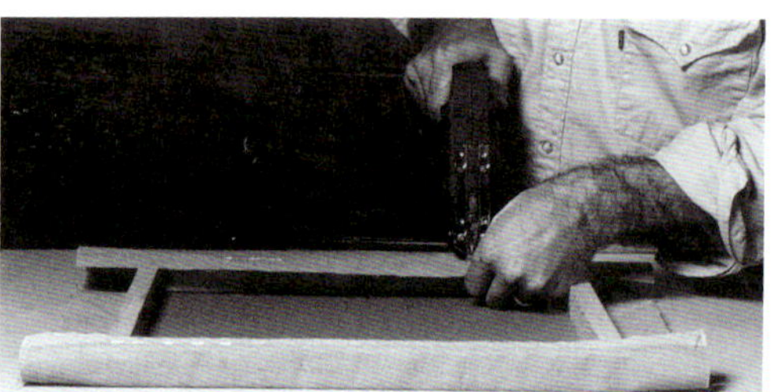

Abb. 5

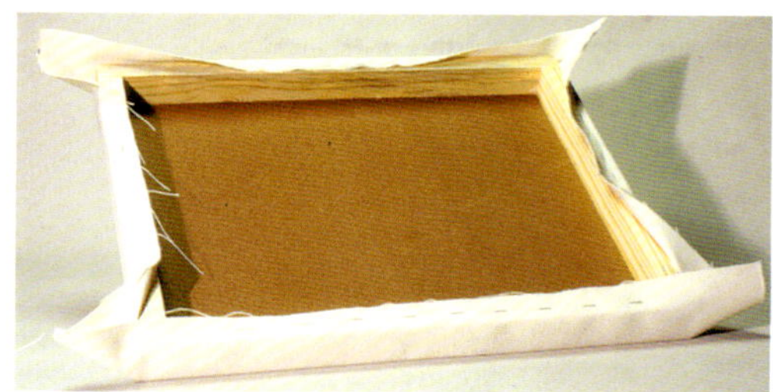

Abb. 6

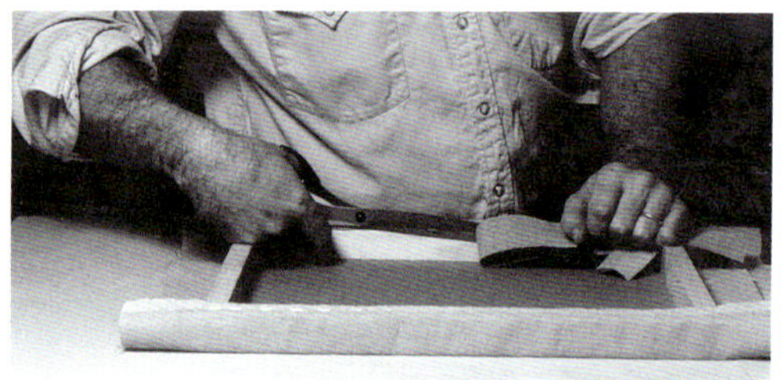

Abb. 7

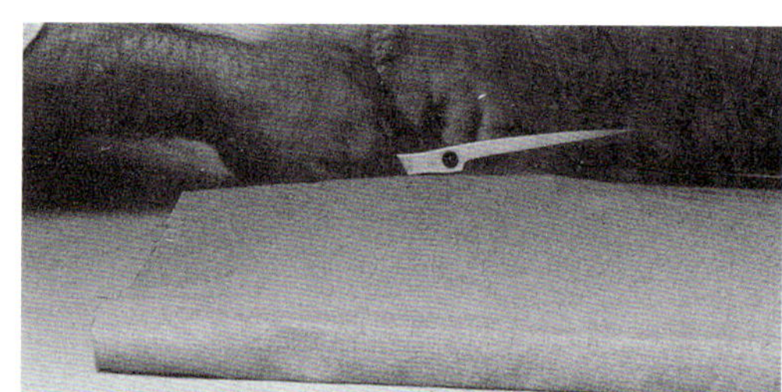

Abb. 8

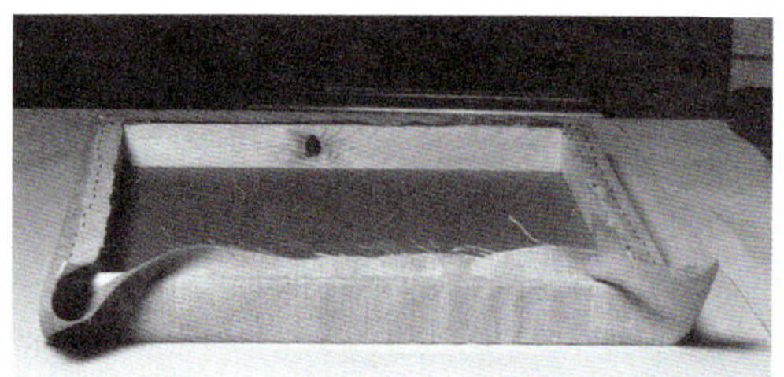

Abb. 9

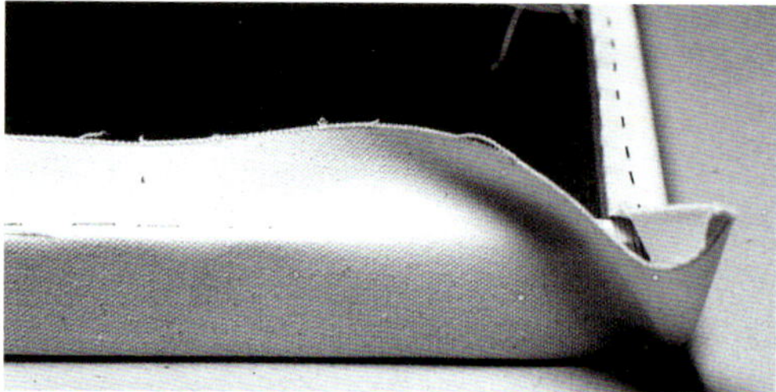

Abb. 10

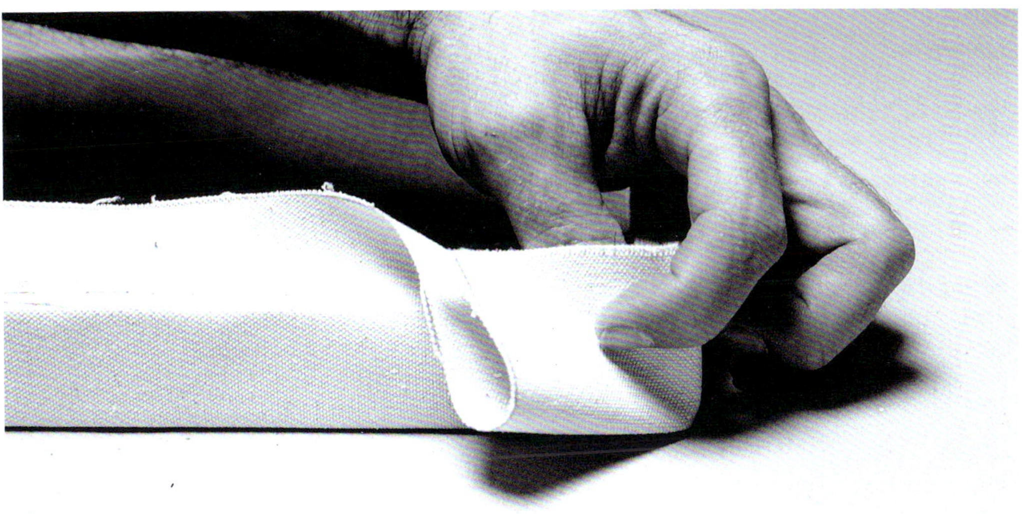

Abb. 11

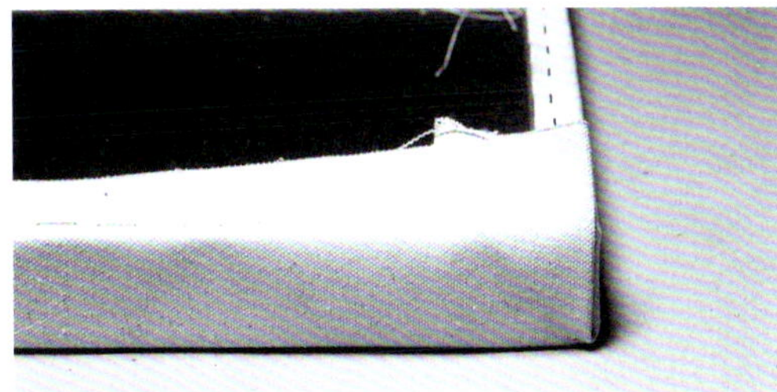

Abb. 12

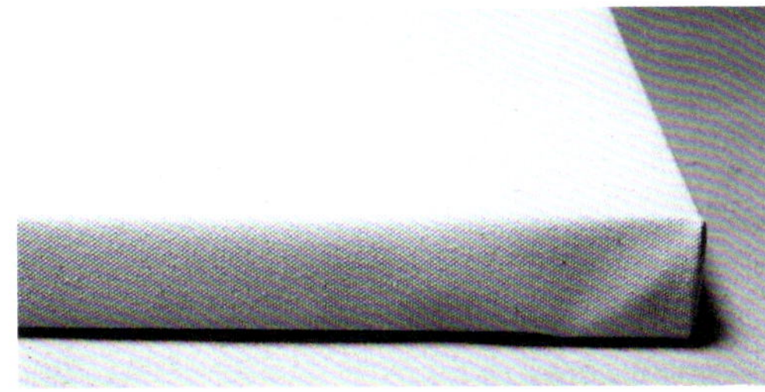

Abb. 13

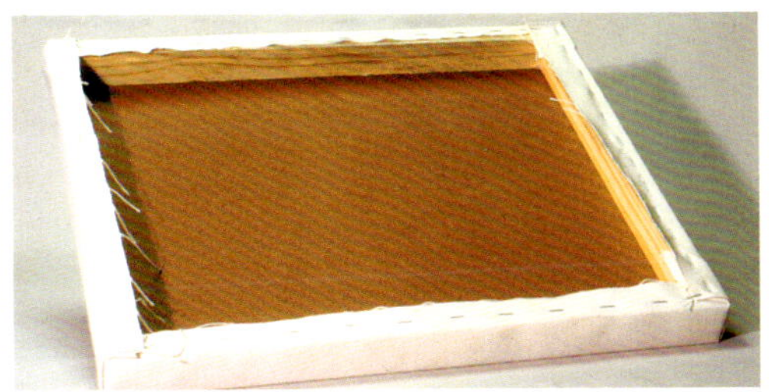

Abb. 14

Über das »Aufspannen«

Abb. 1: Zunächst wird aus Kiefernleisten, die im Winkel von 45° auf Gehrung gesägt wurden, ein Rahmen gefertigt. Auf ihn wird eine Hartfaserplatte (Masonite®) geleimt.

Abb. 2: Detailansicht des aus Kiefernleisten und Hartfaserplatte angefertigten Basisrahmens

Abb. 3 & 4: Auf diesen Basisrahmen wird das Gewebe zuerst mit den Langseiten möglichst fest gespannt ...

Abb. 5, 6, 7 & 8: ... und die überschüssigen Bahnen werden abgeschnitten.

Abb. 9 & 10: Nun werden die Ecken eingeschlagen.

Abb. 11 & 12: Dieser Stoffteil wird nach innen eingelegt und rückseitig angetackert.

Abb. 13: So sieht dann eine richtig eingeschlagene und befestigte Ecke aus.

Abb. 14: Rückseitig sind nun an allen Seiten die Tackerklammern eingetrieben und der mit dem Gewebe bespannte Rahmen ist bereit zum Grundieren.

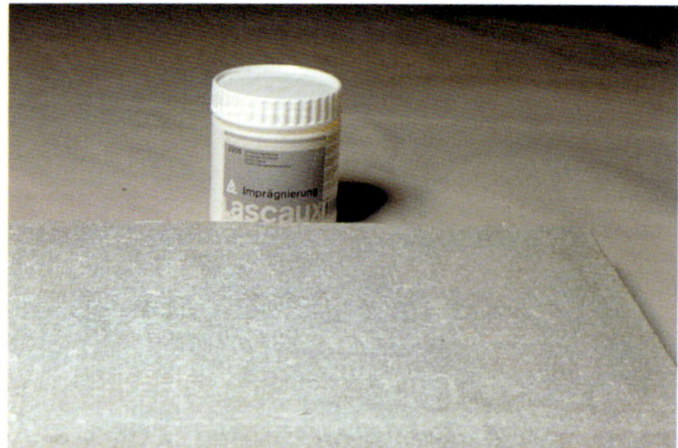

Abb. 1

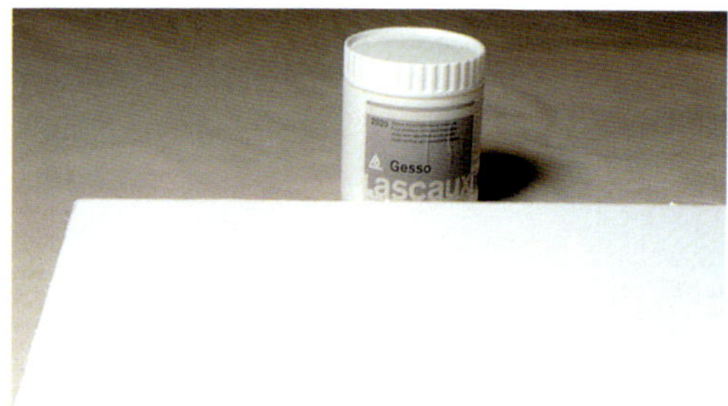

Abb. 2

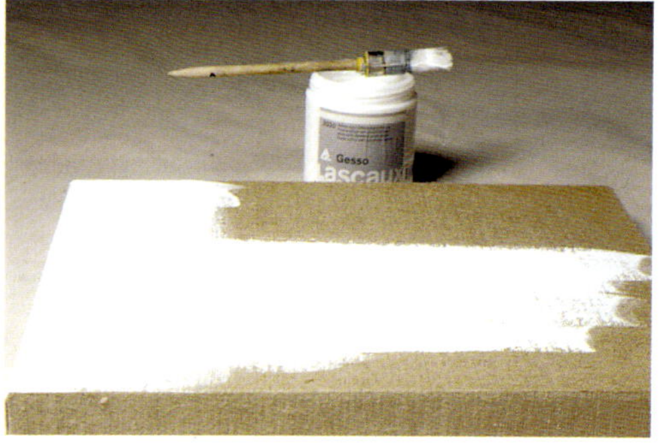

Abb. 3

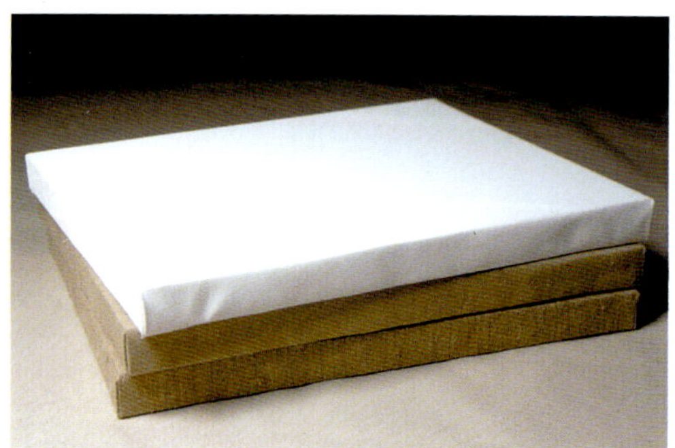

Abb. 4

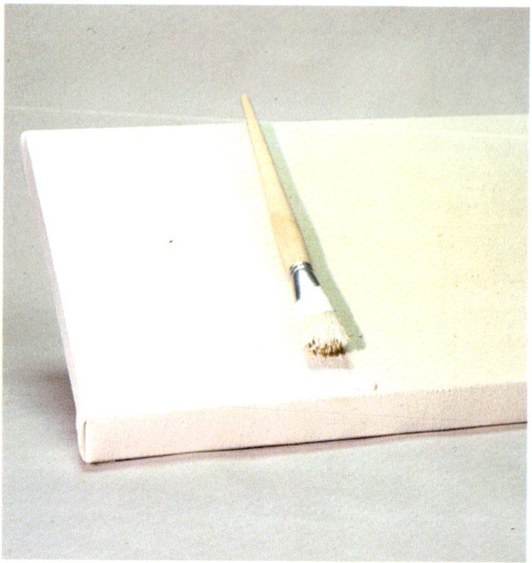

Abb. 5

»Grundieren«

Abb. 1: Nach der Vorleimung mit Acrylimprägnierung kann mit der eigentlichen Grundierung begonnen werden.

Abb. 2: Beim Grundieren trägt man das Grundiermittel zunächst parallel zur Langseite auf und verstreicht dann quer dazu, im Kreuzgang also, wie der Fachausdruck heißt.

Abb. 3: Die Leinwand strafft sich zunächst ein wenig; nach ausreichender Trocknungszeit kann mit dem Malen begonnen werden.

Abb. 4: Fertig grundierte Leinwände sollten für spätere und vor allem für »schwere« Farbaufträge stets entweder mit Gesso nachgrundiert oder aber mit einem verdünnten Farbaufstrich versehen werden.

Abb. 5: Es gibt verschiedene Arten von Leinwänden oder ähnlichen Maluntergründen. Stets aber sollten die malhandwerklichen Grundsätze beachtet werden, dass nämlich diese Maluntergründe immer gut vorbereitet sein müssen. Wenn in Serie gearbeitet werden soll, müssen ausreichend viele Malgründe vorhanden sein.

Gesamtansicht

ECHTBLAU & SCHWARZ

Direkt mit der Rolle wurde der unverdünnte Lascaux Primer auf das Cotton Duck Canvas verstrichen. Mit einer Mischung aus Helioechtblau (KreulAcryl #8515) und Schwarz (KreulAcryl #8518) konnte dann ein sehr tiefdunkles Blau erzeugt werden.

Detail

Gesamtansicht

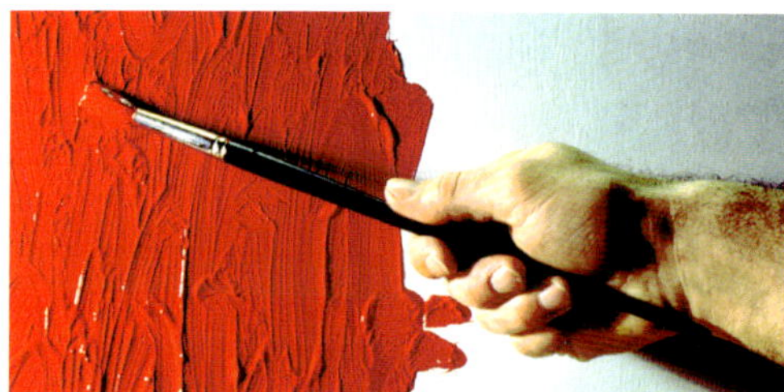

Farbauftrag mit dem Pinsel

ECHTROT DUNKEL

Auch hier ist der Lascaux Primer mit der Rolle unverdünnt auf das Cotton Duck Canvas aufgetragen worden. Der Farbauftrag in Echtrot/dunkel (KreulAcryl #8506) wurde zunächst mit dem Pinsel aufgetragen, musste dann aber gespachtelt werden, um der relativ schnell anziehenden Farbe Herr zu werden; außerdem sollte der Auftrag möglichst glatt werden.

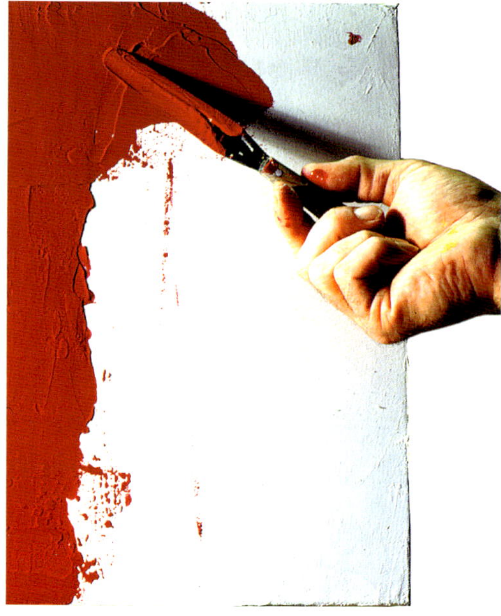

Spachtelauftrag zum Glätten

Nach der Trocknung steht durch eine leichte Abdunklung die Farbe satt auf dem Bildgrund in einem schönen Ton.

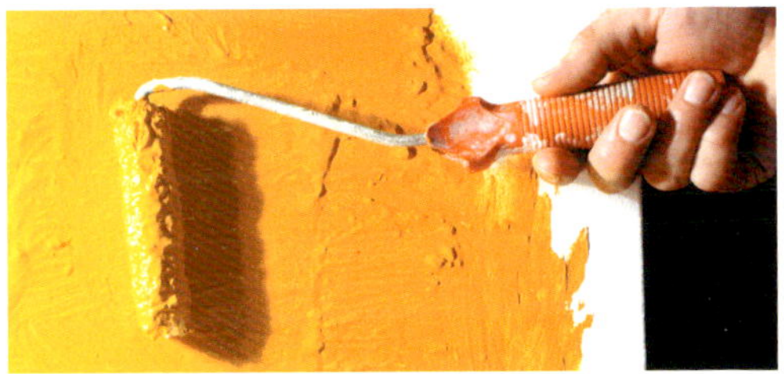

Die vermischten Farben werden mit der Rolle aufgetragen.

ECHTORANGE & INDISCHGELB

Hierbei wurde der Primer von Lascaux auf das Trägermaterial (Cotton Duck Canvas) unverdünnt aufgespachtelt. Eine Mischung aus Echtorange (KreulAcryl #8504) und Indischgelb (KreulAcryl #8526) wurde zu gleichen Teilen stark mit Wasser verdünnt gerollt (ca. 25 %). Das Bild steht nach dem Trocknen in einem satten Gelbton.

Nach dem Farbauftrag ergibt sich eine leichte Aufhellung.

Gesamtansicht

STREIFEN

Als erste Schicht wurde hier der Primer von Lascaux auf den Träger (Cotton Duck Canvas) gerollt. Die gleichzeitig isolierende erste Farbschicht wurde mit Indischgelb (KreulAcryl #8526) bis zur Streichfähigkeit leicht verdünnt, aufgerollt. Die nächste, dunkelblaue Schicht wurde 1:1 aus Helioechtblau (KreulAcryl #8515) und Schwarz (KreulAcryl #8518) ermischt. Sie wurde zuerst gespachtelt und in die noch feuchte Schicht wurden mit der Rückseite eines Pinselstiels die Streifen hineingekratzt.

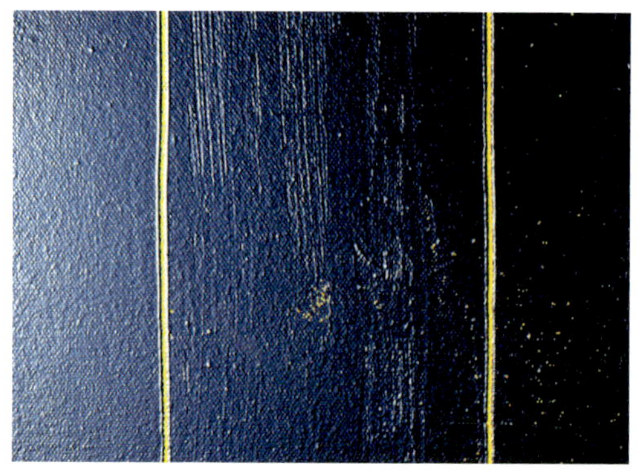

Detailansicht

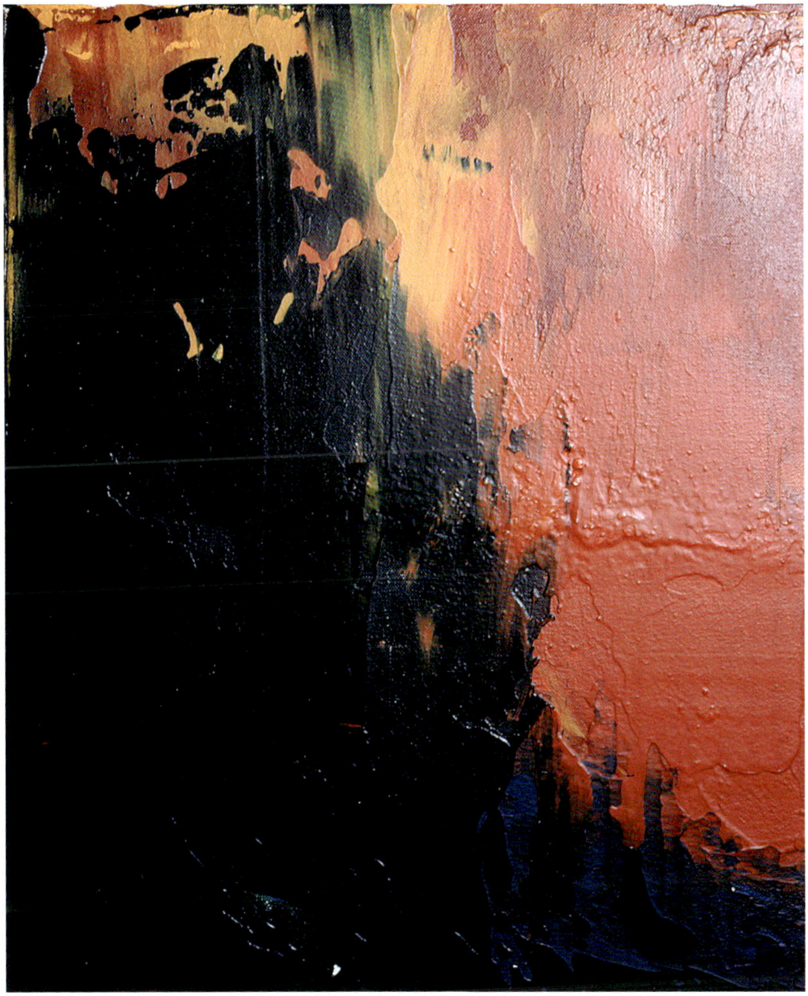

Gesamtansicht

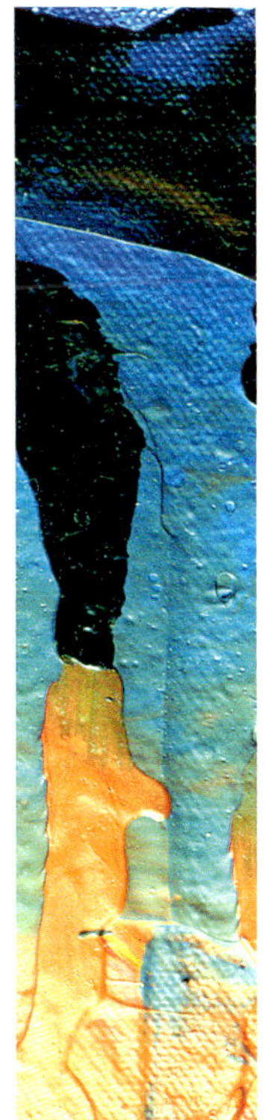

Detailansichten

ALLES ÜBER ALLES

Zuerst wurde das Cotton Duck Canvas mit dem leicht verdünnten Primer von Lascaux aufgerollt: Mit Krapplack, Echtrot hell (KreulAcryl # 8505), Schwarz (KreulAcryl # 8518), Heliogengrün (KreulAcryl # 8522) sowie Indischgelb (KreulAcryl # 8526) wurde alles übereinander unverdünnt ineinander vertrieben und mit einem schmalen Spachtel in einer Richtung verarbeitet. Es wurde dabei beabsichtigt, dass sich dunkle und helle Farben nicht miteinander vermischen und sich in den Randzonen eine völlig eigene, spontane Farbigkeit ergeben soll (siehe Einband).

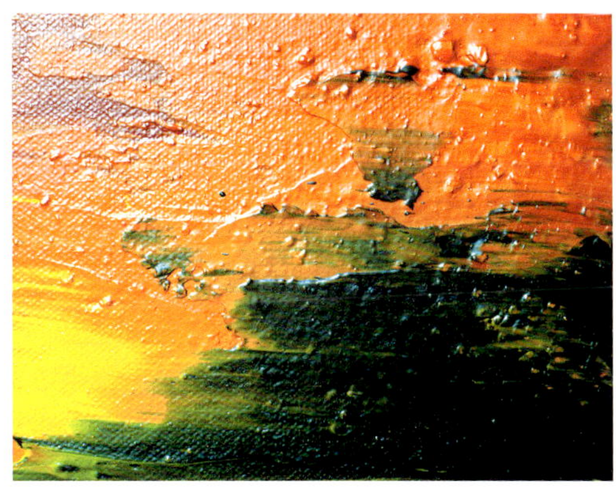

Hellgrün/Dunkelgrün

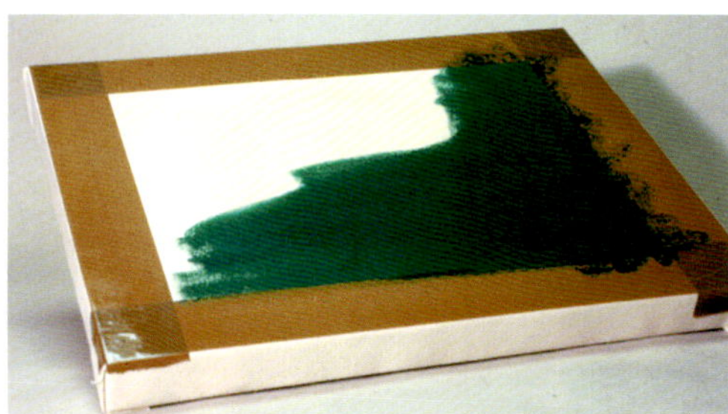

Abb. 1

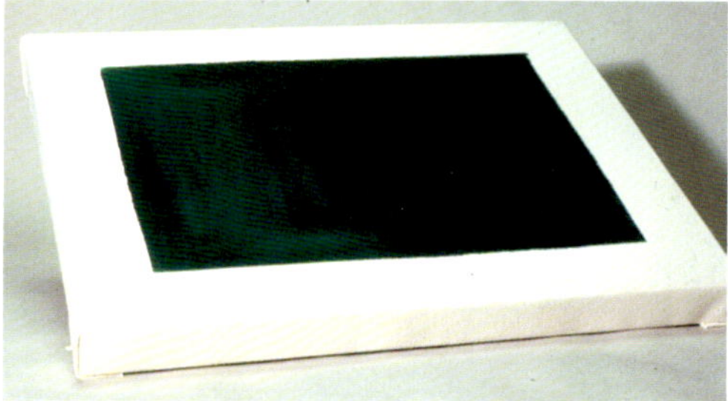

Abb. 2

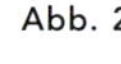

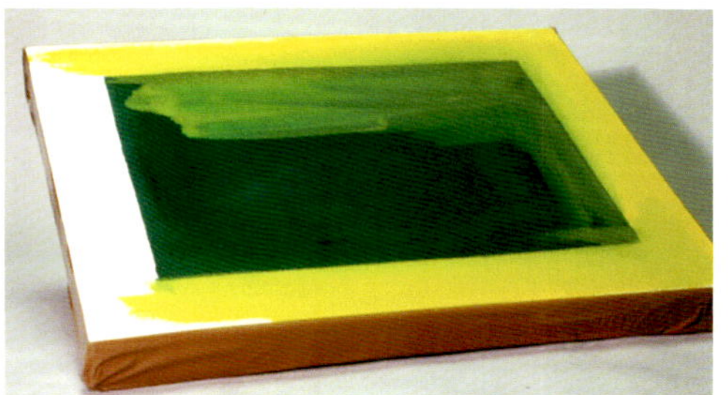

Abb. 3

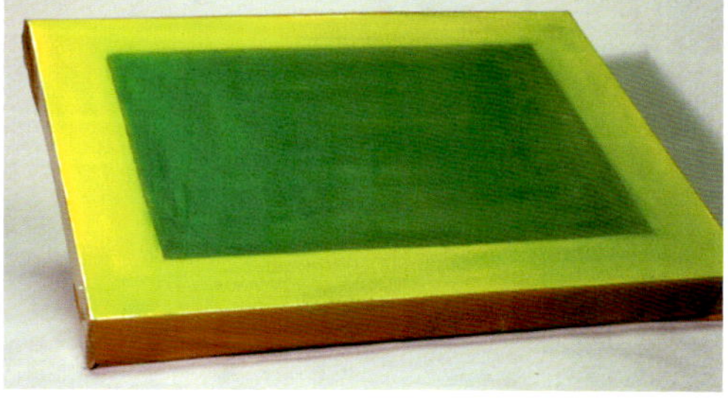

Abb. 4

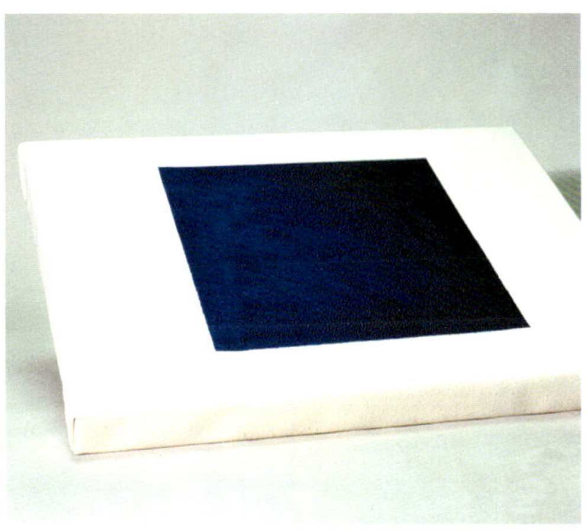

Abb. 1

HELLGRÜN/DUNKELGRÜN

Abb. 1: Das Trägergewebe blieb hier ungrundiert; im Innenbereich wurde ein Rechteck mit Klebestreifen abgeklebt und sodann das Textil leicht befeuchtet, um das Heliogengrün dunkel (KreulAcryl # 8523) mit dem Pinsel auszumalen, wobei das innere Rechteck ausgespart blieb.

Abb. 2 & 3: Der Bildrand wird dazu umseitig abgeklebt, Lichtgrün hell (KreulAcryl # 8522) wird mehrmals stark verdünnt angelegt und abschließend mit einem Lappen verwischt; das Heliogengrün war so stark verdünnt, dass sich die Farbe zum Teil wieder anlöste.

Abb. 4: Die farbliche Verdichtung und der eigentliche Farbeindruck entstanden durch ein mehrschichtiges Arbeiten mit den Farben.

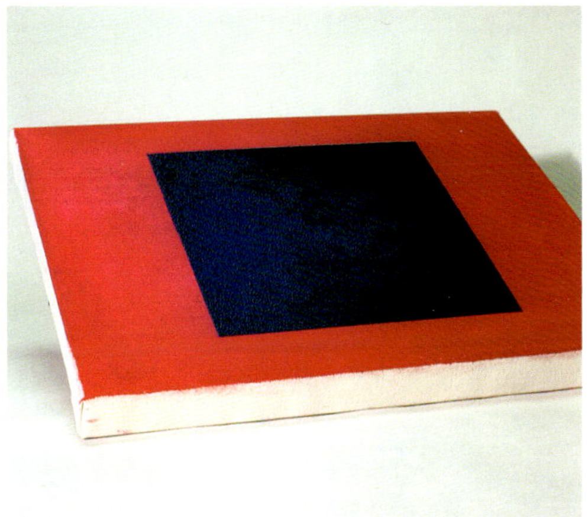

Abb. 2

BLAUES QUADRAT

Abb. 1: Auf dem ungrundierten Gewebe (Cotton Duck Canvas) wurde das Quadrat nach innen hin abgeklebt und hier mit einer Mischung aus:

1 Teil Ultramarinblau (KreulAcryl # 8520)

1 Teil Heliogenblau (KreulAcryl # 8518)

mit dem Pinsel ausgemalt.

Abb. 2 & 3: Nach ausreichender Trocknungszeit und nach Entfernen der Abklebung konnte eine Mischung aus:

1 Teil Purpurrot (KreulAcryl # 8514)

1 Teil Graphitgrau (Winsor & Newton # 292)

1 Teil Lascaux Siebdruckpaste (Lascaux # 2049)

mit dem Pinsel vermalt und abschließend mit einem Lappen verwischt werden.

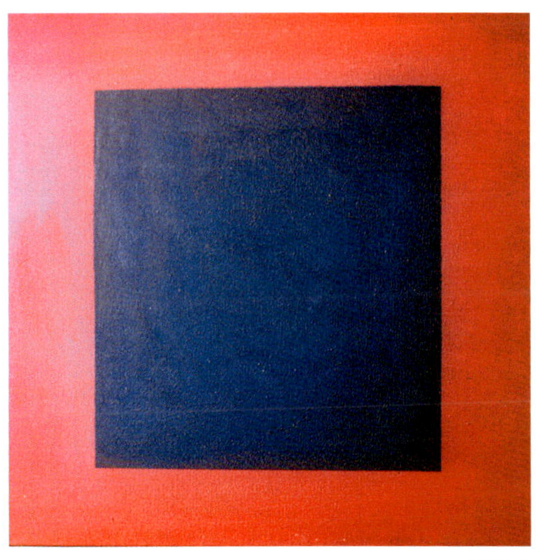

Abb. 3

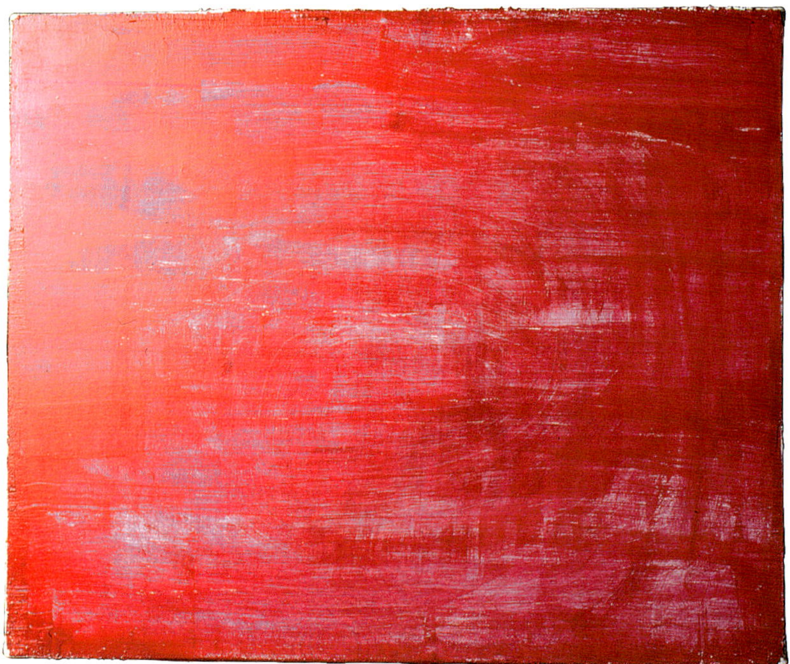

Abb. 1

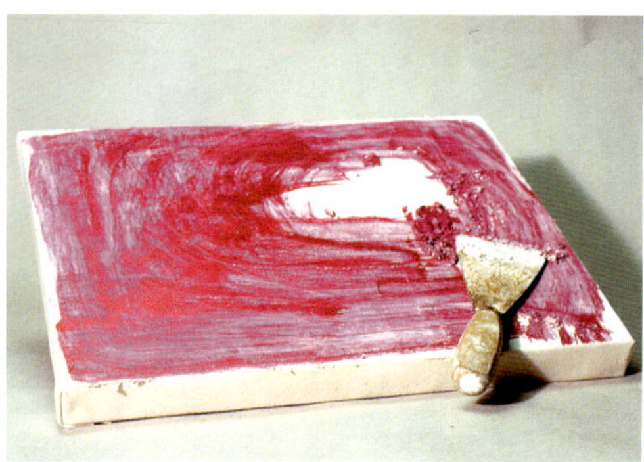

Abb. 2

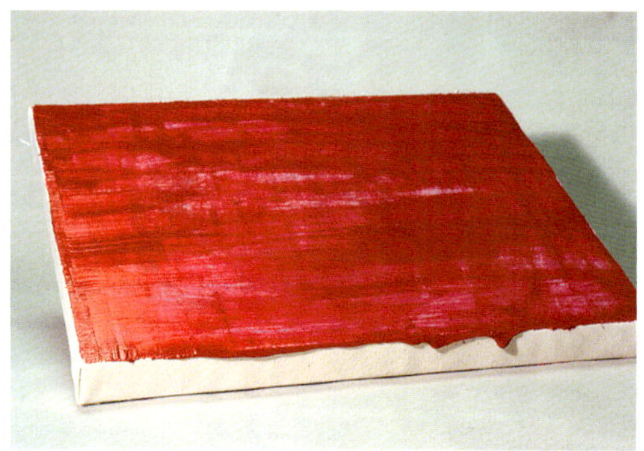

Abb. 3

PURPURROT

Die Vorleimung wurde in gelatinierter Form auf das Trägergewebe Cotton Duck Canvas gespachtelt:

GRUNDIERUNG

1 Teil Leim / 70 : 1000 mit ca. 5 % Alaun

+ 1 Teil Champagnerkreide

+ 1 Teil Bologneserkreide: 3 x gespachtelt

= letzte Grundierung mit Purpurrot abgetönt

FARBAUFTRAG

1 Teil Purpurrot (KreulAcryl # 8514)

1 Teil Krapplack (KreulAcryl # 8513)

+ 1 Teil Lascaux Siebdruckpaste (als Verzögerer) mit dem Spachtel verarbeitet und dünn verrieben.

SANIBEL ISLAND

Die Idee für dieses Bild entwickelte sich aus einem »Urlaubsfoto« von Sanibel Island in Florida am Golf von Mexiko. Es ist eines jener Fotos, die am Anfang eines Films vor dem ersten »richtigen« Bild entstehen und die in aller Regel weggeworfen werden. Beim Aussortieren wurde dieses Foto aber gerettet, um es gerade wegen seiner Flächigkeit und zurückhaltenden Farbigkeit in ein Acrylbild umzusetzen.

VORARBEIT

Auf das Gewebe des Cotton Duck Canvas wurde die gelatinierte Vorleimung aufgespachtelt (siehe Seite 62, nach Doerner Rezept 70 : 1000).

Darauf erfolgte die Grundierung in folgender Mischung:

1 Teil Leim / 70 : 1000

+ 1 Teil Champagnerkreide

+ 1 Teil Bologneserkreide,

die insgesamt dreimal aufgetragen und im Hinblick auf die spätere Arbeit einmal mit einer Isoliergrundierung aus Titanweiß (KreulAcryl # 8501) versehen wurde.

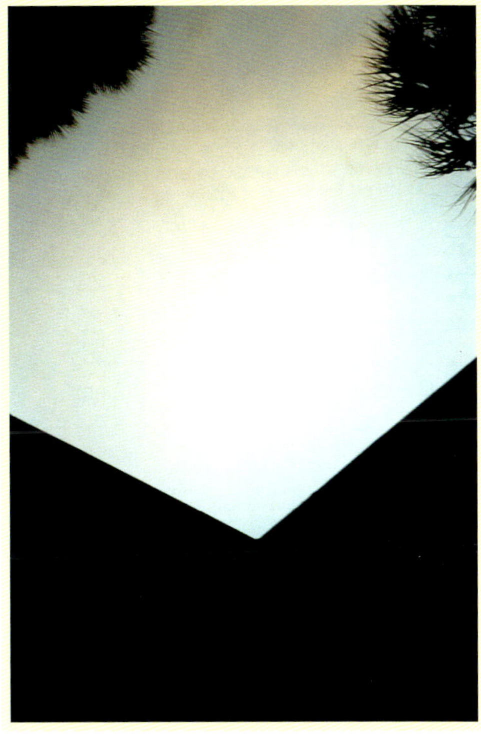

Abb. 1: Ein Urlaubsfoto von Sanibel Island

Abb. 2: Für die Übertragungsarbeit sollten alle Arbeitsmaterialien bereitstehen:

1. Die Vorlage
2. Ein Kohlestift zum Umzeichnen bzw. Aufzeichnen auf die Leinwand
3. Als geeignete Messinstrumente entweder ein Zollstock oder ein Lineal sowie
4. Klebeband zum Abkleben

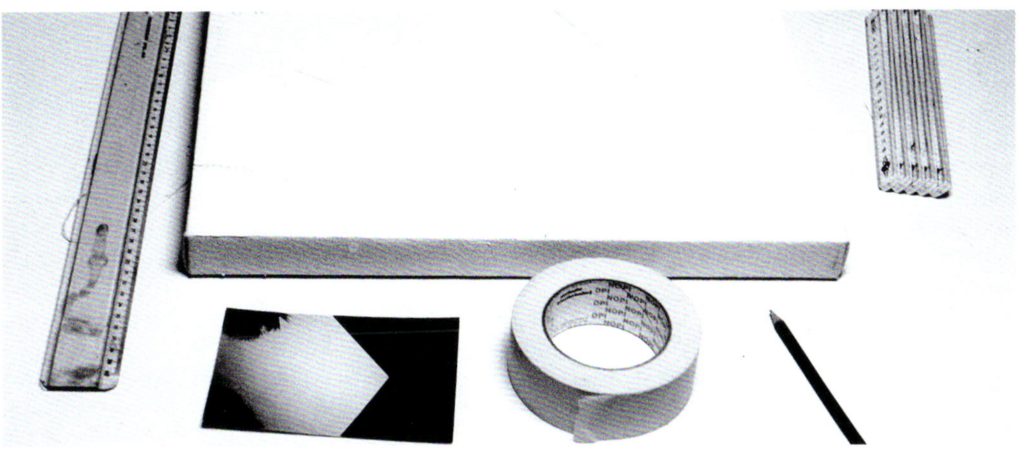

Abb. 2

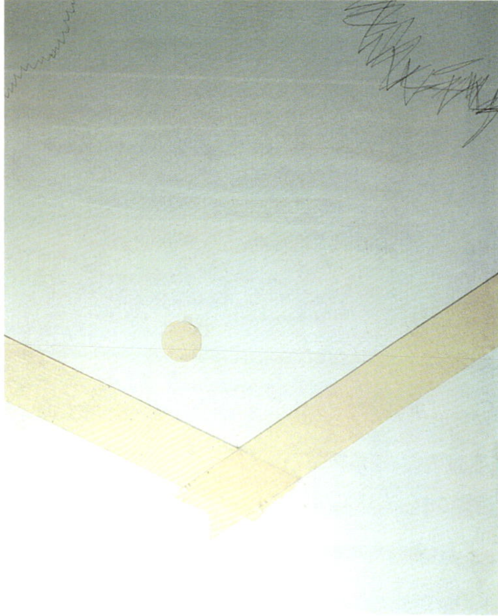

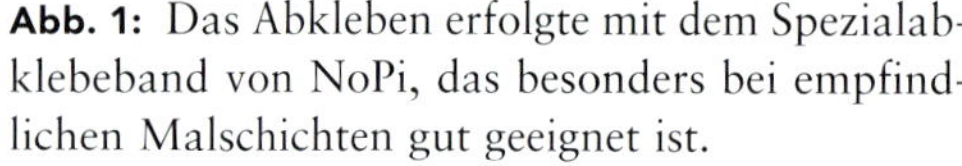

Abb. 1

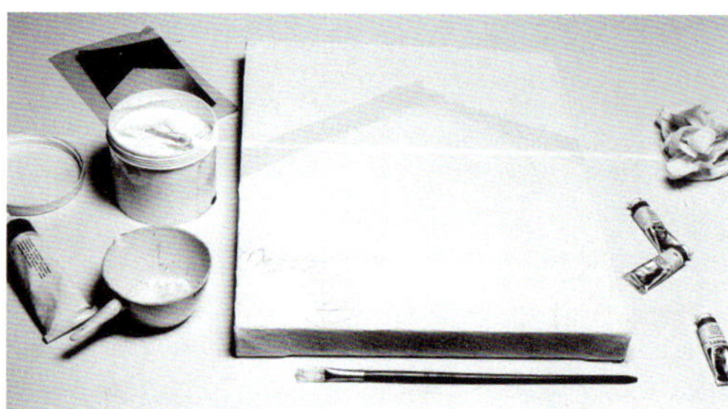

Abb. 2

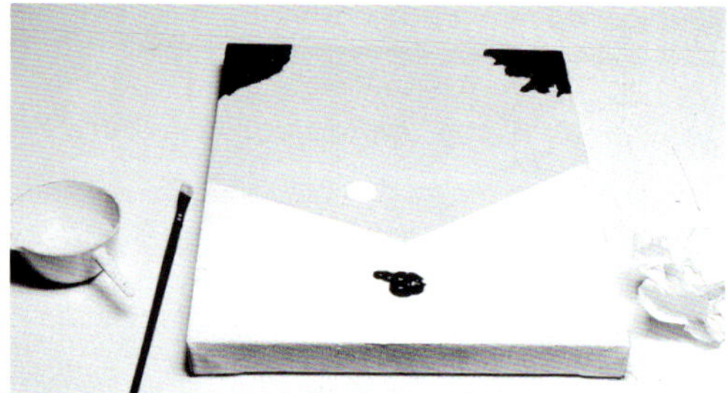

Abb. 3

Abb. 4

Abb. 1: Das Abkleben erfolgte mit dem Spezialabklebeband von NoPi, das besonders bei empfindlichen Malschichten gut geeignet ist.

Abb. 2 & 3: Sodann wurde der als Himmel vorgesehene weiße Hintergrund aus Titanweiß von KreulAcryl (# 8501) mit Karminrot/hell von Lascaux (# 125) und Cöllinblau (KreulAcryl # 8523) abgetönt. Die Palmwedel jeweils hinten rechts und links wurden einfach mit dunkler Farbe vorgelegt.

Abb. 4: Nach ausreichender Trocknung kann nun das Spezialabklebeband abgezogen und an anderer Stelle neu aufgezogen werden, eine Prozedur, die sich später vor allem an den scharfen Bildübergängen ständig wiederholt. Der runde Mond wird dabei gesondert abgeklebt. Im unteren Bereich konnten nun die Konturen der Gebäude mit Schwarz (KreulAcryl # 8518) eingetragen werden, die Palmwedel erhielten mit einem Schuss Grüner Erde (KreulAcryl # 8523) ein wenig mehr Farbe.

Abb. 5: An diesem Detail zeigt sich, dass nicht immer eine völlige Abdeckung mit einem Klebeband erfolgreich sein wird. In diesem Fall hilft zuerst eine Minimalretusche zum Abdecken der dunklen Farbe. Bei späteren Malgängen wird sich diese Partie gut einfügen.

Abb. 6: Die reduzierte Farbigkeit mit Abschattungen von Titanweiß (KreulAcryl # 8501) oder Aufhellungen des Schwarz (KreulAcryl # 8518) ergibt sich mit den Farben Grüne Erde (KreulAcryl # 8523), Heliogenblau (KreulAcryl # 8515) oder Karminrot von Lascaux (# A106).

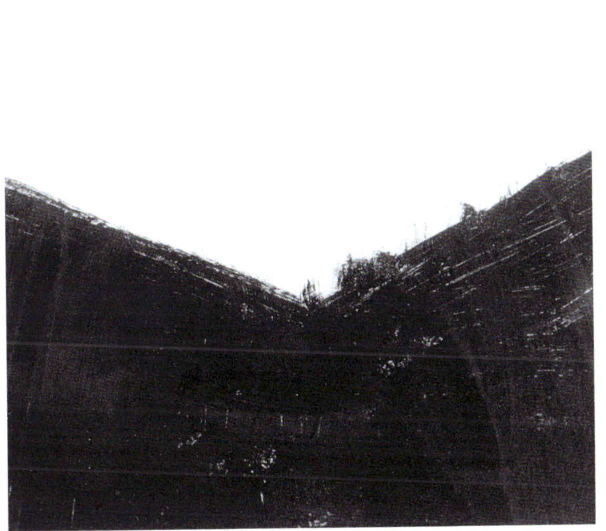
Abb. 5

Abb. 6

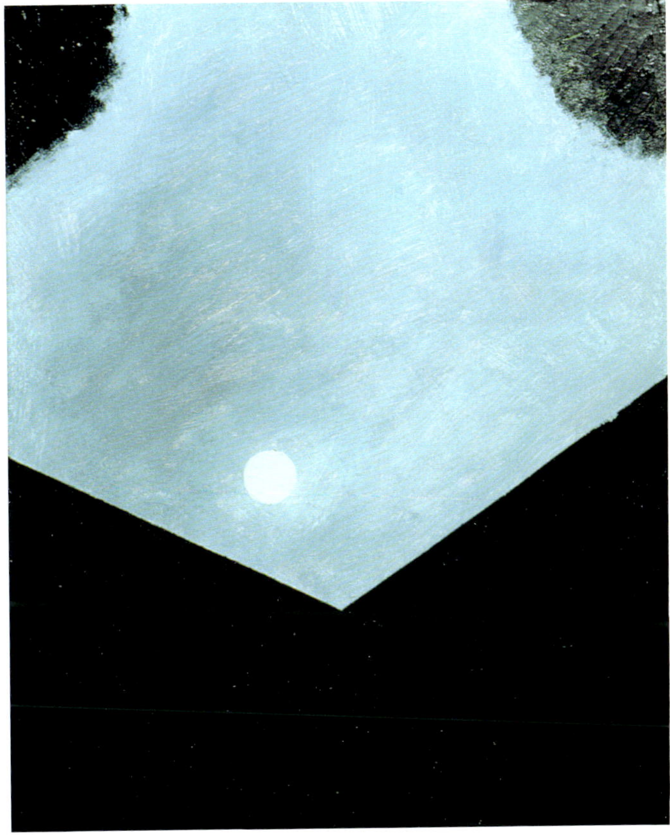
Das fertige Bild

STRASSE VON VITERBO

Hier lieferte eine alte Postkarte von Viterbo in Mittelitalien die Vorlage. Wenn auch die Fertigstellung dieses Bildes nicht gelang (es wurde verworfen), so ist doch zumindest die Übertragungstechnik interessant. Bei der Grundierung wurde exakt wie bei dem vorangegangenen Bild verfahren.

Zur Vorbereitung der Übertragung wurde die Postkarte zunächst über ein Fotokopiergerät vergrößert. Im Rahmen künstlerischer Freiheit sind Veränderungen wie Auslassungen oder Hinzufügungen selbstverständlich gestattet.

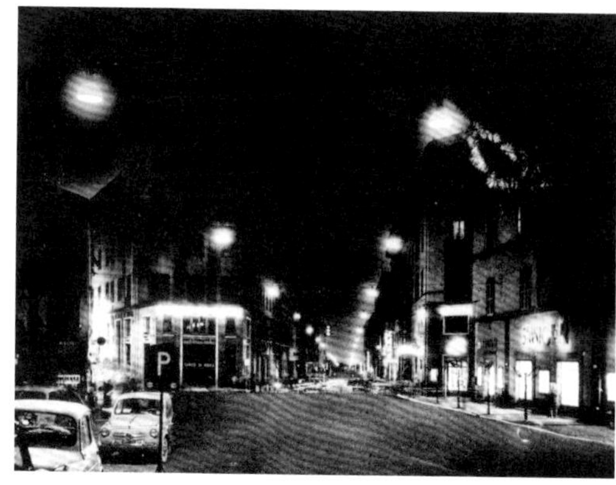

Die alte Postkarte von Viterbo

Abb. 1

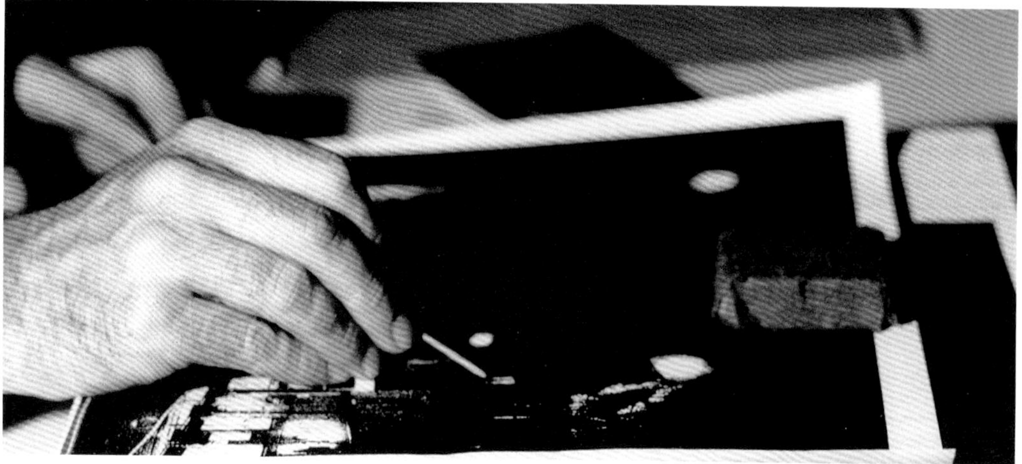

Abb. 2

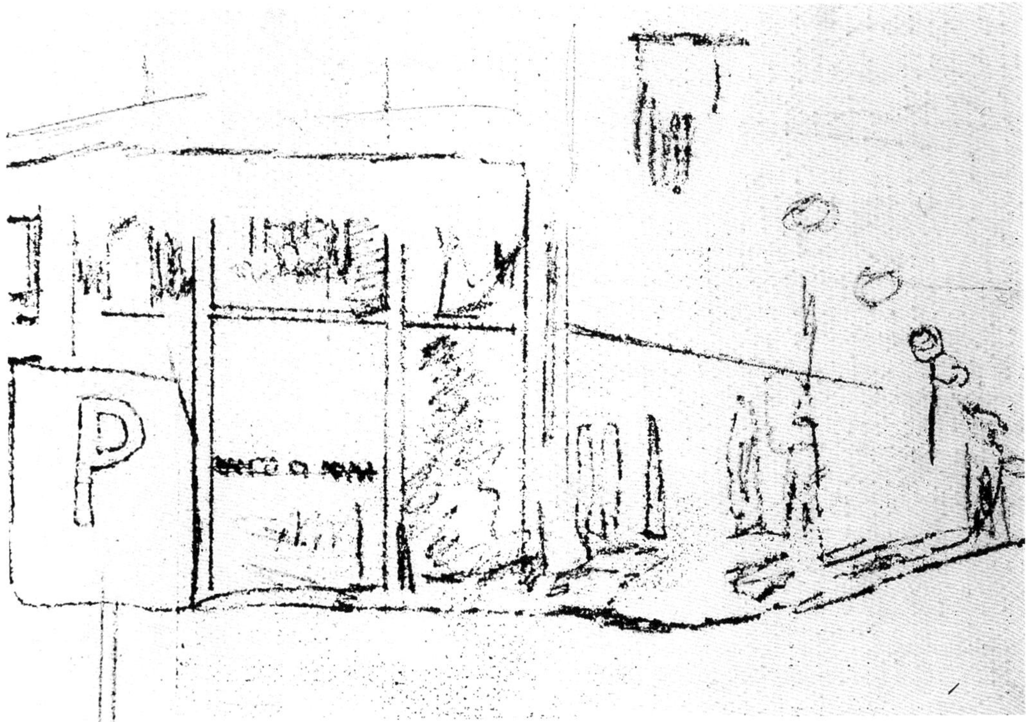

Abb. 3

Abb. 4

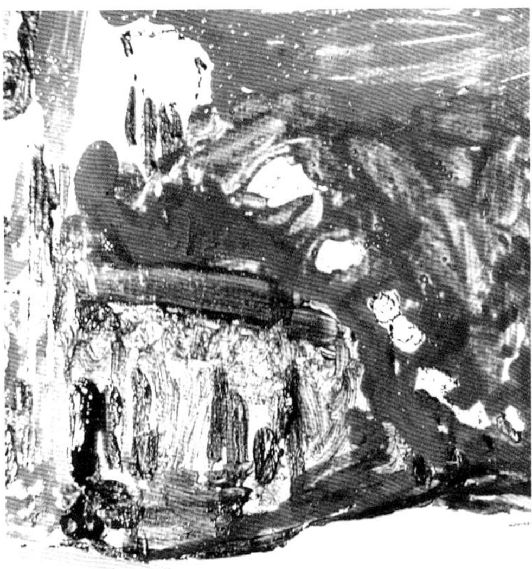

Abb. 5

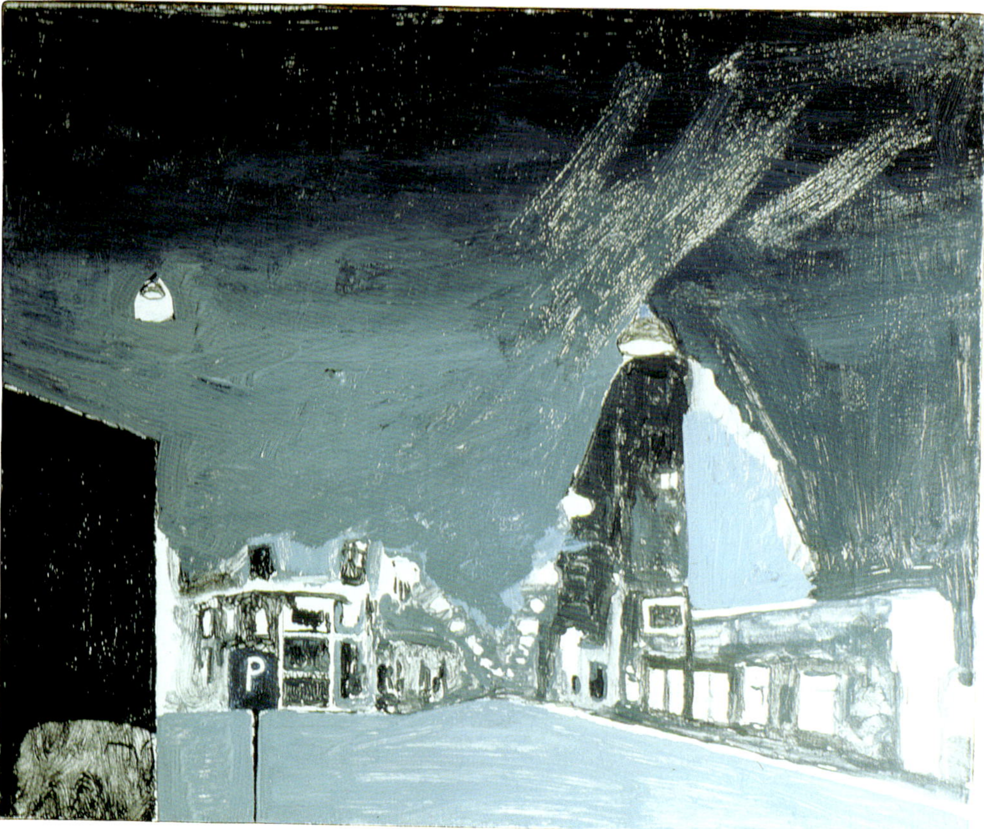

Das fertige Bild

Abb. 1 & 2: Nun erfolgt die eigentliche Übertragung mittels Kohlepapier. Dazu wird das Kohlepapier, das als Durchschreibpapier im Fachhandel erhältlich ist, direkt auf den Malgrund gelegt.

Abb. 3: Die Übertragung wird als durchgeriebene Kontur sichtbar.

Abb. 4 & 5: Der Farbwechsel der Grautöne wurde aus sehr dünnen Ausmischungen von Titanweiß (KreulAcryl # 8501) und Schwarz (KreulAcryl # 8518) erzeugt. Weil aber das Sujet nicht gefiel, existiert dieses Bild nicht mehr.

Gesamtansicht

Detailansicht

STERNENHIMMEL

Auf der vorgrundierten Leinwand wurde zusätzlich und sicherheitshalber nochmals mit leicht verdünntem Titanweiß (KreulAcryl # 8501) isoliert. Solche Isolieranstriche erfolgen stets, um die fabrikmäßig für Öl-, Tempera- und Acrylmalerei gleichermaßen hergestellten Leinwände für eine bessere Haftung der Acrylfarben zu präparieren.

Um ein sehr dunkles Sternenhimmelblau zu ermischen, wurde das Schwarz (# 8518) mit dem Heliogenblau (# 8515) und dem dunklen Kobaltblau von KreulAcryl verwendet.

Die Sternchen wurden mit den kleinsten Aquarellpinseln der Größen 00 und 000 und der Sorte Aquacryl von Lascaux in Titanweiß (# 880) relativ frei ausgeführt. Nur schemenhaft erkennt man den Großen Wagen und einige Nebel.

Abb. 1

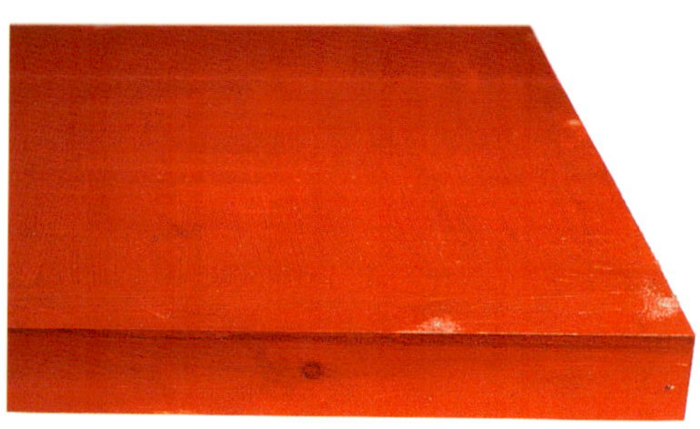

Abb. 2

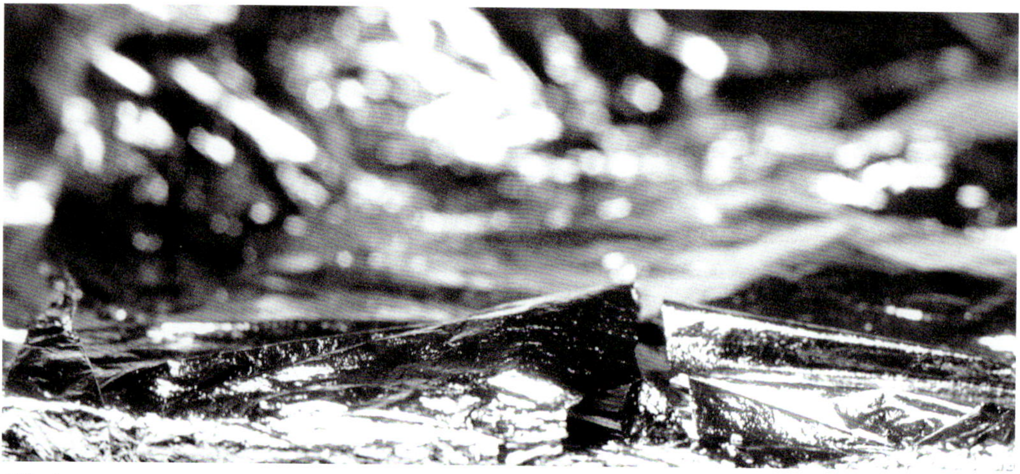

Abb. 3

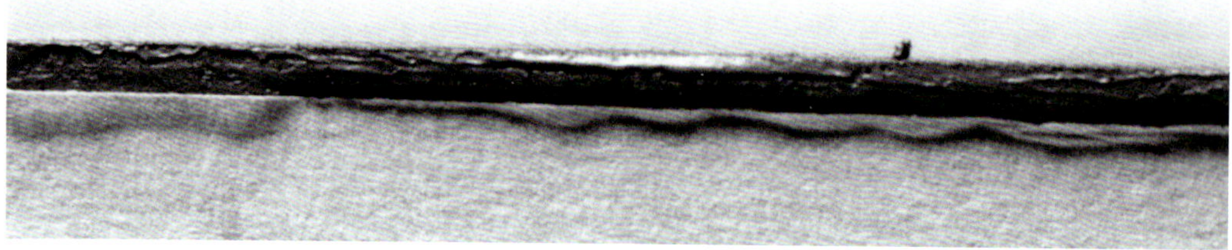

Abb. 4

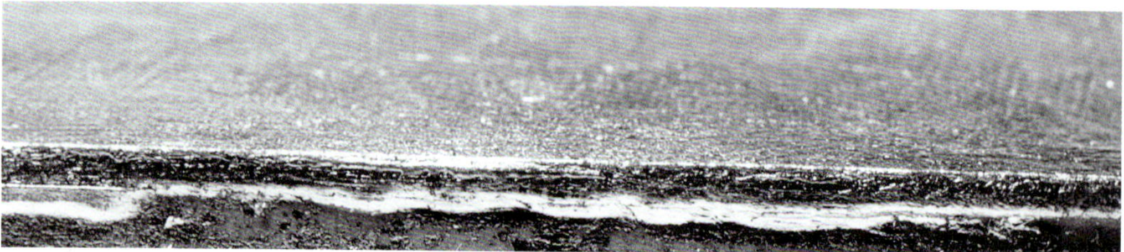

Abb. 5

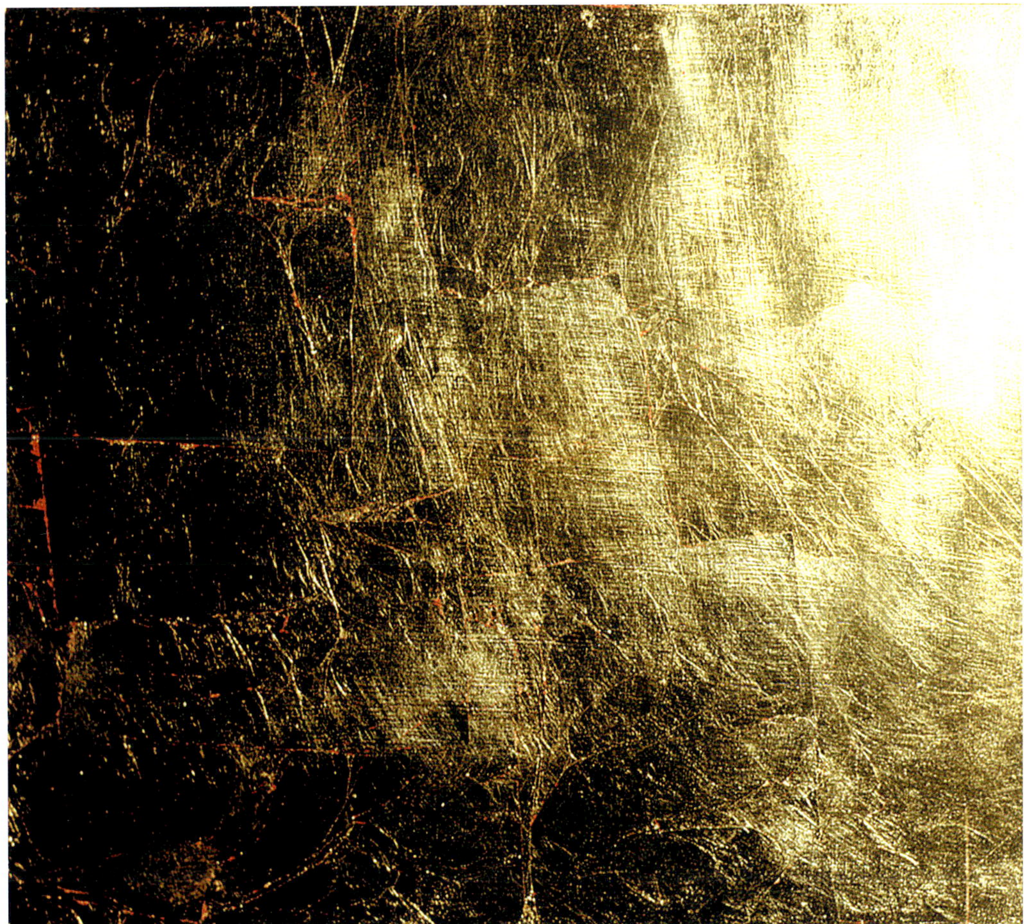

Im Gegensatz zur Bronze wirkt Blattmetall echter.

ROT/GOLD

Die nicht weiter bearbeitete Holzkonstruktion, also zum Beispiel ohne Bespannung, wurde mit verdünntem Kadmiumrot (LUKAS Cryl pastos # 4074) vorgeleimt. Sodann wurden die Löcher mit einem Körner versenkt und die Holzkanten seitlich mit Lascaux Plastik B mit Quarz abgespachtelt. Nach einem nochmaligen, jetzt unverdünnten Anstrich mit dem Kadmiumrot (s. o.) konnte nach ausreichender Trocknungszeit die Vergoldermilch von LUKAS (# 2360) gleichmäßig aufgetragen werden. Diese ist (bleibt aber nicht) klebrig. Die Metallisierung geschah mit Wasners Schlagmetall mittlerer Farbsorte 2 1/2 **(Abb. 1 & 2).**

Abb. 3: Das metallische Gold wirkt in der Abbildung mit den Reflexionen beinahe echt. Detailaufnahme der aufgelegten Blattmetalle vor dem Polieren

Abb. 4: Dieselbe Partie in leichter Aufsicht nach dem Polieren

Abb. 5: Hier kann man die verschiedenen Schichten des Aufbaus erkennen: Träger, Grundierung, Anstrich, Anlegemittel, Schlagmetall.

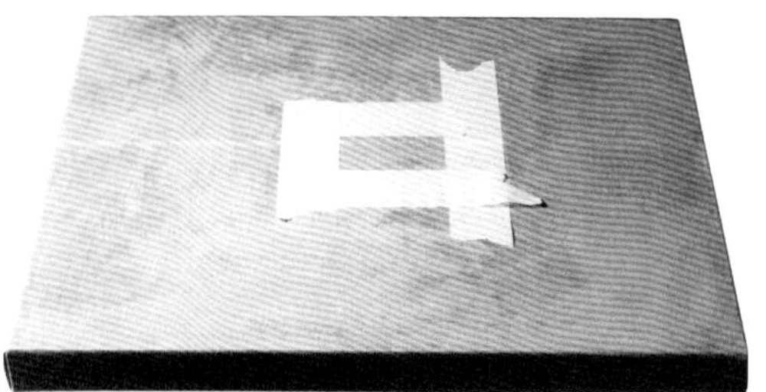

Abb. 1

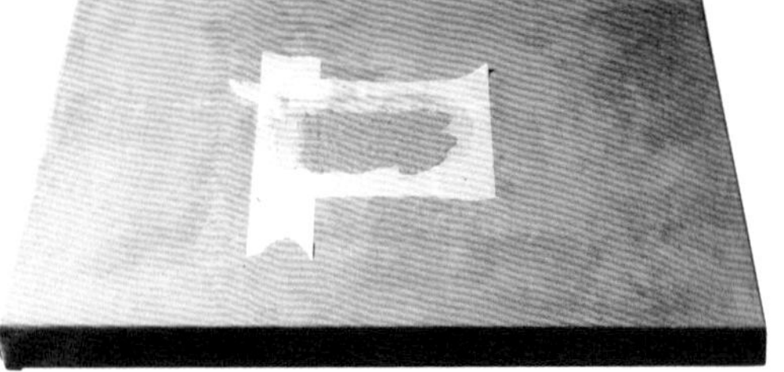

Abb. 2

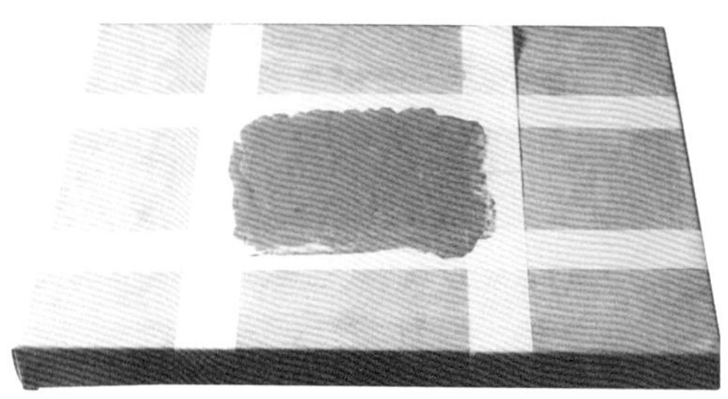

Abb. 3

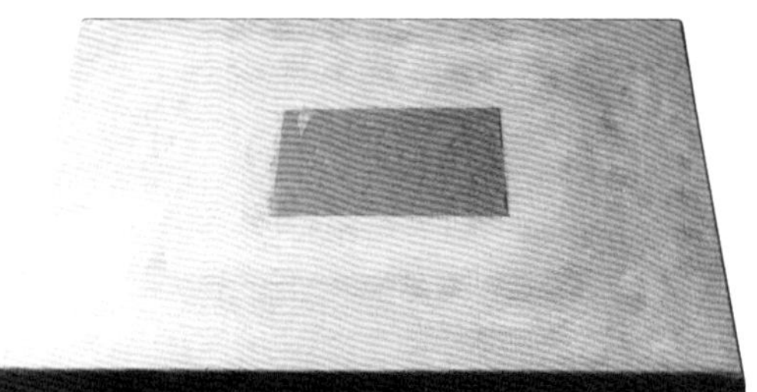

Abb. 4

Abb. 5

In der farbigen Gesamtansicht wirkt das Gelb fast goldfarben.

GOLD/GELB

In diesem Fall wurde köpergebundenes und fertig grundiertes Baumwollgewebe (Nessel) verwendet.

Abb. 1 & 2: Nach einer dünnen Vorgrundierung mit Kadmiumgelb hell (KreulAcryl # 86.205) und ein wenig Nacharbeit wurden im Innenbereich immer kleiner werdende Quadrate mit Nopi-Abklebeband abgeklebt und die Partien zweimal mit Kadmiumgelb dunkel (KreulAcryl # 86.206) bestrichen und hernach gewischt.

Abb. 3 & 4: Nacharbeitung mit abgeklebten und hernach gewischten Partien Terra di Siena / natur (KreulAcryl # 86.229)

Abb. 5: Letztes Quadrat: Lichter Ocker (KreulAcryl # 86.228)

Abb. 1

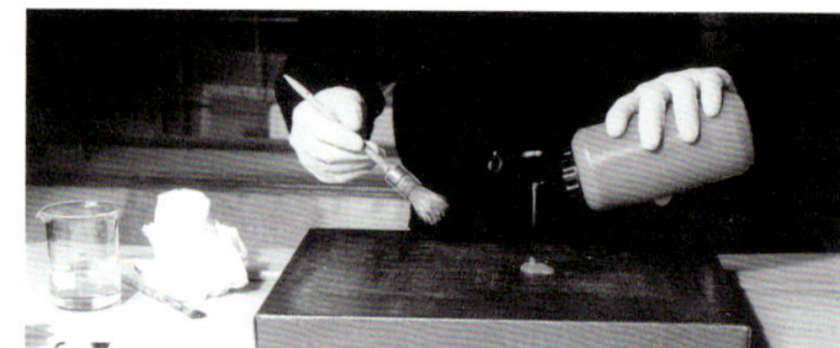

Abb. 2

Abb. 3

Abb. 4

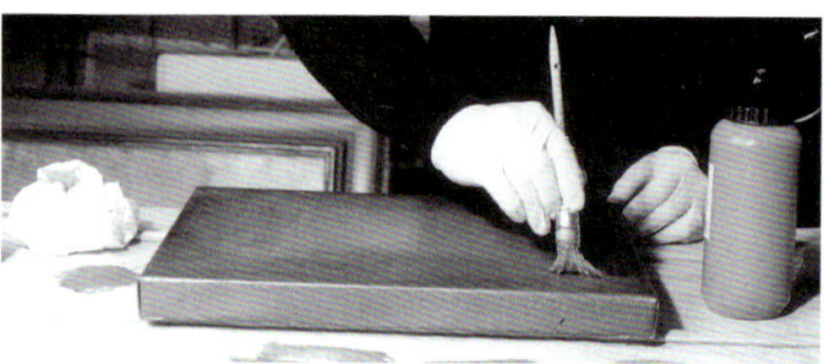

Abb. 5

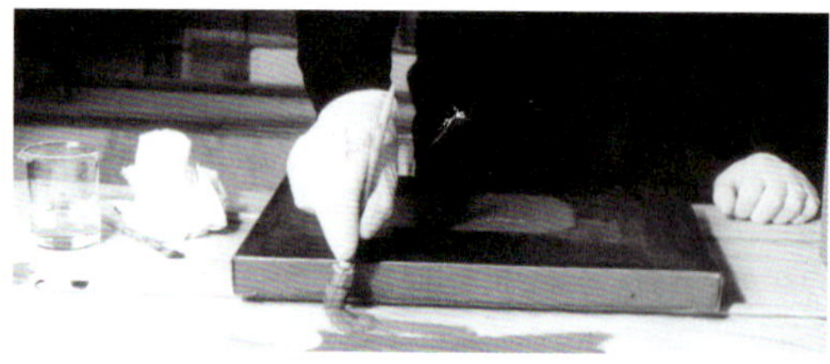

Abb. 6

ULTRAMARIN/KUPFER

- Trägermaterial nach bewährtem Muster
- Cotton Duck Canvas, köpergebunden – fertig grundiert

Abb. 1: Vorgrundierung mit Tiefschwarz von LUKAS Cryl liquid (# 4398) mit dem Verzögerer für Acrylfarben von LUKAS (# 2262), um einen gleichmäßigen schwarzen Farbauftrag zu erhalten

Abb. 2: Nacharbeiten mit unverdünntem Tiefschwarz von LUKAS (# 4398)

Abb. 3: Auftrag von Lascaux Perlacryl im Gemisch mit Signalrot (# 204) und Dunkelblau (# 208), danach Kupfer-Metallic von LUKAS (# 4444)

Abb. 4: Sehr dünner Auftrag von Lascaux Decora Ultramarinblau (# 411), damit dieser und der nächstfolgende Farbauftrag matt erscheinen und löslich bleiben

Das Bild wirkt in der Oberfläche flach und zudem ein wenig unfertig; und darum:

Abb. 5: Zwischenfirnis mit Transparentlack 1-UV Glanz (Lascaux # 2062)

Abb. 6: Erneuter Auftrag mit Lascaux Decora Ultramarinblau (Lascaux # 411): nun aber gleichmäßig von der Mitte zum Rand hin verdünnend, um einen harmonischen Farbauftrag dieses doch schwierigen Ultramarinblaus zu realisieren

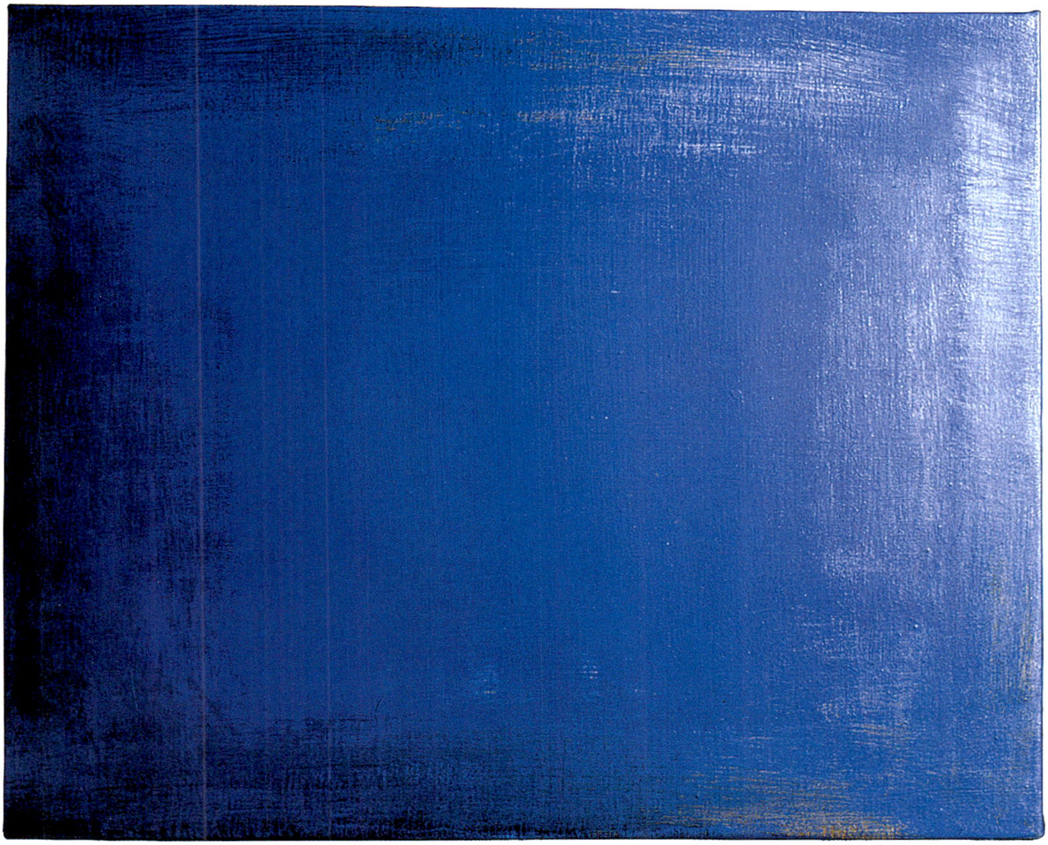

An den Randzonen schimmert der Kupferton durch, in der Mitte das Ultramarinblau.

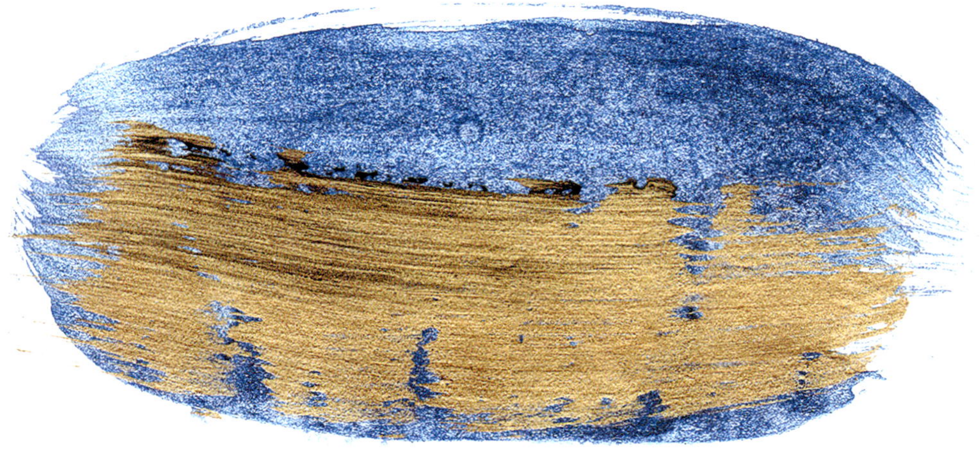

Die ursprüngliche Ideenskizze

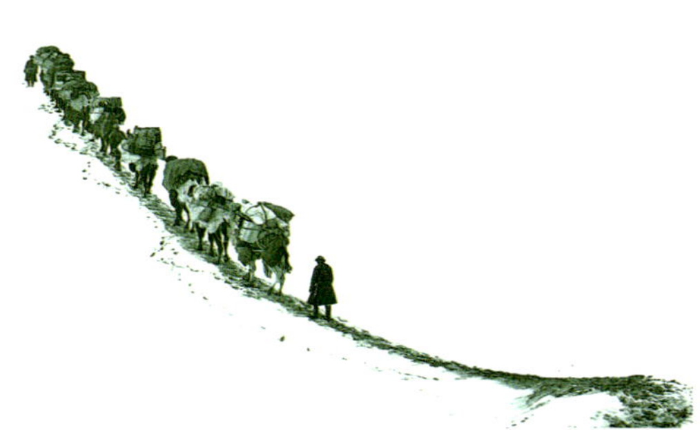

Die Postkartenvorlage

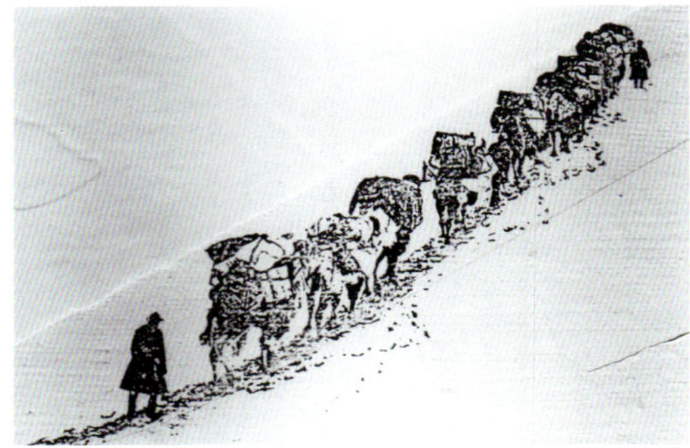

Detail der Zeichnung

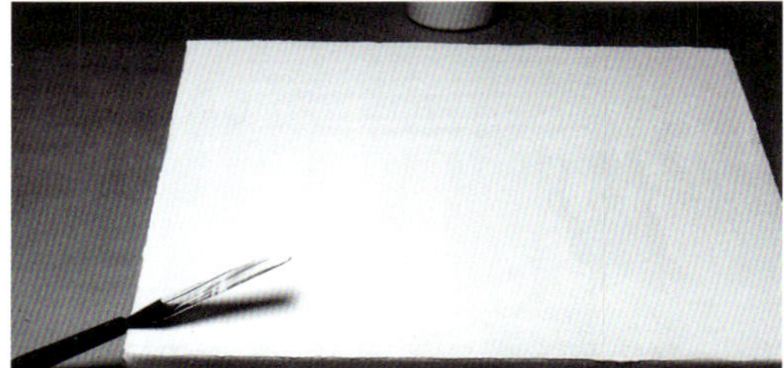

Grundierung mit dem Spachtel

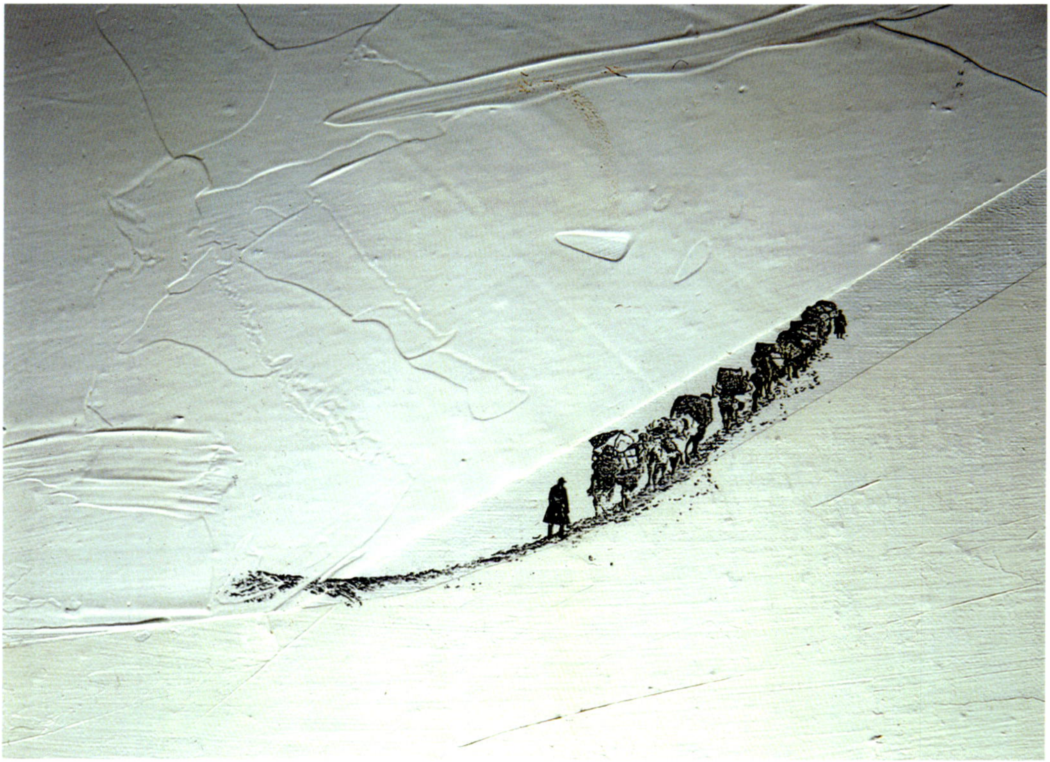

Detailansicht nach der Bearbeitung

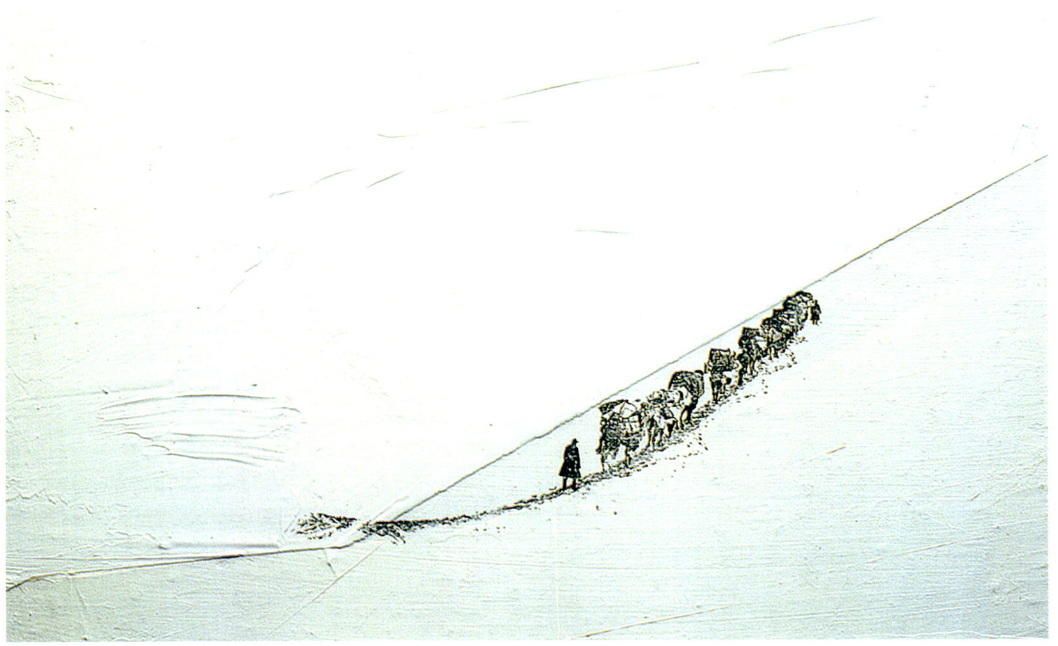

Gesamtansicht nach der Bearbeitung

Detail des Grates vor der Bearbeitung

EXPEDITION

- Das sehr grobe Malleinen ist ungrundiert.

1. Imprägnierung des Malleinens; das soll der Gewebeoberfläche gleichmäßige Saugkraft verleihen. Laut Produktbeschreibung soll das verwendete Mittel (Lascaux # 2005) das oft so gefürchtete Durchschlagen der Grundierung verhindern. Die Imprägnierung entspricht hier der alten Methode des Vorleimens.

2. Grundierung mit Gesso, so genanntem Halbkreidegrund von Lascaux (# 2020), mit dem Verzögerer für Acrylfarben von LUKAS (# 2262), einer Sorte, die sich auch für Ölmalerei eignet

3. Auftrag von Titanweiß (KreulAcryl # 8501)

4. Auftrag von Lascaux Primer:
zuerst dünn und dann deckend dick

5. Eintragen der Figurengruppe mit schwarzem Stift

6. Zwischenfirnis mit Transparentlack
Glanz 1-UV (Lascaux # 2062)

Rot/Blau

ROT/BLAU

Die nur vorgeleimten Konstruktionen (es handelt sich hier um zwei zusammengesetzte Tafeln) wurden jeweils an den Kanten abgespachtelt und schwarz eingetönt. Bei der oberen Tafel wurde Karmesin (Winsor & Newton # 203) verwendet, während die untere mit Winsorblau (Winsor & Newton # 706) ebenfalls bespachtelt wurde. Um einen gleichmäßigen Glanz zu erhalten, wurden die Tafeln jeweils mit Wachs überzogen und anschließend bis zum Erreichen des gewünschten Glanzgrades gebürstet.

2 CM BLAU

- Trägermaterial nach bewährtem Muster
- Cotton Duck Canvas, köpergebunden, fertig grundiert

1. Vorgrundierung mit Grundierweiß Gesso (LUKAS # 2335), um für den nachfolgenden Farbauftrag eine sichere und bessere Verankerung zu ermöglichen

2. Nachgrundierung mit Grundierweiß Gesso (LUKAS # 2335) und abgetönt durch Ultramarin hell (LUKAS # 4135). Das Abtönen geschieht, um bereits bearbeitete Partien besser sichtbar machen zu können.

3. Auftrag von Ultramarin hell (LUKAS # 4135), das leicht mit Wasser verdünnt wurde und in dieser Form maltechnisch als Isolierung dient

4. Tiefschwarz (LUKAS # 398) für die Tiefe

5. Bau eines Kastens, um gerade Kanten an den Rändern zu erhalten und den Farbfluss einzugrenzen (Abbildung 1 & 2)

6. Ultramarin hell (LUKAS # 2335) mit wenig Verzögerer (LUKAS # 2262) versetzt, um einen gleichmäßigen Farbfluss zu bekommen

7. Zwei 350-ml-Tuben Ultramarin hell (LUKAS # 2335) werden gleichmäßig mit einer 115-ml-Tube Reliefpaste (LUKAS # 2260) und Verzögerer (LUKAS # 2262) vermischt und regelrecht aufgegossen (Abbildung 3 & 4).

8. Abnahme des Kastens, Bearbeitung der Kanten und Ränder (Abbildung 5 & 6)

9. Nachbearbeitung der Oberflächen, Schneiden/Schleifen (Abbildung 7 & 10)

10. Mehrmaliges Abspachteln mit Ultramarin hell (LUKAS # 2335/pur) (Abbildung 12)

11. Mehrmaliges Abspachteln mit Winsorblau (# 706/pur) (Abbildung 13)

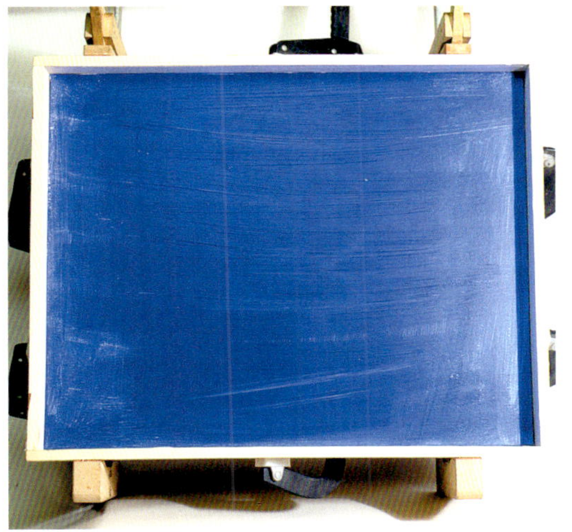

Abb. 1

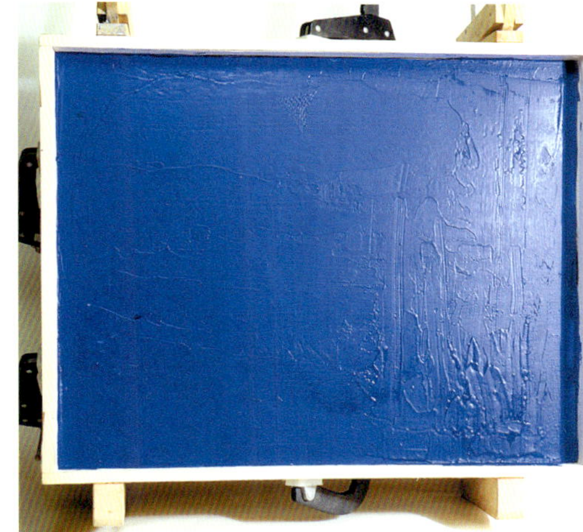

Abb. 2

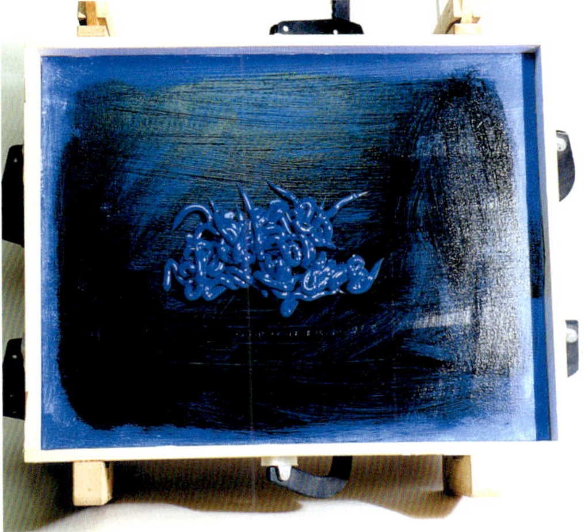

Abb. 3

Abb. 4

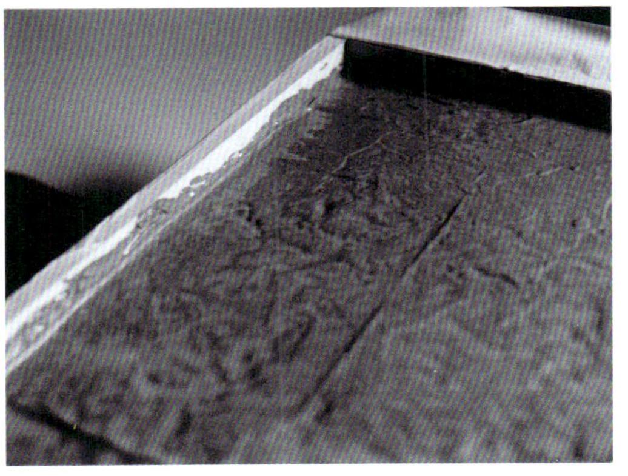

Abb. 5

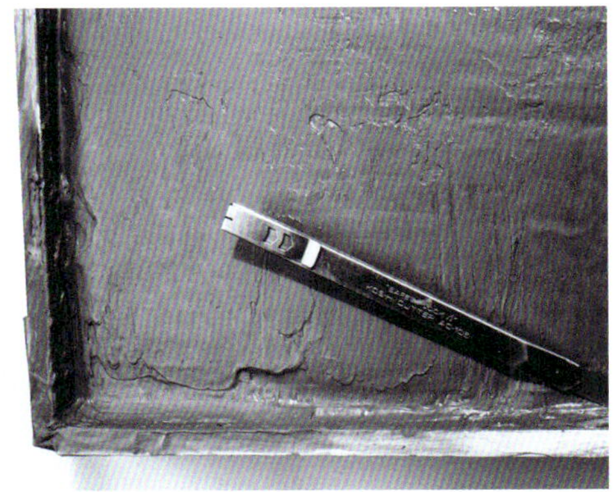

Abb. 6

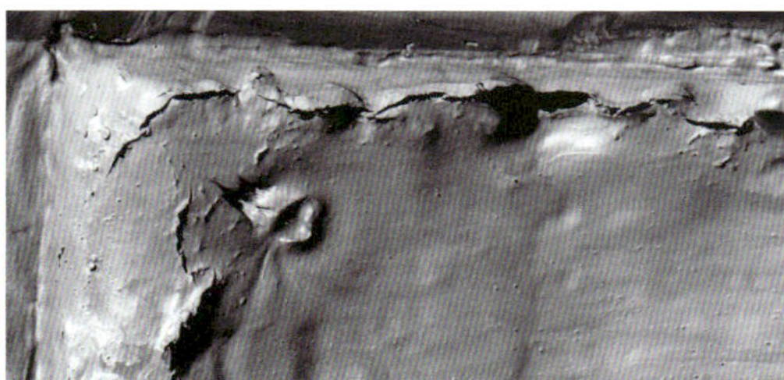

Abb. 7

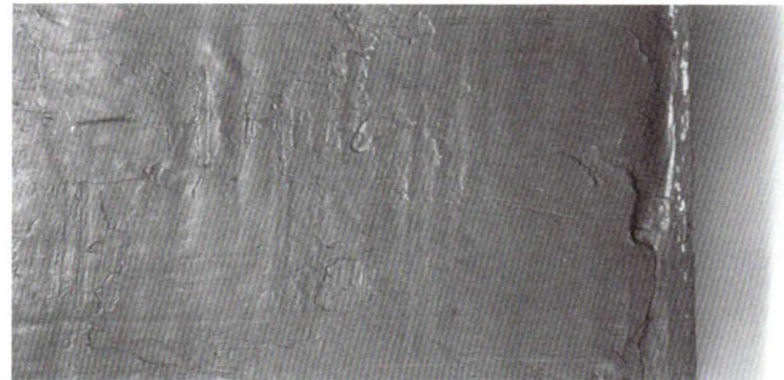

Abb. 8

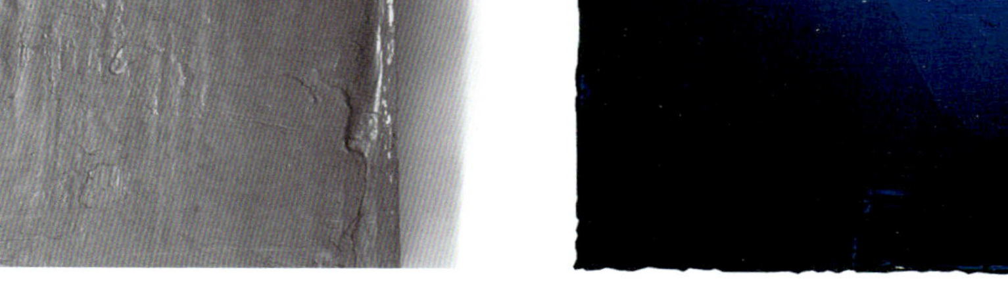

Abb. 9

Abb. 10

Abb. 11

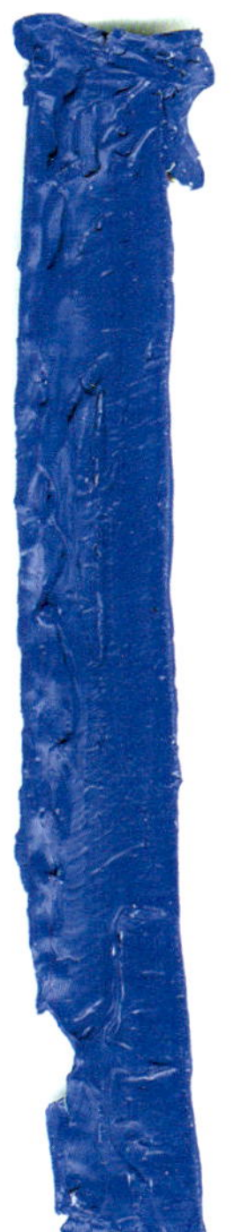

Detail

Das fertige Bild »2 cm Blau«

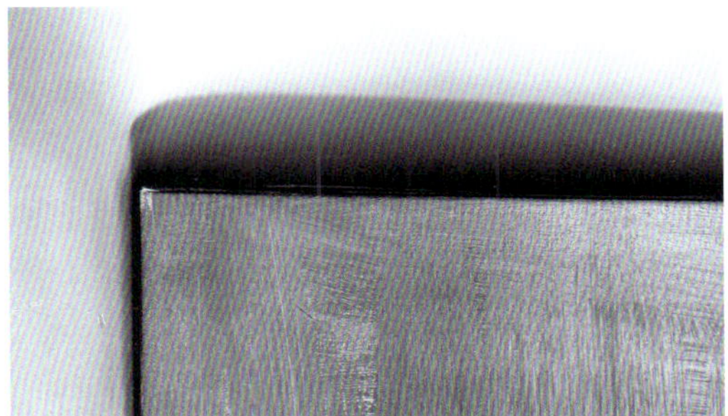

Abb. 12

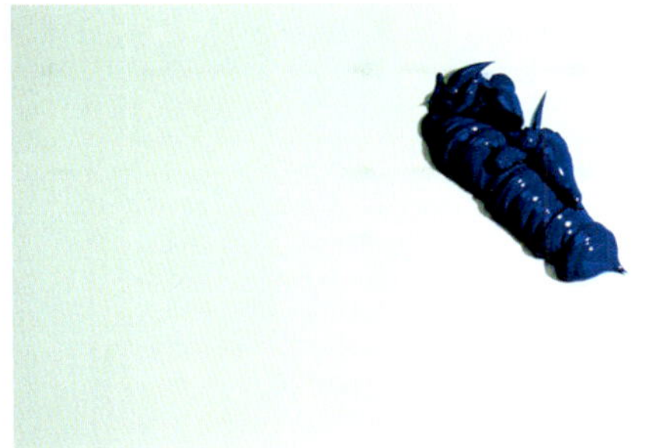

Die Tubenfarbe

Abb. 13

Bild 3-V. / 1998 Phthalogrün

TIEFSCHWARZ

• Das feine, fertig grundierte Malleinen wurde mit Tiefschwarz (LUKAS # 4398) einmal deckend aufgestrichen.

BILD 3-V./1998

• Das grobe Malleinen wurde selbst grundiert mit (Lascaux Gesso).

– Phthalogrün, Winsor & Newton # 522

– Phthalogrün, Winsor & Newton # 522: zweimal gespachtelt

– erst dünn
– dann deckend

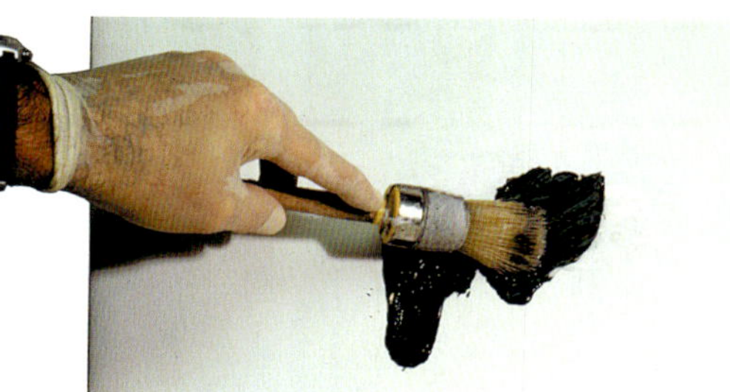

Abb. 1

Gesamtansicht

Abb. 3

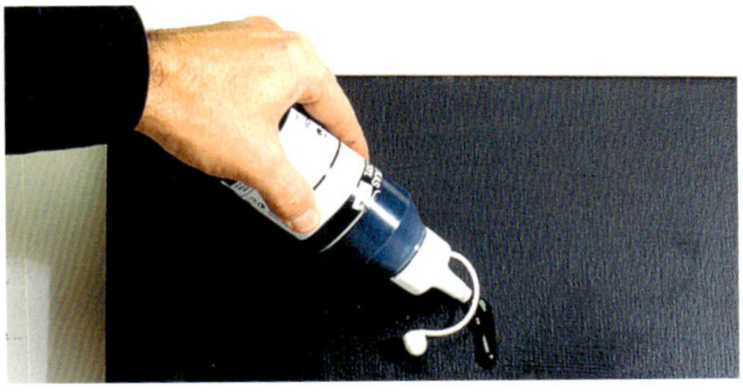

Abb. 2

Abb. 4

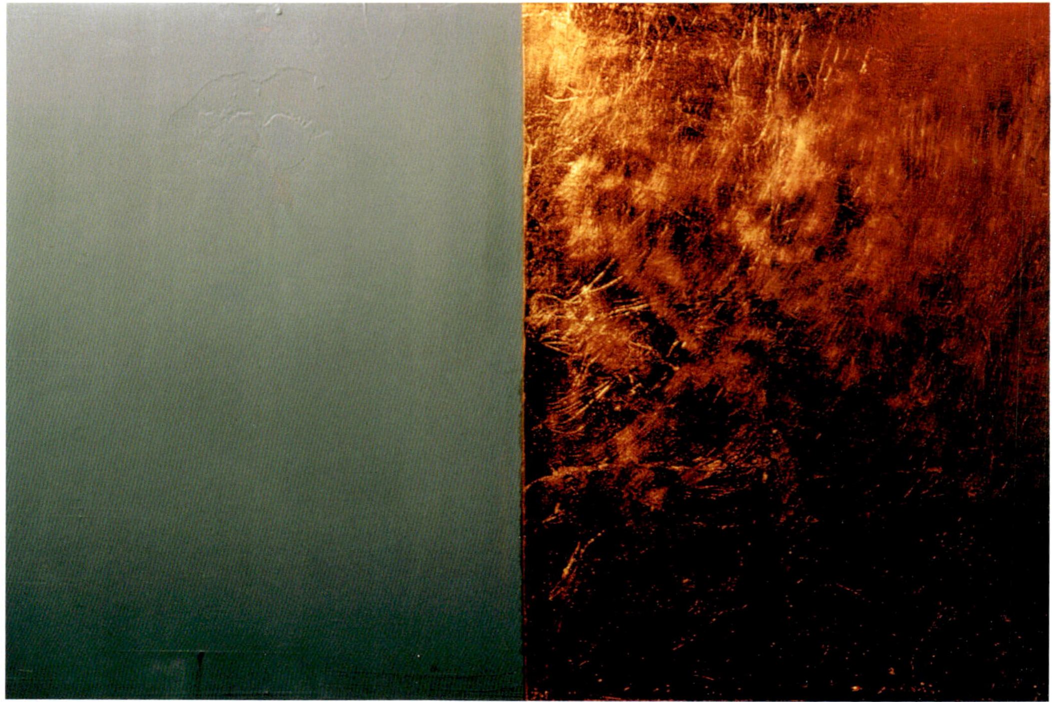

Grau/Kupfer

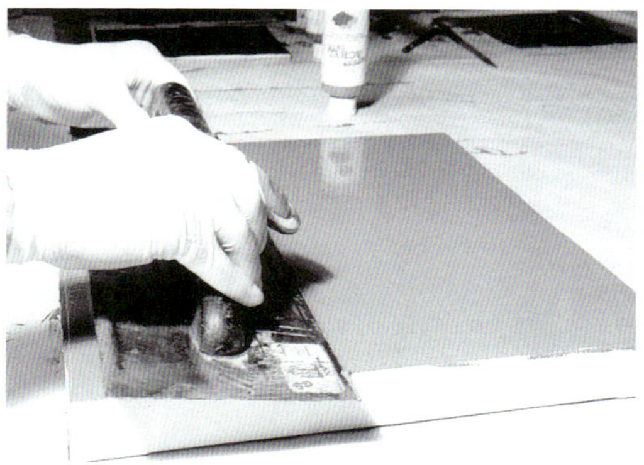

Abb. 1

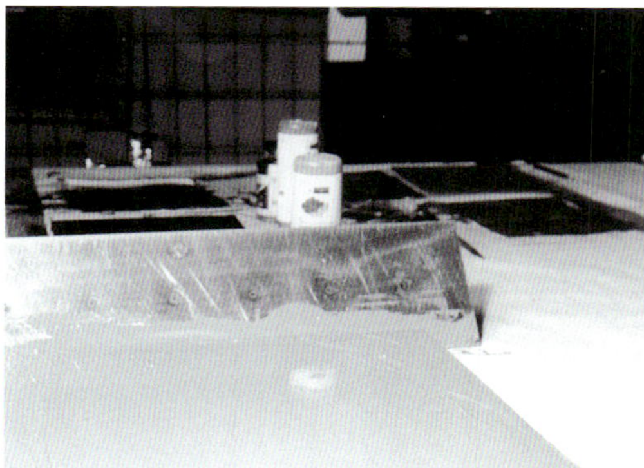

Abb. 2

GRAU/KUPFER

Die Holzkonstruktion wurde mit Acrylemulsion vorgeleimt und der Grauton aus einer Mischung von Titanweiß (KreulAcryl # 8501) und Oxidschwarz (Lascaux Studio©riginal # 972) aufgetragen. Auf die Vergoldermixtion von Lefranc (Ref. 331360/3 Std. Trockenzeit) folgte Kupfer rötlich.

SCHIEFERGRAU

Das Malleinen wurde mit einem einmaligen Farbauftrag von reinem Schiefergrau (Rubens Atelier Studien-Acrylfarbe Best.-Nr. 22.31.83) mit dem Spachtel versehen (Abb. 1 & 2). Der Farbgrat wird nur in der starken Vergrößerung sichtbar (siehe Makro-aufnahme).

Schiefergrau in der Gesamtansicht

Detailansicht

Makroaufnahme

Red/Rot

RED/ROT

links: Bright Red/Bocour Aqua-tec
rechts: Kadmiumrot dunkel von LUKAS

Die Bildfläche ist ungrundiert, daher gab es Haftungsprobleme (Netzung). Der erste Anstrich musste also grundiert werden (Best.-Nr. 22.31.83).

Links: Zinnoberrot dunkel Im. (= Bright Red) Aqua-tec (# 100.00.75) wurde gestrichen, eine heute nicht mehr erhältliche Farbe,

dann wurde abgeklebt mit NoPi.

Rechts: Kadmiumrot dunkel (LUKAS Cryl pastos # 4074), gespachtelt

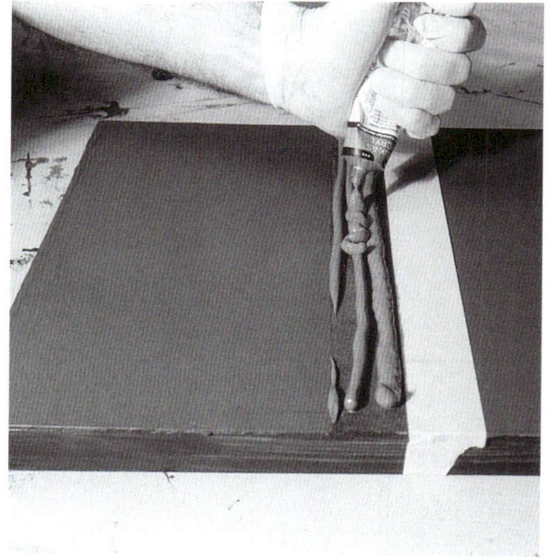

Abb. 1

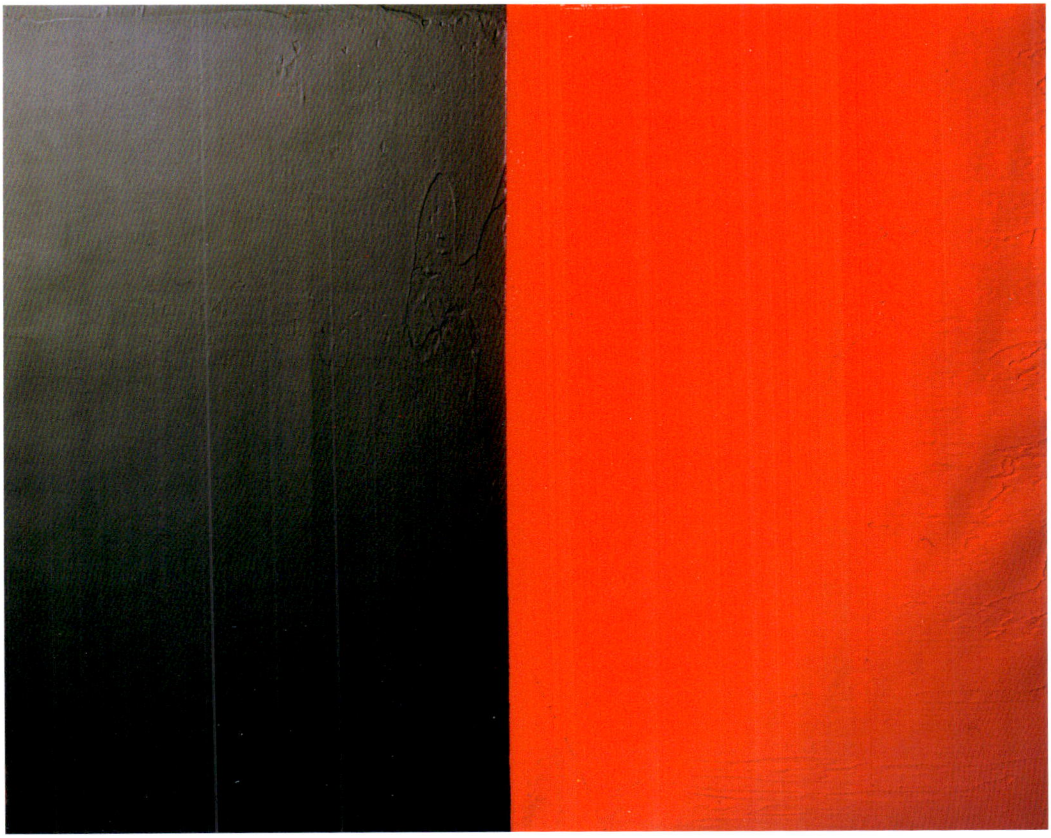

Umbra/Kadmiumrot

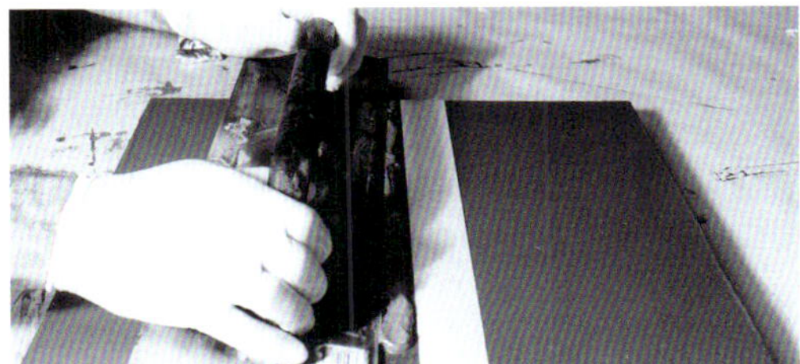

Abb. 2

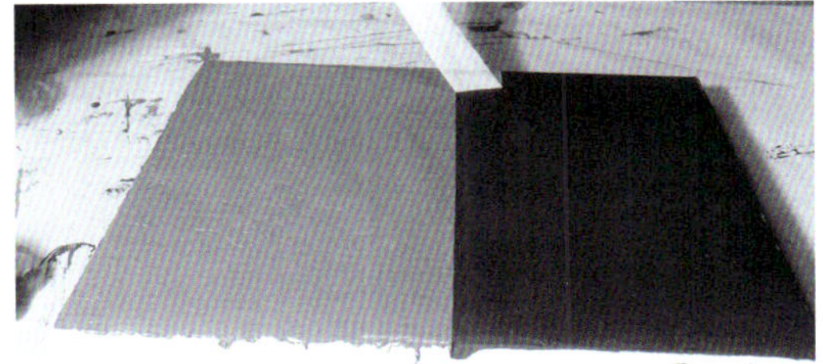

Abb. 3

UMBRA/KADMIUMROT

Abb. 1: Maschinengrundierter Nessel wurde mit NoPi abgeklebt, ...

Abb. 2: ... darauf folgte ein einmaliger Spachtelauftrag oben aus Umbra natur/Solo GOYA ART ACRYL PREMIUM pastos (# 85.126).

Abb. 3: Wieder wurde mit NoPi abgeklebt und es folgte ein einmaliger Spachtelauftrag unten aus Kadmiumrot dunkel (LUKAS Cryl pastos # 4074).

VENUS, JUPITER

Als Vorlage für dieses Bild diente eine Abbildung in der FAZ, die ein sehr seltenes astronomisches Ereignis belegte: Am sehr frühen Morgen des 23. April 1998 konnten es nördlich von Recife an der brasilianischen Küste nur sehr wenige Menschen beobachten; Erich Karkoschka vom Lunar and Planetary Laboratory der University of Arizona in Tuscon hat es gemeinsam mit vier Amateurastronomen fotografiert.

Die gleichzeitige Bedeckung der hellsten Planeten Jupiter und Venus durch den Mond fand zuletzt vor weit über 1000 Jahren statt; das letzte Mal schob sich der Erdtrabant im Jahre 567 vor diese beiden Wandelsterne. Die Venus befindet sich links, der Jupiter rechts davon, während der Mond ein wenig überstrahlt ist. Man erkennt unterhalb des Mondes auch das Sternbild des Wassermanns ganz gut. Unten links zeigt die mit dem Teleobjektiv aufgenommene Situation die Verdoppelung der schmalen Sichel des Mondes.

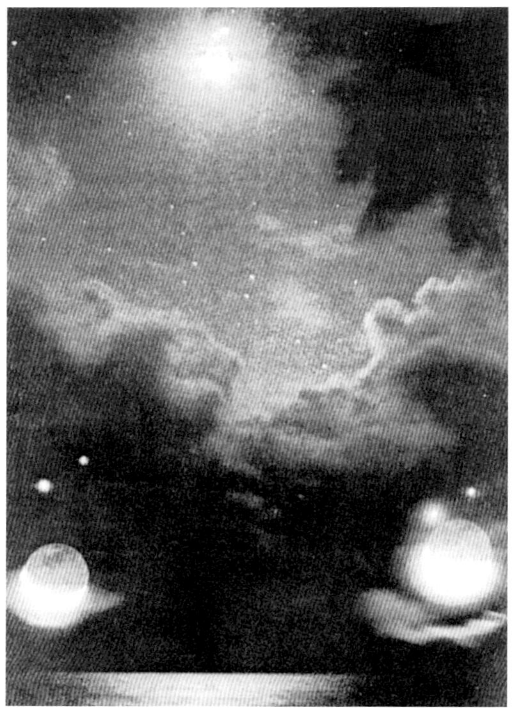

Der Zeitungsausschnitt

Abb. 1: Die Bildvorlage wurde mit einem Episkop auf die vorbereitete Leinwand übertragen. Der Zeitungsausschnitt liegt vor der kleinen Staffelei, auf der der bereits fertig grundierte Bildträger steht. Nun wird die Vorlage für die Vergrößerung auf das Bildformat bzw. die beabsichtigte Komposition eingestellt. Mit einem Kohlestift werden nun die markanten Umrisslinien auf den Bildträger übertragen.

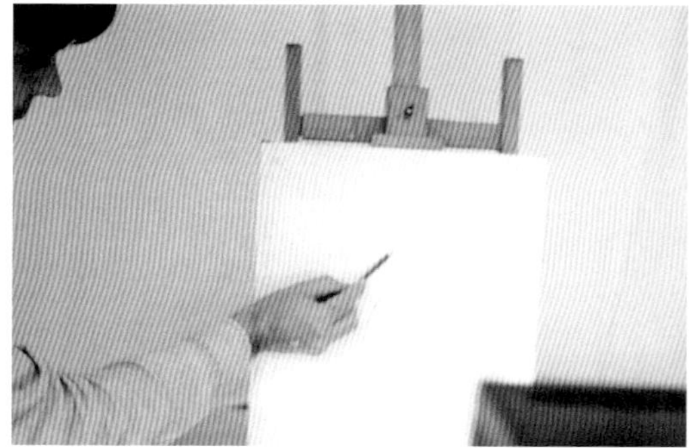

Abb. 1

Abb. 2 & 3: Sodann wurden in Grisaille-Technik erste Konturen in Schwarz, Weiß und natürlich Grau eingetragen. Zuerst wurde mit den Acrylfarben von Rubensstudio/Nerchau vorgearbeitet; und zwar mit:

Titanweiß	**# 102**
Schiefergrau	**# 701**
Kobaltblau	**# 408**
Ultramarinblau	**# 410**
Schwarz	**# 706**

Abb. 4: Teile des Bildes waren mit NoPi-Abdeckband bedeckt, so z. B. die exakt umrissenen Kreise des Mondes und der Planeten. Mit den Aquacrylfarben Türkisblau (# 843), Ultramarinblau (# 840), Azurblau (# 842), Anthrazitschwarz (# 870) und Permanentschwarz (# 871), vermischt mit dem Verdicker von Lascaux (# 2041) und dem Aquacryl Medium 1 (# 2031), wurde die nächste Stufe ausgeführt.

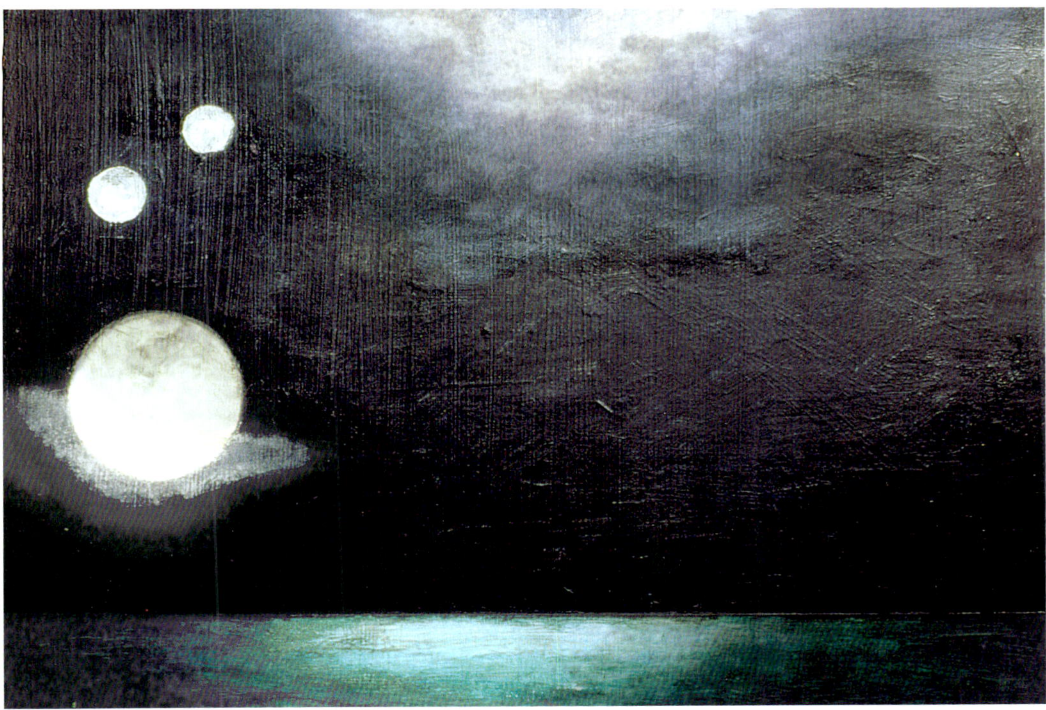

Abb. 4

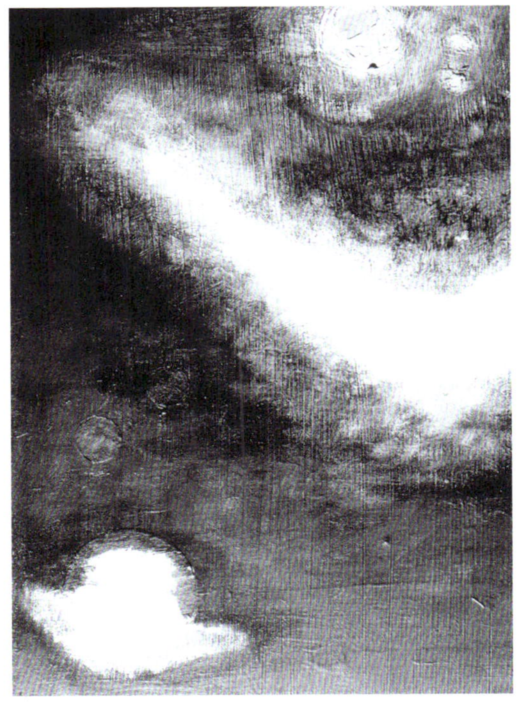

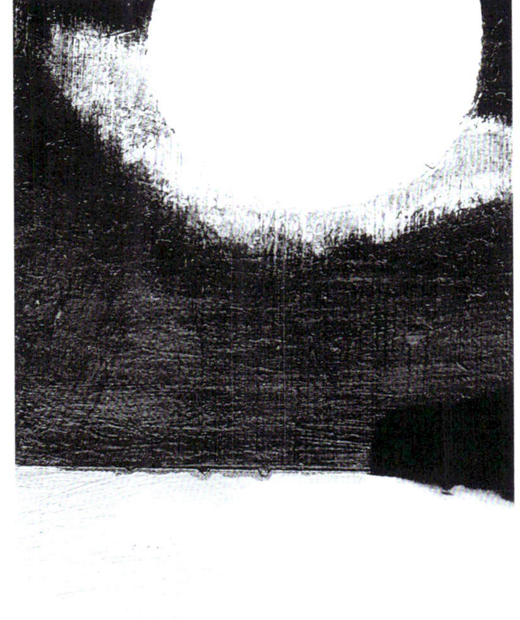

Abb. 2

Abb. 3

ALLÜBERALL II.
Zunächst wurde wieder als Träger das Material nach bewährtem Muster gewählt, das mit feinstem maschinengrundierten Malleinen (so genanntem Porträtleinen) bezogen wurde.

Abb. 1 & 2: Der einmalige Spachtelauftrag von Schiefergrau Rubens Atelier Studien-Acrylfarbe entspricht dem ursprünglichen Bild.

Die folgenden Farbtöne wurden nacheinander, wenn auch nicht in dieser Reihenfolge, mit dem breiten Japanspachtel aufgetragen:

- **Dunkelgrün LUKAS Cryl Paint # 4511***
- **Helio-Echtorange LUKAS Cryl liquid # 4248***
- **Kadmiumrot dunkel LUKAS Cryl liquid # 4274**
- **Karmesin Winsor & Newton Acrylic # 203**
- **Ultramarin LUKAS Cryl Paint # 4530***
- **Ultramarinblau Lascaux Decora # 411**

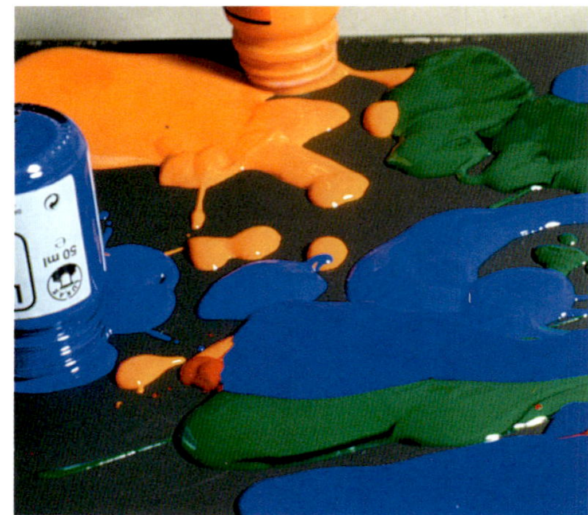

Abb. 1

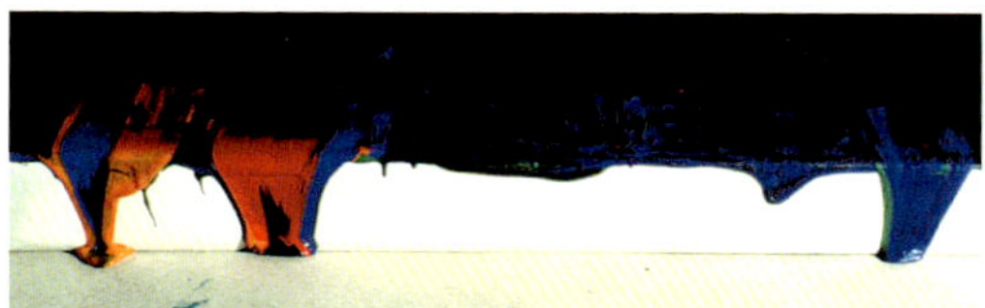

Abb. 2

Auf Grund eines relativ langen Trocknungsprozesses entstanden verschiedene Fehler beim Malvorgang.

Abb. 3: Die Fotografien entstanden nach dem Farbauftrag über einen Zeitraum von 15 Stunden. Als Fehlerquellen erwiesen sich, besonders auch in den Randzonen:

- Farbabrutschungen mit Rissbildungen in der Bildschicht
- sowie Blasenbildung mit Krater in der Bildschicht.

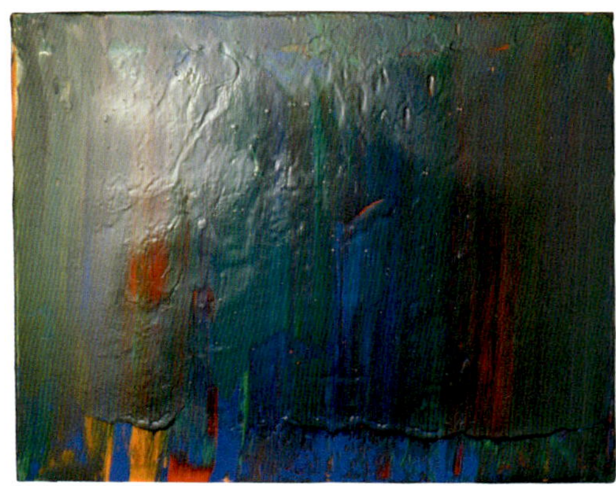

Abb. 3

Wegen der Mischung ist die Farbwirkung relativ »fade«, wenn auch nicht gänzlich uninteressant im Vergleich zu »BILD 5-III./1997«.

Diese Fehler sind nicht nur zurückzuführen auf die unterschiedliche Zusammensetzung von Farben verschiedener Hersteller, sondern entstanden auch auf Grund einer falschen Verarbeitung. Denn Studienfarben sollten nur nach vorher erfolgreich durchgeführten Probeaufstrichen oder vergleichbaren Tests benutzt werden.

Dabei wurde also die alte handwerkliche und maltechnische Regel, dass nur Farben eines Systems bzw. eines Herstellers sicher verwendet werden können, nicht beachtet.

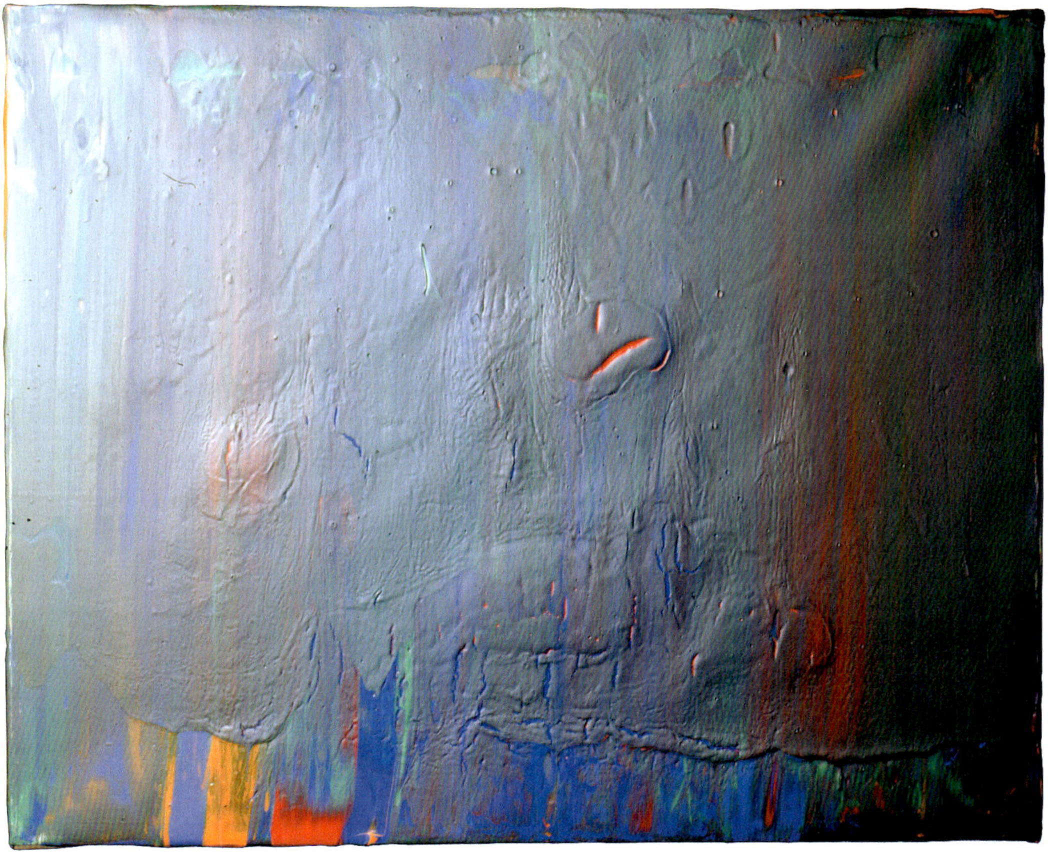

Gesamtansicht

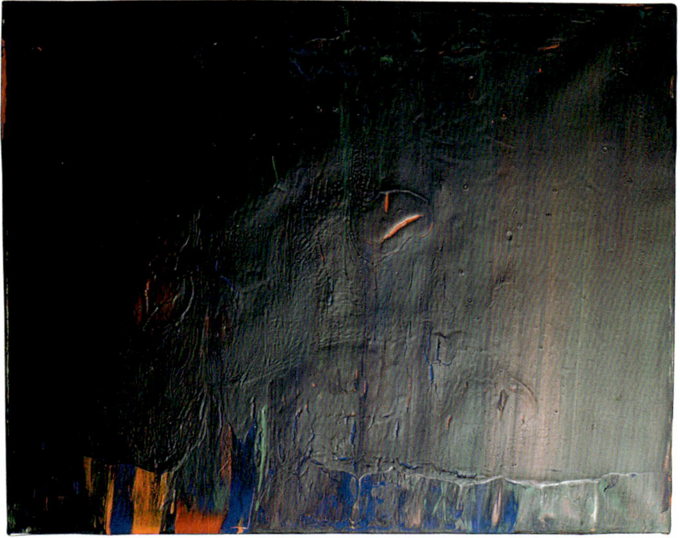

Dunkle und verkleinerte Detailansicht

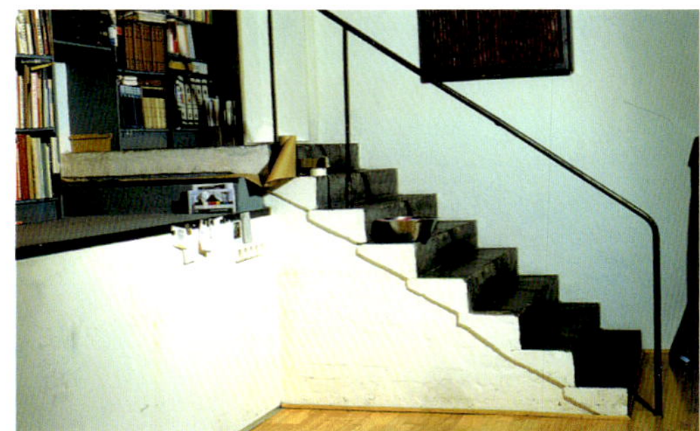

Abb. 1

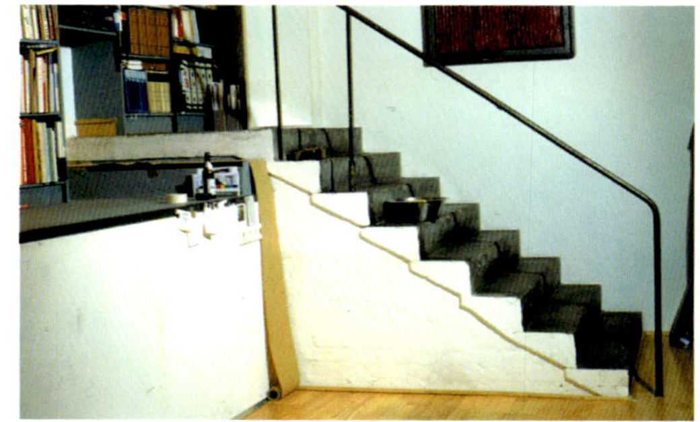

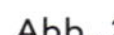

Abb. 2

BLAUE TREPPE

Abb. 1: Zuerst wird die Wand, in diesem Fall der Treppenaufgang zur Büchersammlung im Atelier des Verfassers, nach Schäden untersucht.

Abb. 2 – 4: Zu den Ecken hin, an den Treppenstufen und auf dem Fußboden wurde Abdeckband geklebt und Abdeckpapier ausgelegt. Danach wurde die Wand gereinigt, an einigen Stellen verfestigt und teilweise nachgespachtelt. Sodann folgte ein einmaliger Grundierauftrag von Lascaux Imprägnierung (# 2005), um die alte Wandfarbe zu stützen und zu isolieren.

Abb. 5 – 7: In einem ersten Farbauftrag wurde der helle Blauton von Lascaux Decora, Kobaltblau (# 412)* mit dem Pinsel aufgetragen.

Abb. 8: Der zweite Farbauftrag erfolgte relativ zügig nach dem Antrocknen der ersten Farbschicht. Hierbei wurde Ultramarinblau als der dunklere Farbton (Lascaux Decora # 411) ebenfalls mit dem Pinsel aufgestrichen.

Abb. 9 & 10: Der Vorteil dieses Verfahrens besteht darin, dass die Farbe nicht so statisch auf der Wand »steht«, sondern dass das Blau satt und dennoch leicht transparent scheint und dabei ein wenig die Struktur der Wand hervorhebt.

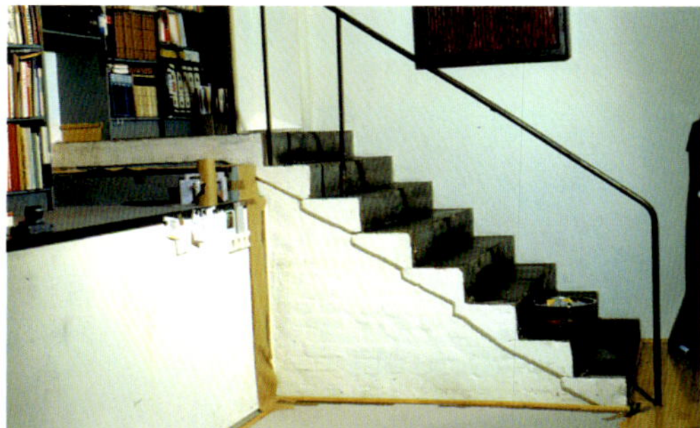

Abb. 3

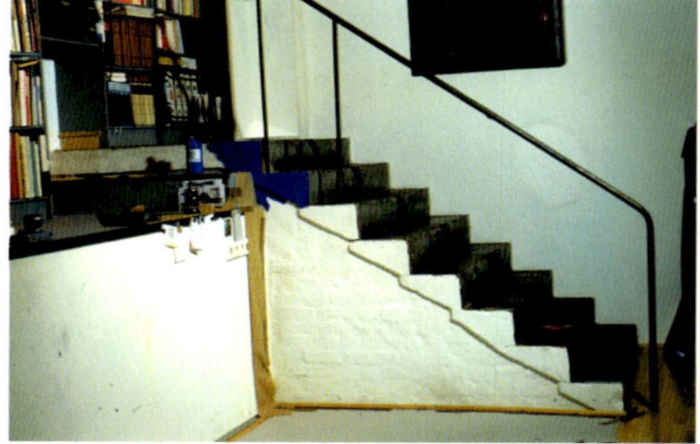

Abb. 4

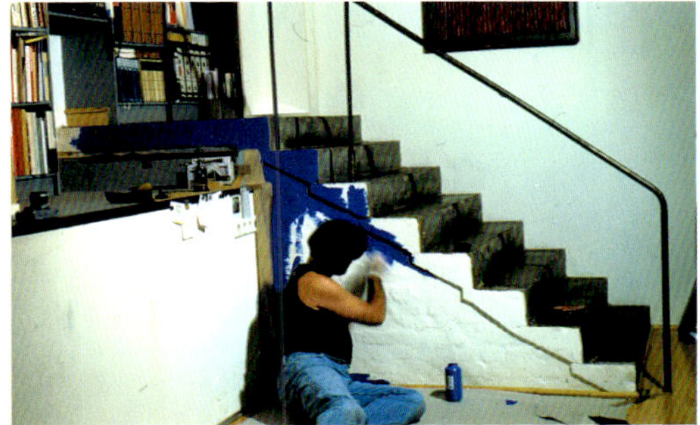

Abb. 5

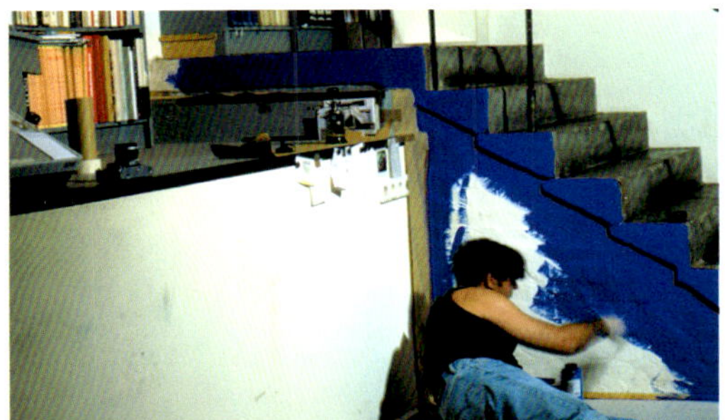

Abb. 6

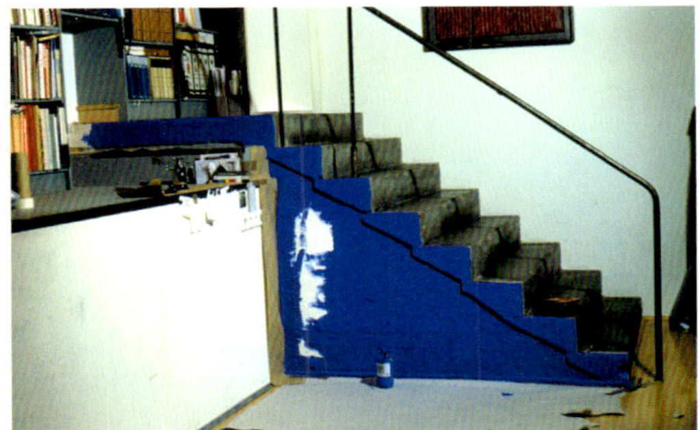

Abb. 7

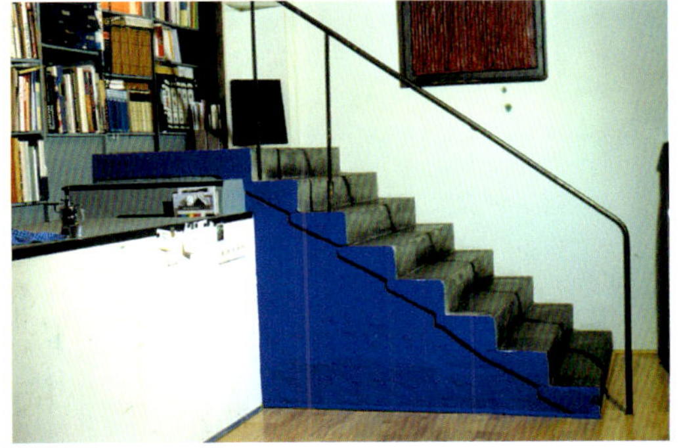

Abb. 8

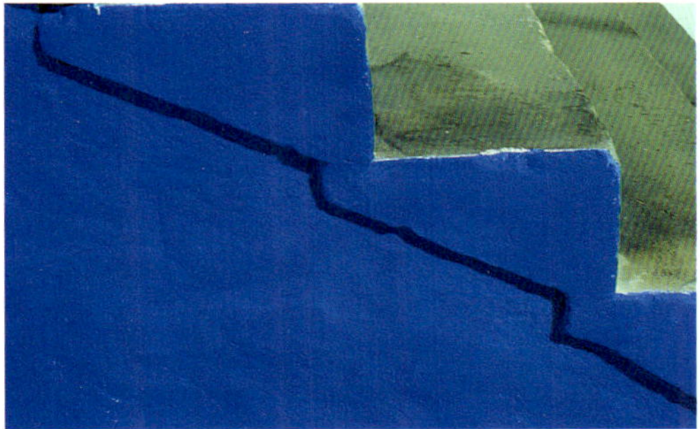

Abb. 9

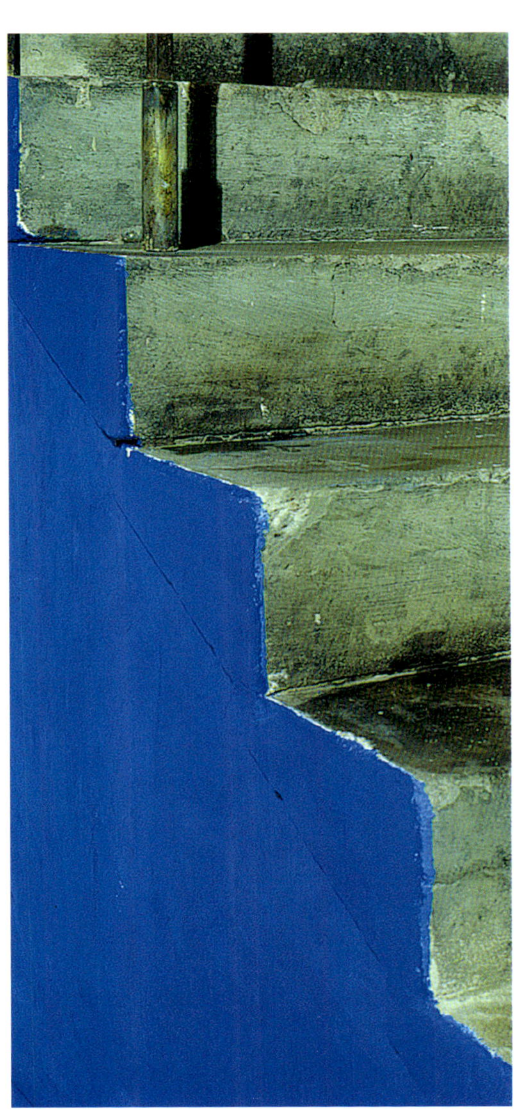

Abb. 10

Mal- und Hilfsmittel für die Acrylmalerei

HILFSMITTEL FÜR DIE GRUNDIERUNG

Acryl-Imprägnierung für Malleinen von Lascaux
Die Acryl-Imprägnierung für Malleinen von Lascaux ist eine Rein-Acrylatdispersion, die mit speziellen Schutzkolloiden stabilisiert und durch Biozide geschützt ist. Der pH-Wert liegt bei 8 bis 9, der Film ist elastisch und bleibt alterungsbeständig.

Auf einem möglichst straff gespannten Gewebe wird die Imprägnierung gleichmäßig aufgetragen; es darf nicht durchhängen oder nachgeben, obschon es sich nach der Trocknung wieder glatt zieht. Dadurch wird ein Durchschlagen des späteren Grundierungsauftrags verhindert, wie auch der Auftrag selbst besser und gleichmäßiger erfolgen kann.

Zum Pinselauftrag wird die Acryl-Imprägnierung 1:1 mit Wasser verdünnt, für den Auftrag mit dem Palettmesser kann auch unverdünnt appliziert werden. Treten Unebenheiten auf, empfiehlt sich das Nachschleifen mit Sandpapier oder mit dem Bimssteinblock; darauf kann der eigentliche Grundierungsauftrag erfolgen.

Gesso Weiß/Halbkreidegrundierung von Lascaux
Gesso Weiß ist eine Acryl-Halbkreidegrundierung, also eine halbsaugende Leinwandgrundierung, die sich für Acrylmalerei, aber auch für alle anderen gängigen Maltechniken wie Öl-, Tempera- und sogar Aquarellmalerei eignet. Sie trocknet rein weiß mit »gutem Griff« auf, ist elastisch hart, lichtecht und alterungsbeständig.

Wie bei Standardgrundierungen üblich, sollte auch hier normalerweise mit einer Imprägnierung (Acryl-Imprägnierung von Lascaux) vorgeleimt werden, um ein Durchschlagen auf die Bildrückseite zu verhindern und auch, um eine allzu starke Penetration zu vermeiden. Das Gesso wird alsdann zwischen 10 und 20 % mit Wasser verdünnt und je nach gewünschter Oberfläche in einer oder mehreren Schichten mit weichen Pinseln oder einer Bürste aufgetragen. Je nach Bedingungen in der näheren Umgebung beträgt die Trocknungszeit zwei bis drei Stunden.

Vor einem Auftrag auf Papier, Holz oder Faserplatten sollten solche Untergründe mit Hydro-Grund oder Ähnlichem isoliert oder aber der erste Anstrich mit 30 bis 50 % Wasser verdünnt werden. Auch Gesso Weiß von Lascaux kann in beliebigem Verhältnis mit Acrylfarben vermischt werden.

GRUNDIERWEIß »GESSO« VON LUKAS
Das Grundierweiß »Gesso« von LUKAS (#2335) wird zum Selbstgrundieren von festen und textilen Bildträgern eingesetzt. Darauf können dann Öl-, Acryl-, Tempera-, Gouache- sowie Aquarellmalereien erfolgen. Die solide Verankerung haftet hervorragend und bleibt dauerhaft elastisch. Sie ist ölfrei und nicht gilbend, jedoch frostempfindlich. Das Gesso besteht aus einer Acrylharzdispersion, die mit Titandioxid Rutil pigmentiert ist.

ISOLIERER FÜR MALGRÜNDE VON LUKAS
Als Isolierer für Malgründe eignet sich diese Acrylharzdispersion von Lukas (#2333) vor allem für stark saugende, aber nur für ölfreie Malgründe. Die feinen Acrylharz-Teilchen verstopfen die Gründe und setzen so die Saugfähigkeit herab. Der Isolierer sollte mit einem breiten Pinsel flott und zügig aufgetragen werden; man kann auch einen Farbroller nehmen. Der Isolierer ist gegen Frost empfindlich.

PRIMACRYL GESSO VON SCHMINCKE
Konzentriertes Grundierweiß zur Herstellung von schwach saugenden Malgründen für Acrylharz-Dispersionsfarben und für die Ölmalerei. Geeignet zum Grundieren von Maltuch, Holz, Pappe, trockenem Putz usw. Nach Verdünnung mit wenig Wasser im Abstand von etwa einer Stunde zweimal dünn mit breitem Pinsel auftragen. Sehr stark saugende Untergründe mehrmals stärker verdünnt einstreichen. Enthält: Titandioxid, Reinacrylatdispersion.

PRIMER WEIß ACRYLGRUNDIERUNG VON LASCAUX
Der weiße Primer ist eine reine Acryldispersion mit Titanweiß, Rutil und selektionierten Kalzitfüllstoffen feinst angerieben. Diese Grundierung trocknet schnell und elastisch hart auf, ist alterungsbeständig und ergibt eine rein weiße, matte Fläche.

Als Malgrundierung sollte der Primer auf Textilien wie Malleinen, Baumwolle, Jute etc. unverdünnt aufgetragen werden, um ein Durchschlagen auf die Rückseite zu vermeiden. Dazu müssen die Gewebe zunächst auf einen extra Grundierungsrahmen auf-

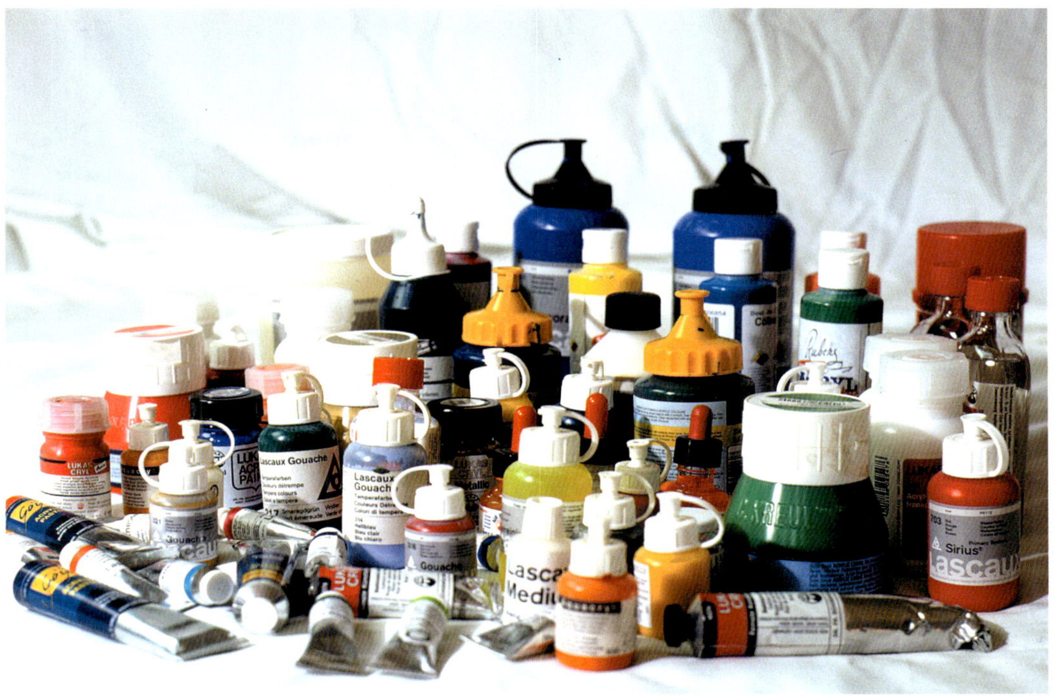

Malfarben verschiedenster Hersteller

gespannt werden. Nach einem ersten Aufstrich, der zwei bis drei Stunden zum Trocknen benötigt, kann, sofern notwendig, ein zweiter Aufstrich erfolgen. Aufstehende Fasern oder andere Unebenheiten müssen mit Schleifpapier abgeschliffen werden.

Auf saugenden Untergründen wie Papier, Karton, Faserplatten sollte der Primer je nach Bedarf 10 bis 15 % verdünnt aufgetragen werden.

Auf Holz, Weißputz, Mörtel oder Beton ist eine vorherige Imprägnierung mit Hydro-Grund von Lascaux, der mit Wasser 1 : 4 verdünnt wird, sehr empfehlenswert. Der Primer wird in diesen Fällen ebenfalls zu 25 % mit Wasser verdünnt. Auf nicht imprägnierten Untergründen ist der Primer für den ersten Anstrich stets im Verhältnis 1 : 1 mit Wasser zu verdünnen.

Auf allen nicht saugenden und starren Unterlagen wie etwa mechanisch beanspruchtem Holz, Glas, Kunststoffen, Metallen sollte der UNI-PRIMER von Lascaux eingesetzt werden.

Der Primer von Lascaux kann selbstverständlich auch mit Acrylfarben gefärbt werden. Für spezielle Effekte, zum Beispiel einen freskoartigen Farbauftrag, kann dem zweiten Anstrich Plastik B von Lascaux (mit 0,3 mm Quarzsand) beigegeben werden.

PUTZ- UND MAUERGRUNDIERUNG VON SCHMINCKE

Tiefgrund für Putz, Beton, Kalksandstein, Gipskartonplatten usw. Festigt den Untergrund und egalisiert die Saugfähigkeit. Der Untergrund muss trocken, saugfähig und frei von anhaftenden Fetten, Ölen, Moosen und losen Altanstrichen sein. Leimfarbenanstriche müssen zuvor abgewaschen werden. Der Putzgrund wird im Verhältnis 1 : 1 bis 1 : 3 mit Wasser verdünnt und kann mit einem Quast oder Pinsel aufgetragen werden. Je nach Saugfähigkeit des Untergrunds und Temperatur kann nach drei bis fünf Stunden auf der mit Putzgrund behandelten Fläche weitergearbeitet werden. Die Arbeitsgeräte sofort nach Gebrauch mit warmem Wasser auswaschen. Enthält: Acryldispersion, Additive.

MALMITTEL

ACRYLGEL TRANSPARENT VON LUKAS

Durch Zugaben von Acrylgel transparent von LUKAS (#2261) werden Acrylfarben transparent bis lasierend. Abhängig von der Mengenzugabe ist auch die Wirkung, denn dadurch erhalten flüssige und halbflüssige Acrylfarben Struktur, während sich pastose Acrylfarbaufstriche nicht verändern. Das Gel besteht aus Acrylharzdispersion, Filmbildner und Geliermittel.

ACRYLMALMITTEL VON LUKAS

Zum Selbstherstellen von Acrylfarben kann dieses Acrylmalmittel von LUKAS (#2207), das aus reinen Acrylharzdispersionen besteht, ebenso verwendet werden wie als trocknungsverzögerndes Malmittel. Es fördert auch den »Verlauf« einer Acrylmalfarbe, ist elastisch und gut haftend. Wie die meisten Acryldispersionen wird auch diese mit Wasser verdünnt, das Malmittel ist frostempfindlich.

ACRYLMEDIUM GLÄNZEND VON LUKAS

Durch Zusatz dieses Malmittels wird der Glanz einer Acrylfarbe erhöht und zugleich wird der Farbfluss gefördert. Je nach Menge und Art der Zugabe wird der Glanzgrad beeinflusst. Das Acrylmedium glänzend von LUKAS (#2258) besteht aus einer Acrylharzdispersion und Filmbildnern.

ACRYLMEDIUM MATT VON LUKAS

Acrylfarbe erhält durch dieses Malmittel einen matten Oberflächencharakter und wird zugleich fließender eingestellt. Das Acrylmedium matt von LUKAS (#2259) besteht aus einer Acrylharzdispersion, Filmbildnern und Mattierungsmitteln.

ACRYL-RELIEFPASTE VON LUKAS

Die Acryl-Reliefpaste von Lukas wird zum Anlegen reliefartiger Strukturen als Untergrund und bei der Malerei mit flüssigen (liquiden) oder halbflüssigen (pastösen) Acrylfarben verwendet. Durch Beigaben von Reliefpaste (LUKAS #2260) können die Farben pastöser eingestellt und auch die Festigkeit des getrockneten Farbauftrages erhöht werden. Die Paste besteht aus einer Acrylharzdispersion, aus Filmbildnern und Füllstoff.

ACRYLEMULSION D 498-M

Die Acrylemulsion D 498-M ist eine reine Acrylharzdispersion, in die als Schutzkolloid eine Hydroxyäthylcellulose-Lösung eingebaut wird sowie zusätzlich Biozide, Filmbildungs- und Dispergierungsmittel. Der Festkörpergehalt liegt bei 33 %, die mittlere Teilchengröße wird mit 0,1 und 0,2 µ angegeben, der pH-Wert ist mit etwa 8 schwach sauer und die minimale Filmbildungstemperatur liegt oberhalb +5 °C.

Als farbloses, lichtechtes und ebenso witterungs- wie alterungsbeständiges Bindemittel eignet sich diese Emulsion besonders zur eigenen Herstellung von Acrylfarben mit Pulverpigmenten und wässrigen Pigmentzubereitungen, so genanntem Pigmentbrei oder eigens eingesumpften Pigmenten.

Für kleinere Acrylfarbmengen können die Pulverpigmente direkt, am besten mit einem Borstenpinsel oder Spatel, in die Emulsion eingearbeitet werden. Eine bessere Benetzung der Pigmente erreicht man aber, wenn die Pigmente zuvor eingesumpft werden. Dazu verdünnt man die Emulsion im Verhältnis 1:9 mit Wasser. Darin werden die Pigmente »dick« angeteigt und erst darauf wird die notwendige Menge Emulsion zugemischt. Für die Herstellung größerer Farbmengen ist der Einsatz eines Rührwerkes oder Mixers ratsam.

Es kann zwar das Verhältnis von Farbpulver zur Emulsion beliebig gewählt werden. Weil jedoch spezifisch leichtere Pigmente mehr Bindemittel benötigen als etwa schwerere, gilt als Standardformel:
1 Teil Farbpulver auf 1 Teil Emulsion per Volumen.

Ein höherer Mengenanteil der Emulsion D 498-M ergibt satinierte bis seidenglänzende Farbaufstriche, während mit weniger Bindemittelzusatz die Aufstriche matt, etwa mit Gouachecharakter, auftrocknen. Die Farben können sogar zusätzlich mit Celluloseleimlösung gestreckt werden.

Vor allem anorganische Pigmente eignen sich hierzu; für Anstriche auf mineralischen Untergründen muss aber auf kalkechte Pigmentsorten zurückgegriffen werden. Oft sind synthetische organische Pigmente schlecht zu benetzen und müssen über Stunden eingesumpft werden, bis sie sich gut dispergieren lassen. Um die Streicheigenschaften und die Deckkraft zu erhöhen, kann solchen Pigmenten Kreide beigemischt werden. Wässrige Farbteige, also ohne Bindemittel, sind im gut sortierten Malmaterialienhandel erhältlich. Sie werden mit je einem Teil Acrylemulsion und Kreide zu einer Volltonfarbe eingemischt.

Auch zur Herstellung von Grundierungen, Spachtel- oder Plastikmassen und sogar zur Einbettung von Mosaiksteinen kann die Acrylemulsion D 498-M eingesetzt werden. Darüber hinaus bewährt sie sich für Verklebungen von Papier, Karton, Textilien unter- oder miteinander sowie auf saugenden Untergründen wie Holz, Gips, Mörtel, Beton oder Ähnlichem. Je nach erwünschter Klebkraft kann dazu die Emulsion mit Cellulose- oder Stärkeleimen noch weiter gestreckt werden, wobei mit steigender Streckung allerdings die Wasserfestigkeit herabgesetzt wird. Um eine gewisse Deckkraft zu erhalten, wird Titanweiß Rutil eingesetzt.

Um Grundierungs-, Spachtel- oder Plastikmassen mit Hilfe dieser Emulsion selbst herzustellen, muss man eine gewisse Menge fester, pulvriger Zuschlagstoffe einmischen. Dazu eignen sich als Füllstoffe vor allem Kalzite, Schwerspat, natürliche Kreiden oder Ähnliches. Für plastische Massen können auch Quarzsand oder Quarzmehl, Sand, Kalkstein- oder Marmormehl und auch alle fasrigen Materialien genommen werden. Werden Zuschlagstoffe mit hohem Wasserbedarf benutzt, so können diese Massen zur Rissbildung neigen. Hier sollten Vorversuche auf besonders saugenden Unterlagen angestellt werden, um eine eventuelle Rissbildung kalkulieren zu können. Plastikmassen mit Neigung zu Rissen müssten durch Zugabe von Celluloselösungen gestreckt, also verdünnt werden. Für die Einbettung von Mosaiksteinen sollte als Füllstoff nur auf Kreiden, Quarzsand oder Quarzmehl zurückgegriffen werden. Als reines Bindemittel ist diese Acrylemulsion relativ universell einsetzbar; sie eignet sich jedoch in keinem Fall für farblose Überzüge, da der farblose Film nicht hart genug auftrocknet!

BINDEMITTEL VON SCHMINCKE

Eine mit speziellen Additiven versetzte Reinacrylatdispersion, die nicht nur zur Selbstherstellung von Acrylfarben bestimmt ist, sondern auch der fertigen Farbe zugegeben werden kann. Durch diese Bindemittelanreicherung wird die Haftung auf kritischen Untergründen verbessert, der Glanzgrad erhöht und die Viskosität gesenkt. Der Binder trocknet zu einem klaren, elastischen, glänzenden Film auf, er kann also auch als irreversibler Überzug für Acrylbilder verwendet werden. Enthält: Acryldispersion, Additive.

IMPASTO GEL MEDIUM: GLANZ & MATT VON LASCAUX

Das Impasto Gel Medium besteht aus einer Reinacrylat-Copolymer-Emulsion, die glasklar auftrocknet, zähelastisch hart wird und dabei stets lichtecht bleibt. Es ist auf gleicher Basis wie das Medium von Lascaux aufgebaut.

Mit dem Impasto Gel Medium 1/Glanz kann die Konsistenz und damit die Struktur der Künstlerfarbe verändert werden. Die Farben wirken brillanter, gewinnen an Leuchtkraft und sind selbstverständlich auch glänzender. Es lassen sich mit diesem Medium allein oder in Kombination auch Struktureffekte erzielen, sowohl bei Pinsel- als auch Spachteltechnik.

Mit dem Impasto Gel Medium 2/matt kann der Glanzgrad variiert werden; dadurch nimmt der Glanzgrad des Farbauftrags mit zunehmendem Anteil des Mediums ab bzw. wird der Matteffekt verstärkt. Wird das Medium 2/matt allein einer Acrylfarbe zugesetzt, verändert sich diese Farbe jedoch kaum. Die Gele müssen stets zusammen verwendet werden.

Das Impasto Gel Medium verdickt die Farbe, wodurch schwere Impasto-Aufräge ermöglicht werden. Gleichzeitig wirkt dieses Medium auch als Trocknungsverzögerer. Das kann dazu führen, dass extrem dicke Farbschichten (mit etwa 5 mm Schichtstärke) unter Umständen erst nach Tagen klar durchtrocknen.

In Verdünnungen mit Wasser wird Impasto Gel Medium zu einem viskosen Firnis. Impasto Gel Media sind auch als Trägerklebstoffe für Collagen geeignet. Hier können verschiedene Zuschlagstoffe wie Sand oder Granulate eingemischt werden.

KLARPASTE VON SCHMINCKE

Eine cremige, weiche, bindemittelreiche Reinacrylatpaste von kurzer Konsistenz. Die Paste trocknet zu einem klaren, stark glänzenden, elastischen Film auf und ist dadurch auch als irreversibler Überzug für Acrylbilder geeignet. Die Paste ist in jedem Mischungsverhältnis mit Künstleracrylfarben mischbar. Das hohe Bindevermögen ermöglicht die Einarbeitung von Iriodin-Pigmenten, Glimmer, Effektfüllstoffen usw. Enthält: Acryldispersion, Additive.

LEICHTSTRUKTUR-PASTE VON SCHMINCKE

Weiße Acrylpaste von kurzer, griffiger Konsistenz mit besonders geringem spezifischen Gewicht. Auf Grund des Gewichts eignet sich die Strukturpaste ideal für Arbeiten auf Leinwand. Mit ihr können plastische, reliefartige und strukturierte Bildelemente herausgearbeitet werden. Die Paste wird mit Spachtel, Palettmesser oder Pinsel aufgebracht. Zur farblichen Gestaltung kann die Leichtstruktur-Paste im Verhältnis 2:1 mit Künstleracrylfarbe eingefärbt oder nach Trocknung übermalt werden. Enthält: Acryldispersion, Additive.

MATTIERUNGSMITTEL FÜR ACRYLFARBEN 730 VON LASCAUX

Das Mattierungsmittel 730 für Acrylfarben von Lascaux ist eine Paste, die aus synthetischen Schutzkolloiden mit pyrogener Kieselsäure als dem eigentlichen Mattierungsmittel besteht. Der pH-Wert liegt bei 9. Es dient zum Mattieren von Acrylfarben bis zum matten Leim- bzw. Gouachefarbencharakter.

Durch Beigaben größerer Mengen Wasser (etwas mehr als 25 %) wird aber der Bindemittelanteil der Farbe reduziert und damit auch deren Wasserfestigkeit. Aus diesem Grund sollte das Mattierungsmittel 730 nur für Innenanwendungen eingesetzt werden. Außerdem kann bei manchen Unterlagen die Haftfestigkeit beeinträchtigt werden.

Durch eine Beimischung des Mattierungsmittels 730 werden die Farben zwar deckend im Auftrag. Bei größeren Zusätzen werden sie aber nicht mehr dunkler, sondern bleiben etwa gleich, wenn sie nicht – je nach Zusatzmenge – sogar heller auftrocknen. Bei dem Einsatz für Retuschen an matten Leim-, Kalk- oder Kaseinmalereien zum Beispiel lässt sich jede Mattabstufung erzeugen. Der Vorteil besteht in der sicheren Haftung auf derart delikaten Untergründen. Auch hier können zusätzlich Acrylglanzmedien oder -lacke eingemischt werden. Übermäßige Zusätze beeinträchtigen jedoch die Transparenz.

Die getrocknete Paste ist unlöslich; daher sollten Gebinde und Flaschen gut verschlossen werden, weil sich eine angetrocknete Paste nicht mehr fein in die Acrylfarbe einarbeiten lässt.

MISCHWEIß VON LASCAUX

Die Firma Lascaux verwendet wegen seiner optimalen Deckkraft Titandioxid als Standard-Weißpigment in ihren Acryl-Künstlerfarben und Studien-Acrylfarben. Mit derart pigmentierten Weißfarben andere Buntfarben eventuell nur graduell aufhellen oder leicht akzentuieren zu wollen, ist oft schwierig, wenn nicht unmöglich; und das wird natürlich als Nachteil empfunden.

Aus diesem Grund wurde von Lascaux ein spezielles Mischweiß entwickelt, das mit etwas geringerer Deckkraft wesentlich weniger Färbekraft besitzt. Es kommt daher dem in der Ölmalerei üblichen Zinkweiß relativ nahe. Ohne gleich den Vollton einer »bunten« Acrylfarbe zu einem pastellartigen Farbton zu vermischen, kann nun die Intensität einer reinen Grundfarbe leicht reduziert oder graduell aufgehellt werden.

Eine 1:1-Abmischung eines Grundtons mit dem Mischweiß ergibt einen zwar weiß aufgehellten Grundton, ohne aber milchig zu erscheinen. Dieses Mischweiß eignet sich generell für alle Acryl-Grundfarben zum Ermischen fein abgestufter Weißaufhellungen oder eleganter heller bis weißer Farbvariationen. Das Mischweiß von Lascaux beeinträchtigt weder die Qualität von Lascaux-Acrylfarben noch die von Acrylfarben anderer Hersteller, auch nicht hinsichtlich Lichtechtheit oder Alterungs- und Wetterbeständigkeit.

Von Lascaux ist dieses Mischweiß sowohl als Acryl-Künstlerfarbe (C 146) erhältlich, wie auch als Studien-Acrylfarbe (528).

MODELLIERPASTE VON SCHMINCKE

Eine festkörperreiche hellgraue Acrylpaste mit nur geringem Volumenschrumpf. Sie ist geeignet für Collagen, plastische Bildelemente und Spachtelarbeiten auf schwach saugenden, festen Untergründen. Nach mehrstündiger Trockenzeit kann die Paste mit feinem Schleifpapier (Körnung 150–600) nass oder trocken geglättet und mit einem scharfen Messer sogar geschnitten werden. Zur farblichen Gestaltung kann die Paste mit PRIMAcryl eingefärbt oder nach der Trocknung übermalt werden. Enthält: Acryldispersion, Füllstoffe, Additive.

PLASTIKMASSE A & B VON LASCAUX

Die Plastikmasse A ist eine reine, verdickte Acrylharzdispersion, die mit einem Füllstoff aus selektierten Kalziten fein angerieben ist, während die Plastikmasse B Quarzsand mit einer Korngröße von etwa 0,3 mm enthält. Die zähelastischen, weißen

Spachtelmassen mit starker Klebkraft reißen selbst in dicken, hart auftrocknenden Schichten nicht. Damit bei dicken Aufträgen die Zeit für eine vollständige Durchtrocknung nicht allzu lang ausfällt, sollten je Arbeitsgang Schichtdicken von mehr als einem Zentimeter nicht überschritten werden. Denn gut durchgetrocknete Schichten können beliebig oft mit neuer Plastikmasse oder Acrylfarben überarbeitet werden. Trotz eines gewissen Schwunds infolge der Verdunstung des Wasseranteils trocknen sie rissfrei auf.

Weil das Weiß in den Plastikmassen A & B von nur geringer Färbekraft ist, können hier Lascaux-Acrylfarben zugesetzt werden; die Farbabweichung zu den Originalfarbtönen fällt nur gering aus, während lasierende Farbtöne eher deckend wirken. Den stärksten plastischen und zugleich farbigen Eindruck erhält man allerdings, wenn zuerst die Plastikmasse aufgetragen und danach mit Acrylfarben übermalt wird.

Für freskoartige Grundierungen eignet sich besonders die Plastikmasse B. Einen leicht verstreichbaren und feinsandigen Untergrund erhält man durch Zumischungen von Primer weiß 765 von Lascaux.

Materialien wie Stoffe, Holz, Metallstücke oder gar Steinchen lassen sich direkt in die frische Plastikmasse einbetten, die sich darin wegen der außerordentlich starken Klebkraft sehr gut verankern. Auch als Ergänzung von Impasto können die Plastikmassen für Ausbesserungsarbeiten benutzt werden, wie sie sich generell zum Spachteln von Rissen eignen.

PRIMACRYL GLANZVERSTÄRKER VON SCHMINCKE

Das konzentrierte Acrylmedium mit Glanzwirkstoff steigert bei Zusatz von 15 bis 20 % zur Farbe bereits deutlich den Glanzgrad. Das bedeutet für die Farbe eine Bindemittelanreicherung und gleichzeitig die Verstärkung der Lasurfähigkeit. Verbessert wird zudem die Haftfähigkeit. Bei Verdünnung mit etwas Wasser wird der Verlauf flüssiger. Enthält: Acrylharze und verschiedene Additive.

ACRYL MALMITTEL VON SCHMINCKE

Mit PrimAcryl Malmittel erfolgt eine Bindemittel-anreicherung, was die Haftung auf kritischen Untergründen verbessert und die Bindung bei Lasuren verstärkt. Enthält: Reinacrylatdispersion.

ACRYL MATTIERUNGSMITTEL VON SCHMINCKE

Weiße, halbflüssige Paste, die bei Zusätzen von 10 bis 25 % zur Farbe nicht nur mattierend wirkt, sondern die Farbe auch deckender macht. Mit Mattierungsmittel wird der Bindemittelgehalt des Gemisches reduziert. Die Farbschicht wird etwas härter und kann dadurch auf glatten, starren Oberflächen (zum Beispiel Glas) besser haften. Enthält: Acryldispersion, Extender, Konsistenzregulierung und Konservierungsmittel.

PRIMACRYL VON SCHMINCKE

Konsistenzverstärkende Paste und Verdickungsmittel für Acrylfarben zum Strukturieren und für Reliefarbeiten. Kann auch pur verwendet werden und trocknet dann farblos auf. Enthält: Acryldispersion.

STRUCTURA® VON LASCAUX

Die Structura® von Lascaux besteht aus Reinacrylatdispersion mit einem modifizierten Quarzfüllstoff. Als weiße, feinkörnige und leichte Texturpaste besitzt sie ausgezeichnete Haftungseigenschaften. Der elastische harte Aufstrich ist nicht nur lichtecht und alterungsbeständig, sondern auch gut schleifbar. In dieser Form eignet sich die Structura® für alle Bildträger und ist somit universell einsetzbar.

Diese Texturpaste kann als Malgrund in mehreren Schichten, direkt oder mit Wasser verdünnt, aufgetragen werden. Je nach beabsichtigter Oberflächenstruktur oder Saugkraft des Untergrundes kann mit Primer, Gesso oder Studio Weiß, auch mit Standardacrylfarben gemischt werden. Wegen der minimalen Eigenfarbe werden sich die Farbtöne kaum verändern. Dicke Schichten sollten in mehreren Arbeitsschritten aufgebaut werden, um die Dauer der Durchtrocknung abzukürzen.

Stark saugende Untergründe sollten zuvor mit Medium 1 von Lascaux, Acryl-Transparentlack 2062 Glanz oder mit Hydro-Grund isoliert werden; Letzterer wird im bewährten Verhältnis von 1:4 mit Wasser verdünnt. Durch die feine Textur erhalten die Farben eine ganz eigene Leuchtkraft, was sich besonders in Mischungen mit Aquacrylfarben wie auch in puren Lasuren zeigt. Als Schutzüberzug für fertig gestellte Arbeiten eignet sich hier der Acryl-Transparentlack 2062.

STRUKTUR-GEL GLÄNZEND UND SEIDENGLÄNZEND VON SCHMINCKE

Transparente Gele von straff pastoser Konsistenz, die zu einem klaren, glänzenden bzw. seidenglänzenden Film auftrocknen.

Pur verwendet können starke Strukturen mit hohen Schichtdicken gestaltet werden. Besonders mit lasierenden Farbtönen werden interessante Transparent-Effekte mit glänzender bis seidenglänzender Oberfläche erzielt. Bei Mischungen mit Acrylfarben wird die Konsistenz gesteigert, die Oberfläche der Acrylfarben bleibt dabei seidig bis glänzend. Die hohe Klebkraft der Gele ist ideal für Collagen und zum Einbetten unterschiedlichster Effektmaterialien (Sand, Pigmente, Glitter). Das verwendete Reinacrylat ist lichtecht sowie gilbungs- und alterungsbeständig.

STRUKTUR-GEL MATT VON SCHMINCKE

Ein Gel von straff pastoser Konsistenz, das zu einem leicht milchigen, matten Film auftrocknet.

Pur verwendet können starke Strukturen mit hohen Schichtdicken gestaltet werden. Besonders mit lasierenden Farbtönen werden interessante Transparent-Effekte mit matter Oberfläche erzielt. In Mischungen mit Acrylfarben wird die Konsistenz gesteigert, die Oberfläche der Acrylfarben wird matter. Die hohe Klebkraft des Gels ist ideal für Collagen und zum Einbetten unterschiedlichster Effektmaterialien (Sand, Pigmente, Glitter). Das verwendete Reinacrylat ist lichtecht sowie gilbungs- und alterungsbeständig.

SOFT-GEL GLÄNZEND UND SEIDENGLÄNZEND VON SCHMINCKE

Ein Gel von geschmeidig pastoser Konsistenz, das zu einem klaren, glänzenden bis seidenglänzenden Film auftrocknet.

Pur verwendet können Bildanlagen mit hohen Schichtdicken gestaltet werden. Besonders mit lasierenden Farbtönen werden interessante Transparent-Effekte mit seidenglänzender Oberfläche erzielt. In Mischungen mit Acrylfarben bleiben die Konsistenz und der Glanzgrad der Farben erhalten. Die hohe Klebkraft des Gels ist ideal für Collagen und zum Einbetten unterschiedlichster Effektmaterialien (Sand, Pigmente, Glitter). Das verwendete Reinacrylat ist lichtecht sowie gilbungs- und alterungsbeständig.

SOFT-GEL MATT VON SCHMINCKE

Ein transparentes Gel von geschmeidig pastoser Konsistenz, das zu einem leicht milchigen, matten Film auftrocknet.

Pur verwendet können Bildanlagen mit hohen Schichtdicken gestaltet werden. Besonders mit lasierenden Farbtönen werden interessante Transparent-Effekte mit matter Oberfläche erzielt. In Mischungen mit Acrylfarben bleibt die Konsistenz der Farbe erhalten, die Oberfläche wird matter. Die hohe Klebkraft des Gels ist ideal für Collagen und zum Einbetten unterschiedlichster Effektmaterialien (Sand, Pigmente, Glitter). Das verwendete Reinacrylat ist lichtecht sowie gilbungs- und alterungsbeständig.

VERDICKUNGSMITTEL VON SCHMINCKE

Das Verdickungsmittel bewirkt eine angenehme, griffige Konsistenz der Farbe. Es genügen schon wenige Tropfen, um die angestrebte Wirkung zu erzielen. Die Verdickerlösung wird der Künstleracrylfarbe zügig beigemischt. Die Farbe eignet sich sowohl zur Primamalerei mit dem Pinsel als auch für dickschichtige Spachteltechniken. Enthält: Polyurethane, Lösungsmittel.

VERZÖGERER

Indem der Wasseranteil verdunstet, trocknen Acrylfarben normalerweise rasch – zu schnell für manch kompliziertere Malereien. Die Trocknungszeit ist abhängig vom Wasseranteil, von der Saugfähigkeit des Untergrunds und nicht zuletzt von den klimatischen Bedingungen der Arbeitsumgebung wie Luftzug, Temperatur und Luftfeuchtigkeit.

Durch die Zugabe von Trocknungsverzögerern kann der Trocknungsprozess von Acrylfarben verlangsamt werden. Zwar wird einerseits die »Verdunstungsgeschwindigkeit« herabgesetzt, andererseits wird die Reemulgierbarkeit verlängert. Das heißt, bereits angetrocknete Acrylfarben werden noch während einer Stunde durch Wasser oder frische Acrylfarbaufträge angelöst. Die exakte Zeit dieser Anlösbarkeit ist sowohl von den oben genannten Trocknungsfaktoren wie von der Menge der beigefügten Verzögerer abhängig.

Trocknungsverzögerer sollten aus diesem Grund auf keinen Fall bei Malerei eingesetzt werden, die dem Wetter ausgesetzt ist. Denn durch die Zugabe von Trocknungsverzögerern können die Farben durch Wasser leichter angequollen werden. Nicht nur die Anlösbarkeit wird durch Verzögerer beeinflusst; auch die vollständige Durchtrocknung einer Acrylfarbe wird wesentlich verzögert. Man erkennt diesen Zeitpunkt daran, dass Farben mit Beimischungen von Verzögerern noch glänzender erscheinen, solange sie nicht vollständig durchgetrocknet sind.

VERZÖGERER VON LASCAUX

Bei der normalen Anwendung von Lascaux Verzögerer wird dieser 1 : 1 mit Wasser angesetzt, und diese Mischung dann als Malmittel den Farben zugegeben. Das Verhältnis kann je nach gewünschtem Effekt – längere oder kürzere Trocknungszeit – abgestimmt werden. Der Verzögerer kann aber auch unverdünnt, und zwar nur tropfenweise, der Farbe zugemischt werden, etwa auf der Palette direkt beim Malen. Farbton oder Farbqualität werden dabei nicht beeinflusst.

LUKAS CRYL MEDIUM 1 VERZÖGERER

LUKAS Cryl Medium 1 Verzögerer (# 2237) verzögert die Antrocknung von Acrylfarben relativ stark. Die Wirkungsweise ist abhängig von der Zugabenmenge. Es besteht aus dem Ammoniumsalz einer Acrylsäure, aus Ammoniak und Wasser, mit dem schließlich auch verdünnt werden kann; aber nach der Trocknung ist das Medium wasserunlöslich.

VERZÖGERER FÜR ACRYLFARBEN VON LUKAS

Der Verzögerer für Acrylfarben von LUKAS (# 2262) besteht aus einem Gemisch langsam verdunstender Feuchthaltemittel und Acrylleim, er verlangsamt vor allem die Trocknung von Acrylfarben und ermöglicht so ein längeres Nass-in-Nass-Malen.

PRIMACRYL RETARDER-GEL VON SCHMINCKE

Ein klares Gel, das der Acrylfarbe mit Pinsel oder Palettmesser vor dem Farbauftrag möglichst homogen zugemischt wird. Bereits 8 % Zugabe bewirken eine längere Offenzeit der Farbe. Bei Nass-in-Nass-Arbeiten oder Arbeiten mit der Spritzpistole kann bis 50 % Retarder-Gel zugegeben werden. Wenn in pastoseren Schichten gearbeitet wird, sollten 25 % Gel-Zugabe nicht überschritten werden. Enthält: Verdickungsmittel und Trocknungsverzögerer.

Firnisse

ACRYL TRANSPARENTLACK 2062 GLANZ & MATT VON LASCAUX

Der Acryl Transparentlack 2062 Glanz oder matt von Lascaux wird als wasserverdünnbarer und transparenter Überzugslack für Holz, Gips, Keramik, Beton, Stein und für viele Kunststoffe mit einer hervorragenden Haftung hergestellt, dessen Härte und Abriebfestigkeit durch Lichtechtheit, Wetterbeständigkeit und Wasserfestigkeit ergänzt wird.

Je nach Mischung oder Verdünnung können glänzende, halb- bis seidenglänzende oder matte Schutzlackierungen auf die mit Lascaux-Acrylfarben bemalten Objekte, Bilder oder Wandmalereien aufgetragen werden. Der Lack eignet sich aber auch als Spielzeuglack oder für Naturholzlackierungen. Die Acryl Transparentlacke 2062 haben eine Mindestfilmbildungstemperatur (MFT) von 15 °C und sind löslich in Alkohol und Aceton.

Auf die bemalten Objekte wird der zu etwa 25 % mit Wasser verdünnte Transparentlack mit einem weichen Pinsel aufgetragen. Nach etwa einer Stunde kann der zweite Aufstrich erfolgen. Die jeweilig gewünschte Glanzstufe wird durch die entsprechende Mischung aus der Glanz- und Matttype ermischt bzw. variiert. Mit Hilfe eines Farbrollers können auch größere Objekte bewältigt werden; Dabei ist aber zu beachten, dass eine unter Umständen auftretende Schaumbildung in den Film eingeschlossen werden kann. Filme dieses Lacks können mit einer Spritzpistole aufgetragen werden.

Der Transparentlack 2062 eignet sich auch gut für Naturholzimprägnierungen in Innenräumen; dafür wird er zu 25 bis 50 % mit Wasser verdünnt. Nach ausreichender Trocknungszeit (er darf nicht mehr kleben) muss die Oberfläche leicht mit Stahlwolle bzw. -watte oder feinem Schleifpapier angeschliffen werden, damit der nächste und der dritte Anstrich sich verankern können. Auch diese Anstriche müssen zu mindestens 25 % verdünnt werden.

NATURHOLZBEHANDLUNG IM INNENBEREICH:

- Für farbige Holzanstriche sollte das rohe Holz mit wasserlöslichen Beizen gefärbt, bemalt bzw. fertig lackiert sein.

• Der Transparentlack 2062 wird 1 : 1 mit Wasser verdünnt und wie oben beschrieben aufgetragen und nachbehandelt.

• Der Transparentlack 2062 kann 1 : 1 mit Wasser oder mit 1 : 1 verdünnter Lascaux-Acrylfarbe nach Belieben verdünnt bzw. angefärbt werden. Damit wird das rohe Holz gleichmäßig eingefärbt bzw. eingestrichen, überschüssige Farbanteile werden mit einem feuchten Lappen entfernt. Diese Effektbemalung kann mehrmals wiederholt werden; die Schlusslackierung erfolgt dann wie oben beschrieben.

• Für eine farbige Betonbehandlung wird der Transparentlack 2062 zu gleichen Teilen mit Wasser oder mit 1 : 1 verdünnter Lascaux-Acrylfarbe beliebig verdünnt oder angefärbt.

• Für eine Verstärkung der Konsistenz von Acrylfarben kann der Transparentlack 2062 beigemischt werden; so wird eine bessere Haftung auf dem Untergrund und zugleich eine größere Härte des Farbauftrags erreicht. Dies ist besonders dann zu empfehlen, wenn eine größere mechanische Beanspruchung zu erwarten ist, zum Beispiel bei Spielzeugen oder ähnlichen Gebrauchsgegenständen. Hier wird ein Mischungsverhältnis von 1 : 1 empfohlen. Angemischte Acrylfarben dürfen jedoch nicht allzu lange aufbewahrt werden, da die Gefahr des Eindickens besteht!

ACRYLHARZ N 742-33 % VON LASCAUX

Das Acrylharz N 742-33 % von Lascaux ist ein thermoplastisches, mittelhartes Polymerisat auf der Basis von Äthylmethacrylat; es ist farblos, lichtecht und hoch alterungsbeständig gelöst in 33 % Äthanol/PM Cellosolve, das entspricht einem Mischungsverhältnis von 7 : 1. Die Glastemperatur (TG) liegt bei + 85 °C und es ist permanent löslich in Alkoholen, Estern, Ketonen und Aromaten, aber in Benzinkohlenwasserstoffen ebenso unlöslich wie in Terpentinersatz.

Acrylharz N 742-33 % ist besonders geeignet für harte und gut haftende Überzüge auf Papier, Karton, Holz, Gips, Zement, Keramik und Glas. Auch als Fixativ für delikate Zeichnungen mit Kohle, Bleistift, Pastell oder als Schutzfirnis auf Kunstdrucken, Plakaten und Fotos usw. eignen sich Lösungen von Acrylharz N 742-33 %.

LASCAUX FIXATIV

Lascaux Fixativ ist ein glasklar auftrocknendes, reines thermoplastisches Acrylharz-Fixativ. Es mattiert nicht, es ist hervorragend licht- und alterungsbeständig; selbst auf saugenden Untergründen wie Papieren oder Kartons erzielt man unsichtbare Fixierungen. Auf nicht saugenden Untergründen, etwa Drucken, Fotografien, Acryl- oder Ölmalereien, ergibt es je nach Auftrag einen seidenmatten bis leicht glänzenden Film.
Lascaux Fixativ wird stets im Spritzverfahren appliziert. Der einfacheren Handhabung wegen wird es in Spraydosen geliefert. Weil es aber leicht entzündliche Lösungsmittel enthält, dürfen weder Sprühnebel noch die Dämpfe eingeatmet werden. Man sollte auch während der Arbeit nicht rauchen und nur in gut belüfteter Umgebung sprayen.

Das Fixativ wird in einem Abstand von etwa 30 cm in kreisenden Bewegungen gleichmäßig und dünn aufgesprüht. Für delikate Zeichnungen sollte der Abstand vergrößert werden und es ist hierbei auch darauf zu achten, dass das Papier nicht durchnässt wird. Das Fixativ wird in mehreren Arbeitsschritten bis zur ausreichenden Fixierung aufgetragen. Als Firnis für Acryl- oder Ölmalerei muss ebenfalls in mehreren Arbeitsgängen aufgetragen werden, wenn ein gleichmäßiger Glanzgrad erreicht werden soll.

• Bleistift-, Kohle-, Pastell- und Wachsmalereien – gerade auch auf delikaten Papieren – lassen sich auf ebenso einfache wie unsichtbare Weise fixieren.

• Aquarelle, Tuschzeichnungen und Temperamalerei können je nach Fixativauftrag fixiert bzw. wasserfrei fixiert werden.

• Als Abriebschutz eignet sich dieses Fixativ auf Fotografien, Kunstdrucken, Lichtpausen, Abreibbuchstaben und sogar für Blattgold.

• Tusch- oder bleistiftgezeichnete Baupläne auf Transparentpapieren lassen sich damit besonders einfach fixieren.

LUKAS CRYL FIRNIS GLÄNZEND

Der glänzende LUKAS Cryl Firnis (# 2209) ist ein schnell trocknender, elastischer und gut haftender Firnis für Öl-, Acryl- und Temperabilder. Er besteht aus in Testbenzin gelösten Acrylharzen, ist auch mit Terpentinöl verdünnbar und bleibt in beiden Lösemitteln löslich.

LUKAS CRYL FIRNIS MATT

Der LUKAS Cryl Firnis (#2208) ist ein ebenfalls schnell trocknender, elastischer und gut haftender, jedoch matter Firnis für Öl-, Acryl- und Temperabilder. Er besteht aus in Testbenzin gelösten Acrylharzen mit einem Mattierungsmittel, ist ebenfalls mit Terpentinöl verdünnbar und bleibt in beiden Lösemitteln löslich.

LUKAS CRYL FIRNIS SEIDENGLÄNZEND

Der LUKAS Cryl Firnis (#2204) ist ein ebenfalls elastischer und gut haftender, jedoch mit Seidenglanz schnell auftrocknender Firnis für Öl-, Acryl- und Temperabilder. Er besteht aus in Testbenzin gelösten Acrylharzen mit einem Mattierungsmittel, kann mit Terpentinöl verdünnt und in beiden Lösemitteln gelöst werden.

Hilfsmittel

ACRYLHARZ 550/675 VON LASCAUX

Das Acrylharz 550/675 von Lascaux, ein Butylmethacrylat/i-Butylmethacrylat, ist ein thermoplastisches Reinacrylat und eine Mischung von Plexisol P 550 mit Plexigum 675. Diese Acrylharzkombination ist zu 40% gelöst in Terpentinersatz 16/18 und darin löslich wie auch in so genanntem White Spirit, in VM & P Naphta, Toluol, Xylol und Aceton, während es sich nur beschränkt mit Äthanol oder Isopropanol verschneiden lässt. Die Glastemperatur (TG) liegt bei +40 °C, entspricht der von Paraloid B 72 und sichert darum eine bessere Oberflächenhärte zu.

Unter anderem lässt sich diese Acrylharzkombination 550/675 zur nachträglichen Festigung und Konsolidierung von Mal- und Grundierungsschichten oder an Wandmalereien verwenden. Auch zur prophylaktischen Vorbehandlung saugender Materialien wie Holz, Gips oder Ähnlichem. Weil diese Acrylharzkombination gegenüber dem Acrylharz P 550-40% etwas härter eingestellt ist, eignet sie sich auch als Schlussfirnis von Öl- und natürlich Acryl-gemälden.

Für die Festigung von Mal- und Grundierungsschichten wird zunächst eine 5- bis 10%ige Lösung mit Terpentinersatz hergestellt. Damit kann dann partiell (lokal) und völlig (total) imprägniert werden. Auch in starker Verdünnung verfärbt das Acrylharz 550/675 matte Farbschichten nicht. Kreidende Malschichten an Wandmalereien werden mit einer 3- bis 5%igen Lösung nachgefestigt; dieser Vorgang wird bis zur Sättigung wiederholt. Etwaige Harzüberschüsse können nach der Behandlung mit Terpentinersatz wieder abgenommen werden.

Als Firnis kann das Acrylharz 550/675 in 10%iger Lösung mit Terpentinersatz 16/18 sowohl mit der Spritzpistole als auch mit dem Pinsel aufgetragen werden. Zur Dämpfung eines eventuell störenden Glanzes kann mit dem Acrylharz 550/675 matt bis zur gewünschten Satinierung abgemischt werden.

HINWEIS 1:

Bei sehr starker Verdünnung mit Terpentinersatz 16/18 oder bei längerer Lagerung kann sich das Harz in den Gebinden oder Flaschen absetzen. Durch die Zugabe von wenigen Gewichtsanteilen Xylol oder Toluol kann dieser Prozess verhindert werden. Auch ergeben Verdünnungen mit Terpentinersatz 35/38 wesentlich stabilere Lösungen.

HINWEIS 2:

Die Viskosität einer Lösung wird mit steigendem Aromatengehalt herabgesetzt; aber dadurch wird zugleich das Penetrationsvermögen entsprechend erhöht.

ACRYLHARZ P 550-40%

Bei dem Acrylharz P 550-40% handelt es sich um ein Butylmethacrylat; ein reines, weiches und thermoplastisches Acrylharz, das lichtecht und alterungsbeständig ist. Es wird in einer 40%igen Lösung vom Testbenzin 100/140 geliefert und ist löslich in Aceton, Terpentinersatz 16/18, VM & P Naphta, Xylol sowie Toluol und ist beschränkt verschneidbar in Äthanol und Isopropanol. Die Glastemperatur liegt bei +34 °C.

Dieses Acrylharz P 550-40% kann zur partiellen und totalen Festigung von Malschichten, zum Doublieren feiner Textilien und für sehr feine Malereien auch als Schlussfirnis verwendet werden.

VERARBEITUNGSHINWEIS:

Zur Konservierung, zur totalen und partiellen Festigung von Malschichten an Leinwandgemälden kann das Acrylharz P 550-40% von der Vorder- oder Rückseite verwendet werden. Dazu wird eine

5- bis 10%ige Lösung empfohlen, die Harzlösung also zusätzlich mit Terpentinersatz verdünnt. Bei stärkerer Verdünnung verfärbt dieses Harz selbst sehr matte Farbschichten nicht.

Nachdem alle Lösemittelanteile aus den Bildschichten verdunstet sind (nach ein bis zwei Tagen), können die Bildschichten unter leichtem Vakuum auf etwa +40 °C erwärmt und gesiegelt werden. Harzüberschüsse werden nach Abschluss der Behandlung mit Terpentinersatz entfernt.

Auch zum Doublieren feinster Gewebe bzw. feiner Textilien eignet sich dieser Harztypus. Eine 10%ige Lösung wird einseitig auf das Doubliergewebe oder beidseitig auf eine Zwischenlage mit der Spritzpistole gespritzt. Nach völliger Durchtrocknung der Harzanteile werden die Gewebe unter leichtem Druck bei Temperaturen von + 40 ° bis 45 °C aneinander gedrückt und gesiegelt.

Auch als »weicher« Firnisüberzug kann dieser Harztyp eingesetzt werden, wenn das Acrylharz 550/675 etwas härter eingestellt ist und damit gegen Oberflächenabrieb über ausreichende Stabilität verfügt.

HYDRO-GRUND VON LASCAUX

Hydro-Grund von Lascaux wird als extrem feinteilige und damit lösungsähnliche, wässrige Reinacrylatdispersion in 30%iger Lösung geliefert. Die Teilchengröße liegt bei 0,06 μ; der pH-Wert um 8.

Hydro-Grund wird als lösemittelfreier Tiefgrund, als Imprägnierung und zur Festigung von saugenden, sandenden oder nicht tragfähigen Untergründen empfohlen. Auch zur Festigung, Konsolidierung von gelockerten oder sich ablösenden Malschichtpartien, Craquelés oder Schüsselbildungen und für warm bis heiß siegelbare Verklebungen eignet sich der Typ Hydro-Grund.

VERARBEITUNGSHINWEIS:

Hydro-Grund kann als Tiefgrund für nachfolgende Anstriche, Imprägnierung auf Holz, Mauerwerk, Mörtel, Beton, Papier, Karton usw. je nach Saugkraft des Untergrundes 1:4 bis 1:6 mit Wasser verdünnt werden; diese Anstriche sind dann nach vier bis acht Stunden überstreichbar.
Überschüsse sollten unverzüglich nach dem Auftrag mit einem Schwamm oder einem Wattebausch abgenommen werden. Nach vollständiger Trocknung – nach etwa einer Stunde – kann bei + 40 °C gesiegelt werden. Danach (sofern angewendet) das Vakuum öffnen und austrocknen lassen. Alternativ zu dem Vakuumverfahren kann natürlich auch der Heizspatel oder ein Heißluftgebläse eingesetzt und mit einer Gummiwalze nachgepresst werden.

Durch Zusatz von etwa 10 bis 20 % PM Cellosolve (Propylenglykoläther) bezogen auf den Wasseranteil kann die Wirkung verstärkt werden. Der Zusatz von PM Cellosolve wirkt auf harte Malschichten erweichend; dadurch wird die Niederlegung erleichtert. Ein Zusatz von etwa 0,1 % Netzmittel (z. B. Triton DF 12) verstärkt die Penetration.

Auch zur Konsolidierung selbst feinster Haarrisse oder sehr kleinteiliger Schüsselbildungen eignet sich Hydro-Grund. Für größere Craquelé-Bildung können auch feinteiligere Acryldispersionen mit Teilchengrößen zwischen 0,1 und 0,2 μ (z. B. Plextol D 498, Plextol B 500 oder die Acrylkleber 498 HV oder 498 HV 20-X verwendet werden.

HINWEIS:

In Analogie zu Kaschierungen ist es oft angebracht, nicht nur die Bildvorderseite, sondern auch die Rückseite mit Hydro-Grund zu behandeln. Das kann für eine spätere Behandlung ebenso von Vorteil sein, wie es zum Beispiel Anränderungen oder Doublierungen sind.

PARALOID B 72

Das Acrylharz Paraloid B 72 wird als Copolymer auf der Basis Äthylmethylacrylat/Methylacrylat hergestellt und ist ein mittelhartes, thermoplastisches Reinacrylat, das nicht vernetzt und gleichermaßen beständig gegen Licht wie gegen Alterungserscheinungen ist.

Die Temperaturbeständigkeiten liegen wie folgt:

Glastemperatur: TG	**etwa + 40 °C**
Erweichungspunkt: = Siegelpunkt	**etwa + 70 °C**
Schmelz-/Fließpunkt:	**etwa + 150 °C**

Paraloid B 72 ist sehr gut löslich in Toluol, Aceton und 1.1.1 Trichloräthan. Dabei liegen folgende Viskositäten einer 40%igen Lösung bei +25 °C gemessen in cps vor:

in Aceton	**ca. 200**
in Toluol	**ca. 600**
in Xylol	**ca. 980**

Paraloid B 72 ist mit Xylol lediglich verdünnbar; ebenso wie in Shellsol A, Isopropanol, Alkohol oder PM Cellsolve; nicht löslich oder verdünnbar ist Paraloid B 72 in Testbenzin, White Spirit oder Terpentinersatz.

Schon seit den Fünfzigerjahren wird Paraloid B 72 in der Restaurierung verwendet und gilt seither als das meistgeprüfte und stabilste Harz für die Konservierung von Kunstwerken. Ausschlaggebend und entscheidend für den Erfolg konservatorischer bzw. restauratorischer Arbeiten ist die richtig eingestellte Anwendungskonzentration bzw. Verdünnung. Zweckmäßig angezeigt sind aber auch hier Vorversuche mit verschiedenen Verdünnungsgraden, um das richtige Bindemittel ermitteln zu können, d. h. um eine genügende Penetration und damit eine ausreichende Festigung des Objekts erreichen zu können, ohne es dabei optisch eventuell noch weiter zu schädigen.

Empfehlenswert ist dabei besonders der alte, wenn auch oft zu wenig beachtete Grundsatz, zunächst mit niedrigen Konzentrationen zu beginnen, um, falls notwendig, die Applikation zu wiederholen. Hohe Konzentrationen können zu einer sehr störenden Saturierung der Oberfläche des Objektes führen! Ein meist ebenso unterschätzter Faktor bei der Verwendung lösemittelhaltiger Acrylharzlösungen in der Restaurierung und Konservierung ist auch die Lösemittelretention. Das gilt ganz besonders bei der Verwendung von langsam verdunstenden Lösemitteln, so genannten Hochsiedern, in Acrylharzen wie Paraloid B 72 auf saugenden Unterlagen, wo es Tage bis Wochen dauern kann, bis alle Lösemittelreste verdunstet sind. Erst danach kann analysiert werden, ob die Festigung ausreichend war. Ein Zusatz des Netzmittels P 100 mit etwa 0,1 % kann das Eindringvermögen derartiger Lösung erhöhen. Oberflächlich durch Harzüberschüsse von Paraloid B 72 entstandene Glanzstellen lassen sich mit Toluol entfernen.

ANWENDUNGSHINWEISE UND -BEISPIELE:
Für eine Konsolidierung von Wandmalereien, auch Fresko-Secco-Wandmalerei oder Mineral- und Kalkfarbenwandmalerei, kann zur Festigung von sandenden Putzuntergründen eine maximal 5%ige Lösung von Paraloid B 72 in Toluol/Isopropanol verwendet werden.

Für eine Konsolidierung von Grundierungen oder Malschichten von Gemälden auf Leinwand oder Holzträgern kann eine 5- bis 10%ige Lösung von Paraloid B 72 in Toluol oder Toluol/Isopropanol bis zur gewünschten Sättigung verwendet werden. Aufstehende Farbschüsseln bzw. lockere Farbschollen können nach der Trocknung mit dem erwärmten Heizspatel leicht niedergedrückt werden. Auch als Grundfirnis lässt sich Paraloid B 72 in einer 10%igen Lösung von Toluol/Xylol mit dem Pinsel oder mit der Spritzpistole auftragen. Dabei sollte aber beachtet werden, dass je nach Raumtemperatur und dem eingesetzten Lösungsmittel Verdunstungskälte entsteht, der man aber mit einem Zusatz von 10 % Shellsol A oder PM Cellosolve begegnen kann.

Für Konsolidierungen und Imprägnierungen von Holz eignen sich 5- bis 10%ige Lösungen von Paraloid B 72 in Toluol oder 1.1.1 Trichloräthan. Sofern eine langsamere und somit tiefere Penetration angebracht ist, sind Lösungen in Toluol/Xylol oder Toluol/Shellsol A zu favorisieren. Imprägnierungen sollten in mehreren Gängen »nass-in-nass« ausgeführt werden.

Paraloid B 72 kann auch als Fixativ für Malereien von Blei-, Kohle- und Kreidezeichnungen auf verschiedenen Bildträgern, auch auf Papier, in einer 2- bis 4%igen Lösung von Toluol/Isopropanol beste Resultate ergeben. Eine solche Lösung ist auch in Spraydosen oder als Aerosol im Handel erhältlich. Das Acrylharz Paraloid B 72 konnte auch schon erfolgreich als Glas- oder Keramikkleber oder in der Restaurierung moderner Kunst eingesetzt werden. Lösungen von Paraloid B 72 in Aceton, Aceton/Alkohol oder in 1.1.1 Trichloräthan sorgen für rasche Trocknung, lassen sich aber gut wieder anlösen. Je nach Porosität der Materialien und damit der Bruchstellen sollte zunächst eine ausreichende Isolierung mit einer 10%igen Lösung vorgenommen werden. Sodann werden die Scherben oder Bruchkanten mit einer 20- bis 40%igen Lösung (in Analogie zu oben) direkt verbunden bzw. verklebt. Auch Reaktivierungen des Harzes durch Benetzen mit demselben Lösungsmittel sind möglich, um die Bruchstücke zusammenfügen zu können.

Acrylkleber

Die Schweizer Firma Alois K. Diethelm, »Lascaux Colours & Restauro« stellt gebrauchsfertige, bei pH 8–9 stabilisierte und mit Bioziden ausgerüstete Acrylkleber her, die thermoplastische Eigenschaften besitzen. Die Typen 303 HV und 498 HV sind mit Acrylsäure, während die Type 498 HV 20-X mit 20 % Xylol verdickt ist.

ACRYLKLEBER 303 HV

Der Acrylkleber 303 HV von Lascaux bleibt permanent klebrig. Nach vollständiger Trocknung von zwei Aufstrichen kann hier zwischen + 45 und 50 °C mit leichtem Druck die Verklebung durchgeführt werden. Damit kann dieser Typ Acrylkleber sowohl zur Wärme-Versiegelung bei Doublierungen als auch als Kontaktkleber Verwendung finden.

ACRYLKLEBER 498 HV

Der Standardtyp Acrylkleber 498 HV (HV = hochviskos) eignet sich für Doublierungen und Marouflagen, für Trocken- und Nassapplikationen, und erzeugt einen zähelastischen, extrem zugfesten Film. Die Siegeltemperatur liegt hier zwischen +68 und 76 °C. Dies ist der Standardtyp für Doublierungen und Marouflagen (siehe Seite 219f.).

ACRYLKLEBER 498 HV 20-X

Die Type 498 HV 20-X ist mit 20 % Xylol verdickt und eignet sich ganz besonders für so genannte Anränderungsverfahren (strip-lining), aber auch für spezielle Textilverklebungen, als Bastelkleber oder für Montagearbeiten.

ACRYLBINDEMITTEL ZUM RETUSCHIEREN IN DER RESTAURIERUNG

Nach eingehenden Untersuchungen stellte Jerzy Wolski aus Polen 1971 seine Ergebnisse vor. Als Acrylbindemittel zum Retuschieren in der Restaurierung kamen und kommen folgende Harze zur Anwendung:

Elvacite 2044 & Elvacite 2045 von DuPont
Acryloid B-67 & Acryloid B-72 von Rohm and Haas
bzw. **Paraloid B-67 & B-72 von Röhm und Haas**

Vor allem Acrylharzfarben wurden bevorzugt, um das »Problem der destruktiven Faktoren in der Praxis zu umreißen«. Sie würden weder vergilben noch verdunkeln. Ihr einziger Nachteil sei ihre Tendenz zum Mattwerden, was aber durch wiederholte Firnisaufträge leicht behoben werden könne (so beschrieb es Wolski).

CAPAROL

Caparol wird von den Deutschen Amphibolin-Werken seit 1934 produziert. Unter dieser Handelsbezeichnung wird eine durch Copolymerisation von Vinylacetat und Dibutylmaleinat intern weich gemachte Dispersion hergestellt, die vielen Künstlern noch geläufig ist.

AW2-HARZ-FIRNIS UND DER ERSATZ MS2 UND MS2-A

Das bis 1967 hergestellte AW2-Harz, ein Polycyclohexanonharz von BASF, war sowohl terpentinöl- als auch testbenzinlöslich und wurde unter anderem im Rembrandt-Firnis von Talens eingesetzt. Schon 1942 lobte Kurt Wehlte diesen Firnistyp, der sich noch nach Jahren problemlos entfernen ließe, womit dann wohl das Firnisproblem als endgültig beseitigt schien. Ersatz bietet Howards of Illford Ltd. in Illford, Essex/England mit Polycyclohexanonharzen MS2 und MS2-A, Sorten, die dem alten AW2-Typ entsprechen.

Siebdruckpaste

Die Siebdruckpaste von Lascaux ist eine hochviskose und farblose Paste, in die Glykole als Trocknungsverzögerer eingebaut sind. Speziell für das Farbenprogramm von Lascaux konzipiert, bildet diese Siebdruckpaste ein wässriges und nicht toxisches System für den Siebdruck, das bei einfacher Handhabung sogar höchsten Druckstandards gerecht wird. Weil auf wässriger Basis gearbeitet wird, entfällt die sonst beim Siebdruck übliche Verwendung gesundheitsschädlicher Lösemittel.

ANWENDUNG UND HINWEISE

Die Siebdruckpaste kann allen folgenden Farben von Lascaux beigemischt werden:

- Aquacryl
- Decora

- **Gouache**
- **Perlacryl**
- **Sirius Primary System**
- **Studio**

Nach vorherigen Versuchen lassen sich sicher auch andere Farbtypen verwenden, die Verwendung der Künstleracrylfarbe ist jedoch ausgeschlossen.

Zuerst wird der gewünschte Farbton ausgemischt und danach erfolgt die Zugabe der Siebdruckpaste. Um das geeignete Mischverhältnis im Verhältnis Farbe zu Paste und Farbauftrag zu Farbton zu bestimmen, empfiehlt es sich, Proben bzw. Testreihen anzulegen. Die gewünschte Farbkonsistenz für den Siebdruck gewährleistet eine so genannte Offenzeit, wobei die thixotrope Beschaffenheit (Thixotropie bezeichnet die Eigenschaft gewisser Gele, sich bei mechanischen Einwirkungen, zum Beispiel Rühren, zu verflüssigen) ein Abtropfen und Ablaufen vom Rakel verhindert. Einmal in Gang gebracht, dringt die Farbe gut durch das Sieb, verdichtet sich auf dem Druckträger zu einem homogenen Farbfilm und lässt zudem auch feinste Details und Farbnuancen zu (siehe Seite 48).

Der Hersteller empfiehlt anfangs ein Mischungsverhältnis von 50 : 50 Farbanteil zu Pastenanteil und schlägt vor, dieses Verhältnis später je nach Bedarf zu variieren. Der optimale Einsatz innerhalb dieses Systems wird durch die Grenzwerte der jeweiligen Mischungsverhältnisse bestimmt:

Ein zu geringer Pastenanteil führt zu einer kurzen Offenzeit und eventuell zu vorzeitigem Antrocknen im Sieb.

Ein zu hoher Pastenanteil ergibt eine Mischung, die kaum noch oder zu geringe Bindung zum Druckträger aufweist.

Zwischen diesen Grenzwerten liegt eine Unzahl von Variationsmöglichkeiten, die nicht nur den künstlerischen Anforderungen gerecht bzw. angepasst werden können. Stets sollte die Siebdruckpaste der Farbanmischung in kleinen Mengen und unter ständigem Rühren zugegeben werden. Nur bei vollständiger Durchmischung aller Komponenten entsteht eine Siebdruckfarbe, die einen sauberen Druck gewährleistet.

Das Mischungsverhältnis der Siebdruckpaste ist auch abhängig von folgenden Faktoren:

- der gewählten Farbreihe; Aquacryl, Decora, Gouache, Sirius benötigen auf Grund ihrer Zusammensetzung weniger Paste als andere Acrylfarben.

- den klimatischen und räumlichen Bedingungen; zum Beispiel Luftfeuchtigkeit, Temperatur usw.

- den eigenen Arbeitszeiten bzw. dem Arbeitsrhythmus; durch erhöhte Zugabe von Paste verlängert sich auch die Trocknungszeit.

Obwohl die Eigenschaften hinsichtlich Farbtiefe, Farbintensität, Lichtheit usw. der angegebenen Farblinien von Lascaux unterstützt werden und dies außergewöhnlich gut zur Geltung bringen, kann durch die Zugabe einzelner Mal- und Hilfsstoffe das System noch um unzählige Möglichkeiten erweitert werden, zum Beispiel durch die Zugabe spezieller Medien, Transparentlacke, UV-Schutzlacke usw.

Da Druckpapiere meist sehr unterschiedlich auf Feuchtigkeit reagieren, empfiehlt sich auch hier, vorher mit möglichst unterschiedlichen Papierqualitäten (Sorten, Gewichte) zu experimentieren.

Alle Arbeitsmaterialien müssen mit dem wässrigen System kompatibel sein! Das gilt für die Schablonen ebenso wie für die Reinigungsmaterialien. Deshalb ist Polyestersieben der Vorzug zu geben.

Für eine einfache Reinigung empfiehlt sich Wasser, zur gründlichen Reinigung wird besser auf so genannte Hochdruckreinigungsgeräte bzw. Dampfstrahler zurückgegriffen.

HINWEIS:
Siebdruckpaste von Lascaux ist physiologisch und toxikologisch unbedenklich:

CH-BAGT T 76.493 »Giftklassenfrei« USA: conforms to ASTM D 42.36 »No health labeling required«

Die Zugabe der Siebdruckpaste von Lascaux zu den Farben von Lascaux ermöglicht das Arbeiten im Siebdruckverfahren auf der Grundlage eines zu 100 % wässrigen Systems. Schablonen und Reinigungsmaterial müssen mit dem wässrigen System kompatibel sein. Die Siebdruckpaste wirkt als Verzögerer und kann als solcher auch in der Malerei eingesetzt werden. Das endgültige Durchtrocknen der Farben wird verlängert und das Reinigen der Siebe erleichtert.

Screenprinting Produkte von Lascaux

SCREEN FILLER

Der Screen filler trocknet schnell, um damit wasserfeste Schablonen herstellen zu können. Er schließt das Sieb wirkungsvoll und lässt sich nach dem Druck leicht vom Sieb entfernen. Er kann einerseits nur am offenen Sieb verwendet werden, andererseits aber auch in Kombination mit Screen painting fluid von Lascaux oder um Fotoschablonen druckfertig zu machen bzw. zu editieren. Screen filler-Schablonen von Lascaux sind dauerhaft und in der Lage, langen Druckvorgängen zu widerstehen.

SCREEN PAINTING FLUID

Dieses gebrauchsfertige, ungiftige und wasserlösliche Screen painting fluid hat ausgezeichnete Anwendungseigenschaften, ist im Sieb leicht erkennbar, trocknet schnell zu wasserlöslichen Schablonen und schließt das Sieb wirkungsvoll. Das Lascaux Screen painting fluid-Bild lässt mehrere Aufstriche von Lascaux Screen filler zu, ohne sich aufzulösen. Trotzdem ist das Fluid im Arbeitsverlauf leicht vom Sieb zu entfernen. Diese Methode kann bei einem offenen Sieb, einer screen filler-Schablone oder bei einer Fotoschablone angewendet werden.

TUSCHE WASH

Diese Tusche hat ähnliche Verarbeitungseigenschaften wie Tinte und kann verdünnt werden, um abgestufte Lavierungen wie im Steindruck zu erzielen. Indem man in die trockenen Markierungen kratzt, kann man feine nichtdruckende Linien kreieren.

TUSCHE WASH/SPRAY

Die Tusche kann in Form des Tusche wash/spray als einfacher Airbrush aufgesprüht werden und wird bei der Anwendung von Lascaux Lift Solution eingesetzt. Andere Airbrush Techniken können angewendet werden und Abstufungen, die denen der Aquatinta in der Radierung ähnlich sind, können erzielt werden. Die Tusche kann für Lavierungen angewendet werden und wird wie chinesische Tinte gehandhabt. Durch Verdünnung erhält man weitere Lavierungen.

TUSCHE WATERPROOF

Diese halb-zähflüssige, schnell trocknende, wasserfeste und abriebfeste Tusche hat eine homogene Deckkraft und ist für ein breites Spektrum von Markierungen von Nutzen. Die verdünnte Tusche trocknet und sieht dann den „Krötenhaut-Lavierungen“ ähnlich, die normalerweise in der Zink-Lithographie vorkommen.

TUSCHE WATER-SOLUBLE

Diese zähflüssige Tusche kann in einer glatten, ebenen Schicht aufgetragen werden. Die Schicht kann weggekratzt werden, um dadurch feine nichtdruckende Linien zu erzeugen. Die Tusche kann auch für ein breites Spektrum von gemalten Markierungen benutzt werden, „offsetting“ und „pattern making“. Die verdünnte Tusche trocknet zu charakteristischen, gekörnten Lavierungen. Trockene Markierungen können wieder angelöst und verändert werden.

TUSCHE SOFT-GROUND EFFECT

Diese langsam trocknende, zähflüssige Tusche wurde entwickelt, um ähnliche Wirkungen wie der Weichgrund in der traditionellen Radierung zu erzielen. Indem man diese Methode anwendet, können weiche, nicht-druckende Zeichnungen erstellt werden. So können Impressionen von Geweben, Blättern, Federn und anderem Collage-Material entstehen. Die Tusche kann auch für ein breites Spektrum von gemalten Markierungen angewendet werden. Mit „Paint shapers“ und anderen Werkzeugen kann ebenfalls auf ihr gezeichnet werden. Die verdünnte Tusche trocknet und hinterlässt körnige Lavierungen. Trockene Markierungen können wieder angelöst und verändert werden.

LIFT SOLUTION

Lift Solution von Lascaux wird in Verbindung mit Aquatint resist oder Tusche wash/spray von Lascaux angewendet. Mit Ausspreng-Techniken zu arbeiten wirkt befreiend, da die gemalten Markierungen eine eigene Charakteristik annehmen, wenn sie verarbeitet werden. Die Methode ist der des »sugar-lift« in der traditionellen Radierung ähnlich und die Markierungen, die mit Lift Solution von Lascaux gemacht werden, ähneln den klassischen Ausspreng-Effekten. Wenn die Lift Solution von Lascaux angewendet wird, um eine autografische Positive herzustellen, sind die gemalten Markierungen nichtdruckend, während der gesprayte Tuschehintergrund druckt.

TUSCHE DILUTING LIQUID

Es handelt sich um eine gebrauchsfertige Flüssigkeit, um Tusche von Lascaux zu verdünnen und damit ihre Verarbeitungseigenschaften zu verändern und delikate Verwaschungen auf Positiven zu kreieren.

ARE PRODUKTE VON LASCAUX FÜR DAS ACRYLGRUND ÄTZVERFAHREN (ARE = ACRYLIC RESIST ETCHING)

Ein wachsendes Bewusstsein dafür, dass die toxischen Materialen (Lösemittel) der traditionellen Radierung gesundheitsschädlich sind, hat Druckgrafiker veranlasst, sichere Methoden zu entwickeln. In Zusammenarbeit mit den Druckern Robert Adam und Carol Robertson, Graal Press Edinburgh, hat Lascaux eine komplette Reihe sicherer, umweltfreundlicher Materialien entwickelt, die die traditionellen Ätzgründe (resists) ersetzen. Diese verlässlichen neuen flüssigen Ätzgründe sind so formuliert, dass sie alle Merkmale und Charakteristiken der herkömmlichen Produkte aufweisen sowie sämtliche bisherigen Arbeitsmethoden ermöglichen. Dank der Vielseitigkeit der neuen Produkte haben sich auch die Möglichkeiten im malerischen Bereich erweitert und zu neuen, differenzierteren Anwendungen geführt. Die Acryl-Ätzgründe sind wasserlöslich und einfach mit Künstlerpinsel und Werkzeugen aufzutragen. Sie sind auf Kupfer, Messing, Zink, Aluminium und Stahl anwendbar. Die vorbereiteten Druckplatten können sowohl neu wie bereits geätzt sein. Ätzgründe von Lascaux können in Kombination miteinander verwendet werden und sind kompatibel mit photopolymeren Gründen wie zum Beispiel Photec Trockenfilm. Sie trocknen schnell und besitzen ein Höchstmaß an Säurebeständigkeit, das heißt, sie halten langen Säurebädern stand. Nach dem Ätzen können sie auf einfache, äußerst ökonomische und sichere Weise mit dem Ätzgrund-Entferner, Remover von Lascaux, von der Platte entfernt werden. Die geätzten Platten sind dann bereit, mit wasser- oder ölbasierenden Druckfarben eingefärbt zu werden. Einige der Acryl-Ätzgründe können auch für Collagraphie verwendet werden.

HARTGRUND, FLÜSSIG (HARD RESIST)

Ein gebrauchsfertiger Ätzgrund zum Grundieren und Abdecken von Kupfer-, Zink- und Stahl-Druckplatten. In getrocknetem Zustand besitzt er ein Höchstmaß an Säurefestigkeit und kann mit den üblichen Radierwerkzeugen wie Nadel, Roulette, Schaber, Stahlwolle usw. bearbeitet werden. Mit dem Pinsel appliziert, ergibt er einen weichen und wachsartigen Auftrag.

RÜCKSEITENGRUND, FLÜSSIG (PLATE-BACKING RESIST)

Dieser eingefärbte, kratzfeste Ätzgrund wird auf Rückseite und Ränder der Druckplatte appliziert, um eine ungewünschte Ätzung während des Säurebades zu vermeiden.

ABDECKGRUND, FLÜSSIG (STOP-OUT RESIST)

Dieser eingefärbte Stop-out resist ist einfach und problemlos im Auftrag und kann nach der Trocknung mit herkömmlichen Radierwerkzeugen bearbeitet werden. Er wird verwendet, um die Druckplatte zu bemalen, zum Abdecken der stufenweisen Ätzung, für Korrekturen usw.

WEICHGRUND (SOFT RESIST)

Der langsam trocknende Grund ist dazu entwickelt worden, leichte Abdrücke aufzunehmen und weiche Linienzeichnungen (mit Kreide, Bleistift etc.), Strukturen und Muster von Collagen sowie direkte Strichzeichnung abzubilden.

LAVURGRUND (WASH RESIST)

Dieser eingefärbte, körnige Ätzgrund wird in Verbindung mit dem Aquatinta Spray von Lascaux verwendet, um Aquarell- und Tuschlavierungen zu erzielen.

AQUATINTA SPRITZGRUND (AQUATINT SPRAY RESIST)

Dieser eingefärbte Ätzgrund wird direkt auf die Platte gesprüht und erzeugt eine Reihe gut kontrollierbarer Schichten. Er wird in Verbindung mit der Lift Solution von Lascaux, anderen Absprengtechniken, Schablonierung und Lavurgrund von Lascaux verwendet.

SCHWARZER DECKLACK FÜR DEN HARTGRUND (BLACK COATING FOR HARD RESIST)

Der schwarze Decklack (Black coating von Lascaux) wird in Verbindung mit dem Hartgrund (Hard resist von Lascaux) verwendet. Er macht die mit den Radierwerkzeugen angefertigten Markierungen besonders gut sichtbar. Der schwarze Decklack ist nicht säurebeständig und wird vor dem Ätzen mit Wasser entfernt. Danach kann die Platte mit dem Ätzgrund (Stop-out resist von Lascaux) weiter behandelt werden.

WEIẞER DECKLACK FÜR DEN HARTGRUND (WHITE COATING FOR HARD RESIST)

Der weiße Decklack (White coating von Lascaux) wird in Verbindung mit dem Hartgrund (Hard resist von Lascaux) verwendet. Er macht die mit den Radierwerkzeugen angefertigten Markierungen besonders gut sichtbar. Der weiße Decklack ist nicht säurebeständig und wird vor dem Ätzen mit Wasser entfernt. Danach kann die Platte mit dem Ätzgrund (Stop-out resist von Lascaux) weiter behandelt werden.

ÄTZGRUND-ENTFERNER (REMOVER)

Der Ätzgrund-Entferner (Remover von Lascaux) wird zum Entfernen getrockneter Acryl-Ätzgründe sowie gewisser photopolymerer Emulsion (z. B. Photec) verwendet. Er ist auf allen Metallen anwendbar.
Erhältlich auch im ARE Set, welches 9 x 85 ml Plastikflaschen beinhaltet: Plate-backing resist, Stop-out resist, Soft resist, Wash resist, Aquatint spray resist, Hard resist, Black coating for Hard resist, White coating for Hard resist und Remover.

Lascaux freut sich, in Kooperation mit Christina und Peter Rall Basiskurse über umweltfreundliche Drucktechniken mit Acryl-Ätzgründen auf Wasserbasis anbieten zu können. (Weitere Informationen unter http://www.handpresse.ch/kurse.html)

PRIMÄRFARBEN	SEKUNDÄRFARBEN		
Magenta (701)	Karmin	=	1 Teil Magenta + 1 Teil Rot
Rot (703)	Orange	=	1 Teil Rot + 1 Teil Gelb
Gelb (707)	Grün	=	1 Teil Gelb + 1 Teil Cyan
Cyan (705)	Blau	=	1 Teil Cyan + 1 Teil Ultramarin
Ultramarin (709)	Violett	=	1 Teil Ultramarin + 1 Teil Magenta

AUFHELLUNG

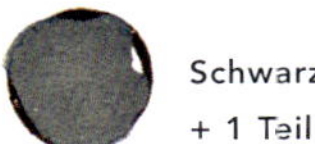
Schwarz
+ 1 Teil Weiß

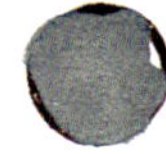
Schwarz
+ 2 Teile Weiß

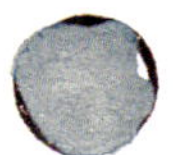
Schwarz
+ 3 Teile Weiß

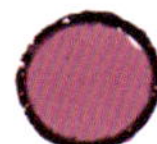
Magenta
+ 1 Teil Weiß

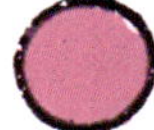
Magenta
+ 2 Teile Weiß

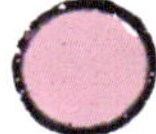
Magenta
+ 3 Teile Weiß

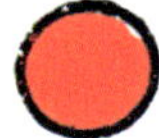
Rot
+ 1 Teil Weiß

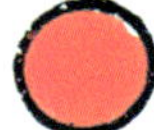
Rot
+ 2 Teile Weiß

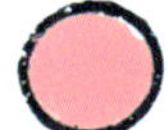
Rot
+ 3 Teile Weiß

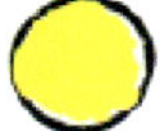
Gelb
+ 1 Teil Weiß

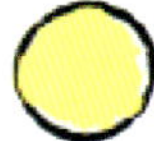
Gelb
+ 2 Teile Weiß

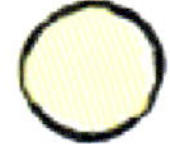
Gelb
+ 3 Teile Weiß

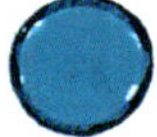
Cyan
+ 1 Teil Weiß

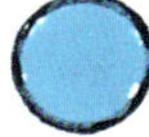
Cyan
+ 2 Teile Weiß

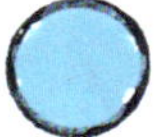
Cyan
+ 3 Teile Weiß

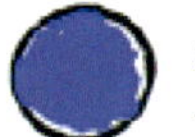
Ultramarin
+ 1 Teil Weiß

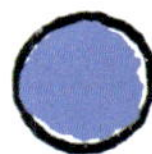
Ultramarin
+ 2 Teile Weiß

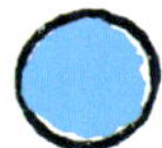
Ultramarin
+ 3 Teile Weiß

ABSCHATTUNG

Weiß
+ 1 Teil Schwarz

Weiß
+ 2 Teile Schwarz

Weiß
+ 3 Teile Schwarz

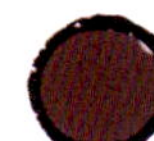
Magenta
+ 1 Teil Schwarz

Magenta
+ 2 Teile Schwarz

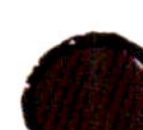
Magenta
+ 3 Teile Schwarz

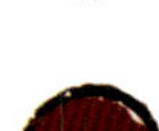

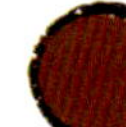
Rot
+ 1 Teil Schwarz

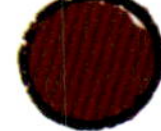
Rot
+ 2 Teile Schwarz

Rot
+ 3 Teile Schwarz

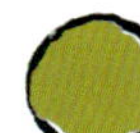
Gelb
+ 1 Teil Schwarz

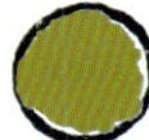
Gelb
+ 2 Teile Schwarz

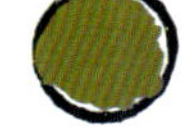
Gelb
+ 3 Teile Schwarz

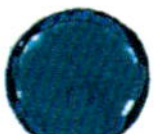
Cyan
+ 1 Teil Schwarz

Cyan
+ 2 Teile Schwarz

Cyan
+ 3 Teile Schwarz

Ultramarin
+ 1 Teil Schwarz

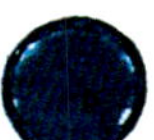
Ultramarin
+ 2 Teile Schwarz

Ultramarin
+ 3 Teile Schwarz

SIRIUS® PRIMARY SYSTEM
von Lascaux

Sir Isaac Newton (1643–1727) entdeckte bei der Durchführung optischer Experimente zu Grundlagen der Mechanik eine Abhängigkeit zwischen dem Brechungsindex und der Farbe des Lichts: Er entdeckte somit die Zusammensetzung weißen Lichts aus den verschiedenen Spektralfarben. Herkömmliche Modelle zum Nachstellen dieser Newtonschen Entdeckung der Spektralfarben in Malfarbensystemen scheiterten bisher meistens. Aus diesem Grund hat die Farbenfabrik Lascaux in der Schweiz unterdessen das neue Sirius® Primary System auf der Basis von Acrylfarben entwickelt. Frühere Systeme von Goethe, Runge, Ostwald u. a. basierten auf der Verwendung von nur drei Grundfarben: Gelb, Rot und Blau. Mit diesem neuen System wird nun die Umsetzung der Theorie in die Praxis möglich.

Den Grundtönen Rot, Gelb und Blau wurde je ein weiterer Rot- und Blauton an die Seite gestellt. Das geschah durch eine exakte Abstimmung aller Schwingungsfrequenzen der einzelnen Farbtöne, wurde aber auch durch die gleichwertige Beachtung von Schwarz und Weiß erreicht.

Durch dieses gleichwertige Verständnis von Farben aus der Natur mit Weiß und Schwarz (etwa Licht und Schatten) wird das Sirius® Primary System praktisch umsetzbar. Dem Weiß (als wichtige, wenn nicht wichtigste Malfarbe) wurde zusätzlich ein Schwarz hinzugefügt. Dieses Farbsystem von Lascaux beruht hier also auf den fünf Primärfarben plus Schwarz und Weiß, wobei sich das neutrale Schwarz der fünf Primärfarbtöne zu je gleichen Teilen ermischen lässt. Warme Farben können durch den weiteren Rotton definiert werden, dagegen lassen sich kalte Farben durch das zusätzliche Blau genauer bestimmen.

Das Farbspektrum lässt sich deshalb ebenso einfach wie genau ermischen. Im Prinzip stellt das Sirius® Primary System eine Mischung der drei bekannten Grundfarben (Rot, Gelb, Blau) aus dem Malfarbensortiment und den in der Druckindustrie verwendeten Grundfarben Magenta, Gelb, Cyan und Schwarz dar; einzig der Gelbton ist identisch. Der Blauton aus den Grundfarben des Malfarbensortiments wurde modifiziert und ist als Ultramarin charakterisiert.

Analog zum Spektrum im Regenbogen werden sie in einem Pentagramm angeordnet nachgebildet, denn nur mit einem Prisma kann man das ganze Spektrum des Lichts erkennen. Mit diesem ausgebauten und interpolierten Sirius® Primary System werden die Mängel aller bisherigen, nur auf drei Farben basierenden Mischsysteme beseitigt. Man erhält so eine ebenso harmonische wie exakte Abstimmung in den oszillierenden Farbschwingungen, die ein ganzes Farbystem ergeben.

Wie in bisherigen Farbsystemen auch lassen sich hier die Sekundärfarben durch Mischen von je gleichen Teilen der im Pentagramm nebeneinander liegenden Primärfarbenpaare erzeugen und ergeben sich aus folgenden Mischungen:

Magenta	**+ Rot**	**=**	**Karmin**
Rot	**+ Gelb**	**=**	**Orange**
Gelb	**+ Cyan**	**=**	**Grün**
Cyan	**+ Ultramarin**	**=**	**Blau**
Ultramarin	**+ Magenta**	**=**	**Violett**

KÄLTE – WÄRME – NEUTRAL
Um einen ausgewogenen Farbkreis bzw. eine vollständige Malfarbenpalette zu erhalten, ist man auf ein neutrales Gelb ebenso angewiesen wie auf warmes bzw. kaltes Rot und Blau.

Magenta/Rot	**=**	**Kalt – Warm**
Gelb	**=**	**Neutral**
Ultramarin/Cyan	**=**	**Warm – Kalt**

Weil ein ermischter Farbton direkt von der Farbauswahl und den entsprechenden Mischproportionen abhängig ist, sind dessen Wertigkeiten unmittelbar nach Kalt, Warm oder Neutral steuerbar.

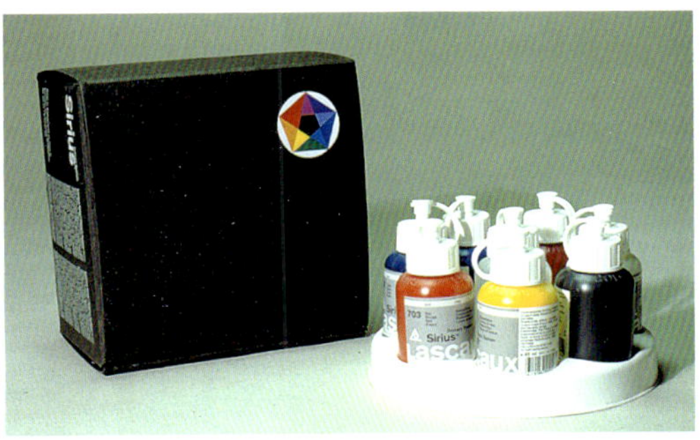

Das Sirius® Primary System, wie es im Handel erhältlich ist

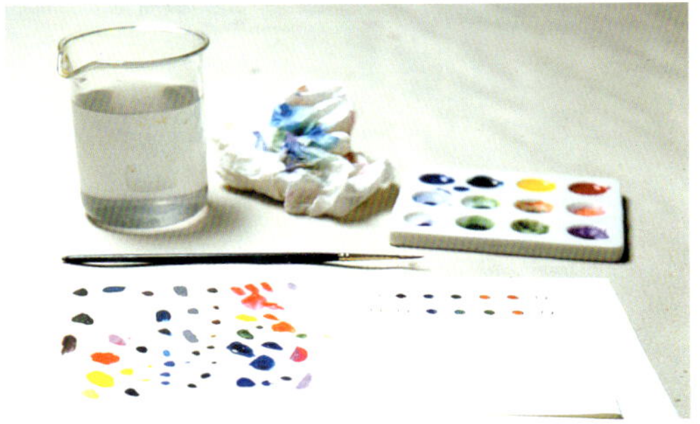

Farbaufstriche mit den Primärfarben

Herstellerliste

In der alphabethischen Aufstellung der Firmen mit ihren Adressen werden nach den Acrylfarben jeweils die Produkte auf der Basis von Acryl zusätzlich angegeben, sofern sie über den Fachhandel zu beziehen sind.

AQUA-TEC
Golden Artist Colors, Inc.
188 Bell Road,
New Berlin NY 13.411-9527, USA

AQUA-TEC bietet 45 Farbtöne an, hinzu kommen 12 Perlglanzfarben, eine Grundierung (Gesso) in Schwarz und Weiß, ein Gel, Modellierpaste, die Malmittel in matt und glänzend, ein Trocknungsverzögerer sowie ein Firnis.

ARTISTS' ACRYLIC COLOUR
Winsor and Newton
Whitefriars Avenue
GB – Harrow, HA 35 RH

Im aktuellen Angebot von Artists' Acrylic Colours sind 40 Farbtöne und dazu 13 Perlglanzfarben enthalten.

GOLDEN ACRYLICS
Golden Artist Colors, Inc.
188 Bell Road,
New Berlin NY 13.411-9527, USA

Aktuelles Angebot der GOLDEN ACRYLICS: 70 Farbtöne, dazu 25 Perlglanzfarben und 10 Fluoreszenzfarben. Weitere Sorten sind die »Matt Acrylics« mit 56 Farbtönen und die »High Load Acrylics« (extrem matt) mit 30 Farbtönen. Außerdem gibt es als lösemittelhaltige Acrylharzfarbe die »MSA Colors« (Mineral Spirit Acrylic), die seit 1992 als Nachfolgeprodukt der seit Anfang der 90er Jahre nicht mehr hergestellten »Magna« Farbe geliefert wird. Grundierungen, 20 verschiedene Gele und Modellierpasten mit variierenden Eigenschaften, diverse Malmittel, Trocknungsverzögerer, wässriger sowie lösemittelgelöster Firnis in drei Glanzstufen, ausgestattet mit UV-Filter und Lichtstabilisator (UVLS), runden das Programm ab.

LASCAUX ACRYL-KÜNSTLERFARBEN
Barbara Diethelm AG
Zürichstraße 42
CH – 8306 Brüttisellen

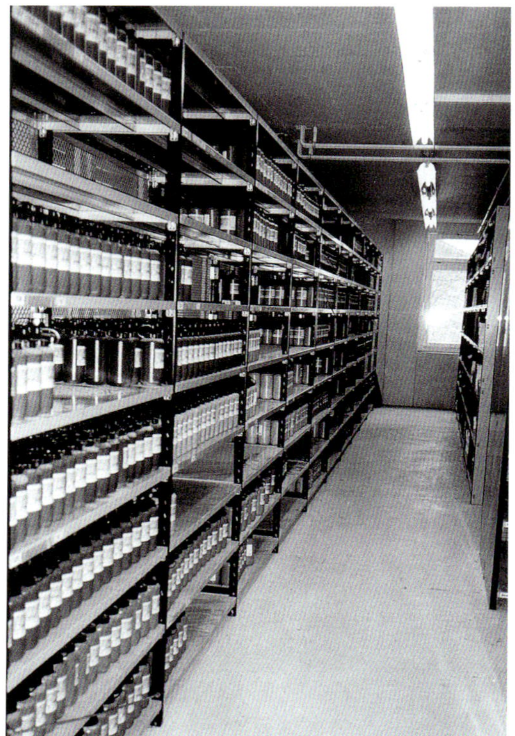

Im Lager bei Lascaux herrscht akribische Ordnung.

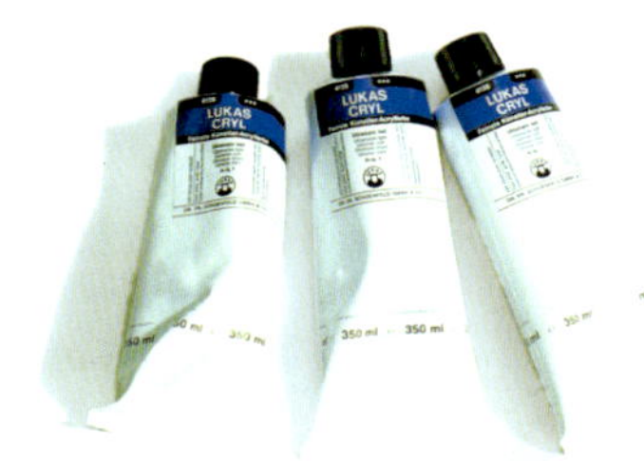

Mit diesen Farben von LUKAS wurde »2 cm Blau« gefertigt.

Das Angebot der Acrylfarben von Lascaux umfasst 46 Farbtöne bei den Künstleracrylfarben, 28 Studien-Acrylfarben, dazu acht Bronze- sowie zwölf Perlglanzfarben und außerdem Gelbgold, Rotgold, Perlweiß und Perlschwarz. Zusätzlich sind 31 Gouache-Farbtöne und 27 Farbtöne aus der Decora-Schulmalfarbe lieferbar. Als farbtechnische Leckerbissen gibt es die Gouache des »Gamme Arno Stern«, das Sirius® Primary System und insgesamt 25 Farbtöne aus der neuen Aquacryl-Reihe. Diverse Imprägnierungen und Grundierungen (weiß), Verzögerer, Verdicker, Malmittel in drei Glanzstufen, verschiedene Strukturpasten, Gele in matt und glänzend, Transparentlack mit UV-Inhibitoren gehören außerdem zum Sortiment.

LIQUITEX
Crayola LCC
1100 Church Lane,
Easton PA 18.044-0431, USA

Im Angebot von Liquitex findet man 75 Farbtöne und fünf Perlglanzfarben. Neben einer weißen sind auch farbige Grundierungen in sieben Farbtönen erhältlich, diverse Malmittel für Perlglanzeffekte sowie Gel, Modellierpaste und Firnis.

LUKAS CRYL
LUKAS-Künstlerfarben
Dr. Fr. Schoenfeld GmbH & Co.
Harffstr. 40
D – 40591 Düsseldorf

Die so genannte LUKAS Cryl-Sorte ist als feinste Künstleracrylfarbe sowohl in pastos als auch in liquid mit je 32 Farbtönen erhältlich. Hinzu kommen zehn Farbtöne bei den LUKAS Cryl-Tagesleuchtfarben, acht LUKAS Cryl-Metallictöne und sechs Perlmetallictöne sowie Lukas Acryl-Paint mit 24 Farbtönen plus Gold- und Silberbronze. Als Mal- und Hilfsmittel bietet LUKAS Grundierweiß, Reliefpaste, Isolierer für Malgründe, Acryl-Gel transparent, Acrylmedium matt und glänzend, Acrylmalmittel, Verzögerer für Acrylfarben & LUKAS Cryl Medium 1 Verzögerer, LUKAS Cryl-Firnisse (in Testbenzin) als matt, glänzend oder seidenmatt sowie eine Vergoldermilch an. Ganz neu ist LUKAS Cryl Studio, eine feine Künstleracrylfarbe, die zu einem günstigen Preis angeboten wird.

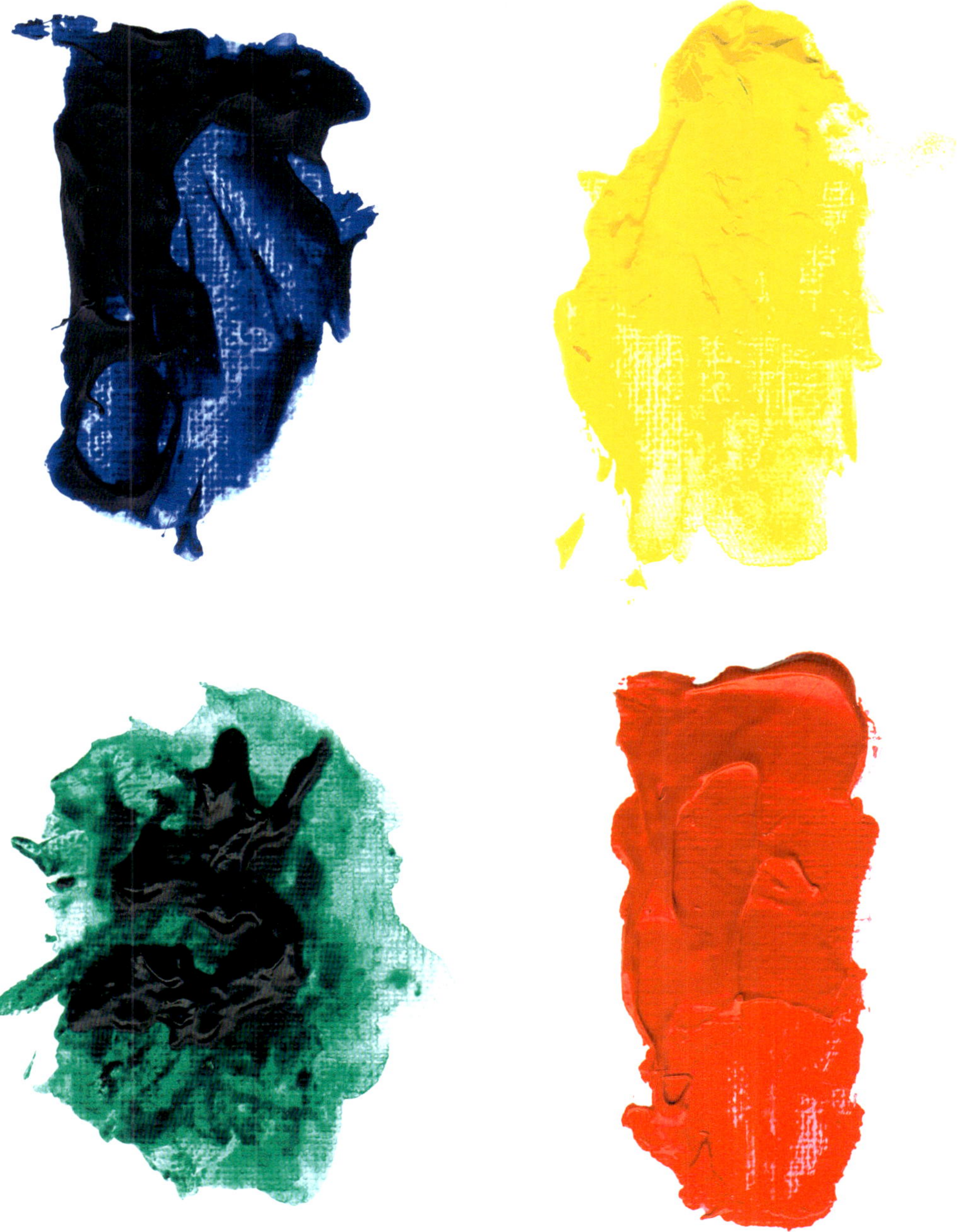

Farbaufstrich von LIQUITEX

PRIMACRYL
H. Schmincke & Co.
Otto-Hahn-Straße 2
D – 40699 Düsseldorf/Erkrath

PRIMACRYL hält im Angebot 84 Farbtöne der Sorte PRIMAcryl Künstleracrylfarbe (Sorte 13) und 36 Farbtöne PRIMAcryl Fluid (Sorte 43) bereit. Dazu gibt es die Grundierungen PRIMAcryl Gesso & Putz- und Mauergrundierung, Malmittel, PRIM-Acryl Retarder-Gel (Verzögerer), Mattierungsmittel, PRIMAcryl-Pasto, Glanzverstärker, Universal-Mattpaste, Universalpaste, Klarpaste, Modellierpasten, Leichtstrukturpaste, Bindemittel, Verdickungsmittel, Firnis.

REMBRANDT ACRYLFARBE
Royal Talens B.V.
NL – Apeldoorn

Das aktuelle Angebot von »REMBRANDT Acrylfarbe« umfasst 75 Farbtöne sowie Grundierung, Modellierpaste, Gel, Verzögerer, Malmittel matt und glänzend und je einen matten Firnis (wässrig) und einen glänzenden Firnis (in Testbenzin gelöst).

ROWNEY CRYLA
Daler-Rowney
Peacock Lane
GB – Bracknell RG12 8ST

ROWNEY CRYLA hat insgesamt vier Sorten im Angebot: System 3, Graduate Acrylic, Cryla Artists Acrylic und Simply Acrylic mit über 100 Sorten, sowie die gängigen Mal- und Hilfsmittel: Grundierweiß, Strukturpaste, Malmittel matt und glänzend, Verzögerer, Netzmittel sowie einen in Testbenzin gelösten Firnis in matt und glänzend.

RUBENS Studien Acrylfarben
LacuFa AG Nerchau seit 1834
Mal- und Künstlerfarben
Nordstraße 5 b
D – 04684 Nerchau

Das aktuelle Angebot umfasst 25 Farbtöne der »Rubens Atelier Acrylfarben« mit Gold, Silber und Bronze, die in Größen zu 100 ml und 500 ml erhältlich sind. Dazu werden vier Acryl-Malmittel angeboten: Trocknungsverzögerer, Malmittel glänzend, Verdicker und ein Klarlack auf Wasserbassis.

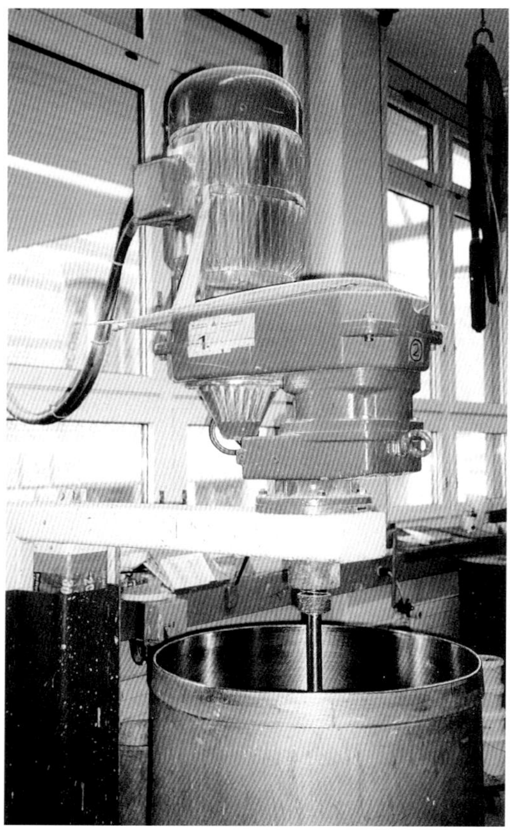

Disolver zum Vormischen der Pigmente in Acrylfarben

SOLO GOYA ACRYL
C. Kreul GmbH & Co. KG
Künstler-Farben-Fabrik
Carl-Kreul-Straße 2
D – 91352 Hallerndorf

Das aktuelle Angebot im Künstlerfarbensortiment »Solo GOYA« umfasst 48 Farbtöne der Sorte ACRYLIC; dazu 50 Farbtöne von TRITON ACRYLIC BASIC; außerdem 36 Sorten der Linie ACRYL PREMIUM pastos und 18 Farbtöne von TRITON S ACRYLIC. In der so genannten HobbyLine von Kreul sind 46 Farbtöne der Acryl-Mattfarben, 30 Farbtöne der Acryl-Glanzfarben und 12 Farbtöne Acryl-Metallicfarben sowie Malmittel und Firnis über den Handel erhältlich. Die alte Sortenbezeichnung »KreulAcryl« wurde durch die neue Bezeichnung ersetzt.

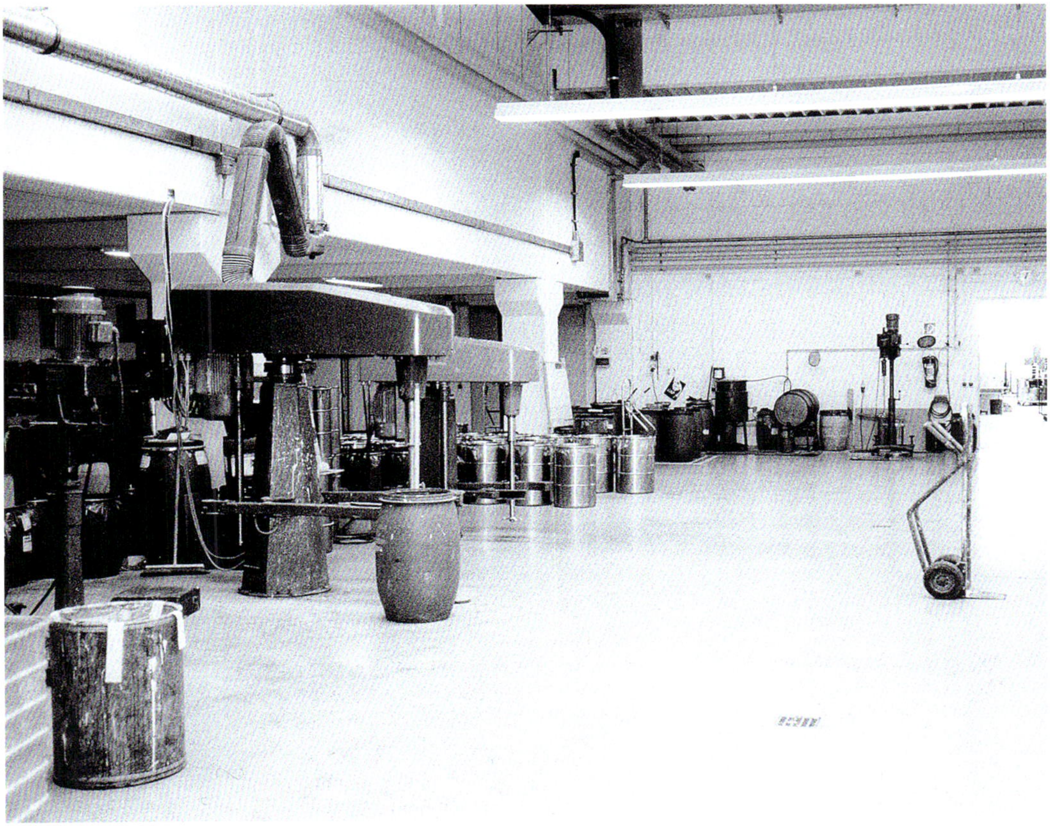

Der »Reibsaal« zum Verdichten des Farbteiges aus Pigmentteig und Acryldispersion

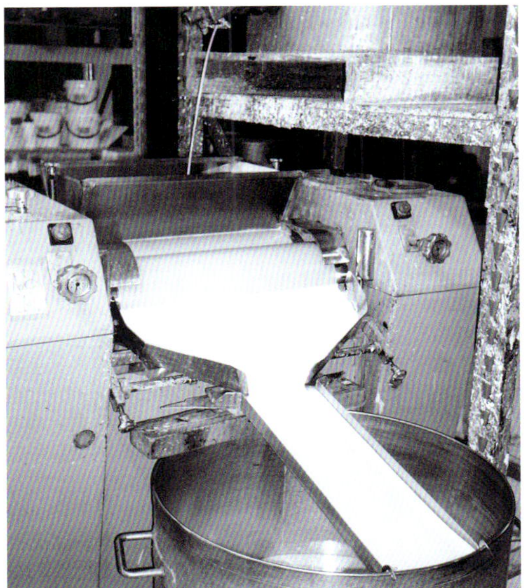

Walzenstuhl zum Verdichten bei Lascaux

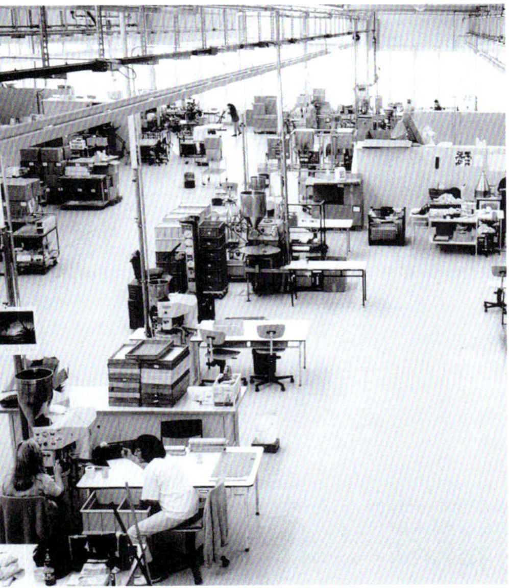

Endfertigung bzw. Auslieferung bei C. Kreul

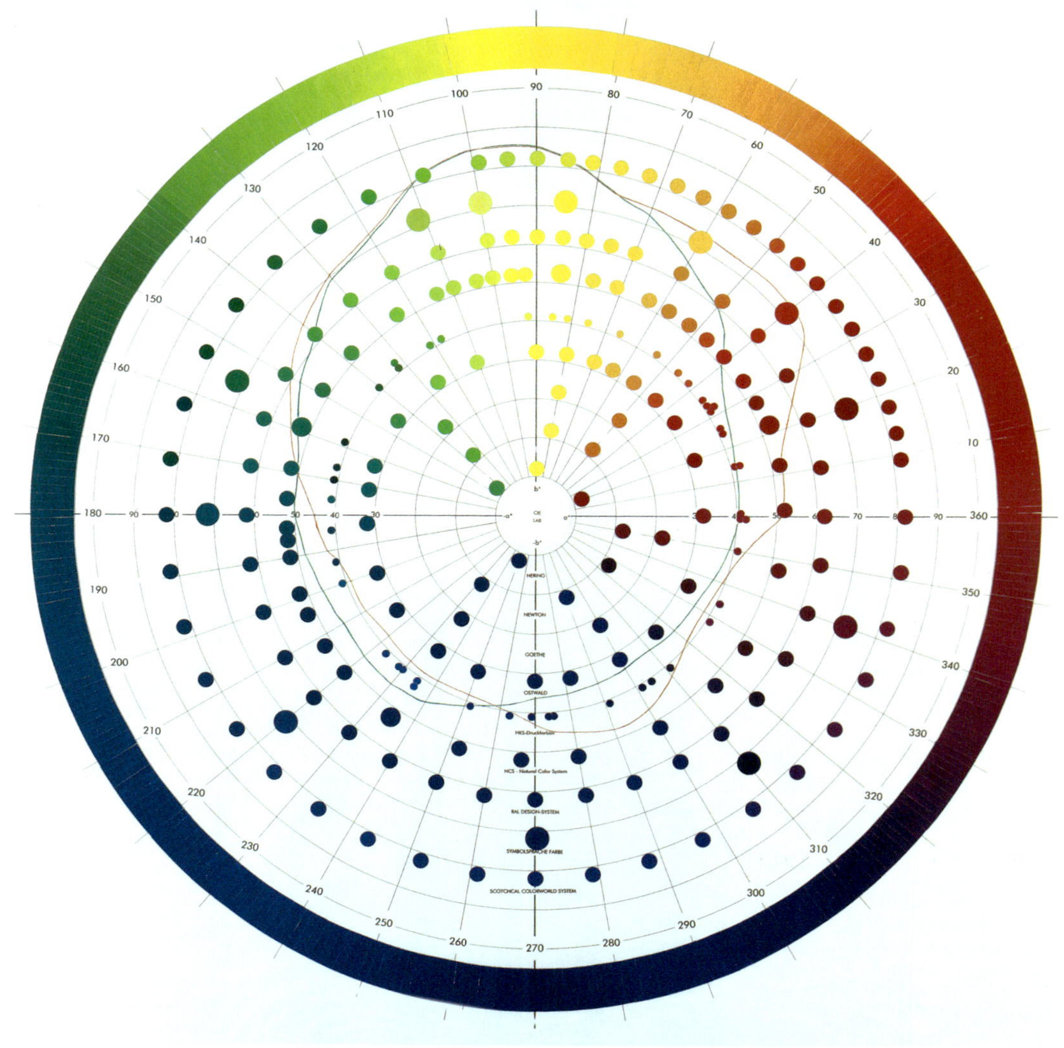

Der 360-teilige Farbkreis mit dem Sirius® Primary System von Lascaux Colours & Restauro

Die künstlerische Verwendung von Acrylfarben

Erste künstlerische Unternehmungen mit Acrylfarben

David Alfaro Siqueiros (1896 – 1974) zählte in Mexiko zu den Realisten und experimentierte bereits früh (wohl vor 1950) mit Farben auf der Basis von Acryl als Bindemittel. Zuerst arbeitete er intensiv mit schnell trocknenden Lacken, wie etwa zu Beginn der Dreißigerjahre mit Pyroxilin oder später »Duco« auf der Basis von Nitrocellulose, aber auch mit Polyester oder mit handelsüblichen Haushaltsfarben, deren Beständigkeit für künstlerische Zwecke von heute aus betrachtet höchst fragwürdig ist. Seit Ende der Fünfzigerjahre sind Arbeiten Siqueiros' mit den Angaben »Acrilico« oder »Acrilato« (Acryl) nachweisbar, zum Beispiel das Bildnis »Juárez« auf Masonite aus dem Jahr 1956.

Siqueiros schrieb 1951: »... Die modernen Franzosen benutzen Ripolin, ein Material, das auf der Grundlage von Kasein (d. h. Milch) hergestellt wurde, oder synthetische traditionelle Tempera auf der Basis von Milch, nichts weiter. Die Lacke auf der Basis von Pyroxilin erschienen viel später, nicht in Frankreich, sondern in den USA und in Deutschland. Also ist es unwichtig, ob der Duco für Experimente benutzt wurde [...] Wichtig ist, ob die Ansichten über eine notwendige neue Technologie der Malerei [...] geäußert wurden.« Allen voran waren es wohl mexikanische Künstler, die sich aus politischer Überzeugung und zunächst noch materieller Not zu maltechnischen Tugenden gezwungen sahen. Vor allem die Wandmaler wandten sich der neuesten Technik zu. Denn eine der unmittelbaren Folgen der mexikanischen Revolution war der Gedanke, in erster Linie dem Volk seine Kunst und Geschichte vor Augen zu führen. Dabei stießen die Wandmaler (Muralistas) aber auf das Problem, sowohl schnell trocknende als auch klimastabile Farbsorten verwenden zu müssen, damit ihre Werke der extremen Sonneneinstrahlung und den klimatischen Bedingungen standhalten konnten. So kam es, quasi aus einem revolutionär geprägten Gedanken heraus, dass sich ausgerechnet mexikanische Wandmaler an die moderne Industrie und deren Labors gewandt haben.

David Alfaro Siqueiros gründete 1936 in New York ein »Laboratory of Modern Techniques«, wo unter anderem Jackson Pollock mitarbeitete und das später auch Morris Louis nutzte, um die neuen Malmaterialien kennen zu lernen. Im »Taller Experimental Siqueiros« sollten vor allem moderne industrielle Werkzeuge, Farben, fotografische Verfahren, aber auch zufällige Verfahren auf ihre Verwendbarkeit in der Kunst hin entwickelt, geprüft und untersucht werden. In kollektiver Arbeit rangen Siqueiros und seine Studenten in den Wandbildern oder Plakaten um eine Synthese aus realistischem und radikalpolitischem Stil.

Überhaupt war Siqueiros schon früh politisch aktiv. 1919 reiste er als Militärattaché nach Europa und gab 1921 in Barcelona die Zeitschrift »Vida americana« heraus, in deren einziger Ausgabe er im ersten Manifest für Monumentalkunst und einheimische Kultur eintrat und sich für in der Kunst notwendige neue Themen in der Verbindung neuer Formen mit neuen Materialien einsetzte. Im Verlauf seines bewegten Lebens führte er zahlreiche Wandbilder aus, etwa in Los Angeles, Buenos Aires, im chilenischen Chillán, in Havanna und in Mexiko-Stadt. Wegen seiner politischen Überzeugung verbüßte er in Mexiko mehrfach Haftstrafen; zuletzt musste er wegen »politischer Zügellosigkeit« 1960 auf Veranlassung des Präsidenten Adolfo López Mateos ins Gefängnis, wurde aber 1964 begnadigt.

David Alfaro Siqueiros' Streben galt mit dem von ihm geprägten Begriff einer »Pseudomodernität« auch der Ablehnung traditioneller Malmaterialien in der zeitgenössischen Kunst: Die künstlerischen Techniken sollten mit dem gegenwärtigen Fortschritt übereinstimmen. Denn die traditionellen Techniken seien zu alt, um damit künstlerische Inhalte heutiger Zeit – und der nahen Zukunft – ausdrücken zu können. Die heutige Kunstproduktion sei noch immer auf primitivste, archaische Mittel beschränkt, obwohl die Kunststoffchemie unglaublich fortschreite. Denn schließlich könnte »... die heutige Welt mit ihrem hohen wissenschaftlichen, technischen und industriellen Entwicklungsstand gewaltige Möglichkeiten für die Maltechnik unserer Zeit schaffen.«

Am National Politec Institute in Mexico City wurde 1945 ein »Experimental Painting Workshop« gegründet, wo ganz besonders Gutiérrez in Zusammenarbeit mit der Industrie synthetische Malmaterialien entwickelte, so zum Beispiel unter Mithilfe der Union Carbide Corp. New York, die nach ersten Rezepten Vinylacetat- und Ethylsilikatfarben herstellten. Nachdem Röhm and Haas 1953 schon ihre erste wasserverdünnbare Acrylharzdispersion unter dem Namen »Rhoplex AC-33«, einem Copolymerisat aus Äthylacetat und Methylmethacrylat, in den Handel gebracht hatten, konnte José Gutiérrez 1957 auch seine »Politec« genannte Acrylkünstlerfarbe in Mexiko vorstellen. Und schon sechs Jahre später wurden nach seinen Aussagen fast 90 % der mexikanischen Wandbilder damit ausgeführt; er bemerkt später dazu, dass Veränderungen noch nicht festgestellt worden seien.

KUNSTRICHTUNGEN NACH 1945

Die Farbfeldmalerei und die »Hard-Edge«-Malerei hatten »Farbe und Flächen« zum Thema und Inhalt erklärt. Prinzipiell ist hier eigentlich auch der Beginn der amerikanischen Acrylmalerei zu suchen, die wiederum ihren Ausgangspunkt in der »postpainterly abstraction« fand. Die Tendenzen in der Malerei zeigten sich in der Reduktion bildnerischer Mittel als eine Antwort auf den meist überforderten »Abstrakten Expressionismus«, wie er noch heute genannt wird.

Mit der »staining« genannten Einfärbetechnik Helen Frankenthalers (1928–2011) wurde zunächst eine neue Epoche in der Malerei eröffnet. Dabei trat die persönliche Darstellungsweise hinter eine »absolute« Malerei zurück. Bildträger war das vor allem in Nordamerika gebräuchliche »cotton duck«, ein verhältnismäßig dicht gewebtes Textil, das ungrundiert eingesetzt wurde. »Cotton Duck Canvas«, das von fast allen »colorfield«-Malern verwendet wurde, da es besonders aufnahmefähig und in ziemlich vielen Größen erhältlich war und ist, wurde mit relativ stark verdünnter, also sehr dünnflüssiger Farbe befeuchtet, durchtränkt und so quasi gefärbt. Ziel war es, die Farben so dünn aufzutragen, dass sie sich mit und in der Oberfläche zu einer Einheit verbanden. Die Farbe wurde so in der Bildfläche als »Feld« formuliert, als pysikalische Erscheinung aufgefasst, wo nun der Pinselstrich völlig zurücktritt. In dieser Malweise übte sich schon der Belgier Piet Mondrian während der Zwanzigerjahre unter dem Eindruck des »american way of life«.

Um der Malerei zu erlauben, möglichst frei von jedem subjektiven Eindruck und jeglicher Handschrift zu arbeiten, waren Harzölfarben das falsche Medium. Frankenthaler verwendete ursprünglich Ölfarben unter Zusatz der noch lösemittelhaltigen Acrylfarben. Gegenüber Harzölfarben, die ja auf ungrundierten Leinwänden zu verhängnisvollen Oxidierungen neigen, trocknete das neue Farbsystem relativ schnell, trotz starker Verdünnung auch farbklar und intensiv auf.

Nachdem Morris Louis (1912–1962) und Kenneth Noland (1924–2010) ihre Künstlerkollegin Frankenthaler 1953 in ihrem New Yorker Atelier besucht hatten, begannen auch sie, mit den neuen, zunächst noch lösemittelhaltigen Acrylfarben Experimente anzustellen, wie auch Barnett Newman (1905–1970) und der junge Frank Stella (*1936).

Bei der »Hard-Edge«-Malerei wurden einzelne Farbflächen in geometrischen Formen angeordnet. Durch scharfe Umrisse und harte Kanten (hard edge) wurden sie auf zumeist ungrundierter Leinwand voneinander getrennt. Auch hierbei sollte keine individuelle Handschrift, wie etwa der Pinselduktus, zutage treten. An die Stelle der eher sinnlichen bzw. dinglichen Ölfarbe trat das körperlose, coole Acryl. Traditionelle Rahmen wurden durch ähnliche Formen in das Bild integriert und durch gemalte Flächen ersetzt. Die sich daraus ergebenden, teils höchst eigenwilligen Bildformate wurden als »shaped canvases« bezeichnet. Daraus entstanden zu Beginn der Sechzigerjahre objekthafte Bilder, deren Formen nun die Inhalte bestimmen.

Katalog der Künstler

Wenn auch manche der nachstehend aufgeführten Künstler nicht unbedingt zu den ausschließlich mit Acryl arbeitenden Malern gehören, so haben wir sie dennoch mit aufgenommen, wenn uns einzelne Arbeiten besonders interessant erschienen. Was die Reihenfolge angeht, so haben wir uns nach dem Geburtsjahrgang gerichtet, was einerseits ein wenig irritierend, andererseits aber zugleich besonders spannend ist. Sie werden entdecken, dass manche Maler erst sehr spät zu dieser Technik gefunden haben. Unsere ersten künstlerischen Beispiele stammen von dem spanischen Maler Joan Miró.

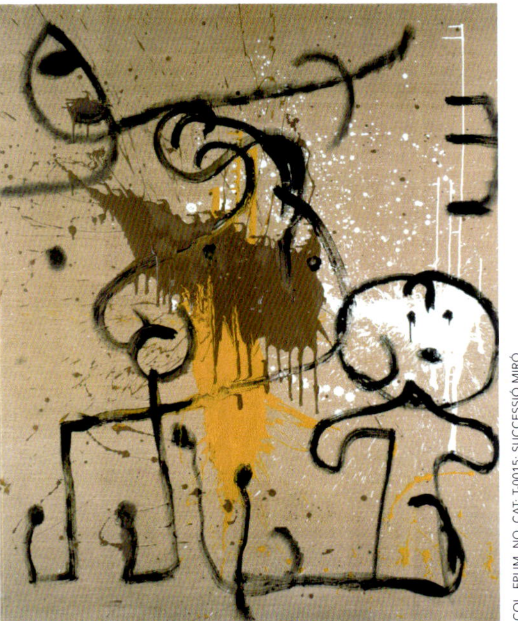

Joan Miró, »Ohne Titel«, 1973 – 1978, 161 x 130 cm, Acryl auf Leinwand

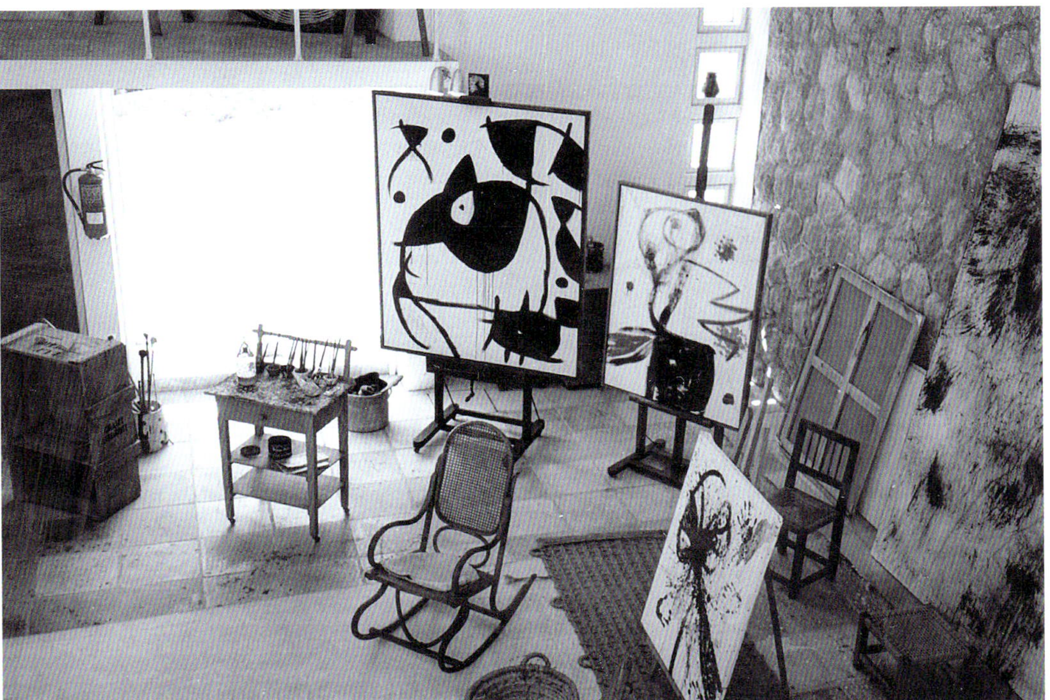

Joan Mirós Atelier in Palma de Mallorca

Joan Miró

* 20.4.1893 Barcelona
† 25.12.1983 Palma de Mallorca

Joan Miró wird am 20. April 1893 als Sohn eines Goldschmieds in Barcelona geboren. Erste Zeichnungen des achtjährigen Joan haben sich aus frühen Aufenthalten auf Mallorca und der Nähe von Tarragona erhalten. 1907 studiert er an der Handelsschule von Barcelona und bekommt eine erste künstlerische Ausbildung an der Kunstschule von Francesc Galí, der Freien Zeichenakademie des Sant Lluch, wird aber drei Jahre später zur Aufgabe des Zeichenunterrichtes gezwungen und arbeitet dann als Angestellter in einer Drogerie.

Nach schwerer Erkrankung 1911 verbringt er einige Zeit zur Rekonvaleszenz im eigens angeschafften Landhaus bei Montroig in der Nähe Tarragonas und widmet sich fortan ganz der Malerei. Seine künstlerische Ausbildung führt ihn wieder an die Freie Zeichenakademie des Sant Lluch. Bei seiner ersten Reise nach Paris 1919 begegnet er dem Kritiker Maurice Raynal und auch Pablo Picasso, der ein Selbstporträt Mirós für sich behält.

Ab 1920 verbringt er nun regelmäßig die Winter in Montroig, mietet im Jahr darauf an der Rue Blomet 45 ein Atelier; sein Nachbar ist hier André Masson, mit dem er schnell Freundschaft schließt. 1923 stellt er im Herbstsalon aus und begegnet den amerikanischen Schriftstellern Henry Miller und Ernest Hemingway, der ein Bild von Miró kauft und in einem seiner Bücher davon berichtet.

Miró tritt 1924 der surrealistischen Gruppe in Paris bei und stellt unter anderem mit Max Ernst das Bühnenbild für eine Theateraufführung zusammen. Nach seiner Heirat 1929 lässt er sich mit seiner Frau Pilar in Palma de Mallorca nieder. In jetzt häufigeren Ausstellungen, etwa in New York, entwickelt er seine typische Ausdrucksform. Der im Juli 1936 ausgebrochene Bürgerkrieg zwingt Miró, mit seiner Familie wieder in Paris Wohnung und Atelier zu nehmen; erst 1940 kehrt er nach Spanien zurück. 1937 malt Miró für die Weltausstellung in Paris das große Wandgemälde »Le faucheur«, mit dem er gemeinsam mit Picassos »Guernica« und Calders »Merkur-Brunnen« für das republikanische Spanien eintritt. Anfang der Vierzigerjahre wird er mit einer Retrospektive im Museum of Modern Art in New York geehrt. Nach seinem Umzug in sein Geburtshaus in Barcelona 1942 entstehen vorwiegend Drucke, Mitte der Vierzigerjahre Keramikobjekte und später auch erste Bronzeskulpturen. Joan Miró feiert seit den Fünfzigerjahren internationale Erfolge mit Ausstellungen in Europa und Amerika.

1976 wird die Miró-Stiftung in Barcelona offiziell eröffnet. Großprojekte stehen nun im Zentrum seiner künstlerischen Arbeit: ein großes Mosaik-Dekor für die Wichita-University, ein Wandteppich für die National Gallery in Washington, ein Kirchenfenster für Saint-Farmbourg in Senli (Frankreich), um nur einige zu nennen. Die zwölf Meter hohe Monumentalskulptur für Chicago ist die letzte große Bildhauerarbeit Joan Mirós. Am 25. Dezember 1983 stirbt Miró in Palma de Mallorca.

Miró, der sich gerade für ganz bestimmte Oberflächentexturen und Materialitäten in seinen Arbeiten interessierte, hat zuweilen auch mit Acrylfarben gearbeitet. In der Abbildung auf der vorherigen Seite zeigen wir eine Arbeit, an der Miró über fünf Jahre ausschließlich mit diesem Farbmaterial gearbeitet hat. Die Arbeit »Ohne Titel« 31/ VII /1978 wurde mit Acrylfarben vorbereitet und schließlich in Öl abgeschlossen. Beide sind in der »Fundació Pilar Joan Miró« in Palma de Mallorca zu besichtigen.

Jean Dubuffet

* 31.7.1901 Le Havre
† 12.5.1985 Paris

Am 31. Juli 1901 wird Dubuffet in Le Havre geboren, seine Familie führt hier ein gut situiertes Leben als Weinhändler. Noch während er die Schule besucht, schreibt Dubuffet sich hier 1916 in die École des Beaux Arts ein. Er ist jedoch in jungen Jahren unzufrieden mit sich und mit der Kunst, sodass er oft resigniert und 1924 sogar alle künstlerischen Versuche abbricht. Nach seiner Rückkehr aus Buenos Aires 1925, wo er als technischer Zeichner arbeitete, tritt Dubuffet in das elterliche Weingeschäft ein und gründet 1930 eine eigene Weingroßhandlung in Bercy/Paris.

In den Jahren 1933–34 tastet sich Dubuffet wieder als Maler vor und modelliert Masken und Marionetten, eine Tätigkeit, die er später noch häufiger ausüben wird. Das Weingeschäft ist nun verpachtet; 1937 jedoch, nach seiner Heirat mit Emile

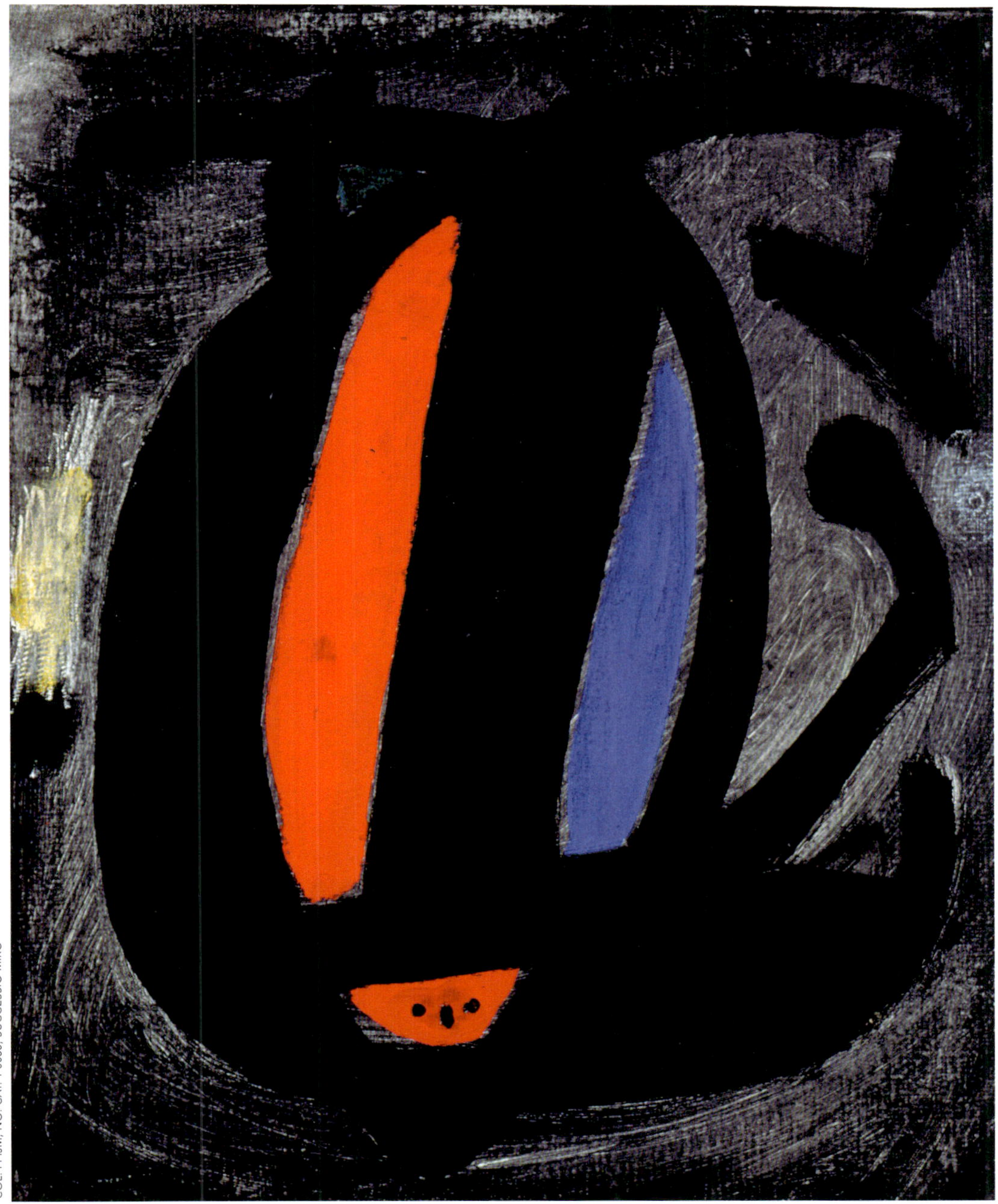

Joan Miró, »Ohne Titel« – 31/VII/1978, 92 x 73 cm, Öl und Acryl auf Leinwand

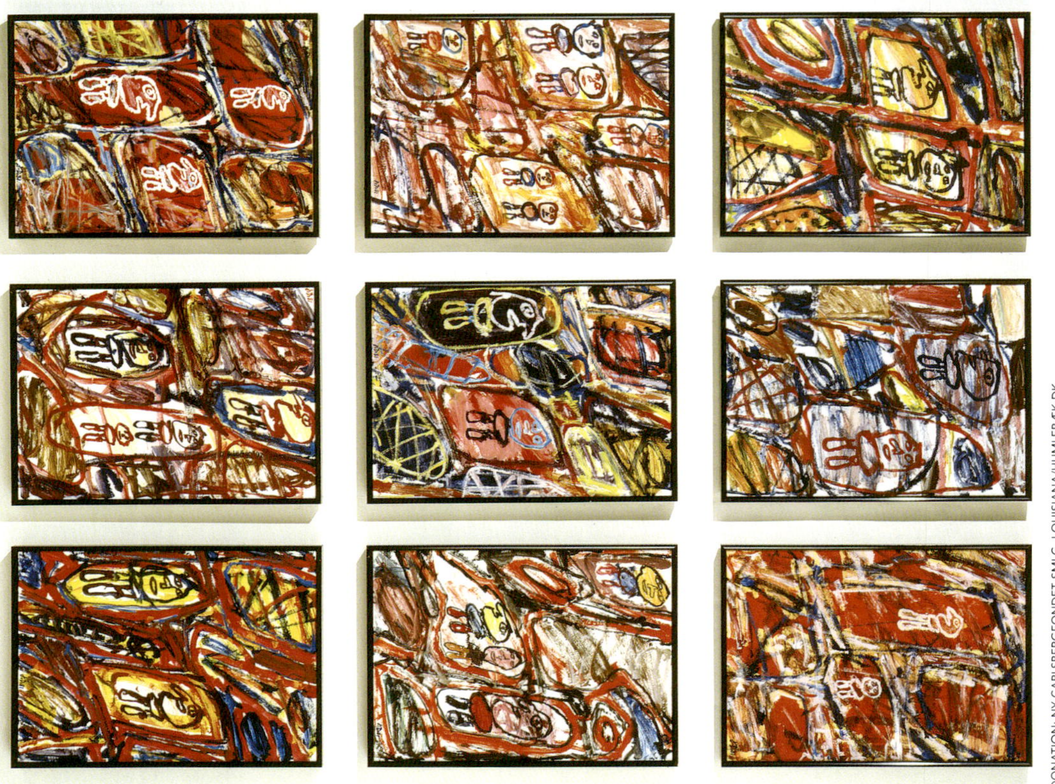

Jean Dubuffet, »Psyko-Sites«, 1981, 9 Malereien à 67 x 50 cm, Acryl auf Leinwand

(Lili) Carlu, übernimmt er es erneut. Nach 1942 widmet sich Dubuffet nur noch der Malerei und 1947 wird die Weinhandlung endgültig verkauft. Aus seiner ersten Ausstellung, 1944, in der Galerie René Drouin an der Place Vendôme, kauft André Malraux ein Bild. Dubuffet beginnt im Jahr darauf, Objekte zu sammeln, die man später als »art brut« bezeichnet.

Ende der Vierzigerjahre führen ihn mehrmonatige Reisen in die algerische Sahara, aber auch nach New York, wo er später längere Zeit bleiben wird. Im Juli 1962 beginnt Dubuffet seinen Werkkomplex »Hourloupe«, der 1964 im Palazzo Grassi vorgestellt wird. Erste Architekturarbeiten und Skulpturenobjekte beginnt er 1967, unter anderem um den »Hourloupe«-Werkkomplex künstlerisch wie räumlich zu verarbeiten. Die eigentliche Arbeit an dem »Hourloupe«-Komplex beendet er erst 1974.

1980 widmen ihm Berlin, Wien und Köln Retrospektiven, im Jahr darauf entstehen die abgebildeten Werke »Psyko-Sites«. Er arbeitet sie mit dem schnell trocknenden Acrylfarbmaterial heraus. Noch 1984 wird Dubuffets Bildfolge »Mires« als französischer Beitrag auf der Biennale in Venedig gezeigt. Am 12. Mai 1985 stirbt Jean Dubuffet in der Rue de Vaugirard/Paris.

Morris Louis

* 28.11.1912 Baltimore, Maryland
† 7.9.1962 Washington D.C.

Wohl nur der amerikanische Künstler Morris Louis hat fast sein gesamtes Werk mit Magna Colors gemalt; er gilt als der Exponent Washingtoner Farbfeldmalerei (colorfield painting). Sein Œuvre umfasst trotz seines kurzen Lebens immerhin rund 650 Leinwandgemälde, die ab 1954 (bis auf sehr wenige Ausnahmen) mit Magna Colors gemalt wurden. Schon ab 1947 arbeitete er, teilweise noch experimentell, mit Acrylharzfarben, damals noch auf grundierter Leinwand. Durch Helen Frankenthaler angeregt, bearbeitete Louis ab 1953 seine für ihn so typischen »stained canvases« ausschließlich mit den lösemittelhaltigen Acrylharzfarben. Seine von 1954 bis 1960 entstandenen »veils« (so genannte Schleierbilder) befestigte er nur locker auf einem Arbeitsrahmen. Er legte mehrere Farbschichten übereinander, indem er mit hellen und intensiven Farbtönen begann, um schließlich mit zunehmend dunkler werdender Farbgebung abzuschließen. Die schnelle Trocknung gestattete das Aufeinanderlegen mehrerer transparenter Farbschleier.

Louis verdünnte die Magna-Acrylharzfarben besonders stark (es ist von bis zu dreißig Anteilen Terpentin zu Farbe die Rede), damit er sie in dünnflüssiger Konsistenz besser auf die Leinwand gießen konnte. Oft war dann auch kaum eine Bindung der Pigmente gegeben, sodass er sich bei etwa vierzig abpudernden Gemälden gezwungen sah, diese zu zerstören. Noch Ende der Fünfzigerjahre soll Louis mit Hasenleim grundiert haben, um seinen Farbauftrag besser steuern zu können. Weil er die aus seiner Sicht überaus mühsame Verdünnung der unterdessen mit Bienenwachs modifizierten Magnafarbe beklagte, fertigte Bocour eigens für Louis und seinen Kollegen Kenneth Noland eine Spezialmischung an. Diese bestand neben Pigmenten nur aus dem Acryloid F-10 und Terpentin in einem Mischungsverhältnis von 1:1! 1958 kaufte Louis 175 Gallonen Acryloid F-10 und 195 Gallonen Terpentin und malte in diesem Jahr 85 Bilder.

Ab 1960 arbeitete Morris Louis auf großen Querformaten eine Serie von Bildern als »unfurleds« (Entfaltungen) heraus. Klar getrennte, leuchtend farbige Streifen liegen in regelmäßigen Strukturen zueinander und scheinen diagonal von den Rändern über die Leinwand auszulaufen. Oft bleibt in der

Makro/rechts unten: Gut erkennbar sind hierbei die Randzonen des Farbverlaufs und auf welche Weise die Magnafarbe »aufgegossen« wurde.

Bildmitte die ungrundierte Leinwand frei. Hier setzte Louis übrigens die eigens für ihn hergestellte Spezialfarbe Bocours ein. Um die Saugkraft verbessern zu können, nahm er nun etwas porösere Leinwände, denn er wechselte von der schwereren und engmaschigeren Sorte Nr. 12 des Cotton Duck auf die Nr. 10. Morris Louis verdünnte nur noch wenig bzw. nicht so stark, sondern benutzte das reine Acrylbindemittel, um eine wesentlich lebhaftere Oberfläche im Wechsel von matten zu glänzenden Partien zu erreichen. Dadurch geriet die Farbgebung im Gegensatz zu den eher matten »veils« sehr viel intensiver. Seitdem arbeitete Louis mit seinen Farben stets pur.

In der Serie der »stripes« (Streifen) ab 1961 ließ Louis einzeln stehende Farbstreifen parallel und dicht an dicht an der Leinwand herunterlaufen. Anfang und Ende der »stripes« wurden präzis so bestimmt, dass die umgebende ungrundierte Leinwand unbemalt bleiben sollte. Auch in dieser Arbeitsphase waren die Leinwände stets auf große Arbeitsrahmen gespannt, das Format legte Louis endgültig erst nach ihrer Fertigstellung fest. Die Bilder wurden erst für den Verkauf oder für Ausstellungen auf Keilrahmen gespannt. Wegen des teils höchst exakten Farbverlaufs wurde die Vermutung angestellt, dass Louis beim Farbauftrag malstockähnliche Hilfsgeräte benutzt hat. Wegen ihres Aussehens nannte Louis selbst diese Serie »pillars« (Pfeiler). Die Farbe wurde in diesem Stadium nun weder verdünnt noch vermischt, also gänzlich pur aufgetragen. So sind die Farben weniger empfindlich als jene der »veils«, intensiv, klar und glänzend.

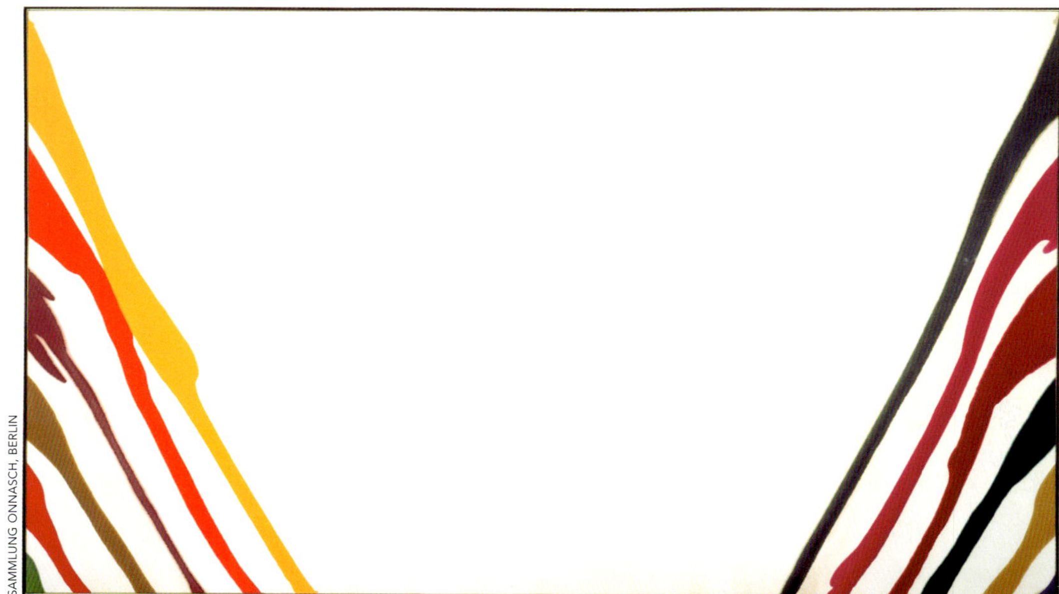

SAMMLUNG ONNASCH, BERLIN

Morris Louis, »Gamma Ksi«, 1960, 260 x 445 cm, Magna auf Leinwand

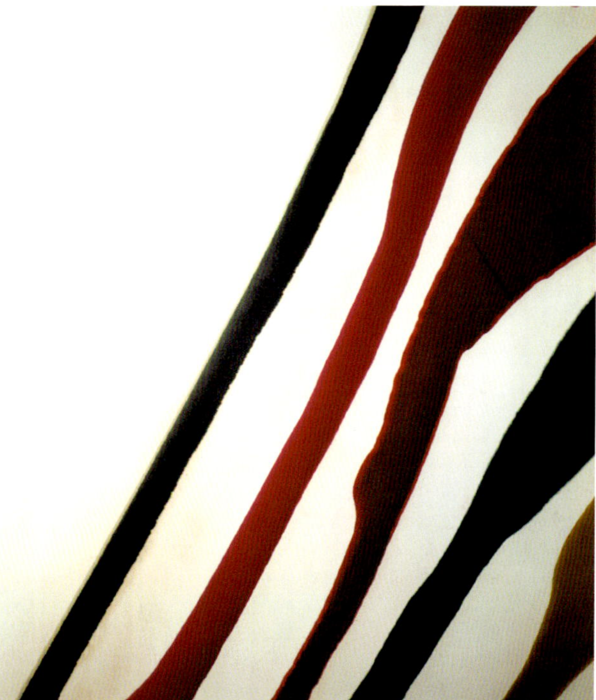

Detail/rechts unten: Die einzelnen Farbintervalle heben sich einerseits von der hellen Leinwand ab und »verschmelzen« andererseits mit ihr.

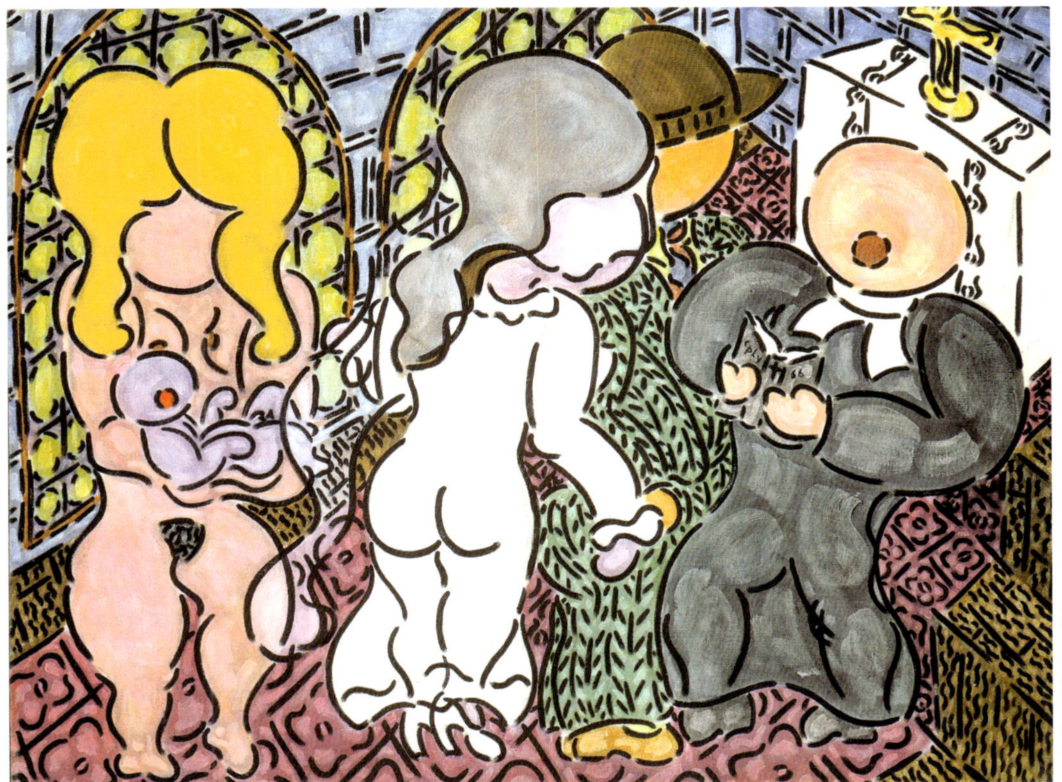

SAMMLUNG ONNASCH, BERLIN

William Nelson Copley, »If anyone knows a reason why this ...«, 1985, 115 x 89 cm, Acryl auf Leinwand

William Nelson Copley

* 24.1.1919 New York
† 7.5.1996 Key West, Florida

Der junge William Nelson Copley führte in den späten Vierzigerjahren in Los Angeles eine Galerie für die Avantgarde des Surrealismus, zu der René Magritte, Max Ernst, Yves Tanguy, Francis Picabia oder Roberto Matta gehörten. Doch seine Künstler entdeckten das Talent des vom Autodidakten zum Maler avancierten Galeristen und wurden ihrerseits nun seine ersten Kunden. Als er mit der Galerie scheiterte, zog es ihn Anfang der Dreißigerjahre nach Paris, wo er für 13 Jahre bleiben sollte. In einer von Künstlern geprägten Welt am rechten Ufer der Seine fühlte sich Copley wohl und konnte er seinen Stil entwickeln, indem er in beherzten Gemälden und Zeichnungen nach Comics oder Cartoons das Stereotyp des Rotlichtbezirks wiedergab.

Anders als an der amerikanischen Ostküste – in New York etwa, wo sich die »Pop-Art« entwickelte – konnte sich Copley in der Fremde wirklich der dekorativen und plakativen Kunst widmen und sich von der trivialen und vulgären Welt des Pariser Kiezes inspirieren lassen. In kräftigen Farben und hemmungsloser Formgebung setzt Copley in einem an Keith Haring erinnernden Malstil die Symbolik oft allzu direkt aus der Welt des Amüsierbetriebs um: Boxhandschuhe, Hosenträger, Büstenhalter, Strapse. Aus seiner Aversion gegen die anerkannte Kunst machte er keinen Hehl, vielmehr nahm er sich stets alle künstlerischen Freiheiten und blieb so zeit seines Lebens ein Outsider, obschon er zweimal Teilnehmer der documenta in Kassel war.

»Sie sind das Innere der Engel.«
Sam Francis über die Bedeutung seiner Bilder

Sam Francis

* 25.6.1923 San Mateo, Kalifornien
† 4.11.1994 Santa Monica, Kalifornien

Samuel Lewis Francis wurde 1923 in San Mateo, Kalifornien/USA geboren. Noch während seiner Schulzeit interessierte sich Francis für Musik, Naturwissenschaften, generell für die Natur und auch für östliche Philosophie. Von 1941 bis 1943 studierte er an der University of California in Berkeley zunächst im Hauptfach Botanik, wechselte später aber zu den Fächern Medizin und Psychologie.

Seinen Militärdienst leistete er 1943/44 im United States Army Air Corps ab. Bei der Notlandung 1944 während eines routinemäßigen Übungsfluges in Tucson, Arizona wurde Sam Francis schwer am Rücken verletzt, was ihn zu einem monatelangen Aufenthalt im Fitzsimmons Army Hospital von Arizona zwang. Eingegipst und ständig auf dem Bauch liegend (in seine Matratze musste ein Loch geschnitten werden, damit er Luft bekam), konnte er nur einen kleinen, eintönigen Teil der Umwelt wahrnehmen. Zuweilen, wenn er den Kopf hob, konnte er aus dieser eingeschränkten Perspektive aus dem Fenster schauen. In dieser Situation begann Francis mit dem Malen, die ersten Motive waren Landschaften und Porträts.

1947 nahm er Kontakt zur California School of Fine Arts auf, die als Gastdozenten zum Beispiel Ad Reinhardt, Marc Rothko oder Clyfford Still einlud; andere Künstler waren hier als Dozenten beschäftigt. Die Zeit seiner Rekonvaleszenz verbrachte Sam Francis in Carmel Valley. 1950 kehrte er an die University of California in Berkeley zurück und belegte dort die Fächer Bildende Kunst und Kunstgeschichte. Obwohl er Künstler wie Pollock, Still oder Rothko nicht persönlich kennen gelernt hat, wird er von ihrem Stil stark beeinflusst. Fast die ganzen Fünfzigerjahre verlebte Francis in Paris, lediglich unterbrochen von kurzen Reisen in die USA. In diese Zeit fielen auch seine ersten Einzelausstellungen.

Francis malte seine Bilder meist flach auf dem Boden liegend. »Das war die Art, wie ich begonnen habe. Arbeiten auf dem Boden liegend schien mir am natürlichsten. Hauptsächlich, weil ich so angefangen habe, im Bett arbeitend. Als ich zum ersten Mal mit flüssiger Farbe zu spielen begann, sie fallen ließ, lief sie auf die Laken, auf den Fußboden. Es war wirklich hübsch, ein tolles Gefühl, es spritzte überallhin.« In gewisser Weise haben darum die Bilder von Sam Francis eine Selbstverständlichkeit. Die Vollständigkeit seines Œuvres, das Zusammenwirken einzelner Elemente und die Integration von Größe, Maßstab und Farbe strahlen wirklich eine Perfektion aus, die kaum erklärlich wird. Weil seine Arbeiten spontan, aber allmählich entstehen, gibt es kaum oder keine Skizzen dazu. Wenn es auch im Moment des Schaffens bedeutungslos sein mag, das Ergebnis ist nicht einmal eine Antwort, sondern eine Behauptung.

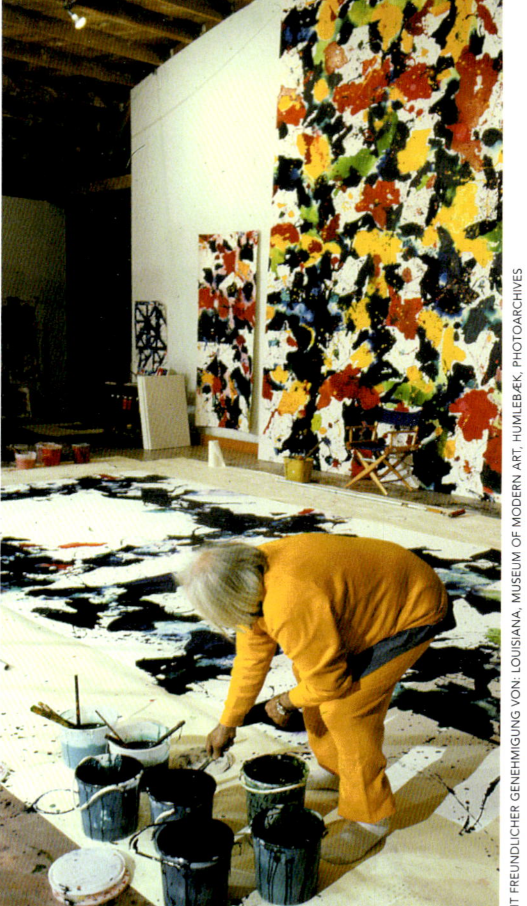

Sam Francis malt 1982 eines seiner großen Bilder für die Konzerthalle in Louisiana/Humlebæk.

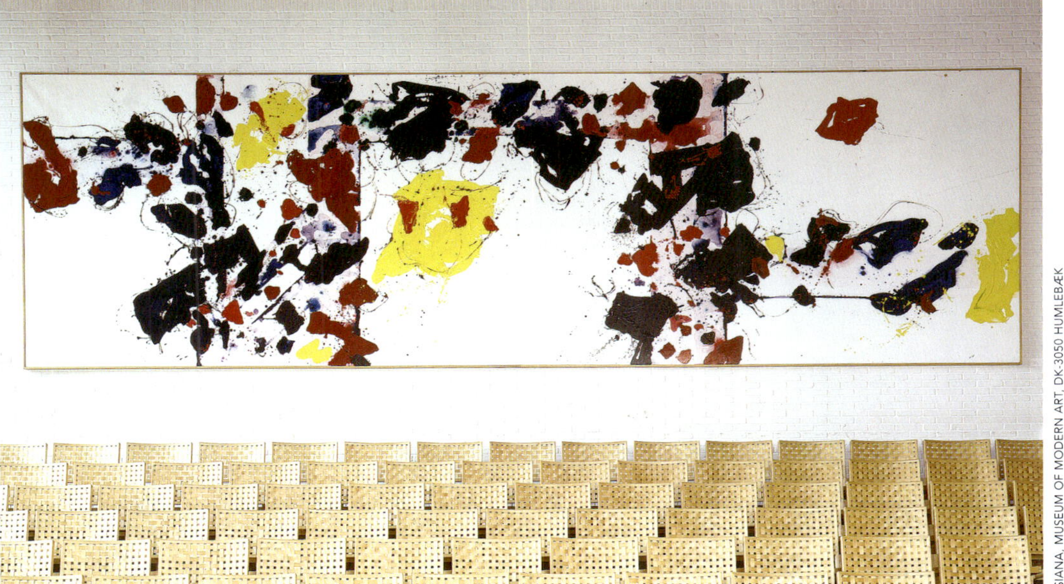

LOUISIANA, MUSEUM OF MODERN ART, DK-3050 HUMLEBÆK

Sam Francis, »Untitled«, 1981 – 1983, 271 x 896 cm, Acryl auf Leinwand

Sam Francis sah sich selbst als amerikanischen Maler, wenngleich die Vermischung der Alten mit der Neuen Welt für ihn eine Rolle spielte. Und wahrscheinlich wählte er deswegen auch die Acryltechnik für die meisten seiner Arbeiten. Klar und unvermischt stehen die Farben auf weißem Grund. Der überwiegende Teil seiner Arbeiten beschäftigt sich mit der Illusion von Raum. Dieses Thema beginnt für Francis in völliger Unschuld. Die Schwerkraft scheint außer Kraft gesetzt, vielleicht, dass mal ein Windstoß im Atelier die Farbe zum Fließen angeregt hat.

Eine Oberfläche gibt es in den Bildern von Sam Francis im eigentlichen Sinn nicht. Im sichtbaren Bereich scheint sie zu vibrieren, aus der transparenten Materie heraus zu leuchten. Die Malerei scheint sich sowohl hinter als auch vor der Leinwand zu befinden. Nie wird sie als flach wahrgenommen, weil er das Weiß des Untergrundes mit einbezieht. In seinen an die Farbfeldmalerei erinnernden Randflächenbemalungen haben es Farbgegenstand und Material gleich schwer – oder leicht –, eine spirituelle Dimension oder gar eine fassbare Energie der Oberfläche zu erhalten.

Sam Francis malte seine Bilder stets im Liegen wie z. B. 1982 eines seiner großen Bilder für die Konzerthalle.

Roy Lichtenstein

* 27.10.1923 New York
† 29.9.1996 New York

Nach dem Kunststudium an der Ohio State University, das er mit dem Master of Fine Arts abschloss, hatte Roy Lichtenstein 1951 seine erste Einzelausstellung in der New Yorker Carlebach Gallery. Nach zwei Dozenturen (1957 bis 1960 in Oswego, New York State, und 1960 bis 1964 am Douglas College in New Brunswick, New Jersey) zog Lichtenstein wieder nach New York City zurück. Seitdem nahm er regelmäßig an Ausstellungen teil, etwa bei Leo Castelli oder Elena Sonnabend in Paris.

Lichtenstein muss als typischer Vertreter der »Pop-Art« gelten, ein Begriff, der sich von Popular Art im Sinne von »volkstümlicher« Kunst herleitet, die keine »hohe« Kunst verkörpern und folglich die breite Masse mit ihren Themen ansprechen will. Den Boden dazu bereiteten schon früh unter anderem die Dada-Gruppe, Marcel Duchamp, aber auch Fernand Léger. Mit der Pop-Art etablierte sich eine Kunst in grellbunter, ja packender Farbigkeit. Bekannt geworden sind Lichtensteins Motive aus Comicstrips oder nach Vorlagen aus der Werbung, wie sie in jenen Tagen für die Yellow Pages New Yorks typisch waren. Aus diesem reichen Fundus erhielt Lichtenstein die Anregungen für seine Bildmotive. Dabei übernahm er das Punktrasterverfahren Bendays, wie es um 1960 in der Werbung üblich war, und schuf damit eine neue Art der Malerei. (Im Punktrasterverfahren werden die Schattierungen in eine Punktstruktur übertragen, um so gedruckt werden zu können.) Lichtenstein arbeitet bereits zu dieser Zeit nach seinem eigenen Bildprogramm, weil er sich mit den Sujets der Gegenstände des Alltags – und damit auch der Comics – buchstäblich gegen das Klischee in der Kunst wandte.

Die Vorlagen aus der Werbung, seien es einfache Saatguttüten, riesige Plakate oder tatsächliche Comicstrips, lieferten Lichtenstein zunächst nur das Rohmaterial. Es belustigte ihn, dass die Werbung für Blumen und Pflanzen ohne jede Farbigkeit auskam, und so übernahm er diese fast grotesk anmutende Vorstellung. Als Gemälde gingen daraus beispielsweise 1961 die Schwarzen Blumen hervor (Black Flowers, 177,8 x 121,9 cm, Öl auf Leinwand). In den frühen Bildern wurden von ihm aber auch Vorlagen aus der Kunstgeschichte bearbeitet, 1962 etwa ein Bildnis George Washingtons oder ein Jahr später Picassos »Femme au chapeau fleuri«.

Lichtenstein befasste sich in seinem Werk auf diese Weise bis zu seinem Tod in den Neunzigerjahren mit verschiedenen Themenkreisen: mit Mädchen (Girls 1963 bis 1965), Landschaften (Landscapes 1964 bis 1969) und Pinselstrichen (Brushstrokes, 1965/66); aus dieser Zeit stammt auch unser Bildbeispiel (vgl. nächste Seite). Wenn die Bilder zunächst auch als kritischen Kommentar zum Abstrakten Expressionismus angesehen wurden, so reduziert Roy

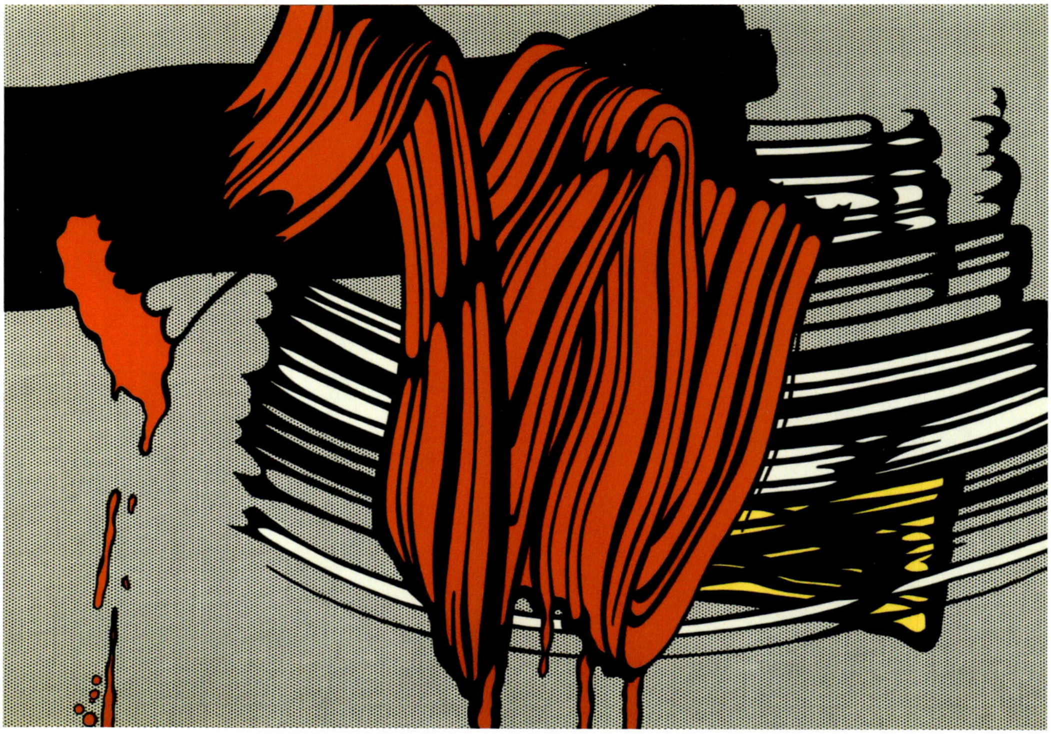

FOTOGRAF WALTER KLEIN/ DÜSSELDORF © VG BILD-KUNST • KUNSTSAMMLUNG NORDRHEIN-WESTFALEN

Roy Lichtenstein, »Big Painting No. 6« (Großes Gemälde Nr. 6), 1965, 233 x 328 cm, Öl und Magna auf Leinwand

Lichtenstein doch fast den gesamten Schaffensprozess eines Bildes dieser Zeit in einem einzigen Pinselstrich, indem er diesen Moment quasi »einfriert«. Mit dieser List beteiligt er sich am »Action Painting«, das er fokussiert und akribisch herausarbeitet. Markenzeichen dieser Epoche waren stets die Tropfspuren der Farbe und der gestische Pinselstrich. Aber auch hierbei entnahm Lichtenstein seine Anregungen aus den Comicstrips (vgl. »The painting«, Comicheft »Strange Suspense«, # 72, Oktober 1964, Charlton Comics/Roy Lichtenstein, »Brushstrokes«, 1965, 121,9 x 121,9 cm, Öl und Magna auf Leinwand. Privatbesitz). In der extremen Vergrößerung eines Pinselstrichs und der den Rahmen sprengenden Ausdehnung wird die kraftvolle Heftigkeit nur noch unterstrichen. So wirkt ein einzelner Pinselstrich nicht einfach optisch besonders nah, sondern der oben angesprochene Abstrakte Expressionismus wird in dieser Nähe eingefangen, und damit schließt sich der Kreis.

Zu dieser Zeit arbeitete Lichtenstein maltechnisch überwiegend mit Öl- in Kombination mit Magnafarben. Aber auch bei den in der Folgezeit entstandenen Bildern zu Themen wie Art déco und »Modern Paintings« (1966 bis 1970), Spiegeln (Mirrors 1969 bis 1972) und »Entablatures« (1971 bis 1976), Stillleben (Stilllives, 1972 bis 1976), den Variationen zu Futurismus, Surrealismus und deutschem Expressionismus (1974 bis 1980) oder den »Interiors« (1991 bis 1993) blieb er bei den Leinwandgemälden dieser Maltechnik treu.

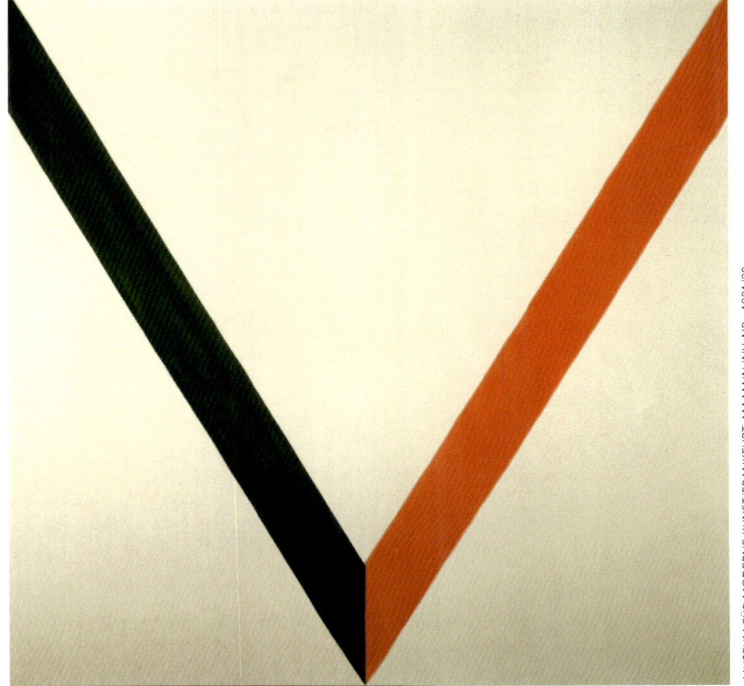

Kenneth Noland, »Touch«, 1963, 177 x 177 cm, Acryl auf ungrundiertem Nessel

»Alles ist Farbe und Fläche, und dieses ALLES muss miteinander verschmelzen.« **Kenneth Noland**

Kenneth Noland

*10.4.1924 Ashville, North Carolina
† 5.1.2010 Port Clyde, Maine

1946 bis 1949 Studium am Black Mountain College, North Carolina, unter anderem bei Josef Albers und Ossip Zadkine

Die künstlerische Arbeit von Kenneth Noland steht in der Tradition des »Colour Painting« und ist prinzipiell dem so genannten Hard-Edge zuzuordnen. Wie schon angemerkt, nahm 1953 Nolands künstlerisches Werk nach einem Besuch gemeinsam mit Morris Louis im Atelier von Helen Frankenthaler die entscheidende Wendung (siehe Seite 128). Bei den »Target-Paintings« (Zielscheiben-Bildern), Nolands erster Werkgruppe, handelt es sich um konzentrisch angeordnete, klar konturierte Kreisringformen mit stark farbigen Leuchtfarben. In dem folgenden Werkkomplex der so genannten »Chevrons« (Winkel) wird die Bildkomposition meist durch eine v-förmig strukturierte Streifenanordnung bestimmt, wie auch bei dem abgebildeten Beispiel dieser Serie »Touch« von 1963 (siehe oben).
Von der unteren Bildmitte zu den oberen Bildecken ausgehend wird axial eine Verbindung über die Bildfläche erzeugt. Die Farbe wird so dünn wie möglich aufgetragen, damit Oberfläche und Farbigkeit ineinander übergehen. Die von Noland gewollte Einheit von farbiger Bildfläche und Leinwand beabsichtigt eine fehlende Raumillusion und zielt dafür bewusst auf den Farbeindruck. Dies wird bei dem Bild »Touch« als Gleichsetzung von Leinwand und farbig geometrischer Form dort besonders deutlich, wo der rotorangefarbene und der grüne Schenkel in ihrer Dynamik aufeinander zuzustreben scheinen. Während die rötliche Form sich scheinbar aus dem Bild löst, dringt der grüne Bereich offenbar in die Tiefe. Der Wechsel zwischen Form und Farbe im Spiel der Kräfte wirkt drastisch. Noland entschied sich hier gegen eine bestimmte Bildstruktur und für die Farbe als Ausdruck, ohne dass sie die Komposition ausschließlich beherrscht.

SAMMLUNG ONNASCH, BERLIN

Kenneth Noland, »SEA RISE«, 1970, 167 x 293,7 cm, Acryl auf Leinwand

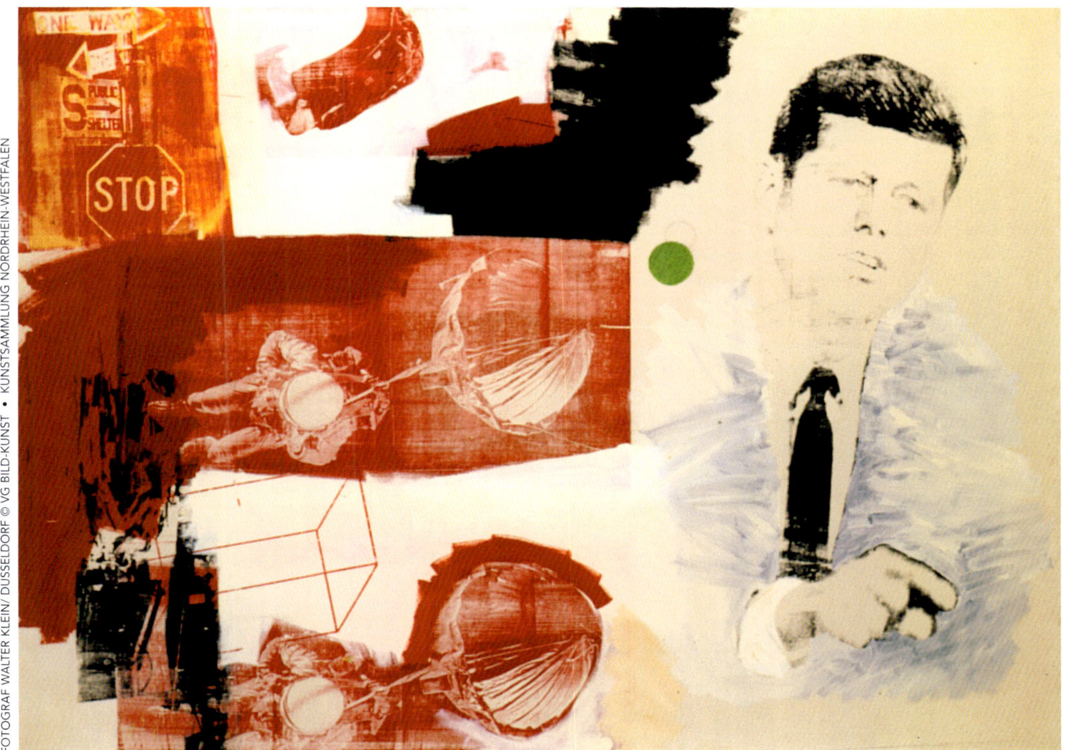

Robert Rauschenberg, »QUOTE«, 1964, 139 x 183 cm, Öl und Siebdruck auf Leinwand

Robert Rauschenberg

* 22.10.1925 Port Arthur, Texas
† 12.5.2008 Captiva Island, Florida

1947 bis 1952 Kunststudium unter anderem bei Joseph Albers am Black Mountain College, North Carolina

Die Arbeiten von Rauschenberg können wohl, gemeinsam mit den Gemälden seines Wegbegleiters Jasper Johns, als Knotenpunkt zwischen Pop-Art und Abstraktem Realismus angesehen werden. In Rauschenbergs Œuvre spielen in gegensätzlichen Positionen sowohl Ausschnitte des täglichen Lebens als auch die spontane gestische Pinselführung eine Rolle. Schon früh setzte Rauschenberg extreme bildnerische Mittel ein, etwa wenn er in den »white paintings« (1951) monochrome weiße, gleich große Tafeln zusammensetzte. Spätestens aber mit den von ihm erfundenen »combine paintings« verbindet er in Form von Assemblagen Alltagsobjekte auf der Leinwand. Das hier wiedergegebene Bild »Quote« gehört zu den großen »silk-screens« (Serigrafie auf Leinwand), bei denen Rauschenberg nicht nur thematisch und konzeptionell bzw. im Arrangement die Konvention sprengt, sondern gerade auch in technischer Hinsicht, indem er Fotos mit Hilfe des Siebdrucks auf Leinwand druckt und nicht mehr malt. Rauschenberg überwindet die Kunst des »action-painting«. Zwar bearbeitet er noch malerisch den dünnen, schwarzen Farbschatten, einen grünen Punkt oder einen roten Bildrest wie den Kubus, er setzt jedoch zugleich »reale« Fallschirmspringer neben das Porträt John F. Kennedys. Der Künstler bricht die fotografische Wirklichkeit auf, zumal die rote Farbigkeit der verwendeten Siebdruckfarben nicht der Wirklichkeit entspricht. Die Siebdruckfarbe wurde auf der Basis von Acryl hergestellt.

Georg Karl Pfahler

* 8.10.1926 Emetzheim (Weißenburg)/Bayern
† 6.1.2002 Emetzheim

An der Stuttgarter Akademie wählte Pfahler zunächst das Fach »Keramik« als Studienrichtung, damit war ein Schwerpunkt seiner späteren künstlerischen Arbeit angelegt. 1954 beendete er seinen Umgang mit der Keramik, fortan muss Pfahler als malerischer Autodidakt gelten. Pfahler erforschte vor allem die Beziehung von Raum und Farbe. Die Wortbeifügung »formativ« zu seinen Bildtiteln weist auf seine Abkehr von der informellen Malerei etwa eines Willi Baumeisters oder eines Wols. Blockhafte Formen stehen in seinen Arbeiten neben »sich bewegenden« Strichfeldern und Bruchstücken aus der Realität.

In der Folgezeit vereinfachte Pfahler seine Formen derart, dass sie nurmehr zum Bindeglied von Farbauftrag und Bildfläche untereinander wurden. Die Farbe wirkt gewissermaßen expansiv und schafft zugleich Form, Farbe und Raum. Einem Hinweis zufolge soll die Bewegung in Pfahlers Bildern von hinten nach vorn erfolgen. 1963 ging er dazu über, die Komposition zunehmend symmetrisch abzufassen, obschon in der weiteren Entwicklung die Form an sich zunehmend an Bedeutung verlor.

Einzelne Entwicklungsstadien wurden in Form von »Präkonzeptionen«, als Entwürfe oder einfache Ideenskizzen in Filzstiften und Kreide festgehalten. Damit legte Pfahler den Grundstein für die Formenbildung seines späteren Werkes. Um 1969 setzte er tatsächlich seine Formengebung in das Dreidimensionale um und verwirklichte seine Architekturprojekte. Anfang der Siebzigerjahre löste sich Pfahler von der starren Ordnung seiner Bilder, um in klaren, ungemischten, ja teils aggressiven Farben eine suggestive Kraft zu gewinnen.

Bis in die Jahre 1958/59 war die Malerei Pfahlers noch in Ölharzmalerei ausgeführt. Bis 1963 etwa hatte er dann genügend Erfahrungen mit dem neuen Kunstharzprodukt Caparol, das er unter Zusatz von Trockenpigmenten verarbeitete. In Amerika lernte er zwar die Produkte von Liquitex und Aqua-Tec kennen, griff aber in Deutschland auf Lukascryl und PRIMAcryl aus Düsseldorf zurück und arbeitete später vor allem mit Lascaux-Farben, die ihm als besonders ausgewogen erschienen.

Die Acrylfarbe wurde von Pfahler so verdünnt, dass sie vom Pinsel laufen konnte, und sie wurde mit dem Pinsel auf die Fläche gegeben, dann jedoch mit einem kleinen Roller gleichmäßig verteilt. Die so entstehende Homogenität wurde durch mehrere Farbaufträge zunehmend geschlossen, bis nur noch ein Rest von malerischer Struktur übrig bleibt. Zuweilen malte Pfahler dennoch mit dem Pinsel, weil ihn gerade die regelmäßige Pinselstruktur interessierte. Dazu sei es notwendig, den eingestellten Flüssigkeitsgrad der Farbe unmittelbar auszunutzen, denn ist ein bestimmter Trocknungsgrad erreicht, entstehen Pinselspuren mit unregelmäßigem Glanz. Seine Bilder wurden – seiner Aussage nach – mit einer besonders elastischen Außenwand-Latexfarbe grundiert. Firnisüberzüge wurden von Karl Georg Pfahler im Grunde abgelehnt, obschon besonders empfindliche Bildflächen gelegentlich dennoch mit Acrylfirnissen versehen worden sind.

Piero Dorazio

* 29.6.1927 Rom
† 17.5.2005 Perugia

Piero Dorazio begann noch während seines Architekturstudiums (1945 – 46) mit der Malerei. In den frühen Arbeiten ab 1947 orientierte sich Dorazio am Tachismus; das Informell prägte seine Arbeiten in den Fünfzigerjahren. Die Farbflächen seiner Bilder waren aus stark farbig stilisierten Liniengefügen aufgebaut, die in regelmäßigem Rhythmus offene oder geschlossene Räume abbilden. Seit spätestens 1958 ging Dorazio systematisch vor, indem er die Leinwände »von Grund auf« in der Fläche unbestimmt einfärbte, um sodann das eigentliche Liniengerüst einzutragen.

Die Farbigkeit unseres abgebildeten Bildbeispiels geht von den unteren rotfarbig grundierten Schichten aus, während die blauen und hellweißen Linienbündel in ihrer flüchtigen Verwendung zuweilen geheimnisvolle Bildzonen hervorbringen. Etwa in der Bildmitte spart Dorazio seine Übermalung aus und legt so eine Grenze an, die das Bild in zwei etwa gleich große Bereiche teilt. Wegen der Transparenz hellweißer über roten Bildschichten scheint der Hintergrund gleichsam zu vibrieren. Dorazios erklärtes Programm ist das »wahrhafte und visionäre Sichtbarmachen des Raumes« und dabei kommt für ihn der Farbe ein fundamentaler Raumwert,

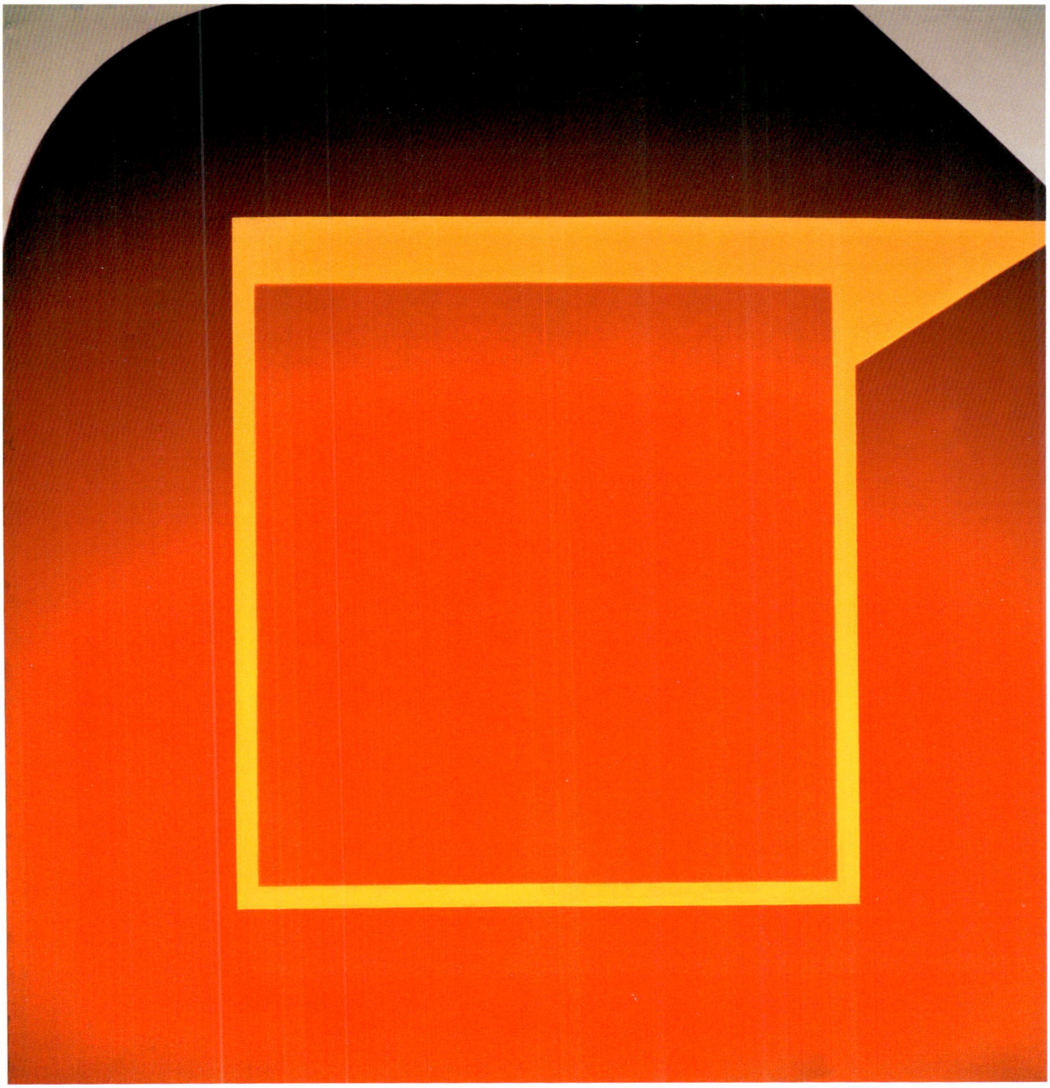

SAMMLUNG RENATE UND GÜNTHER HAUFF, STUTTGART

Georg Karl Pfahler, »Da-Wu II«, 1966, 199 x 180 cm, Acryl auf Leinwand

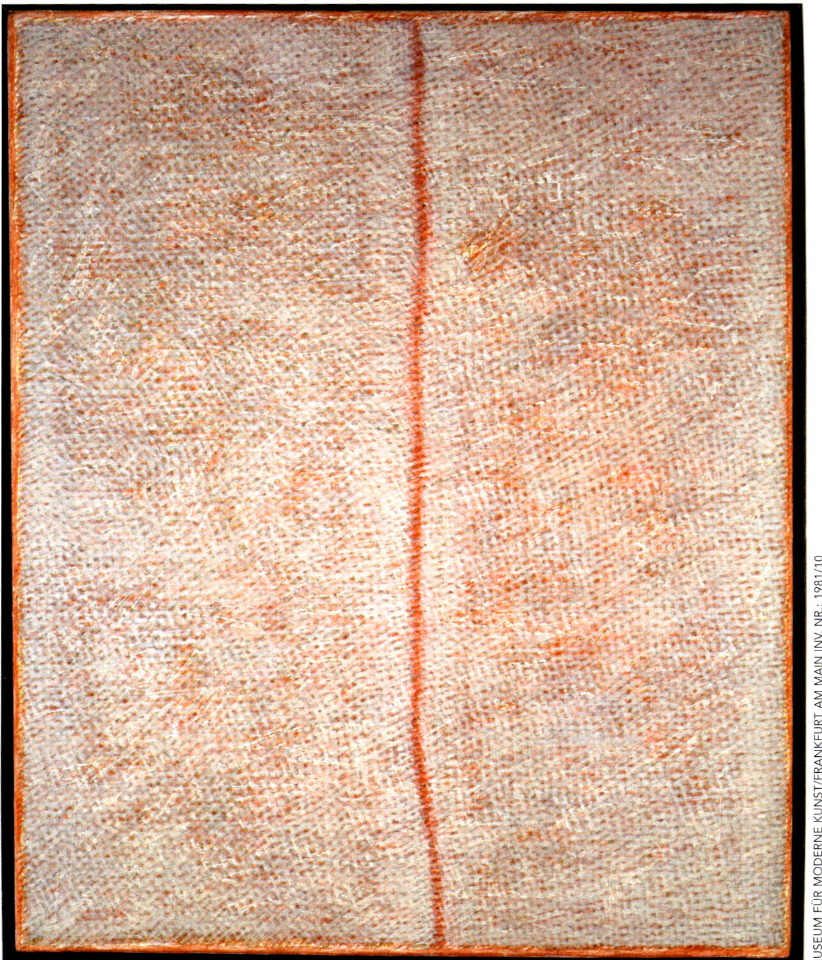

Piero Dorazio, »Oracolo«, 1959, 100,3 x 80,0 x 2,2 cm, Öl und Acryl auf Leinwand, industriell weiß grundiert

überhaupt ein fundamentaler Wert in der Sprache der Malerei zu. Seine in Schichten aufgebauten Kompositionen suggerieren bewegte Räumlichkeit, wo sich kaum noch greifbare Punkte fixieren lassen. Diese optisch gestörte Atmosphäre irritiert beim Betrachten. Um mit Dorazio zu sprechen, kann man mit dem Mittel »Farbe« Räume erzeugen. Das Medium der späten Fünfziger- und Sechzigerjahre ist Acryl.

Dorazio hat sich schon früh von äußeren Einflüssen zu befreien verstanden; seine Theorien und die seiner Freunde sind in den Werken »Manifesto del formalismo – Forma I« von 1947 und in seinem 1955 erschienenen Buch »La fantasia dell' arte nella vita moderna« festgehalten. Seit den Sechzigerjahren untersuchte Dorazio vor allem in Aquarelltechnik die Lichtwirkung. In neuerer Zeit arbeitete Dorazio in seinen großen Arbeiten wieder in Öl. In streng geometrischer Musterung ging er jetzt mit Farbe frei um, achtete aber unbedingt auf Ausgewogenheit.

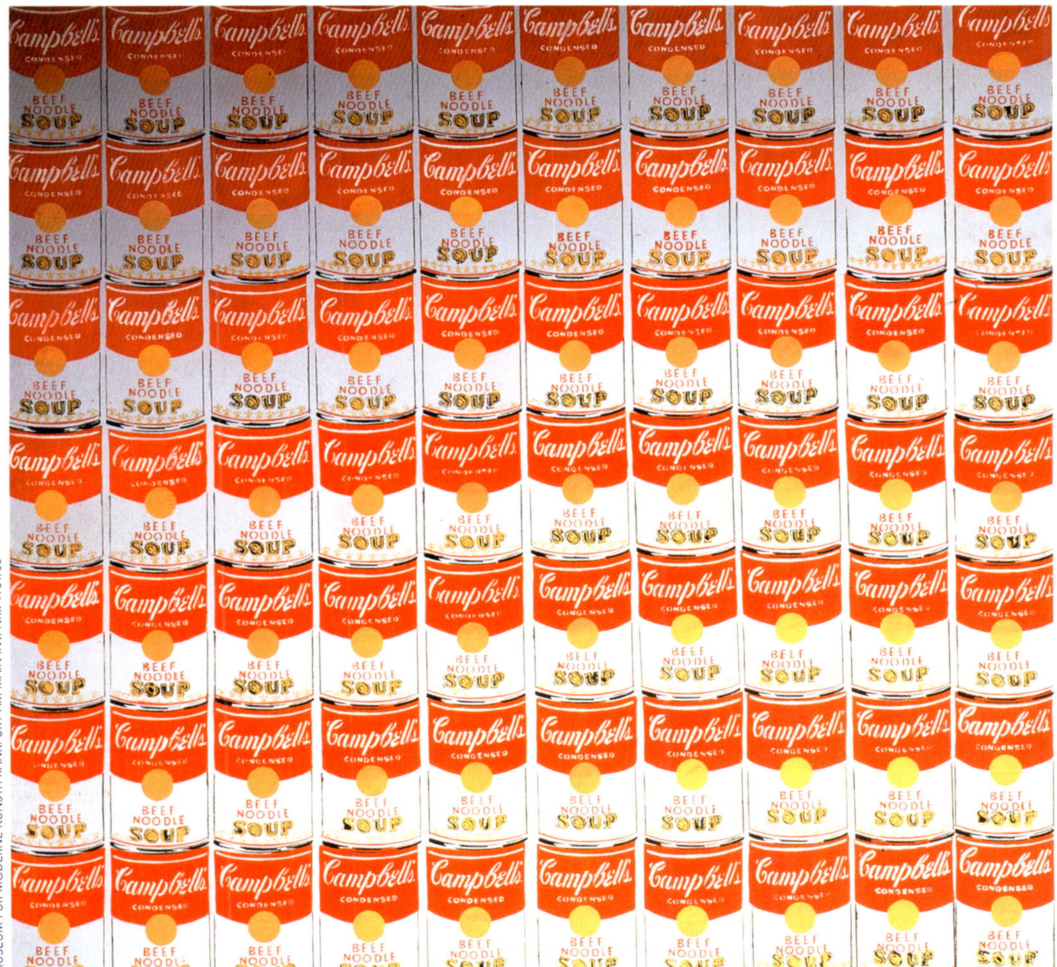

MUSEUM FÜR MODERNE KUNST/FRANKFURT AM MAIN INV. NR.: 1981/55

Andy Warhol, »One Hundred Campbell's Soup Cans«, 1962, 183 x 138 x 2,5 cm, Acryl und Liquitex auf industriell grau grundierter Leinwand

Andy Warhol

* 6.8.1928 Pittsburgh, Pennsylvania
† 22.2.1987 New York

Die einzigen von Hand gemalten Bilder Andy Warhols stammen ausschließlich aus den Jahren 1960 bis 1962. Während dieser Zeit arbeitete er mit Acrylharzfarben und schuf z. B. die »Tanzdiagramme«, »Do it yourself-Ausmalbögen« oder auch die berühmte Serie »Campbell's Suppendose«.

Anfang der Sechzigerjahre entdeckte Andy Warhol für sich (und damit für seine Kunst bahnbrechend) die Möglichkeiten des Fotosiebdrucks. Acrylharzfarben sind dann nur noch in den gemalten Hintergrundpartien seiner Siebdruckarbeiten anzutreffen. Da die Gewebemaschen des Siebes sonst verstopfen würden, wird reine Siebdruckfarbe, also Schmelzfarbe auf der Basis von Öl, eingesetzt. Bei den »One Hundred Campbell's Soup Cans« wurde allerdings eine frühe Form von Acryl- und Liquitexfarben eingesetzt (vgl. auch Seite 56 f.).

Sol LeWitt

* 9.9.1928 Hartford, Connecticut
† 8.4.2007 New York

LeWitt studierte von 1945 bis 1949 an der Syracuse University, New York. Zunächst unterrichtete er ab 1964 an verschiedenen Kunstschulen, seit 1970 ständig aber an der New York University.

Als Aufgabenstellung galt es hier, einem durch Architekturelemente beherrschten Raum mit einem Wandbild kreativ hinüberzuhelfen. Vier sehr unterschiedliche Entwürfe standen im Wettstreit, um das große Entree der Dresdner Bank auszugestalten. Aus der »Floating Cube«-Serie Sol LeWitts wurde diese stark farbige, wenn auch sehr differenzierte Abfassung gewählt. Dem Künstler ging es vor allem um die möglichst authentische Leichtigkeit im Farbauftrag, die sogar im doppelten Sinn von Bestand sein sollte. Denn der Lichteinfall ist hier durch das gläserne Kuppeldach zu bestimmten Tageszeiten immens. Frühe bzw. auch ähnliche Arbeiten LeWitts waren beispielsweise für temporäre Ausstellungen noch mit Pastellkreide ausgeführt. Diese Oberflächenstruktur galt es hier nachzuahmen, was mit handelsüblichen Acrylfarben und unter Anwendung einer speziellen Auftragtechnik erreicht werden konnte.

Vor dem Gerüst stehend, werden nur die ungefähren Proportionen klar, wenn ein Wandbild von ca. 150 m² umgesetzt werden soll. Nach mehrfachem Isolier- und Grundierauftrag wurden zunächst die geometrischen Körper auf der Wand umgesetzt. Klare Begrenzungslinien konnten nur mit abdeckendem Klebeband (Tesa-krepp®) erzielt werden. Der Farbauftrag erfolgte sukzessive. Ein wolkig-pastellartiger Charakter wurde anhand einer kleineren Vorlage über eine eindeutig definierte Farbvorlage bestimmt. Die Farbe konnte bei dieser Größe nur mit sehr breiten Pinseln (Quast, Deckenbürste) aufgetragen werden. Der »wolkige« Effekt wurde dann mittels Schwämmen, Lappen oder gar unter Verwendung noch größerer Pinselformen gleichsam tupfend angesetzt. So versuchte der Künstler, sich allmählich an die tatsächliche Oberflächenwirkung heranzutasten. Dabei war die richtige Verwendung der Farbe in ausreichender Menge gefragt. Auch hierbei zählte der Profi auf die üblichen malhandwerklichen Parameter (siehe Seite 39).

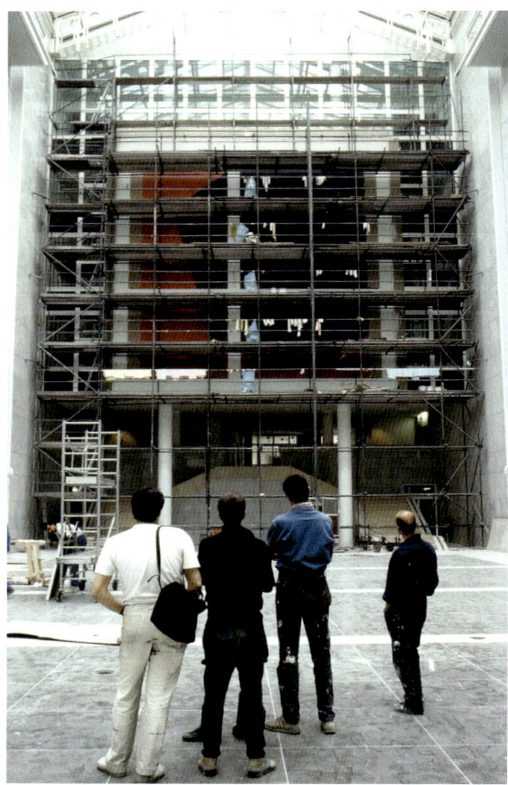

Vor dem Gerüst während der Arbeiten am »Floating Cube«

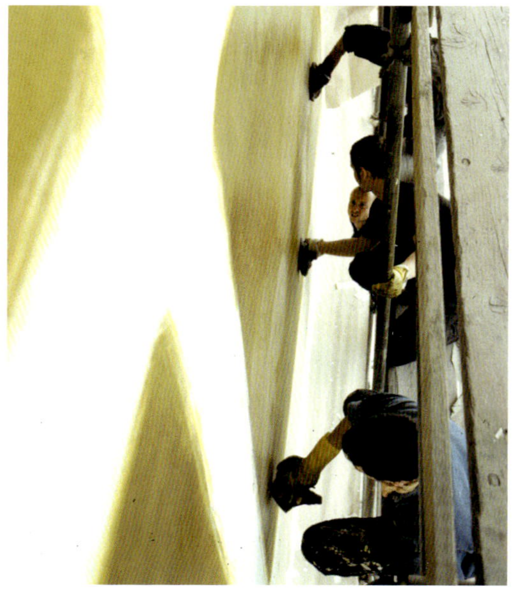

Blick auf die Malarbeiten von oben

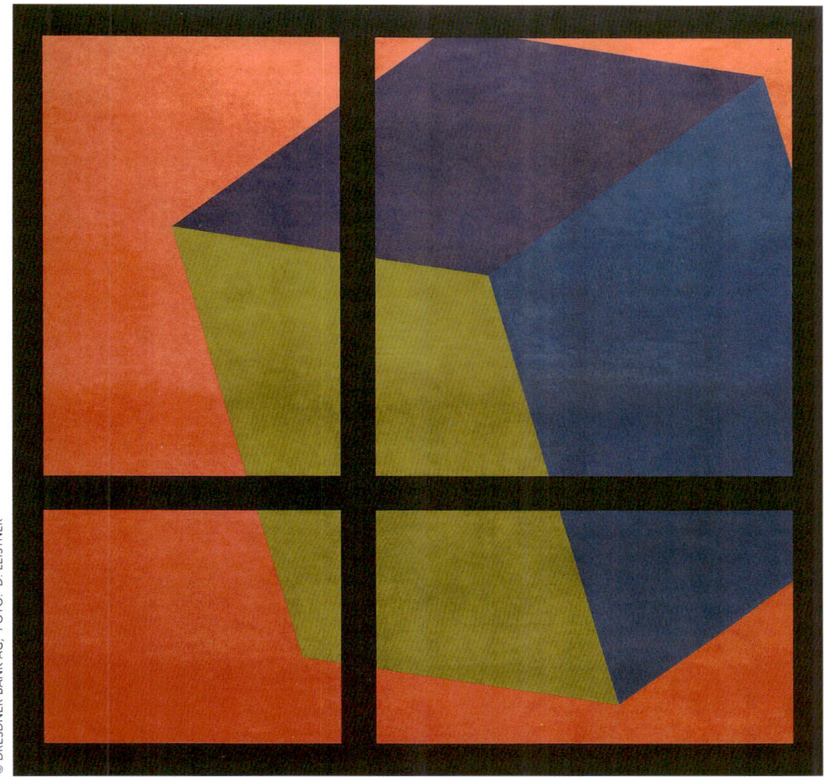

Sol LeWitt, »Floating Cube«, 1991, Wall-Drawing # 678, 1150 x 1150 cm, Lascaux Aquacryl auf Putz & Beton

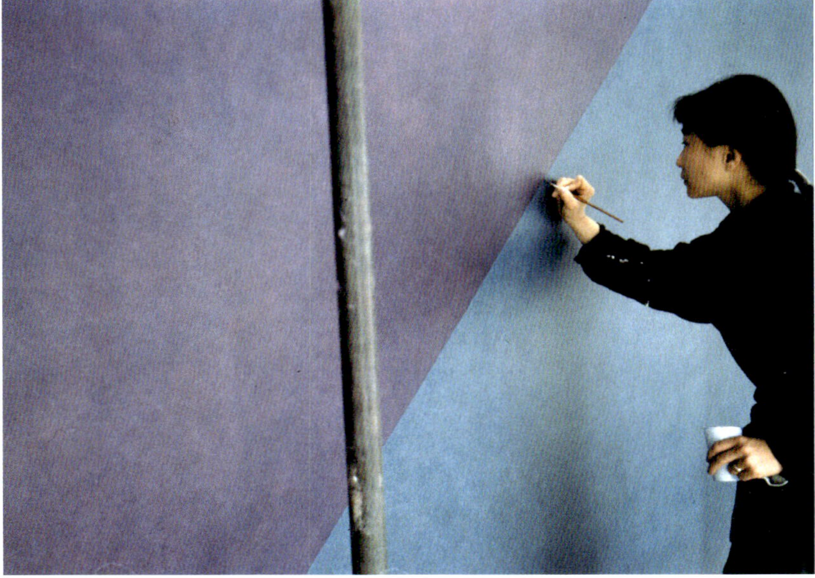

Auch nach dem Abziehen des Abdeckbands sind kleine Retuschen notwendig.

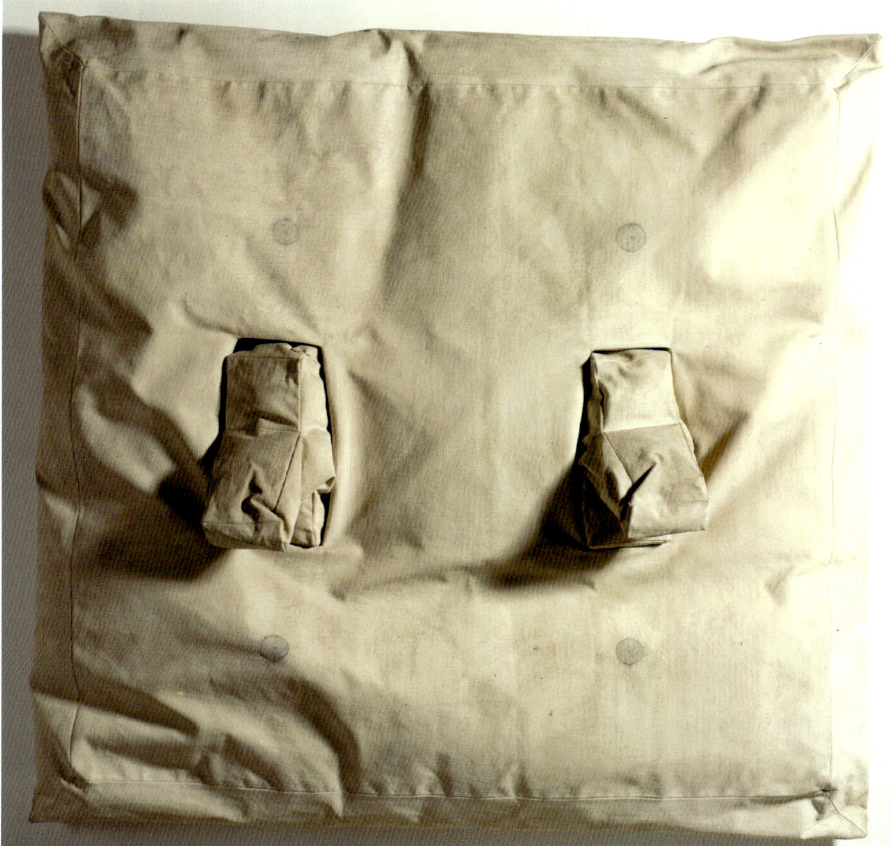

MUSEUM FÜR MODERNE KUNST/FRANKFURT AM MAIN INV. NR.: 1981/32

Claes Oldenburg, »Light Switch«, 1963, 23 x 70 x 72 cm ohne Sockel, 73 x 90 x 90 cm mit Sockel, Liquitex auf Leinwand über Kapokfüllung und Holzkonstruktion, mit Kordel befestigte Holzteile

Claes Oldenburg

* 28.1.1929 Stockholm,
lebt in New York

1946 bis 1954 Studium der englischen Literatur und Kunst an der Yale University, New Haven/ Connecticut und am Art Institut, Chicago

Nach der frühen Beschäftigung hauptsächlich mit expressiver Malerei (1956–1959) wandte sich Claes Oldenburg unter anderem mit Jim Dine und Alan Karow der Aktionskunst und den Happenings zu. Unter dem Eindruck der Nouveaux Réalistes schuf Oldenburg um 1960 erste Objektarbeiten, die er ab 1961 selbst in seinem Ateliergeschäft »The Store« verkaufte. Er verarbeitete Materialien wie Wellpappe und rohe Holzkonstruktionen zu sperrigen Nachbildungen von Alltagsgegenständen. Die Themen umkreisten etwa die Bereiche »Straße«, »Ladenlokal« oder »Heim«; ab 1965 entstehen die überdimensionalen Monumentalarbeiten.

1963 experimentierte Oldenburg mit weichen Materialien wie Leinwand, Vinyl oder Stoff und so entstanden ebenfalls nach Gegenständen des Alltagslebens die ersten »Soft Sculptures«, etwa ein Telefon oder ein Lichtschalter, den wir hier abbilden. Die eigentliche Sensation liegt in der weichen Vergrößerung eines an sich bekannten Objektes. Oldenburg verblüfft damit den Betrachter, indem er dessen bisherige Wahrnehmungserfahrung in Frage stellt und damit zur Überprüfung, zur Berührung gar, herausfordert.

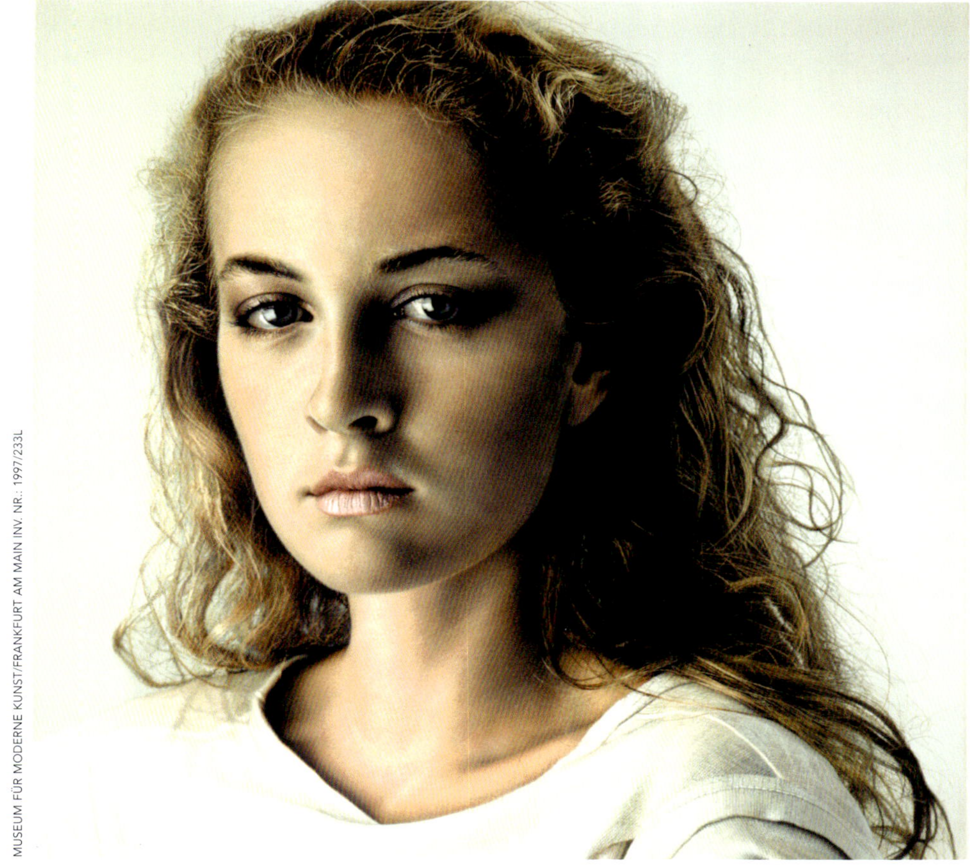

Franz Gertsch, »Johanna«, 1983/1984, ca. 330 x 340 cm, Acryl auf grundierter Baumwolle

Franz Gertsch

* 1930 Mörigen (Kanton Bern), Schweiz, lebt und arbeitet in Rüschegg-Heubach

Franz Gertsch übernimmt seine Bildmotive meist aus dem privaten Lebensumfeld. Dabei wählt er scheinbar zufällig einen quasi alltäglichen Ausschnitt, der in seinen Emotionen ebenso unverbindlich wie auffordernd die Gefühle und Haltung seiner Generation widerspiegelt. Seine Absicht ist dabei mehr das Festhalten des Besonderen gerade dieser Erscheinung, weit weniger das Einfangen ideologischer Fragen. Gertsch verwendet dazu fast ausnahmslos Diapositive als Vorlagen, die die Personen in ihrer ganzen Individualität darstellen, im Umfeld mit den für sie typischen Gegenständen: Frisur und Make-up, Kleidung und Accessoires oder zeittypischen Fragmenten. Bei seinen Fotografien benutzt er ein mit 35 mm Brennweite mittleres Weitwinkelobjektiv, das er auch für die Projektion des Dias auf die Malleinwand verwendet. Damit kann Gertsch den Blickwinkel auf eine normale Brennweite korrigieren, indem er zur Größe etwa die Distanz eines Drittels addiert. Der Standort des Projektors entspricht dem des Betrachters, wenn er den äußeren Blickwinkel zum Bild einnimmt. Entfernt man sich von diesem Punkt, entwickelt sich das Bild zum bloßen Zitat; tritt man aber näher heran, erkennt man pure Malerei.

Aus einer Vielzahl von Diapositiven wählt Gertsch dann die intensivste Fotografie aus. Bei der Auswahl sind nicht nur die Qualität des Diapositivs wichtig, sondern stets auch die die Person umgebenden Objekte. Zunächst hält sich der Künstler für die Kompositon an die Darstellung des Dias. Gertsch fügt nichts hinzu, allein durch die überlebensgroße Umsetzung wird das Bild zur Malerei. Das Blow-up-Verfahren des Fotorealismus wurde aus der Pop-Art übernommen, wobei eine Wirklichkeit aus zweiter Hand zum Tafelbild erhoben wird. Zwar ist eine gewisse Raumtiefe noch vorhanden, dennoch erhält dieses Bildnis erst durch die veränderte Form physischer wie räumlicher Präsenz seine Aura.

Über das Blow-up-Verfahren der Fotografie hinaus, werden Unschärfen malerisch ausgelöscht, indem der Künstler zwar den Bildinhalt vergrößert, aber dennoch in malerische Qualität umsetzt. Die eigentliche Malerei wird dabei aus kleinen, dicht nebeneinander gesetzten Farbpunkten in Acrylmaltechnik aufgebaut. In gewisser Weise erinnert die Maltechnik an die des Impressionismus, der im Pointillismus noch dem damals üblichen Vergrößerungsverfahren der Schwarz-Weiß-Fotografie folgte. Gertsch übernimmt das Punkte-Verfahren und schafft vor allem mit der Farbe die Intensität und nicht zuletzt die Schattierung. In gewisser Weise gelingt Gertsch hier auch dank Acryl eine moderne Auffassung einer traditionellen Maltechnik. Die illusionistische Aussagekraft schöpft er dabei aus technischen Unzulänglichkeiten der Fotografie und schafft als Maler, trotz der Vorlage auf der Basis eines Diapositivs, eine neue Bildrealität, indem er mit malerischen Mitteln die Farbigkeit des entstehenden Bildes so steuert, dass er die Bildebenen aufhebt.

Gotthard Graubner

* 13.6.1930 Erlbach
† 24.5.2013 Neuss

Die Kindheit auf dem Lande und die Verbundenheit mit der Natur waren wohl noch vor dem Kunststudium die wichtigsten Erfahrungen für den jungen Gotthard Graubner. Denn das Studium brachte ihm wohl mehr Verwirrung als Klärung. Sein Studium begann er 1947 an der Hochschule für Bildende Künste in Berlin, wechselte aber von 1948 bis 1952 als Schüler Wilhelm Rudolphs nach Dresden, um schließlich bis 1959 an der Düsseldorfer Akademie zu studieren.

In den frühen Bildern beschäftigte sich Graubner zunächst mit Studien über Selbstporträts und Landschaften, fand dann aber den Weg über tachistisch-kalligraphische Formen zur Farbfläche. Schon 1960 stellte er erste monochrome Farbräume aus. Zart farbige Untermalungen in den mit fast trockener Farbe gemalten Oberflächen seiner Bilder riefen besondere Raumempfindungen hervor. Sozusagen als Konsequenz daraus entwickelte Graubner regelrechte Farbkörper, indem er die Oberflächen der Bilder polsterte und ihnen damit eine dritte Dimension verschaffte. Die so genannten Kissenbilder entstanden ab 1963. In der Folgezeit schuf Graubner die so genannten Nebelräume und ab 1970 entstanden die »Farbraumkörper«. 1969 wurde Graubner an die Hochschule für Bildende Künste in Hamburg berufen und folgte dann 1976 einem Ruf an die Düsseldorfer Kunstakademie.

Das Bild »Pensieri a Veronese« gehört gemeinsam mit den Bildern »Venezia« und »Hommage à Tintoretto« als Farbraumkörper zu jenem Triptychon, das Graubner 1982 zur Biennale in Venedig für den Pavillon der Bundesrepublik Deutschland schuf. Obwohl Graubner sein ursprüngliches Konzept schon sehr früh ersann, stand dennoch für ihn fest, dass sein Beitrag vor Ort entstehen soll, wenn es auch Wochen, wenn nicht Monate beanspruchen würde. Für sein Düsseldorfer Atelier ließ er zunächst die Keilrahmen anfertigen, Kunststoffbahnen und Leinwände zuschneiden; die farbige Umsetzung seiner Konzeption entstand jedoch in Venedig. Um (auch im Wortsinn) den Farbraumkörper regelrecht aufzubauen, näherte sich Graubner dem erwünschten Einfluss des Raumes auf das Bild und umgekehrt sukzessive an. Seine Absicht war es, das Prinzip der Farbigkeit zu durchleuchten, wenn er über Wochen die vielen Farbschichten bis zur vollständigen Entfaltung an der Bildoberfläche auftrug. Den Entstehungsprozess – »Work in progress« – eines sich vom Atelier zur Ausstellung wandelnden Raumes hielt Graubner in Fotografien fest.

Gotthard Graubner, »Pensieri a Veronese«, 1982, 240 x 240 x 20 cm, Öl und Acryl auf Leinwand über Füllung aus Kunstharzfasern

»... *Ich bin frei von dem Zwang, ein noch besseres Bild zu malen als das vorangegangene. Ich male seit 1965 das beste Bild, das ich malen kann, nämlich das beste Bild.*« **Roman Opalka**

Roman Opalka

* 27.8.1931 Abbeville, Frankreich
als Sohn polnischer Eltern,
† 6.8.2011 Chieti, Italien

1950 bis 1956 Studium an der Akademie der Bildenden Künste, Warschau

Als Roman Opalka 1965 die Arbeit zu seinen »Details« aufnahm, scheint er den unendlichen Teufelskreis von Vollendung und Neubeginn durchbrochen und damit seine endgültige Antwort gefunden zu haben. Dabei ist es sein unwiderrufliches Ziel, die Zeit mit Zahlensymbolen zu erfassen. Das erste Bild dieser Serie beginnt oben links mit der Zahl »1:« auf schwarzem Untergrund; sie ist in Weiß mit dem kleinsten käuflichen Pinsel gemalt, Pinselgröße 1. 1972 entschied sich Roman Opalka, den Hintergrund von »Detail« zu »Detail« jeweils um ein Prozent Weiß aufzuhellen: So durchzieht die Arbeit an den »Details« ein weiterer »weißer« Faden. Die Bilder werden immer heller. Am Ende malt Opalka weiß auf weiß.

MUSEUM LODZ/POLEN

Roman Opalka, »BILD Nr. 1 – ∞ 1 – 35.327«, 196 x 135 cm, Tempera auf Leinwand

»Als Datum erscheint nur das Entstehungsdatum des ersten ›Details‹, 1965, vor dem Zeichen für Unendlich, und die erste und die letzte Zahl des angegebenen ›Details‹. Ich zähle fortlaufend von 1 bis Unendlich auf ›Details‹ gleichen Bildformates [...] mit der Hand, mit einem Pinsel, mit weißer Farbe, der auf jedem folgenden ›Detail‹ mehr Weiß haben wird, als auf dem vorhergehenden. Folglich erwarte ich den Zeitpunkt, wenn ›Details‹ weiß auf weiß erscheinen werden. Jedes ›Detail‹ wird von einer phonetischen Aufzeichnung auf einem Tonband und fotografischen Aufnahme meines Gesichtes begleitet.«

Bild Nr. 1 (heute Museum Lodz) beginnt mit der Zahl 1 und endet bei 35.327. Später, wenn der Künstler ungefähr bei einer 1 Milliarde angekommen ist, wird er weiß auf weiß malen, also kaum mehr sichtbar für den ungeübten Betrachter. Dann erscheint nur noch die Farbstruktur. Die ersten Bilder Opalkas wurden noch in Tempera ausgeführt, deren störende Neigung zur Rissbildung ihn aber dazu bewogen, schließlich mit Acrylharzfarben zu arbeiten. Zuerst wird mit einfacher weißer Innenwandfarbe vorgrundiert und dann folgen vier Schichten der grau eingefärbten Grundierfarbe. Während er früher mit Acrylfarben von Rowney & Co. gearbeitet hat, die nach seiner Meinung an Deckkraft verlören, malte er später nur mit schwarzer und weißer »Liquitex«-Farbe. Oft wurde Opalkas Maltechnik an den »Details« als Ölmalerei bezeichnet. Opalka erklärte hierzu, das könne er nicht verstehen, da man nur mit Acryl so temperaartig malen könne. Die von Opalka geforderte äußerst präzise Malweise wird nur in der Maltechnik mit Acrylfarben möglich. Das wird seiner Meinung nach besonders deutlich, wenn man zum Vergleich die mit Temperafarben ausgeführten Malereien etwa von Cranach bis Dürer heranzieht. Durch Verdünnung hervorgerufene Matteffekte würden den Aspekt seiner Malerei stören, darum bevorzugte Opalka ebenso gleichmäßige, wie unberührte Oberflächen. Ein Firnisüberzug fehlt.

Roman Opalka, »DETAIL 3222407–3240177«, 196 x 135 cm, Acryl auf Leinwand

On Kawara

* 24.12.1932 Aichi-ken
† 10.7.2014 New York

Kawara nimmt eine Sonderstellung in der zeitgenössischen Kunst ein: Denn er gibt keine Interviews, lässt sich nicht fotografieren und erscheint auch nicht auf Ausstellungseröffnungen. Zum Teil entspricht diese Art Abkapselung einer selbst gewählten Askese nach fernöstlichem Muster. Vordergründig besteht sein Werk lediglich aus Dokumenten, die sein Leben immerhin den äußeren Tatsachen entsprechend widerspiegeln. Durch rigorose Selbstdisziplin entsteht eine genaue Lebensbeschreibung Kawaras, der stets wiederkehrende Aktivitäten akribisch aufzeichnet. Indem er aber in diesem »Tagebuch« auf jede Anekdote oder persönliche Deduktion verzichtet, gibt er kaum etwas von sich selbst preis.

Am 4. Januar 1966 schuf Kawara das erste »Date Painting« und seither sind über 2000 Kunstwerke in dieser wohl ungewöhnlichen Form traditioneller Malerei entstanden. Pro Jahr entstehen zwischen 30 und 240 Arbeiten, die jeweils nur die Datums- oder Jahresangabe enthalten, und zwar in der Schreibweise, die in dem Land üblich ist, in dem das Bild entsteht. Bildwerke, die nicht am selben Tage, an dem sie begonnen wurden, bis Punkt Mitternacht fertig gestellt werden, müssen, auch in beinahe abgeschlossenem Zustand, vom Künstler vernichtet werden.

Die Ziffern und Buchstaben werden stets von Hand in Weiß auf einem dunkelfarbig abgetönten Hintergrund gemalt, der aber niemals schwarz ist. Die einheitlich monochrome Farbigkeit des Hintergrunds ist bei den frühen Arbeiten meist noch in einem dunklen Blau oder in Rot gehalten. Bei den meisten Gemälden überwiegen jedoch dunkle, ins Graue gehende Töne von Braun, Grün oder Blau. Kawara trägt hierzu vier oder fünf Farbschichten nacheinander auf, bis eine gesättigte, gleichmäßig matte Oberfläche erreicht ist, die lediglich die Gewebeoberfläche wiedergibt. Für die Ziffern und Buchstaben des Datums legt er weitere sechs bis sieben weiße Farbschichten auf. Auch hierin sind weder Pinselspuren noch jegliche individuelle Aktivität erkennbar. Den Zeitpunkt ausgenommen, an dem das Gemälde begonnen und fertig gestellt sein muss, unterwirft sich der Künstler keinem vorgefertigtem Muster. Mit dem einheitlichen Farbton des Hintergrunds versucht Kawara weder für eine bestimmte Farbigkeit einzutreten noch eine solche zu unterdrücken; Farbe bleibt also möglichst neutral. Wenn es auch widersprüchlich erscheint: Die leichten Farbvariationen heben eine Subjektivität auf. Von vornherein wird vermieden, dass eine bestimmte Pigmentierung die Gedanken und die Wahrnehmung beeinflusst.

Die Größen reichen von 155 x 226 cm bis zu 20,5 x 25,5 cm: Es sind stets Querformate. Von den kleineren Formaten können bis zu drei Stück an einem Tag gemalt werden, an anderen Tagen werden gar keine Datumsbilder geschaffen. Während der zum Teil ausgedehnten Reisetätigkeit greift Kawara auf transportable Größen, so genannte a- und b-Größen (a = 20,5 x 25,5 cm, b = 33 x 25,5 cm), zurück.

Jedem Werk ist ein von Hand angefertigter Pappkarton beigefügt, dem eine Zeitung beigelegt wird. Zuweilen handelt es sich auch nur um einen in die Innenseite des Kartons geklebten Zeitungsausschnitt. Die Zeitung bzw. der Ausschnitt stammen stets vom Ort und Tag der Entstehung eines »Date Paintings«. Zu jedem Werk existiert ein Untertitel, ein längeres Zitat oder eine kurze Äußerung, etwa der Ausdruck eines persönlichen Gedankens oder die Anmerkung zu einem Tagesereignis.

Die Verwendung einer Pappschachtel weist dem Werk einen Objektcharakter zu, der Zeitungsausschnitt liefert den Untertitel. Die Unterschiedlichkeit von Kunst und Wirklichkeit wird durch die Zeitung bzw. den Zeitungsausschnitt zum einen hervor-, zum anderen ganz aufgehoben. Damit bringt Kawara Zeit, als die größte organisierte Kraft hinter menschlichem Bewusstsein, in eine fassbare und gegenständliche Sicht ...

Die reine Malarbeit wird durch andere, in ihrer Art ähnliche Werkkomplexe begleitet. Seit 1966 führt On Kawara auch Notizbücher in Form von Loseblatt-Sammlungen. Gebräuchlichem Standardpapier mit Millimeteraufdruck wird am oberen Rand mit einem Spezialstempel Tag, Monat und Jahr des Datums aufgeprägt, an dem ein Bild entstanden ist. Das Papier wird mit Zeitungsausschnitten von der Art eines Datumsbildes versehen: Diese Werkreihe trägt den Titel »I READ«. Seit 1968 führt Kawara ein ähnliches Buch, in dem die Namen aller Menschen notiert sind, denen er an diesem Tag begegnet ist: »I MET«. Das Werk mit dem Titel »I

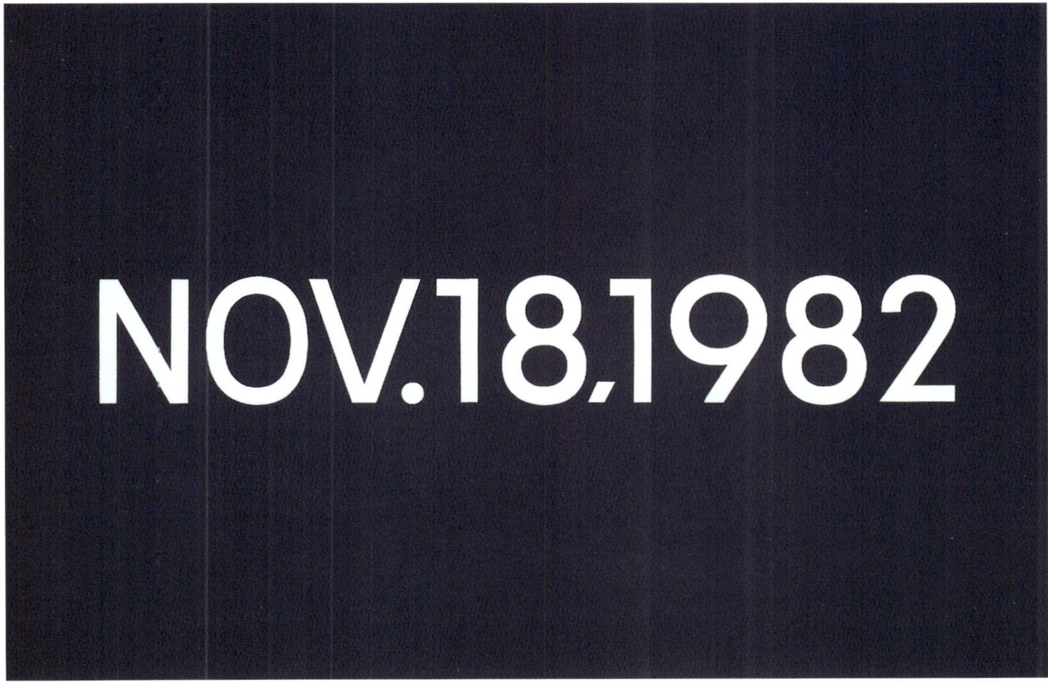

SAMMLUNG LAFRENZ/HAMBURG

On Kawara, »Nov. 18, 1982«, 1982, 160 x 230 cm, Acryl auf Leinwand

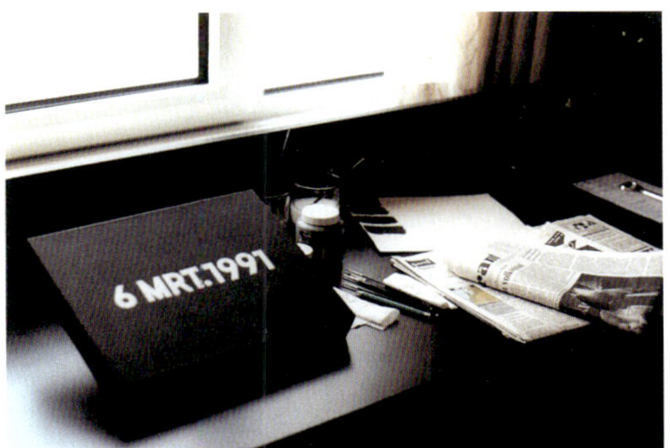

Arbeitssituation On Kawaras im Rotterdamer Hotelzimmer, am 6. März 1991

WENT« enthält die Strecke, die er an einem Tag zurückgelegt hat und die in einem detaillierten Plan mit rotem Stift eingetragen wird. Bei einer weiteren Methode verschickt er zwei Ansichtskarten an Freunde oder Bekannte und dokumentiert mit dem Aufdruck »I GOT UP AT« die genaue Uhrzeit seines Aufstehens. Diese Berichte enden am 17. September 1979, als Kawaras Koffer mit den Tagebuchaufzeichnungen und dem Spezialstempel in Stockholm einem Diebstahl zum Opfer fallen.

Prinzipiell wird von Kawara die Zweidimensionalität eines Gemäldes an sich schon durch den Objektcharakter (Pappschachtel und Zeitung) in die dritte Dimension gehoben, aber auch mittels der zurückgelegten Wegstrecken auf Reisen oder Streifzügen. Durch die Beschäftigung mit dem Thema »Zeit« gewinnen die Datumsbilder noch zusätzlich an Bedeutung und reichen sogar in die vierte Dimension.

Die »Date Paintings« On Kawaras werden stets mit Acrylfarben ausgeführt.

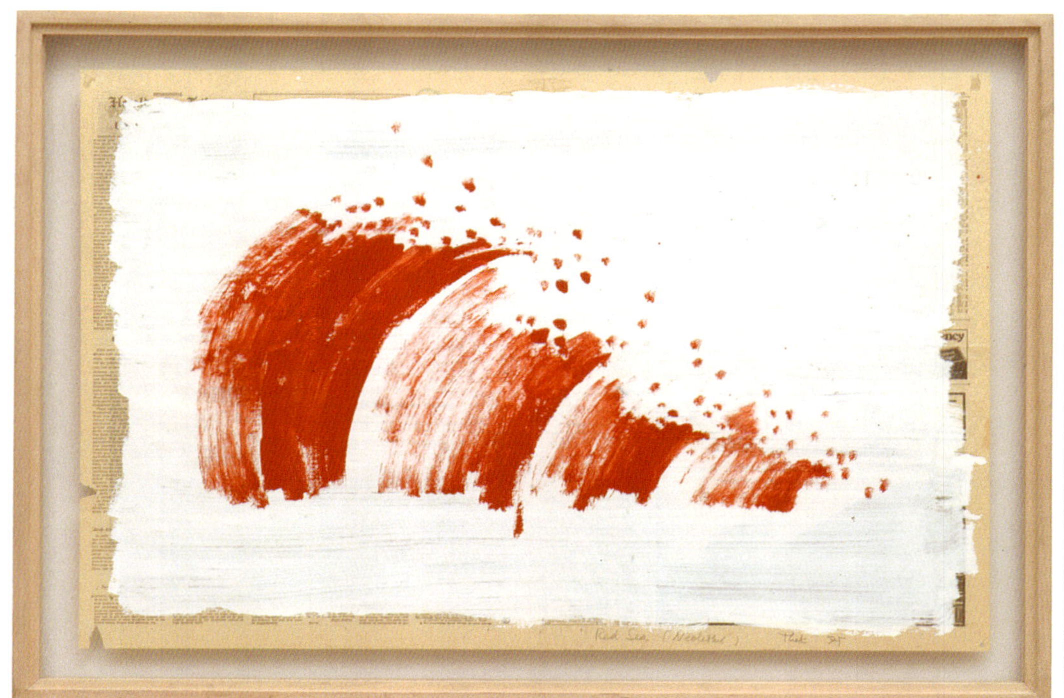

Paul Thek, »Red Sea (Neolithic) 2«, 1975, 58,4 x 83,8 cm, Acryl über Kreidegrund auf Zeitungspapier

Paul (eigentl. George Joseph) Thek

2.11.1933 – 10.8.1988 New York

Dieser auch als Maler bekannte Objektkünstler gilt heute umso mehr als Artist's Artist. Noch in seinen teilweise raumgreifenden Installationen klingt dazu ein eigener mythischer Pathos an. Sein Material ist bewusst arm gewählt wie in der hier abgebildeten kleinen roten, rythmischen Zeichnung auf eigens weiß grundiertem, neutralen Zeitungspapier. Auf einer Photographie bei der Arbeit im Studio sieht man, wie er die an die Wand gehefteten Papiere bearbeitete. Der Untertitel weist uns gleichsam in die Jungsteinzeit (Neolithic) und an den Ort: Rotes Meer. Als die Malerei entstand, war Thek bereits an der documenta 4 (1968) und 5 (1972) zu Gast gewesen.

Markus Prachensky

* 21.3.1932 Innsbruck
† 15.7.2011 Wien

Markus Prachensky begann zunächst mit dem Studium der Architektur an der Wiener Akademie der Bildenden Künste (1952 – 1954), wechselte aber bald zur Malerei. Währenddessen entstanden erste Bilder mit überwiegend geometrischer Formgebung. Um 1956/57 brach Prachensky völlig mit der konventionellen Form der Komposition, um nun Gefühle, Emotionen und Stimmungen nach eigener Vorstellung in abstrakt expressiven Bildern auszudrücken. Auf dem Boden liegend, brachte Prachensky in einem Zustand gründlicher Reflexion, gleichwohl im vehement aktiven Malakt, die Vorstellung eines Zustandes auf die Leinwand. In Chiffren und individuellen Zeichen setzte er vor allem auf spontane, gestisch stark expressive Malerei, die sich formal am Tachismus orientiert.

Das Bild »Etruria – 17« ist Teil einer Werkphase, die nach einem Aufenthalt in der Toskana entstanden ist. Unter einem großen schwarzen Dreieck berühren sich die Farbstreifen aus verschiedenen Rottönen sowie Gelb und Grün, die in der Mischung optisch durch Schwarz bestimmt sind. Man fühlt sich dabei an die kräftige Farbgebung der toskanischen Landschaft erinnert. In Metaphern setzt Prachensky hier die Gefühle und Stimmungen dieser Zeit um.

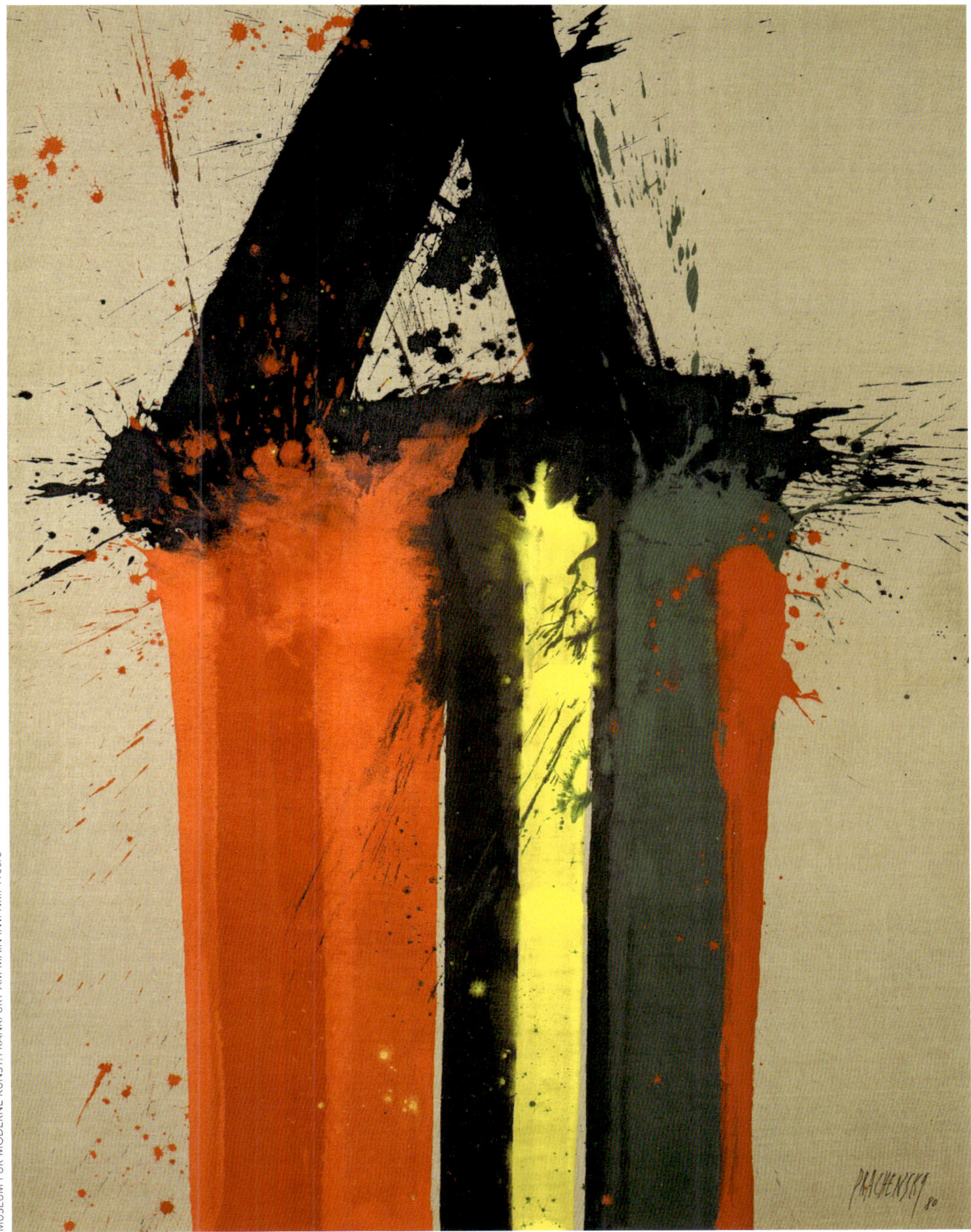

Markus Prachensky, »Etruria – 17«, 1980, 169,5 x 130,4 x 4 cm ohne Rahmen, Acryl auf Leinwand

Rolf Rose

* 1933 Halberstadt,
lebt seit 1953 bei Hamburg

Rolf Rose lebt und arbeitet in seinem Kremper Atelier in Schleswig-Holstein, einer alter Windmühle bei Hamburg. Anfangs widmete er sich noch figürlichen Formen, wie jeder andere Künstler auch, und malte technisch in der Ölmalerei. Seine Malerei wechselte im Lauf der Zeit: Farben und Formen sowie erdachte Strukturen wurden abgelöst von feinen Flächen, die er hin und wieder mit einer Schlussbehandlung von Graphitstaub versah. Anfang der Neunzigerjahre wandte er sich dem für ihn neuen Medium der Acrylmalerei zu. Gerade in seiner Arbeitsweise ist Farbe nicht nur Medium, sondern auch Form. Durch die Abwesenheit figürlicher Elemente werden seine Bilder per se zur Form.

Seit mehr als zwanzig Jahren malt Rolf Rose monochrome Bilder, die er meist mit einem Spachtel abzieht. Mit diesen Spachteln oder spachtelartigen Instrumenten zieht er mehr oder weniger heterogene Flächen ab. Seine Absicht zielt in eine bestimmte, gar sensationelle Farbrichtung; interessant werden die kleinen Eigentümlichkeiten mehr am Rande: hier ein Farbwulst, der die Flächen überschneidet, dort Vertiefungen, die ein klein wenig ungleichmäßig gearbeitet wurden. Zu Anfang der Siebzigerjahre beginnt Rose, mit Spachteln aus Handwerk und Industrie zu arbeiten.

Oft sind die immensen Bildflächen »klassisch« untermalt, um bei »Auslassungen« hindurchschillernde Flecken zu kompensieren. Die frühen Bilder waren noch in dunkler Farbigkeit gehalten. Grünschwarz, dunkles Braun oder Blau mit Schwarz ohne Kontraste wurden mit Ölfarben aufgesetzt. Mit den neuen Spachteln aber wagt sich Rolf Rose auch in eine neue, farbige Welt. Dennoch geht es ihm vor allem weiterhin darum, seine eigene Unruhe durch kontemplative Stille in den Bildern auszugleichen.

Furchen, aufgeworfene Grate, differenzierte Oberflächenstrukturen sind die Elemente seiner Bildwerke. Oft ergibt sich hier durch fransige Seitenbegrenzungen gegen scharfkantige Außenlinien erst das eigentliche Bild, gleichwie ob ein Bild glatt gespachtelt oder feinnervig gerillt ist. Der Maler Rose tritt mit seiner Subjektivität zugunsten kammartig changierender Formen, zwischen Linien und Pastositäten, oder eigentümlich gestalteter Oberflächenwirkung vollkommen zurück. Aus dem Untergrund entwickelt sich eine farbige Fläche und damit auch weitere farbtonale Spuren, lineare Züge und andere Färbungen, die sich symbiotisch zwischen die Farbteile stellen, mitunter auch als horizontal oder vertikal kammartige Strukturgebilde herausgeformt. Wenn Rolf Rose die Masse und Konsistenz der Farben nur in Spuren variiert und so Regionen von durchscheinender Kraft und einbrechendem Licht erzeugt, entsteht sein Bild von der Welt.

Wenn sich also ein Betrachter auf diese fest umschlossenen Bilder von Rolf Rose einlässt, so ist die Wirkung meist indifferent; einerseits wirkt die Dichte des Farbauftrags und das Bildwerk in sich geschlossen, andererseits öffnet es sich durch unterschiedliche Farb- und Flächenvolumen, je nach eigener Stimmung und Lichteinfall.

Rolf Rose arbeitet zur Zeit mit Acrylfarben von Winsor & Newton.

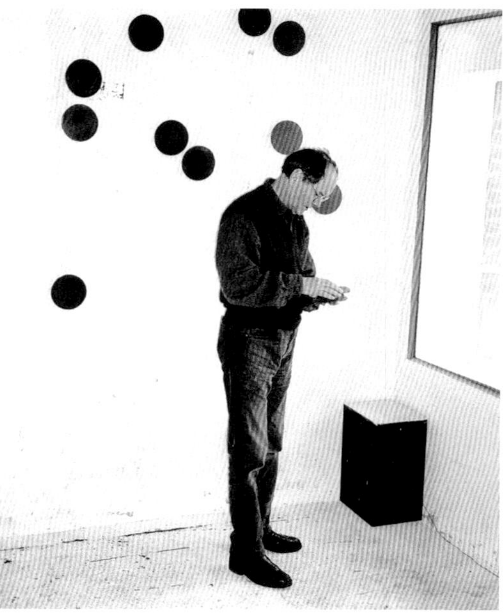

Rolf Rose in seinem Atelier

SAMMLUNG DES KÜNSTLERS

Rolf Rose, »Ohne Titel 2«, 1987, 210 x 230 cm, Graphit über Acryl auf Holz

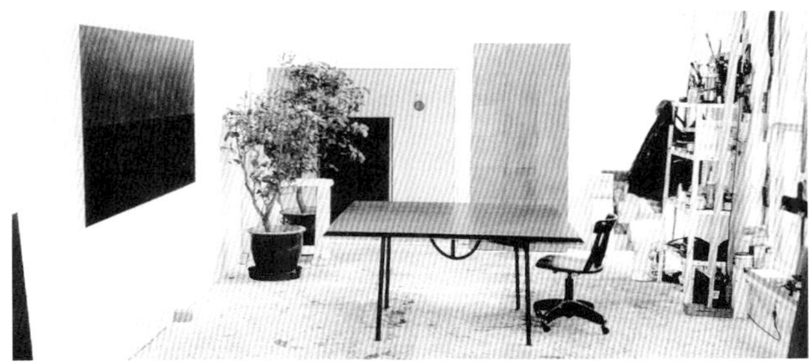

Das Atelier von Rolf Rose

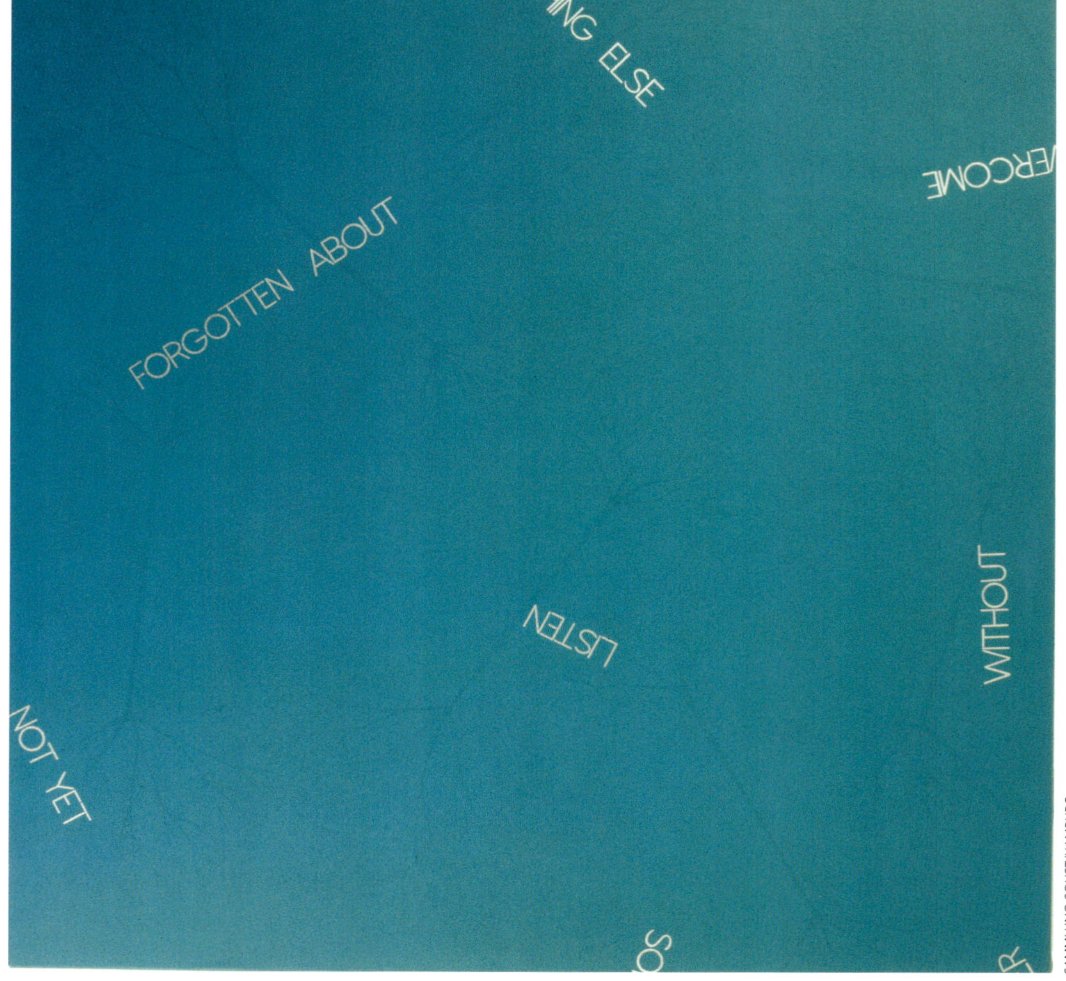

SAMMLUNG SOHST/HAMBURG

Robert Barry, »Ohne Titel« (Blue Painting), 1987, 153 x 153 cm, Acryl auf Leinwand

Robert Barry

* 9.3.1936 New York

Die gesamte Bildfläche ist monochrom orange gehalten (siehe nächste Seite). Lediglich an den Seiten wird sie gewissermaßen eingegrenzt. Robert Barry hat die Acrylfarbe direkt auf das ungrundierte Trägergewebe aus Baumwollstoff aufgetragen, die hellen Streifen rechts und links geben den Naturfarbton des Stoffes wieder, etwa als sei der Bildträger freigelegt. Dabei wird jeweils oben und unten die Horizontale betont, indem ein etwa ein Zentimeter langer Strich über die helle Begrenzung hinausgeht.

Mit diesem Beispiel aus den Sechzigerjahren wird der Abschied von der Malerei als subjektive Aktion dokumentiert. Das so genannte Systematic Painting trat in das System der Malerei ein. So gesehen, ergibt sich eine Abgrenzung von den abstrakten Expressionisten aus der frühen New School um Barnett Newman, Jackson Pollock oder Mark Rothko. Aber Barry nahm mit dem fiktiven Begriff der »Minimal Art« die strukturelle Beziehung vom Innen und Außen auf. Ein Fenster sei sowohl Durchgang als auch Trennung, zwei vollkommen verschiedene Dinge, wie er sagt, und dennoch gerade in dieser Kombination interessant für seine Arbeit.

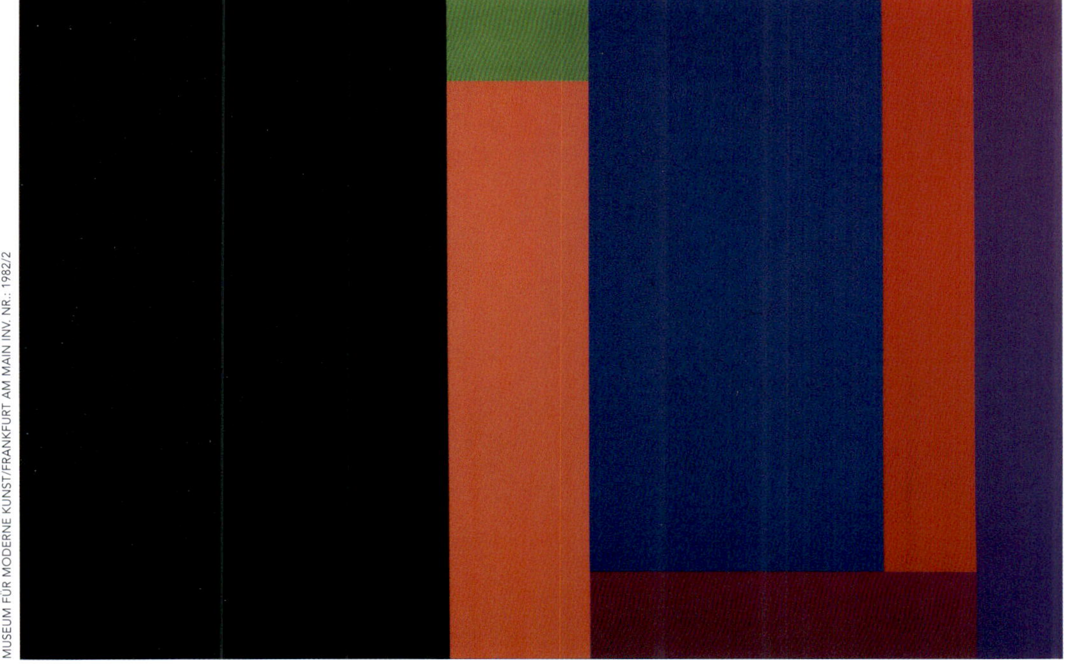

MUSEUM FÜR MODERNE KUNST/FRANKFURT AM MAIN INV. NR.: 1982/2

Doug Ohlson, »Double Future«, 1982, 173,5 x 265,5 x 4 cm, Acryl auf Cotton Duck; mit weiß grundierter Leinwand hinterspannt

Doug Ohlson

* 18.11.1936 Cherokee, Iowa
† 29.6.2010 New York

Nach dem Studium der Kunst und Literatur an der University of Minnesota/Minneapolis (1960/61) siedelte Ohlson nach New York um, wo er seit 1963 Mitarbeiter des Bildhauers Tony Smith war.

Im Bildaufbau Ohlsons geht die Farbwirkung mit räumlichen Zusammenhängen einher und seine Arbeiten lassen sich so formal der geometrischen Abstraktion zuweisen. Bei dem abgebildeten Werk »Double Future« erfordert der rechte Bildbereich in Aufbau und farbiger Anlage mehr Aufmerksamkeit als etwa das große linke Farbfeld, das in einem äußerst dunklen Violett gefasst ist. In abgestuften Weißausmischungen erscheint Violett in balkenförmigen Rechtecken gleich zweimal, die sich in die mischfarbigen Komponenten Rosa, Grün und Orange einbinden und sich gegen Blau als einzige Primärfarbe behaupten. Indem sich Ohlson hier bewusst einer reinen Farbigkeit widersetzt, entsteht durch die Kontrastwirkung und Konfrontation der Farben ein dynamischer Tiefenraum.

SAMMLUNG SOHST/HAMBURG

Robert Barry, »Orange Painting«, 1966, 122 x 122 cm, Acryl auf Leinwand

Frank Stella, »BONNE BAY I«, 1969, 305 x 610 cm, Acryl auf Leinwand

SAMMLUNG ONNASCH, BERLIN

»Das nur das ist, was man sehen kann ...«
Frank Stella

Frank Stella

* 12.5.1936 Malden, Massachusetts

1950 bis 1958 Studium an der Phillips Academy, Andover/Massuchusetts; Princeton University, Princeton/New Jersey

Nach dem Abschluss eines Bachelor of Arts zieht Frank Stella nach New York. Seine erste Werkgruppe der »Black paintings« (seit 1958) sind schwarze Leinwände, auf denen weiße Linien unterschiedliche Figurierungen bilden. In den »Aluminium-« und »Copper-series« ab 1960 setzt er auf die mit bestimmten Metallfarben grundierten Leinwände mit weißen Linien geometrische Formen und Figuren. 1961/62 bereist Stella Europa und Nordafrika, 1963 den Iran. Die Eindrücke dieser Reisen spiegeln sich in Werken und zum Teil in Titeln mit Namen der von ihm besuchten Orte wider.

Das Bild »Rabat« von 1964 (Abbildung rechts) gehört zum Werkkomplex der »Marokko-series« desselben Jahres. Das Kolorit der Hauptstadt Marokkos mit seinem Hafen an der Atlantikküste findet sich in den flirrenden Farbgegensätzen Blau für das Meer und Gelb für den Sand. In der diagonalen Bildachse treffen in der Verschiebung die blauen und gelben Farbstreifen im Wechsel so aufeinander, dass sie sich in zwei Dreiecke zerteilen. Beginnend mit dem längsten Streifen jeweils an der oberen wie an der rechten Bildseite, finden sie schließlich als kleine Dreiecke (Gelb gegen Blau) ganz unten links zueinander. Dass die Bildebene wie eine einheitliche Fläche wirkt, liegt nicht zuletzt an den feinen weißen Linien zwischen den Farbstreifen. Durch dieses Ausbalancieren erzeugt Stella gleichsam eine Räumlichkeit im Bild. Die helleren gelben Streifen erscheinen dabei natürlich näher und die dunklen blauen fern. In dieser wechselseitigen Raumtäuschung wird zusätzlich ein farbiger Effekt ausgelöst; das Bild erscheint diagonal geöffnet wie ein aufgeschlagenes Buch. In formaler Einheit und letzter Konsequenz dem so genannten Hard-Edge verhaftet, steigert hier Stella die Wirkung und die Dynamik des gesamten Bildes.

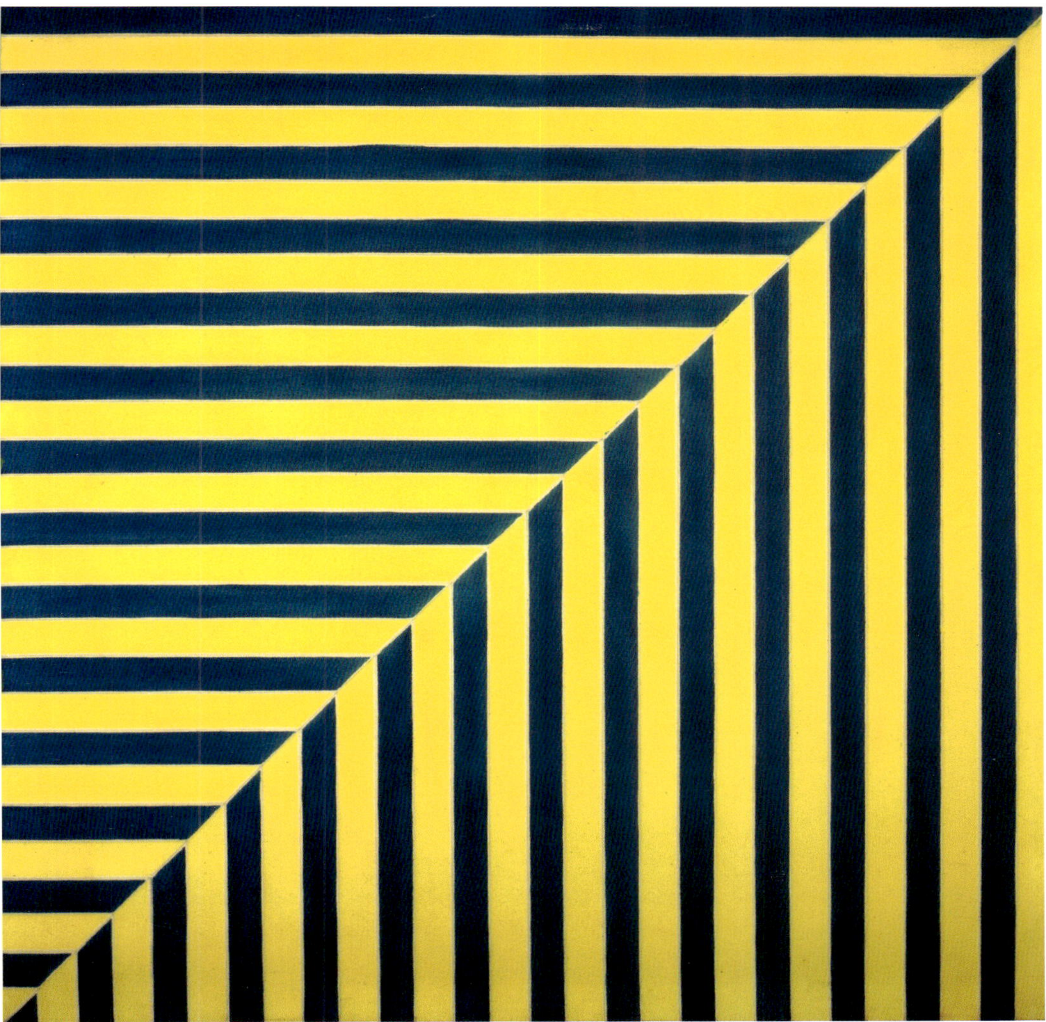

Frank Stella, »Rabat«, 1964, 195,6 x 195,5 x 7 cm, fluoreszierendes Acryl auf Cotton Duck

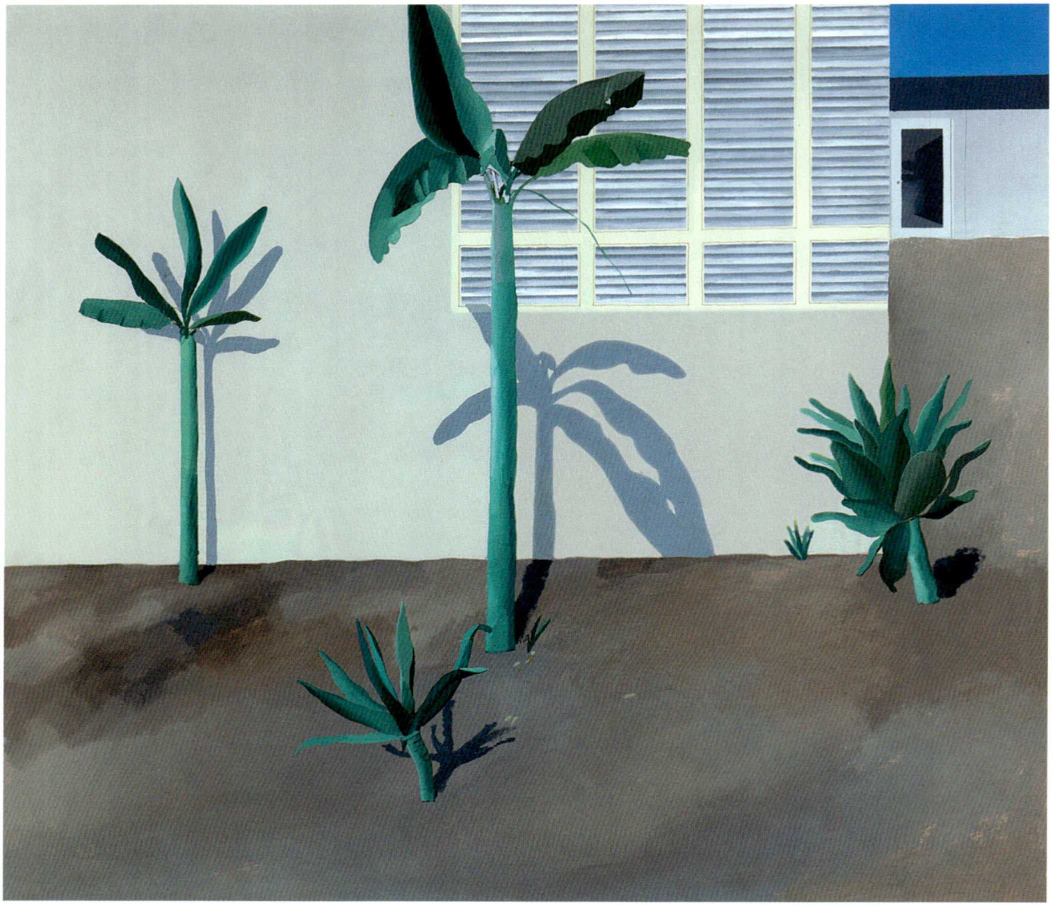

David Hockney, »Hollywood Garden«, 1968, 158 x 164 cm, Acryl auf Leinwand

David Hockney

* 9.7.1937 Bradford/Großbritannien

Hockney arbeitete zuerst mit klassischen Ölfarben und wechselte 1964 zu Acrylharzfarben, die er bis 1972 ausschließlich verwendete (Liquitex-Farben auf dem so genannten »cotton duck canvas«). Weil ihm aber die Möglichkeiten von Acrylmalerei als zu eingeschränkt erschienen, kehrte Hockney ab 1974 zur Ölmalerei zurück. Noch in England begann er mit Acrylfarben von Rowney & Co. zu arbeiten, die ihn in Textur und Farbauswahl nicht zufrieden stellten. In den Sechzigerjahren lernte er in Kalifornien die neuen Acrylharzfarben kennen, die nicht nur seine Malweise, sondern auch seine Motivwahl beeinflussten. Das Thema der vorwiegend in Los Angeles entstandenen Bilder war stets das Wasser, das nach Ansicht Hockneys in der realen Welt ebenso präsent ist wie im Medium einer Acrylfarbe.

In diesem Bild trug Hockney die Farbe in den Flächen mit einem Farbroller auf. Lediglich die Details wurden mit einem Pinsel ausgemalt. Er erreichte dabei die Abgrenzungen der Konturen durch Maskierungen und Klebestreifen. Die Liquitex-Farbe wurde mit dem Gel-Medium im Verhältnis 4:1 verwendet. Das klare Licht Kaliforniens verlangte nach einer einfacheren Maltechnik, während das komplexere Licht seiner Londoner Heimat die alte »chiaroscuro«-Technik erforderte, meinte Hockney rückblickend.

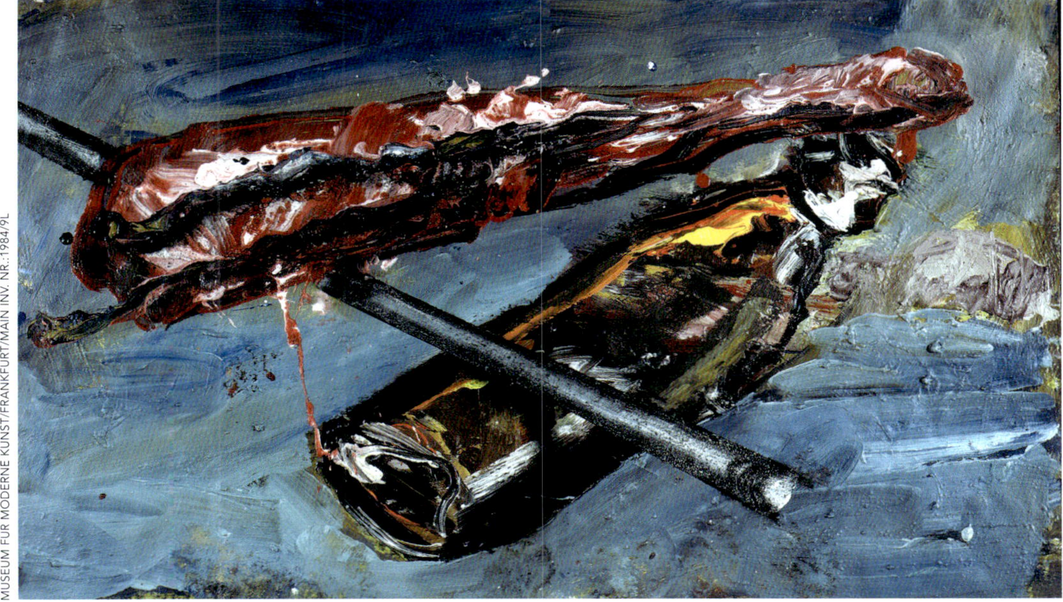

Dieter Krieg, »Ohne Titel«, 1984, 99,5 x 155,5 cm, Acryl auf Karton

Dieter Krieg

* 21.5.1937 Lindau/Bodensee
† 26.11.2005 Bergheim/Rhein-Erft-Kreis

Dieter Krieg, der sich seine Farben auf der Basis von Acrylbindemitteln in der Regel selbst herstellte, absolvierte sein Studium an der Karlsruher Kunstakademie (1958 – 1962) bei HAP Grieshaber. Früh in den Sechzigerjahren stand der menschliche Körper und dessen nähere Umgebung im Mittelpunkt der künstlerischen Auseinandersetzung Kriegs, später wandte er sich mehr und mehr den Gegenständen des Alltags zu. Nach Kriegs Aussage erscheint die menschliche Figur stets in Zusammenhang mit einer gewissen, oft meist textilorientierten Staffage: Tücher, Anzüge, Polster, aber auch Bandagen oder gar Metallstangen. Zu Beginn der Siebzigerjahre fehlte bei Krieg der Mensch als Bildmotiv, trotz einer ständigen Bezugnahme. Es entstanden im seriellen Prinzip ganze Bildreihen aus dem Nichts, ohne Menschen oder nur in schattenhafter Andeutung, grau-in-grau. Nach einer längeren Arbeitspause Mitte der Siebzigerjahre suchte Krieg sich neue Motive, etwa aus der nahen Umgebung von Imbissständen; Bilder »ohne Titel« entstanden: Schaschlik, Hähnchen, Kotelett, Bier oder Messer sind klar erkennbar. In mehr spontan abstrakt-expressionistischem Malgestus verschob Dieter Krieg die Bildebene auf eine größere Distanz, um sie in dieser scheinbaren, entfernten Vergrößerung verschwommen erscheinen zu lassen.

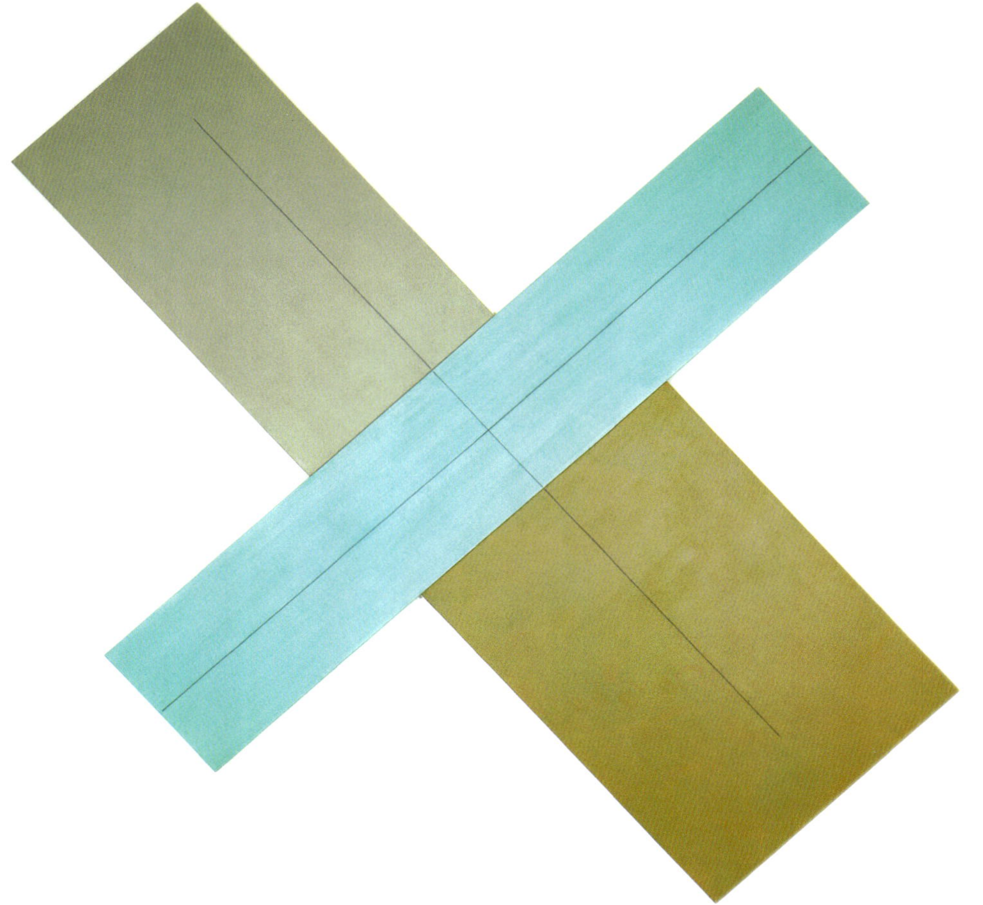

Robert Mangold, »Three color X within X«, dreiteilige Arbeit, 1981, 290 x 244 cm, Acryl und Bleistift auf Cotton Duck

Robert Mangold

* 12.10.1937 North Tonawanda, New York

1956 bis 1959 Studium am Cleveland Institute of Art
1960 bis 1963 Yale University Art School

Robert Mangold, der sich früh der Farbe als ausschließlichem Ausdrucksmittel widmete, erkannte rückblickend, dass die flache Ebene auf der Wand eigentlich das war, womit er sich wirklich auseinandersetzen wollte. Damit formulierte er zwar inhaltlich mit Morris Louis oder Frank Stella vergleichbare Problematiken, um aber die Wahrnehmung zu schärfen, ging Mangold noch weiter. Seine Intention war ein konkret fassbares Formenangebot, um eine Kontrolle über Leinwandflächen und die dort monochrom verteilten Farbflächen zu erreichen. Zum eigentlichen Thema seiner Arbeit bestimmte er das Material und setzte damit seine Kunst einem konkreten Objekt gleich.

Der reine Malakt oder Schaffensprozess spielt etwa bei der Arbeit »Three color X within X« kaum

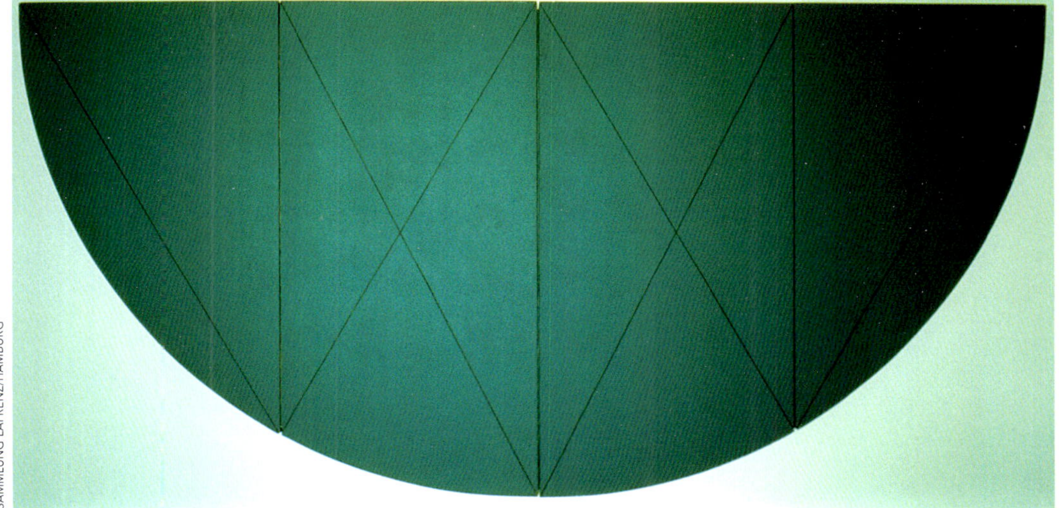

SAMMLUNG LAFRENZ/HAMBURG

Robert Mangold, »½ series blue«, 1968, 122 x 244 cm, Acryl auf Masonite

noch eine Rolle; wesentlich ist die exakt herausgearbeitete Situation dieses Kunstwerks. Drei Farbflächen ergeben zunächst ein X. Das von links unten nach rechts oben aufstrebende mittelblaue Rechteck durchtrennt die aus zwei Teilen bestehende ockergraue Diagonale. Diese Achse besteht nach unten aus einem ockerfarbenen Rechteck und einem grauen oben links. Obwohl das blaue Segment diese Form einerseits zerlegt, bindet es sie andererseits auch ein. Die gesamte Konstruktion wird zusätzlich durch ein mit Bleistift aufgesetztes Kreuz verbunden. Die zweidimensionale Form wird im Abstand zur Wandfläche tatsächlich in eine dritte Dimension gesteigert. Bild und Gestaltung werden gleichermaßen thematisiert. Gewissermaßen ähnelt diese Arbeit Mangolds den konkret-raumgreifenden Objekten der Minimal-Art.

Ulrich Erben, »Ohne Titel«, 1974, 100 x 160 cm, Acryl/Öl auf Leinwand

SAMMLUNG RENATE UND GÜNTHER HAUFF, STUTTGART

Ulrich Erben

* 26.3.1940 Düsseldorf
lebt ebenda und auf dem Thomashof on Goch

Erben hatte in Italien Anfang der Sechzigerjahre ersten Kontakt mit einem Produkt namens Vinavil, einer Polyvinylacetdispersion der Firma Montecatini in Mailand. Er arbeitete bis Ende der Achtzigerjahre vorwiegend mit Ölharzfarben, bis er sich der Acrylmalerei zuwandte. Er verarbeitet die Acrylfarben stark verdünnt in mehreren dünnschichtigen Lagen. Grundiert wurde mit einfacher Wandfarbe, die mit Acryl noch verstärkt wird. Als Bindemittel setzt er hauptsächlich den Acrylkleber 498 von Lascaux ein. Durch ein stetiges Übereinanderlegen von fast transparenten Malschichten entsteht in den Farbflächen eine eigene Lebendigkeit der Oberfläche. Erben behauptet, Acrylfarben seien lichtempfindlich, zwar nicht im ursprünglichen Sinn, sondern empfindlich gegen eine falsche Form der Ausleuchtung.

Peter Krahé

* 1941 Gotha
lebt in Hamburg in der Nähe des Doms

Nach Studien an der Kunstakademie Düsseldorf und der Hochschule für Bildende Künste Hamburg (1961–1967) war Krahé bis 1982 Assistent im Atelier von Paul Wunderlich. Danach war er Fachhochschullehrer für künstlerische Techniken an der Fachhochschule Hannover, bis sie 2008 ihre Pforten schloss.

Krahé hält im maltechnischen Wechselspiel in Varianten seines Fotorealismus einen Traum fest, wie er nie war. Der hell-weiße Raum hat keinen Boden und gibt aus der Vogelperspektive die Sicht auf eine nächtliche Kleinstadt wieder.

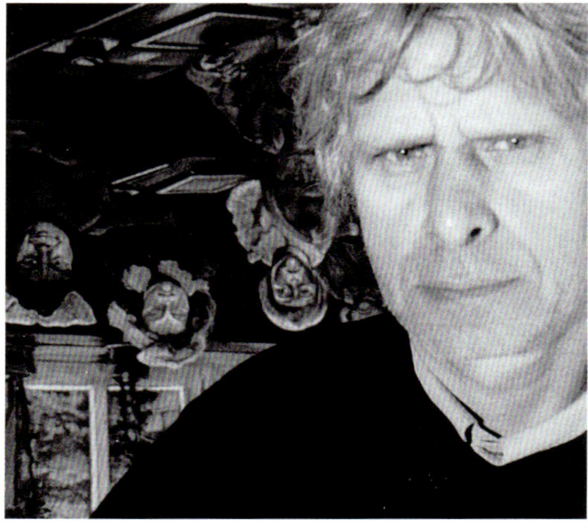

Porträt Peter Krahé – 1998
vor seinem Bild »Hedwig-Schule Klasse 1b«

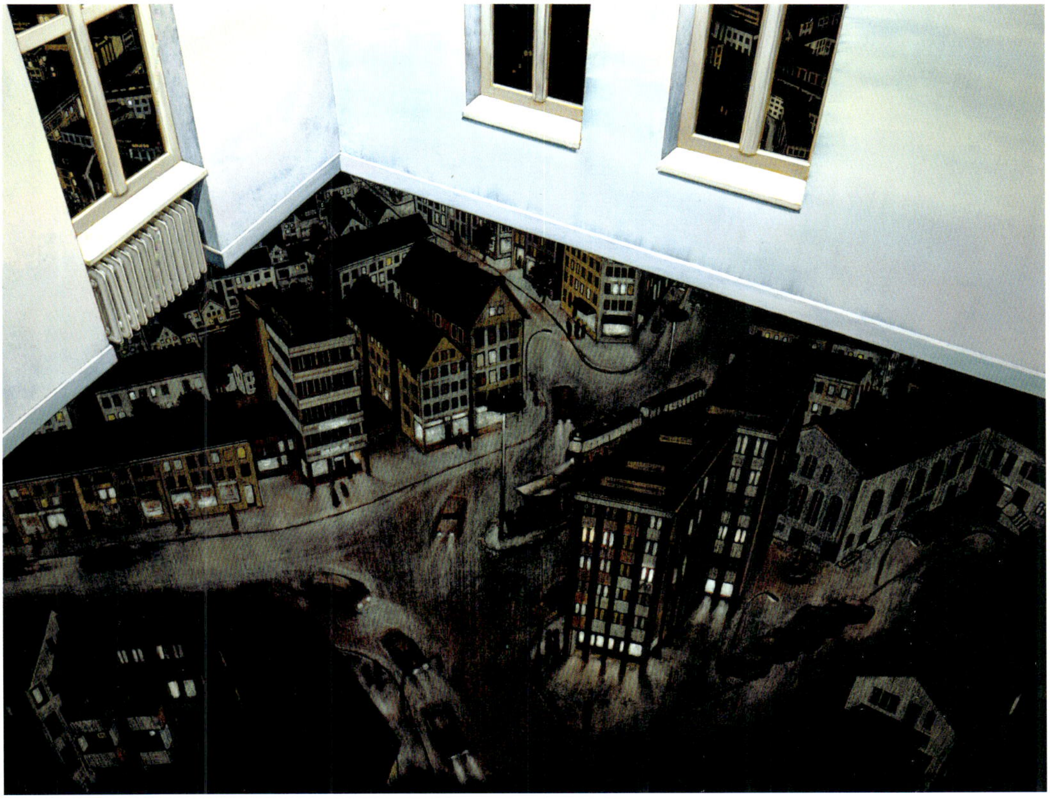

Peter Krahé, »Traumbild«, 1977, 115 x 160 cm, Acryl auf Nessel

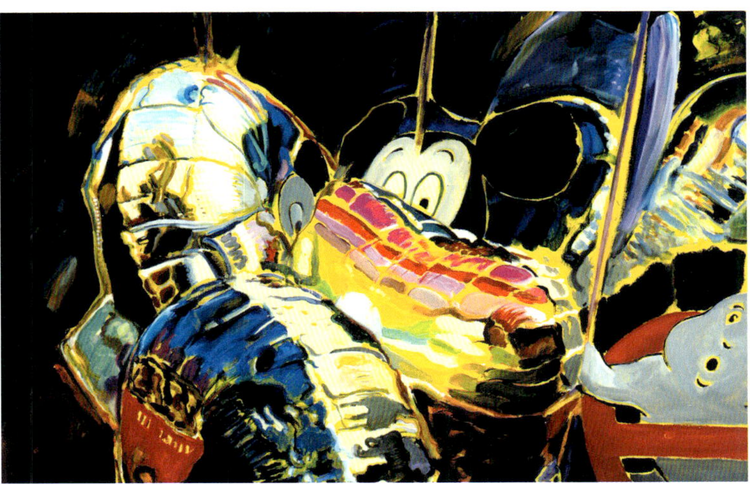

Peter Krahé, »Dombild«, 1997, 85 x 120 cm, Öl über Acryl auf Nessel

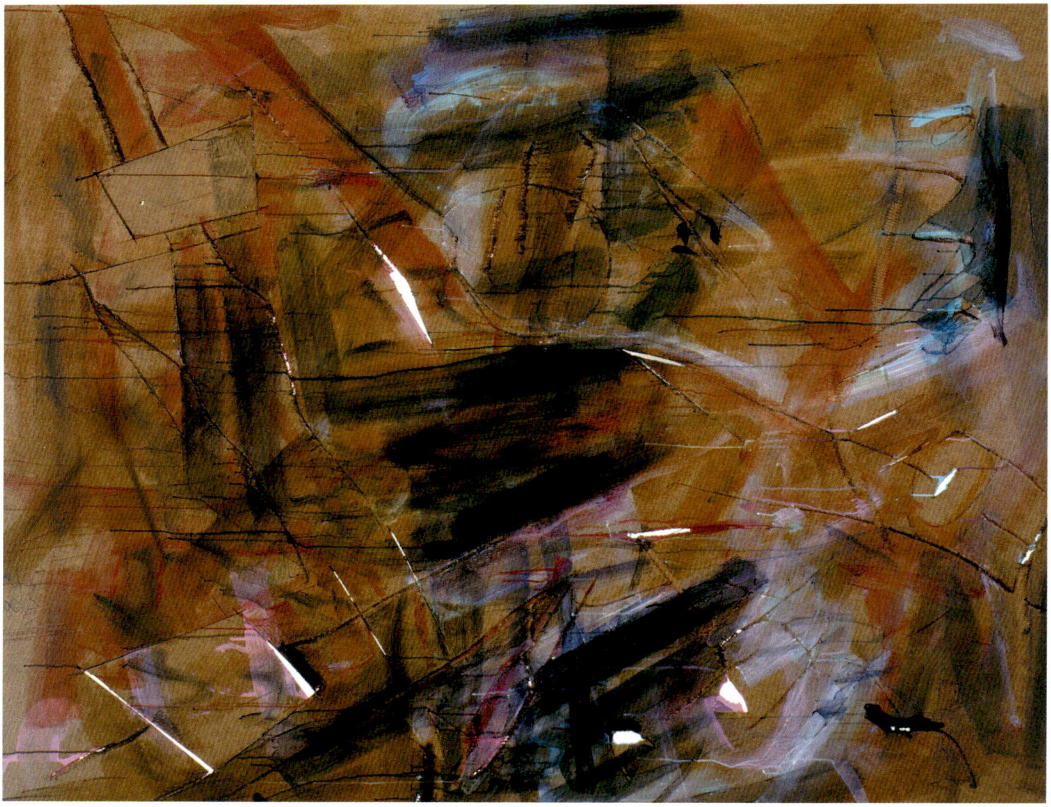

MUSEUM FÜR MODERNE KUNST/FRANKFURT AM MAIN INV. NR.: 1986/3

Imi Knoebel, »Ohne Titel«, 1985, 230,2 x 172 x 2 cm, Acryl und Lackfarbe auf perforierter und gravierter Hartfaserplatte

Imi Knoebel

* 31.12.1940 Dessau

Knoebel kam 1964 zusammen mit Imi (Rainer) Giese (1974 verstorben) von der Werkkunstschule Darmstadt an die Staatliche Kunstakademie nach Düsseldorf. Beide versuchten damals durch besonders extravagantes Auftreten Joseph Beuys' Beachtung zu gewinnen, um in seine Klasse aufgenommen zu werden.

Beeinflusst durch Blinky Palermo, mit dem ihn bis zu dessen Tod im Jahr 1977 eine sehr enge Freundschaft verband, entstand eine Serie von Tafeln mit Anordnungen von ausschließlich in Schwarz-Weiß gehaltenen Linien meist horizontaler, weniger vertikaler Ausrichtung, den so genannten Linienbildern. Um die Grenzen dieses Projekts überprüfen zu können, begann Knoebel die schier unglaubliche Menge von einer Viertel Million Zeichnungen mit je einer senkrechten und waagerechten Linie. In dem »Hartfaserraum« von 1968 wurde die Problematik auf den Raum erweitert, einem Prototyp für mehrere spätere Installationen.

Mitte der Siebzigerjahre begann Knoebel mit seinen »Mennige-Bildern«, in denen er über den Raum hinaus das Zusammenwirken von Rechteckformen untersucht. In Hintereinanderreihungen und Überlagerungen versuchte er schließlich in den Achtzigerjahren die ästhetischen Grenzen von Zwei- und Dreidimensionalität zu ergründen und ab Mitte der Achtzigerjahre diese Erfahrungen mit Hilfe bildnerischer Mittel umzusetzen. Aus dieser Zeit stammt unser Beispiel. Später kehrte Knoebel von der informellen Struktur seiner Bilder zu einer geometrischen Formalität zurück.

Sigmar Polke

* 13.2.1941 Oels/Schlesien
† 11.6.2010 Köln

Die Familie von Sigmar Polke siedelte 1953 von Schlesien nach Willich bei Mönchengladbach über. Nach einer Glasmacherlehre nahm Polke 1961 das Studium an der Düsseldorfer Kunstakademie auf, unter anderem bei Gerhard Hoehme und Karl Otto Götz. Zu dieser Zeit gründete er, zusammen mit Gerhard Richter und Konrad Fischer-Lueg, den »kapitalistischen Realismus«. Die ersten herben Zeichnungen umschreiben Szenen oder einfache Gesichter und sind inspiriert von Francis Picabias Arbeiten aus der Dada-Zeit.

Bald entstanden Rasterzeichnungen, die sich an Zeitungsbildern orientieren und über die Vergrößerung mit Diaprojektoren oder Episkopen die Rasterung herausstellen. Durch Mehrfachüberlagerung oder zeichnerische Zusätze wurde das eigentliche Bildthema oft bis zur Unkenntlichkeit verfremdet. Hinzu tritt die Wahl von mehr oder weniger stark gemusterten Dekorationsstoffen als Bildträgern oder zum Teil auch von transparenten Malgründen, die nicht nur die Stützkonstruktion, sondern oft auch die ganze Wand der Galerie sichtbar machen.

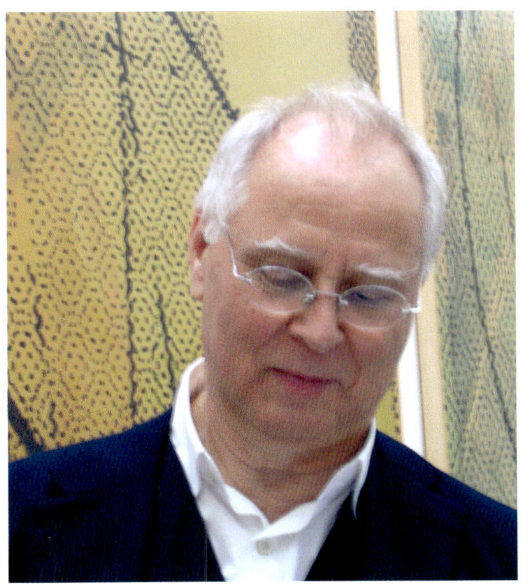

Sigmar Polke während der Eröffnung seiner Ausstellung »Werke & Tage« im Kunsthaus, Zürich – April 2005

Angeregt durch den Diebstahl eines Bildes von Rembrandt, widmete sich Polke einem Zyklus mit dem Titel »Original und Fälschung«. Diebstahl oder gar Zerstörung und die Bandbreite der Begriffe Imitation, Kopie oder Fälschung bildeten von nun an sein Themenfeld. Oft setzte Polke traditionelle Maltechniken ein, kombinierte sie aber ebenso gern mit neuen Malmaterialien und entwickelte eine »experimentelle Farbschichtenmalerei«.

1977 folgte er einem Ruf an die Hamburger Hochschule für Bildende Künste; er vertrat 1986 die Bundesrepublik auf der Biennale in Venedig und wurde mit dem »Goldenen Löwen« ausgezeichnet.

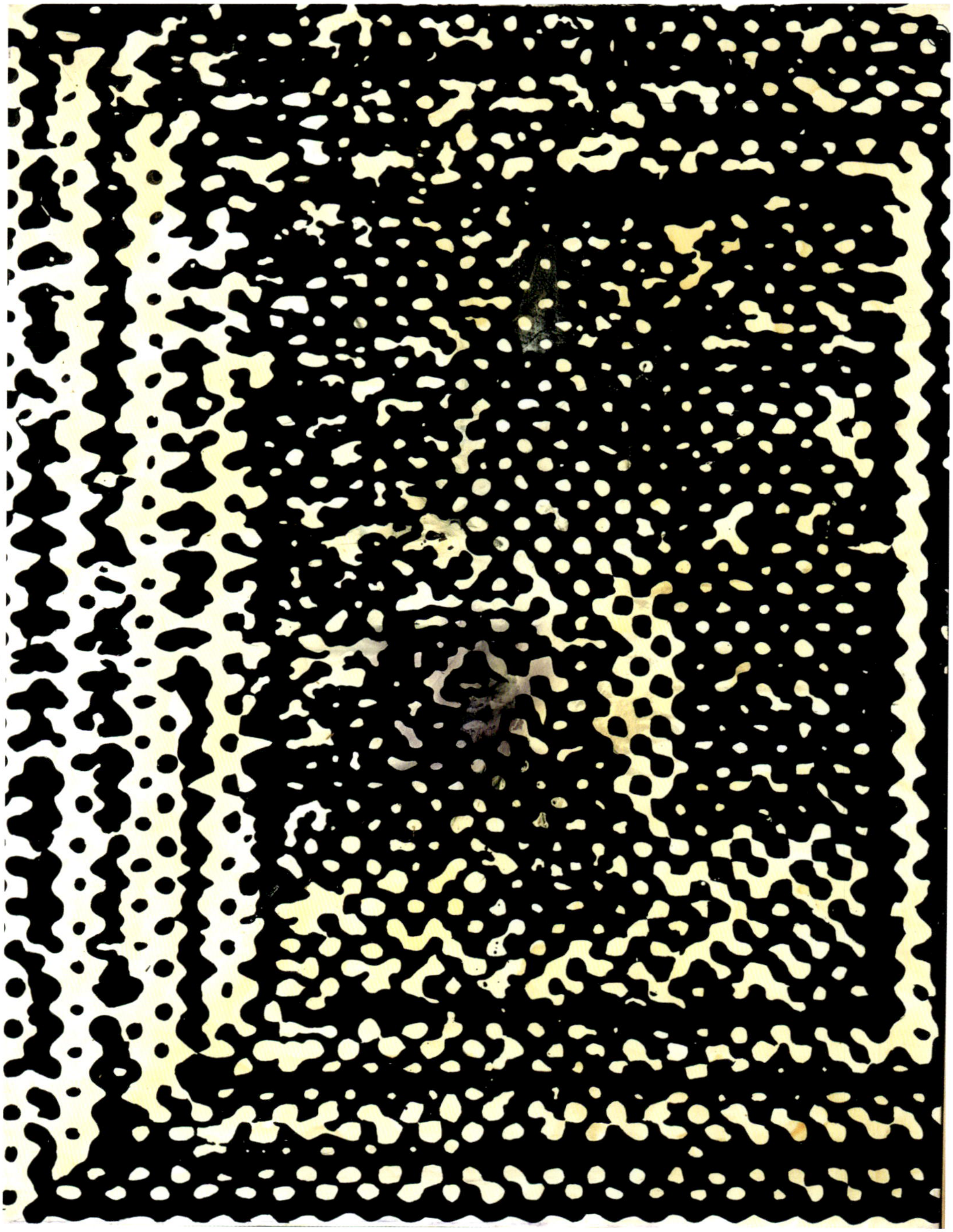

Sigmar Polke, »Wer hat noch nicht, wer will noch mal«, 1984, 224,8 x 300,5 cm, synthetisches Harz und Acryl auf Leinwand

Joseph Marioni, »Green Painting«, 1992, 235 x 200 cm, Acryl und Leinwand auf Keilrahmen

Joseph Marioni

* 1943 Cincinnati, Ohio
lebt seit 1972 in New York

1962 bis 1966 Studium an der Kunstakademie von Cincinnati
1966 bis 1970 Studium am Kunstinstitut San Francisco

Als radikaler Maler bezieht Joseph Marioni eine extrem kompromisslose künstlerische Position. Schon 1970 entwickelt er aus dem reinen Akt des Malens und den noch unbearbeiteten Werkstoffen der Malerei – Keilrahmen, Leinwand und Farbe – die Erklärung eines gemalten Bildes. Mit Hilfe einer Farbrolle wird die Farbe von oben auf die Leinwand aufgetragen. Von hier aus läuft sie dann hinunter, wobei die Farbe während des Fließens dazu neigt, sich leicht zusammenzuziehen. Als Bindemittel kommt ihm dabei Acryldispersion entgegen, vor allem weil sie schnell trocknet.

Marioni rundete (um 1982) die Kanten seiner Keilrahmen ab, damit sich die Farbe hier nicht stauen, sondern richtig abfließen und abtropfen kann. Später (ab 1986) lässt er die Form seiner Keilrahmen nach unten leicht konisch zusammenlaufen. Auch unter diesem Aspekt wendet sich Marioni von der klassisch überkommenen Malweise ab und widersetzt sich regelrecht der traditionellen Maltechnik. Er lässt auch von bildbestimmenden Prinzipien ab, wie zum Beispiel Komposition oder serieller Ordnung. Im eigentlichen Sinn malt er auch nicht, sondern setzt Farbe frei, sodass im Ergebnis ein Bild von der Malerei entsteht. Marioni, der gern von sich selbst sagt, dass er für die Farbe etwas Ähnliches tun würde, wie es Jackson Pollock für den Strich getan hat, geht demzufolge dialektisch vor.

Wenn im herkömmlichen Verständnis Maler Koordinatoren sind, in deren Ermessen es liegt, wie die jeweiligen Materialien zur Geltung bzw. zur vollen Entfaltung kommen, dann bestimmt Marioni das Verständnis vom Künstler neu. Als Maler setzt er »nur« den Prozess in Gang, in dessen Verlauf ein Bild am Ende die eigene Entstehung dokumentiert. Aus dieser Reduktion des Künstlers entsteht eine Balance, auch eine respektvolle Beziehung zum Kunstwerk.

Victor Sanovec

* 9.11.1943 Olmütz/Tschechien
lebt in Frankfurt/Main

Bevor Victor Sanovec 1963 bis 1965 seinen Militärdienst ableistete, absolvierte er eine Ausbildung zum Stuckateur. Nach einem Zwangsaufenthalt im Arbeitslager siedelte er 1968 in die Bundesrepublik über. Seit dem Ende seiner Studienzeit an der Hochschule für Bildende Künste, Städelschule in Frankfurt (1969 bis 1974), setzt sich Sanovec mit der Mehrseitigkeit von Bildern und Objekten auseinander.

Der Nessel ist zu jeder Seite diagonal in zwei Hälften unterteilt und so gefaltet, dass vier gleich große Farbfelder sichtbar sind. In zwei gegenläufig ausgerichteten Keilformen weisen ein dunkles Graubraun gegen ein zweifach geteiltes Rot – in der Mitte kräftiger und satter entwickelt es sich zu einem fast luziden Transparentton. Die Art der Abschattung der Farbtöne weist von links nach rechts. Zusätzlich entsteht eine Irritation durch diese optische Halbierung in den nach unten weisenden Bewegungen. Die an sich flache Zweidimensionalität der eigentlichen Bildfläche wird durch die räumliche Einrichtung der dreidimensionalen Faltung herausgestellt. Mit einfachen Nägeln wird die Arbeit an den oberen drei Ecken direkt an der Wand befestigt, auch dadurch wird die Räumlichkeit zusätzlich noch betont (siehe Abbildung rechts).

Der als Fünfeck (Pentagon) gefaltete Nesselstoff dieses Bildes hängt unmittelbar und ungespannt auf der Wand. Die lange Stoffbahn ist beidseitig mit Acrylfarbe in mehreren Schichten bemalt. Die Stoffbahn wurde auf den Atelierboden gelegt und der Künstler hat die relativ dünnflüssige Farbe mit raschen, wohl dosierten Pinselstrichen aufgetragen, um sie möglichst gleichmäßig verteilen zu können. Jede weitere hinzukommende Schicht erzeugt einen neuen Farbtonwert, bis schließlich nach einem ausgedehnten Bearbeitungsprozess das Bild zutage tritt. Die lasurartig aufgetragenen Farbschichten neutralisieren so im Laufe der Zeit jegliche Pinselstruktur. Durch die Art der Faltung entsteht eine bewusst angestrebte Zweiseitigkeit der Bilder. Auch dadurch hebt Victor Sanovec die sinnliche Qualität der Farbwirkung hervor. Die Mittelachse wird durch den kräftigen dunkelroten Farbkeil verschoben, die Symmetrie wird nachhaltig gestört. Während sich von der Bildvorderseite her nur die beiden Rottöne und das Graubraun für den Betrachter erschließen, ist das Grün der Rückseite bei näherem Studium deutlicher erst an den Seiten wahrnehmbar: ein Hinweis auf die betont dreidimensionale Ausrichtung dieses Objektes.

Obschon die Gegensätzlichkeit von Bildvorder- zu Bildrückseite hervorgehoben wird, sind beide Seiten gleichwertig und austauschbar, wird gerade auch hier die traditionelle Wertung aufgehoben. Nur die bestimmte Art der Faltung hat wesentlichen Anteil auf die nicht beliebig wirkende Farbgebung. Denn die Farbigkeit tritt hier als Ausdruckmittel an die Stelle traditioneller Kompositionsform. Die Möglichkeit einer Veränderung wohnt dem Bild inne. Infolgedessen wird ihm die Absolutheit eines Kunstwerks abgesprochen.

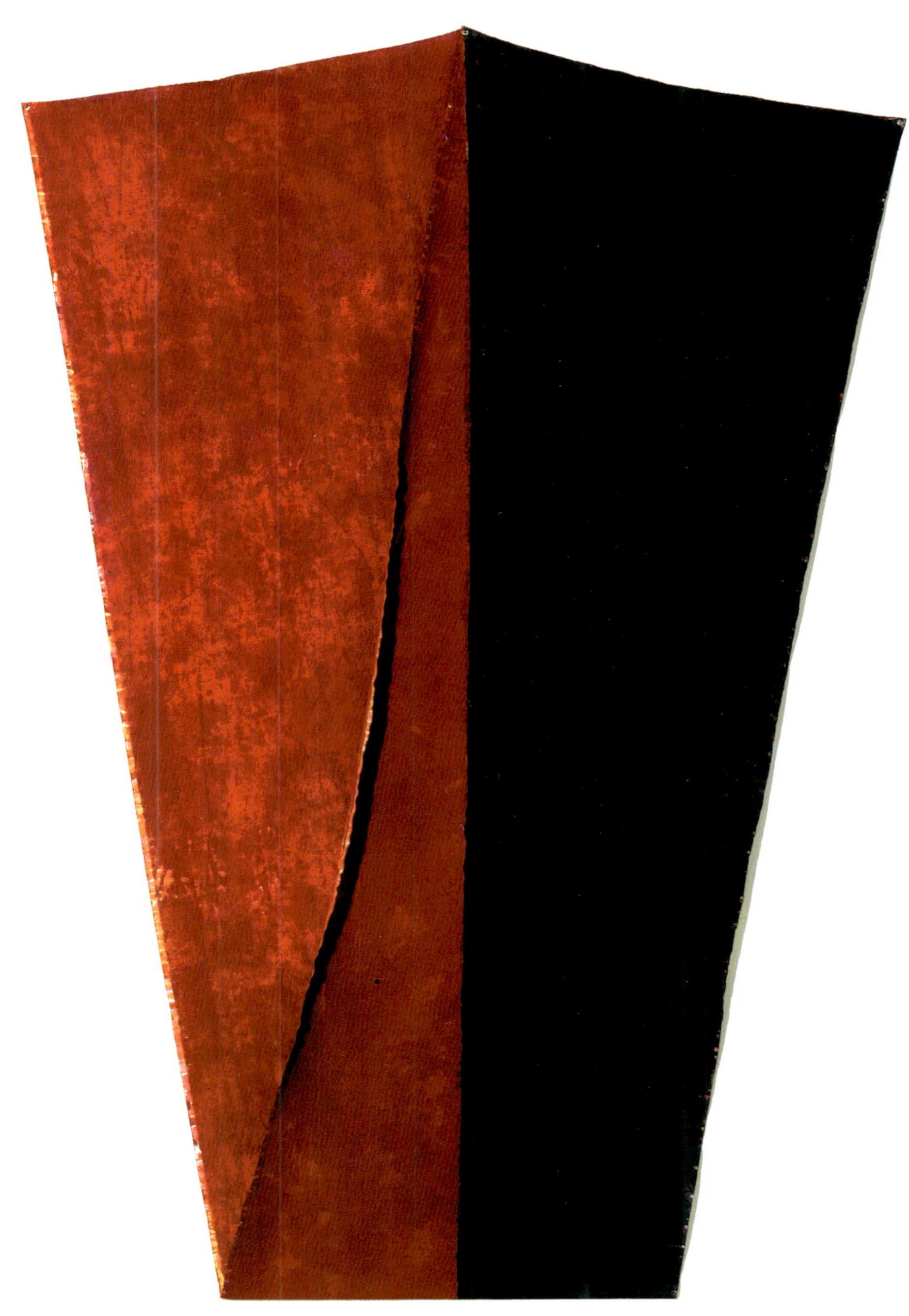

FOTO: WOLFGANG VON CONTZEN • STÄDTISCHES MUSEUM ABTEIBERG MÖNCHENGLADBACH SCHENKUNG DES FÖRDERKREISES IM MUSEUMSVEREIN MÖNCHENGLADBACH

Victor Sanovec, »Rot/Grau«, 1985, 240 x 160 cm (Installationsmaß), Acryl auf Nessel

MUSEUM FÜR MODERNE KUNST/FRANKFURT AM MAIN INV. NR.: 1991/204

Rémy Zaugg, »Stell Dir vor, das Bild sieht Dich, aber Du siehst es nicht.«, 1988–1990, 234 x 213 cm, Frontseite: mit Acrylfarbe glatt gespachtelt, nass geschliffen, lasierend bemalt; Schrift: Univers 85 Siebdruck mit Acrylfarbe; grundierte, auf Holzkeilrahmen gespannte Baumwolle

Rémy Zaugg

* 11.1.1943 Courgenay, Jura/Schweiz
† 23.8.2005 Basel

Rémy Zaugg kam 1943 im jurassischen Courgenay auf die Welt und verließ sie am 23. August 2005 nach kurzer Krankheit in Basel. Zaugg war nicht nur Künstler – die Kunsthalle in Courgenay richtete ihm schon 1972 eine erste Einzelschau aus, er fehlte auf keiner schweizerischen Ausstellung und war international von der Kasseler documenta bis zur Biennale in Sydney vertreten. Er arbeitete im *crossover* auch mit Architekten zusammen (Jean Nouvel, Jaques Herzog & Pierre de Meuron). So gibt es direkt vor den Hamburger Deichtorhal-len an der Spitze der ehemaligen Bastion Ericus Schriftzeichen, die er an der großen, die Nord-/ Südachse verbindenden Eisenbahnbrücke gleichsam an den Himmel geheftet hat: Wolken, Himmel, Kräne.

Rémy Zaugg behielt den Weg als Ziel stets im Blick, was seine zum Teil wortreichen Bildertitel oft hintergründig aufzeigen: »Look, perhaps you are not here« oder kürzer: »Not here« oder »Je ferme les yeux et je suis invisible«.

»Und wenn der Tod ich wäre« oder die Serie, die er 1999 in der Baseler Kunsthalle zeigte, »Schau, ich bin blind, schau« sind dafür andere Beispiele. Es gab sie in den Farbkom-binationen Hellblau auf Hellgrün, Weiß auf Gelb, Hellblau auf Rot, einem kaum wahrnehmbaren, nicht lesbaren Hellgrün in Hellgrün, Grün auf Rot und Rot auf Grün, Hellgrün auf Rosa, Grün auf Purpur, Blau auf Rot, Grün auf Rosa, Blau auf Rot und schließlich Gelb auf Rosa: Immer derselbe Satz auf elf Tafeln im Format von rund zwei mal zwei Metern.

Die Buchstaben scheinen oft wie in die Bildschicht eingelassen und mit ihr gewissermaßen verschmolzen. Auf der Bildschicht sind keinerlei Werkspuren, wie etwa Pinselstriche oder Spachtelgrate, erkennbar. Nach alter malhandwerklicher Tradition der Schriftenmaler wurden die einzelnen Buchstaben mit farbigen und so hochwertigen Acrylfarben verarbeitet, dass sie sich selbst mit feinem Schleifpapier noch glätten ließen. Die gesamte Herstellung eines Zauggwerkes verläuft mit äußerster Präzision. Irritierend ist die meist bewusst gewählte Farbzusammenstellung, die die Wahrnehmung erschweren sollte. An ihren Grenzen misst dieser Philosophen-Künstler aus dem unsichtbaren »Off« unsere Fehlbarkeit, lotet unseren Standpunkt bildseitig aus. Form, Farbe und Materialien sind dabei nur Mittel zum Zweck, die ihm unfehlbar direkt die Umsetzung ermöglichten.

Das Thema in Zauggs Bildern ist indes die Wahrnehmung an sich: das Phänomen des Sehens, sodann die Übersetzung in ein Verstehen und schließlich die Sprache selbst. Um diese Befragung und die spezielle Spiegelfunktion schien es dem Künstler stets zu gehen, da eine seiner Maximen lautete: »Kunst und Mensch sind untrennbar miteinander verbunden, denn sie konstituieren einander und sind das, was sie werden, in gegenseitiger Reflexion.«
Die Sätze, die uns da in großen Lettern farbig entgegenleuchten, sind zwar plakativ, aber sie verlangen nach Reaktion. Wir wollen ihnen, einem Impuls folgend, gleich widersprechen, wenn uns auch anfangs die Sentenzen gleichsam bildhaft wahr, gar logisch oder richtig erschienen.
Damit wird dieses komplexe Phänomen, die grundsätzliche Widersprüchlichkeit in der Wahrnehmung, oft bis an die Grenze des Erträglichen gesteigert. Man wird akzeptieren müssen, dass eine logische Anstrengung dies nicht zu lösen vermag, wohl wissend, dass man nicht das Richtige tun kann: Bild, ich sehe und lese Dich. Ein Trick dabei wäre vielleicht, die Situation der Begegnung zu umgehen (auf einer erdfarbenen Arbeit von 1999 heißt es: »Und würde der Boden Dich anblicken«). Das hier gezeigte Bild mit dem Titel: „Stell Dir vor, das Bild sieht Dich, aber Du siehst es nicht“ wurde 1988–1990 auf grundierter und auf Holzkeilrahmen gespannter Baumwolle ausgeführt. Die Acrylfarbschichten wurden aufgespachtelt und nach dem Trocknen nass geschliffen. Der Schriftzug in Univers 85 wurde im Siebdruckverfahren appliziert und alsdann lasierend bemalt.

Bruce McLean

* 1944 Glasgow/Schottland

Bruce McLean studierte von 1961 bis 1966 zunächst in Glasgow an der School of Art und sodann an der St. Martin's School of Art in London. Schon sehr bald nahm er seine künstlerische Tätigkeit auf, etwa um Minimalplastiken herzustellen oder um an Performances teilzunehmen. Dafür erhielt er Preise wie den Pratt Bequest of Sculpture (1965) oder den Sainsbury Award for Sculpture (1966). Im deutschsprachigen Raum hatte er erste Ausstellungen in der Galerie von Konrad Fischer/Düsseldorf und in der Kunstschau »When attitudes become form« in der Berner Kunsthalle (beide 1996), stets unter Einbeziehung des menschlichen Körpers, was er bis heute fortsetzt.

Weil sich Bruce McLean als Performance-Künstler versteht, zumal als Plastiker, kann man seine Bilder nur in zweidimensionaler Form zeigen. McLean, der im Verlauf seiner Ausbildung vor allem auch mit den Einflüssen minimalistischer Kunst konfrontiert wurde, interessierte sich nicht für eine statische Kunstform, sondern wollte für sich die Dimensionen von Raum und Zeit künstlerisch aufbrechen. Als »Dokument« für die zeitliche Vergänglichkeit verwendete er beispielsweise Wasser, um dessen Lauf oder Fluss als zusätzliches Element zu integrieren. McLean suchte unter Verwendung mehrdeutig kritischer Anspielungen das System des Kunstmarktes auf seine Art zu entlarven, indem er ironische Parodien einmontierte.
Seine Bilder und Zeichnungen haben, neben ihrer rein künstlerischen Eigenständigkeit, vor allem die Funktion, Ideen, Entwürfe oder Konzepte früherer oder künftiger Performances festzuhalten. Er konzentriert sich mit den malerischen Mitteln der neueren klassischen Moderne vor allem auf zeitlich-räumliche Konfigurationen und Situationen, deren Elemente malerisch wie koloristisch Räume und zugleich die Zeit definieren.

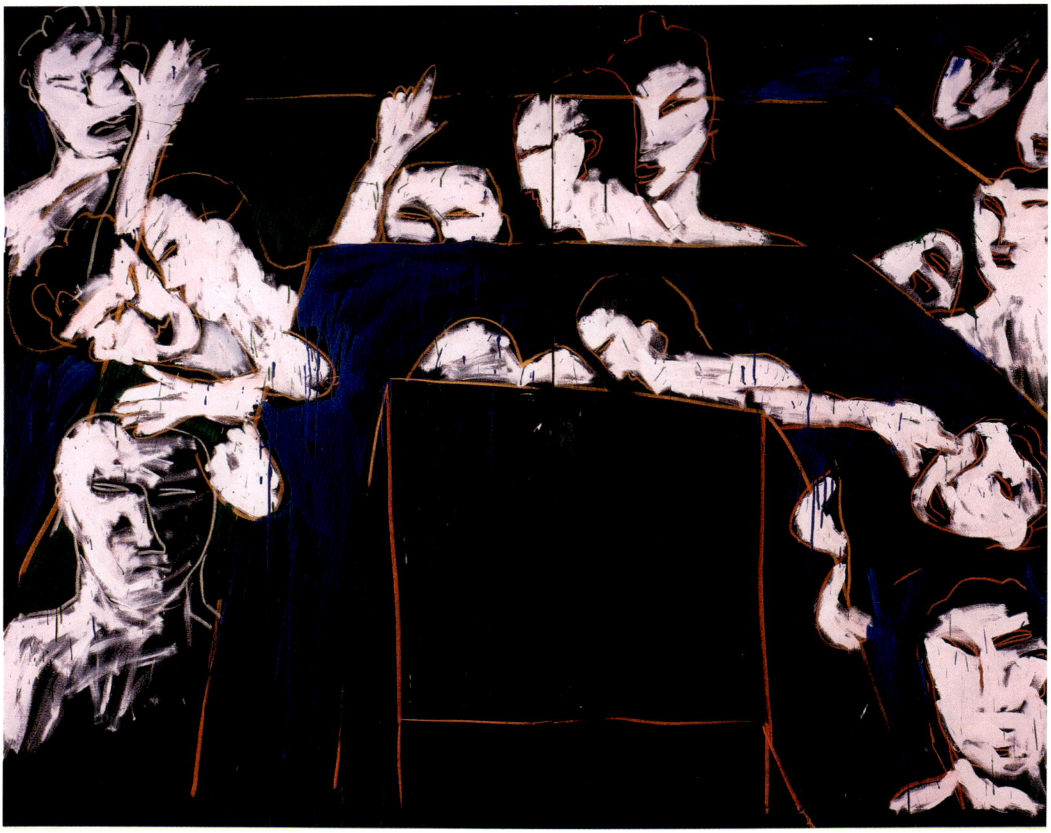

MUSEUM FÜR MODERNE KUNST/FRANKFURT AM MAIN INV. NR.: 1983/5

Bruce McLean, »Ohne Titel«, 1982 (zweiteilige Arbeit), 200 x 130 cm [einzeln]; 200 x 260 cm [zusammen], Acryl und Fettkreide auf Leinwand

»Der wahre Künstler ist ein philosophischer Handwerker.« **Neil Jenney, 1980**

Neil Jenney

* 1945 Torrington/USA
lebt in New York

Jenney setzt in seinen Bildern Malerei gegen Schrift und deutet so häufig auf den Gegensatz zwischen Titel und Darstellung in seinen Kompositionen hin. Die bildnerische Darstellung gipfelt zuweilen in einem Realismus, während die Rahmen stets nüchtern schwarz gehalten sind und als Aufschrift den Bildtitel beinhalten. Mit dieser, wie Jenney selbst sagt, »Analyse von Beziehungen« bringt er eine neue Sichtweise des Gesamten hervor. Die frühen »Bad Paintings« aus den Sechzigerjahren werden in zwei Kategorien eingeteilt. Die Bilder der einen Kategorie imitieren einen gewissen Primitivismus, indem sie Verbindungen und Opposition wiedergeben. Im verfeinerten Stil der anderen Kategorie werden die Motive aus einem größeren Abstand gezeigt. Aber erst in den Siebzigerjahren spielt der eigentlich dargestellte Gegenstand und sein Gehalt an Wahrnehmung die größere Rolle.

Durch ausgefallene Querformate werden Ausblicke auf bizarre Landschaften mit Bildtiteln kombiniert, die in großen Buchstaben auf den Rahmen angebracht sind, und so kaum noch eine Ambivalenz suggerieren. Die dadurch einsetzende Beunruhigung stellt nicht nur Annahmen oder Regeln, mit denen wir normalerweise die Beziehungen unserer Welt definieren, in Frage, sondern setzt sie außer Kraft. Auf weiß und möglichst glatt grundierten Oberflächen malt Neil Jenney teils in virtuos aufgesetzten breiten Pinselstrichen, teils in getupften Varianten mit Acryl.

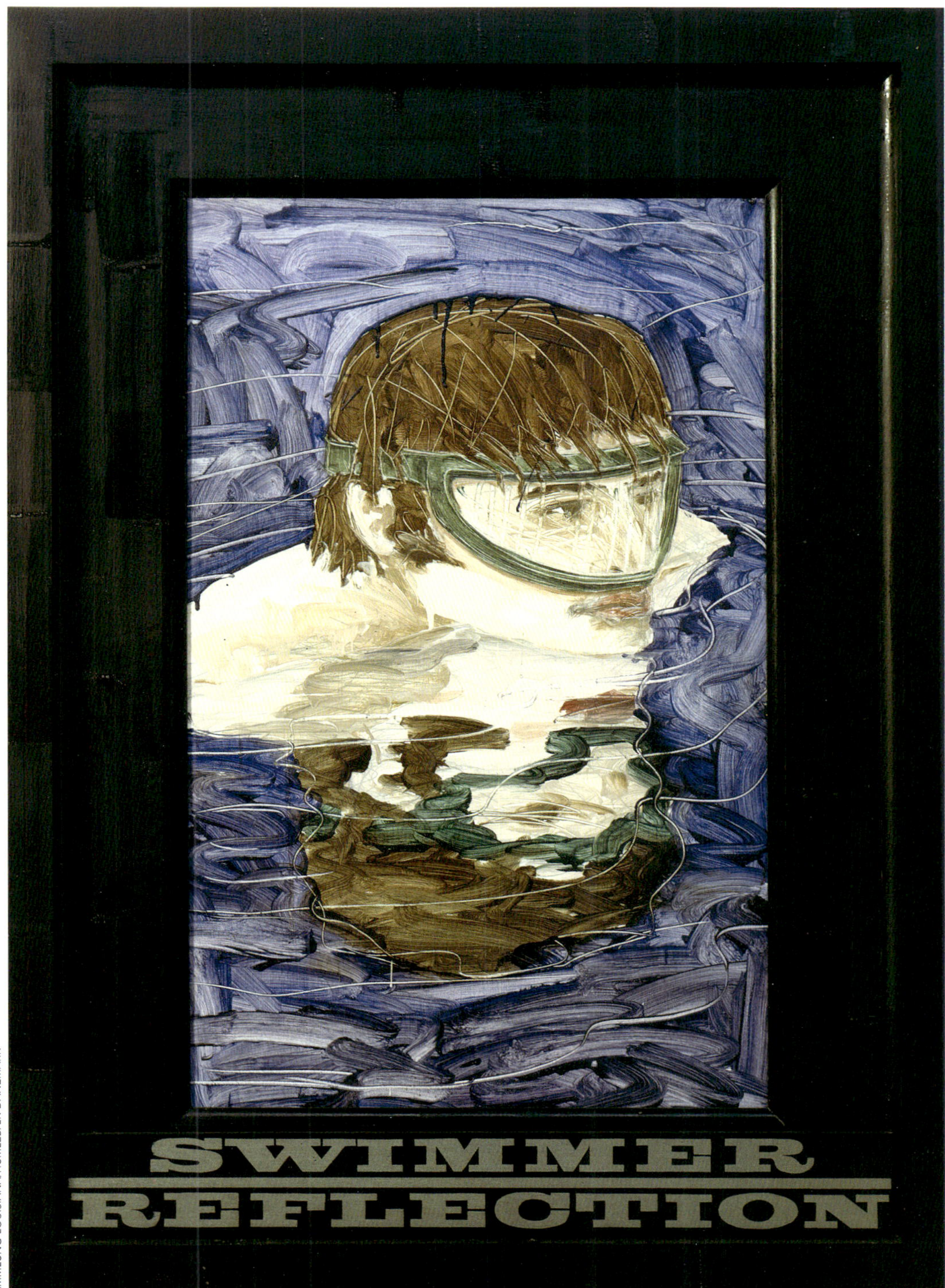

SAMMLUNG LOUISIANA/HUMLEBÆK-DÄNEMARK

Neil Jenney, »Swimmer-Reflection«, 1970, 155 x 113 cm, Acryl auf Leinwand mit Holzrahmen

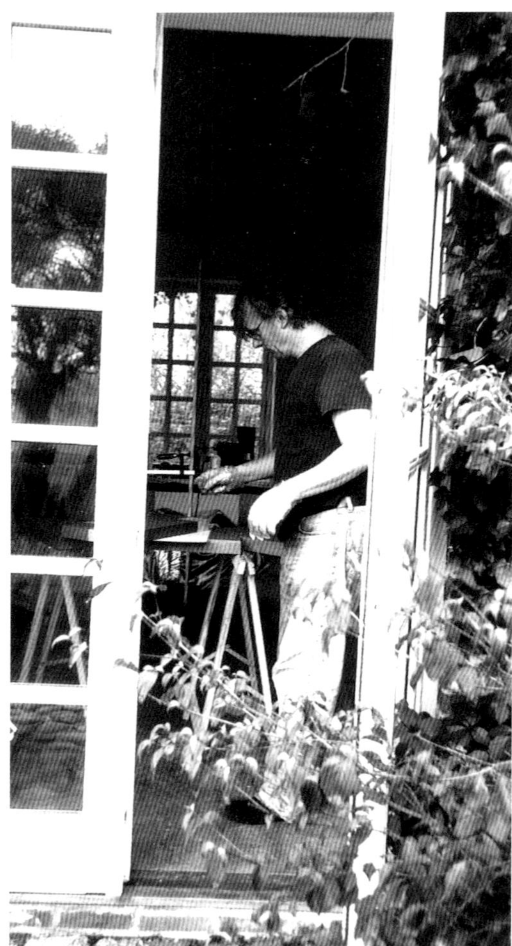

HD Schrader in seiner Werkstatt auf Eiderstedt

HD Schrader

* 1945 Bad Klosterlausnitz

HD Schrader wurde 1945 in Bad Klosterlausnitz geboren. Schon während seiner Zeit an der Werkkunstschule Hamburg bei Max Mahlmann (1965 bis 1969) bahnen sich erste planmäßige Arbeiten ihren Weg. Zum Werkblock »Kubusreihungen« entstanden seit 1970 Objekte, Acrylbilder, Zeichnungen und Siebdrucke in systematischer Vereinnahmung der formalen Aspekte des Kubus. Im Jahr darauf bezieht Schrader seine Kunst auch in die Architektur ein; seit 1974 arbeitet er ständig zum Thema »Kontinuität und Kubus«.

In seiner künstlerischen Ausarbeitung befasst sich Schrader mit dem Kubus, dem gleichseitig-rechtwinkligen Raumkörper. Dies tut er weniger in der Dreidimensionalität des Korpus selbst als in der Auseinandersetzung mit dem Raum des Kubus und zwar vor allem auf zweidimensionalen Bildflächen von zuerst Zeichnungen und später darauf aufbauenden Gemälden und Objekten. In der zeichnerischen Analyse entwickelt er eine Bildwelt in bestimmten Zyklen. Der Konstruktionsplan der neunteiligen Werkgruppe »Viereck, Viereck und Viereck kreisen im Kubus« von 1990, zu dem das hier abgebildete Beispiel zählt, lässt sich ohne die zuvor entstandenen Werkzeichnungen kaum erschließen. Durch den Wegfall der den Kubus begrenzenden Linien wird die Form nur scheinbar aufgehoben und es entstehen zum Teil seltsam komplizierte Flächen, die dennoch systematisch in der Abfolge erscheinen.

Schon in den Zeichnungen auf Transparentpapier werden »Fläche und Raum« zuerst mit Graphit und schließlich mit Ölkreide fast plastisch hervorgehoben. Die Objekte und Bilder sind in unregelmäßigem Umriss aus Tischlerplatte geschnitten, mit Leinwand beidseitig kaschiert, mit oft farbiger Acrylfarbe grundiert und sodann mit Öl- und oft auch Wachskreiden so bemalt, dass der Grat plastisch hervortritt. Auch die Kanteneinfassung mit bis zu acht Zentimetern Höhe wird in die Arbeit, in das Objekt mit einbezogen. Die aus der zweidimensionalen Form entwickelte vorläufige Aufzeichnung wird über die Farbe, gleichsam in Farbton und Substanz, plastisch wieder zurückgewonnen. HD Schrader ist sich bei seiner Arbeit gerade der fließenden Grenzen des Agierens als Zeichner, Maler und Bildhauer bewusst, und das wird besonders in den Objekten und Installationen deutlich (Konservatorische Behandlung siehe Seite 215).

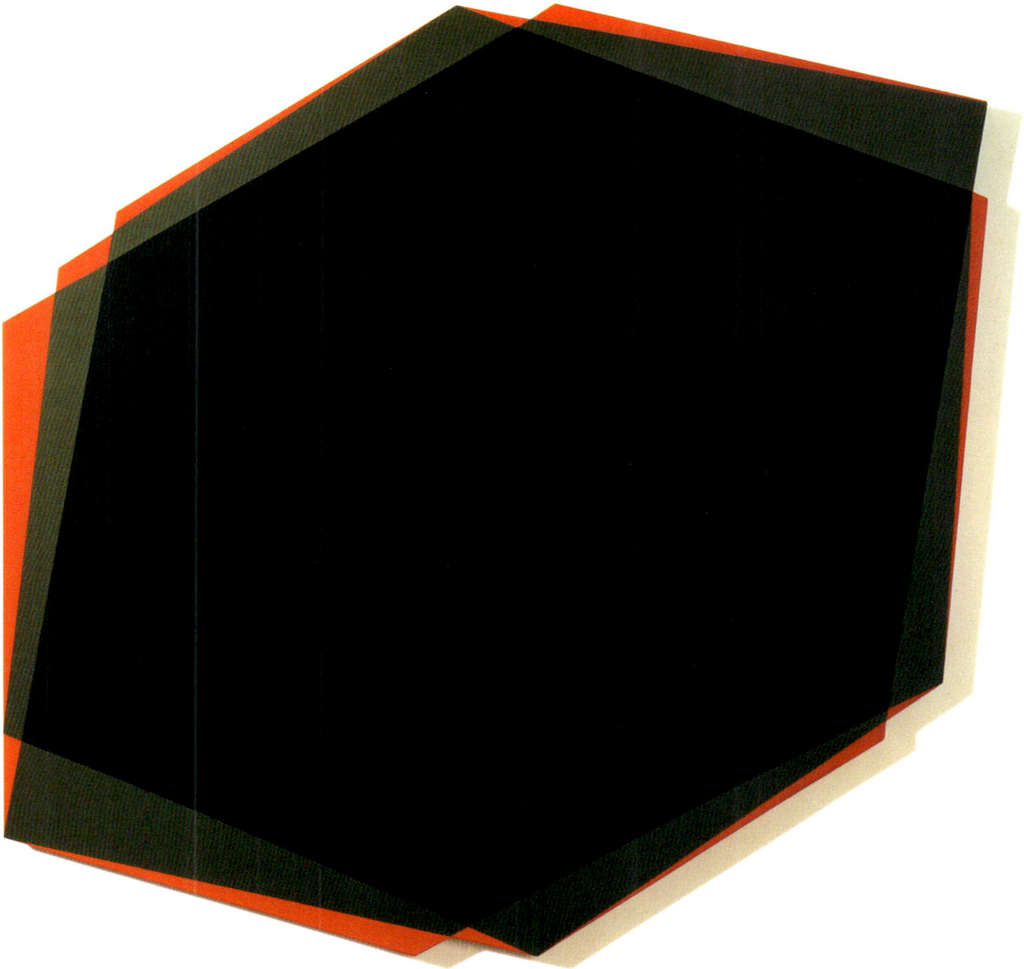

SAMMLUNG WILHELM-HACK-MUSEUM, LUDWIGSHAFEN

HD Schrader, »Sechseck, Sechseck und Sechseck kreisen im Kubus«, 1990, 120 x 120 x 7 cm, Acryl auf Leinwand und Holz

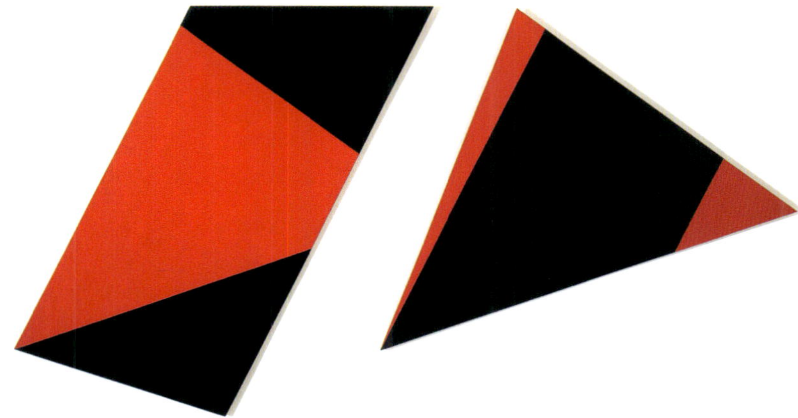

HD Schrader, »Dreieck überlagert Viereck im Kubus«, 1987, 150 x 150 cm (Viereck), 150 x 130 cm (Dreieck), Acryl auf Holz

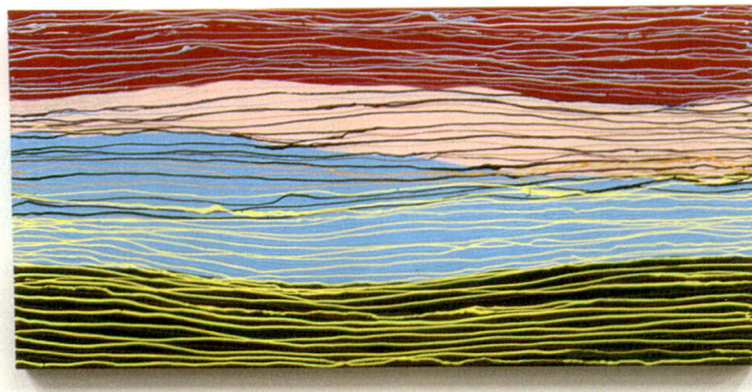

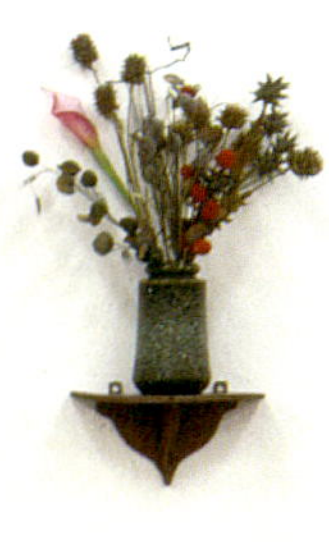

Clemencia Labin, »Panorama 180°«, 1998, 90 x 180 cm, Acryl auf Nessel
Zu diesem Teil gehört auch die grüne Porzellanvase auf einem Sockel (um ca. 1950), die mit Blumen gefüllt sein sollte.

Clemencia Labin

* 16.9.1946 Maracaibo/Venezuela

Erst spät ist die Südamerikanerin Clemencia Labin zur Malerei gekommen, von Beginn an arbeitet sie beständig mit Acryl und in verwandten Maltechniken. Die Acrylfarben müssen drei Ansprüchen genügen: Sie sollen sehr bunt sein und vor allem schnell und haltbar trocknen.

Auf einem Tisch in ihrem Atelier finden sich neben einer Figur (es ist der Schutzheilige Venezuelas: José Gregorio Hernández), die Clemencia Labin regelmäßig in ihrem Heimatland kauft und mit Acryl bemalt, die zu diesem Zeitpunkt aktuell bunten Farben Liquitex, Lascaux Studio, Glossy Color & Co. von Lefranc et Bourgeois oder auch Aqua-tec von Bocours. Hier sind zwei Teile einer Arbeit zu sehen, die aus einer Installation eigens zusammengestellt wurden.

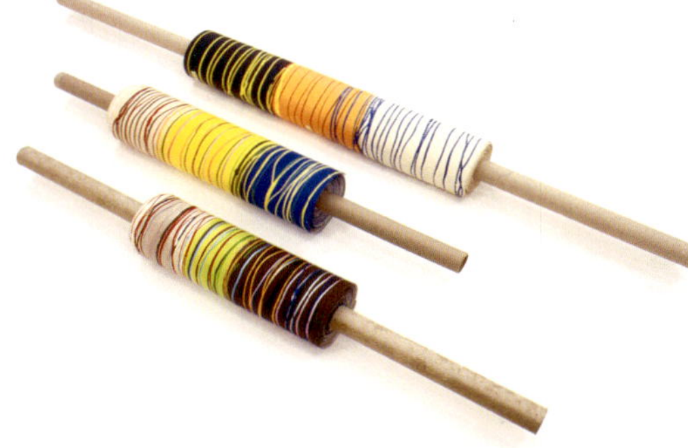

Clemencia Labin, »Paisaje por Metro« (Landschaft vom Meter), 1998, drei Rollen à 10 Meter Länge in Breiten zu 40, 50 & 70 cm, Acryl auf Leinwand, gerollt auf einem Pappkern

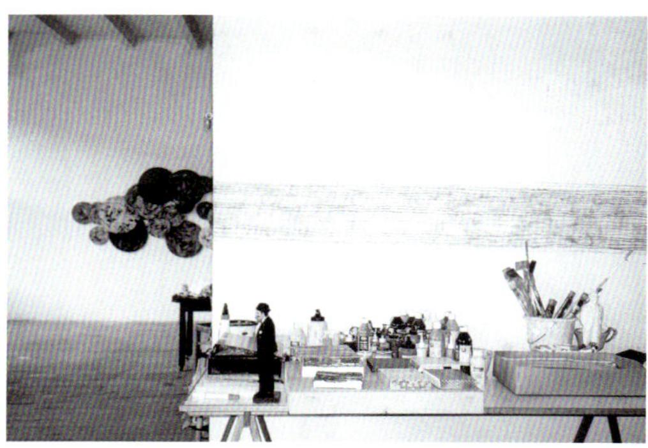

Clemencia Labins Atelier

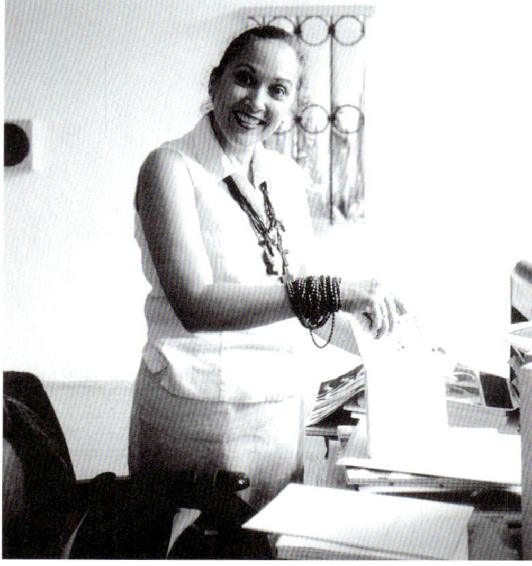

Clemencia Labin im Atelier

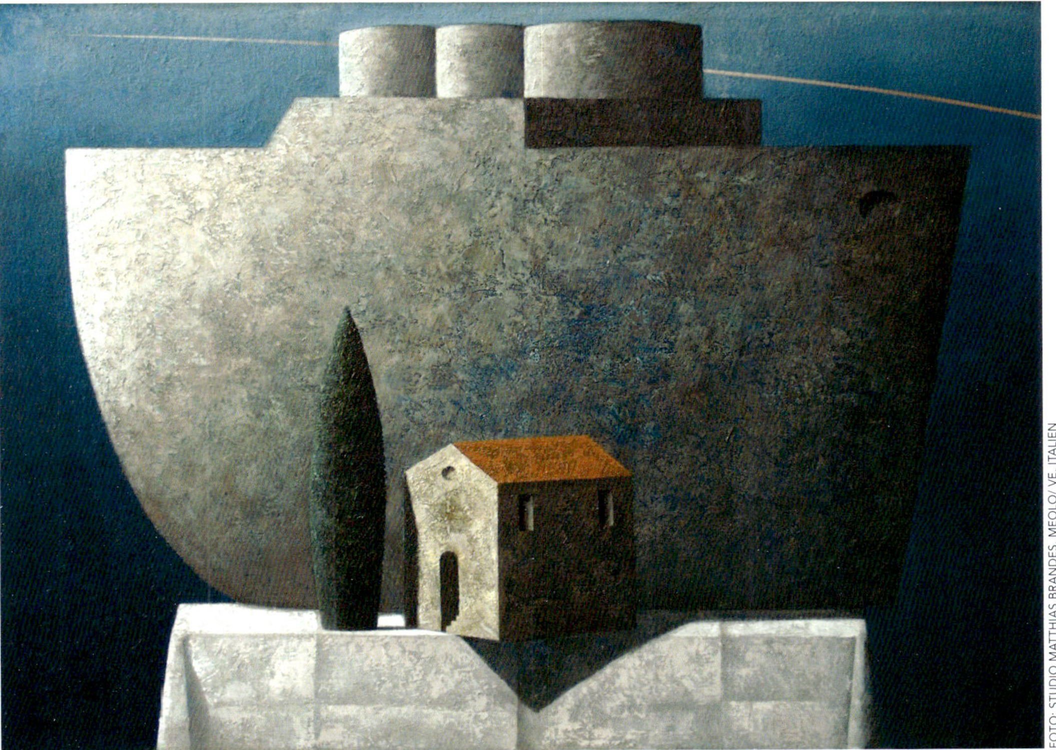

FOTO: STUDIO MATTHIAS BRANDES, MEOLO/ VE, ITALIEN

Matthias Brandes, »L'arrivo« (Die Ankunft), 2005, 110 x 150 cm, Acryl und Mischtechnik auf Leinwand
Galleria L'immagine Bari/Mailand

Matthias Brandes

* 1950 Bochum
lebt und arbeitet seit 1993 in Meolo/Italien

1969 bis 1976 Studium an der Hochschule für Bildende Künste in Hamburg
1988 Arbeitsstipendium in Hooksiel/Friesland
1989 bis 1993 lehrt er Zeichnen an der Fachhochschule in Hamburg

Matthias Brandes gehört zu jener Künstlergeneration, die während ihres Kunststudiums bereits früh mit den Besonderheiten der Acrylmaltechnik vertraut gemacht wurden. Er ist ein begeisterter Anhänger und Freund des italienischen Quattrocento. In Italien kann er sich an den Spuren dieses Jahrhunderts orientieren und sie studieren. Brandes spürt das tiefe Unbehagen und die starke Sehnsucht herauszufinden, welche Bedeutung die Malerei für ihn hat.

Richard Prince

* 6.8.1949 Panamakanalzone, Panama

In den Achtzigerjahren, aus denen das hier abgebildete Gemälde stammt, hat Richard Prince erstmals mit seinen »Joke Paintings« größeren Erfolg. Prince wählt seine Witzzeichnungen oder Cartoons sehr systematisch und bewusst aus Witzblättern, seriösen Zeitungen und Illustrierten oder auch aus Groschenheften. Aber er übernimmt auch gehörte Witze und besucht zuweilen die Witzbörsen im Internet. Das vorgefundene Material hat den Charakter des Alltäglichen. »Von den tausend Witzen, die ich höre, finde ich höchstens zwei oder drei so gut, dass sie für meine Arbeit interessant wären«, so erzählt Prince. Bis zu fünfhundert Witze können so pro Tag auf ihre Tauglichkeit für seine Arbeit analysiert werden.

Die recht kleinen und meist unscharfen Bildchen werden auf monumentale Bildflächen mit Acrylfarben übertragen. An den Witzen und Cartoons werden dann etliche Veränderungen vorgenommen. Die Bildelemente selbst werden zerlegt und in freierer Darstellung neu wieder zusammengesetzt oder mit einem anderen Spruch versehen. Auch die Texte selbst werden oft vollkommen verändert; die Variationsmöglichkeiten sind hier ungezählt. Für die Übertragung verwendet Prince das für Unikate relativ aufwändige Verfahren des Siebdrucks und wird deswegen oft mit Warhol oder Lichtenstein verglichen und darum oft auch den Pop-Artisten zugeordnet. Dagegen wehrt sich Prince entschieden. Richard Prince entzieht sich und seine Kunst jeder Zuordnung zu einer Kategorie oder gar Zeitströmung, was wohl die eigentliche Stärke und auch den Bestand seiner Arbeiten ausmacht.

Während Roy Lichtenstein fast ausschließlich Comics (deren Zeichner man kennt) für seine Bearbeitung verwendet, übernimmt Richard Prince Cartoons oder Witzzeichnungen gerade wegen der meist anonymen Urheberschaft. Seit Marcel Duchamp ist der Verzicht auf Autorenschaft nichts Neues mehr.

In seinen neuesten Arbeiten, den Refotografien, fotografiert Prince vorgefundene Abbildungen aus Zeitungen oder Illustrierten seinerseits ab. Richard Prince stellt die Glaubwürdigkeit von fotografischen Abbildungen in Frage. Denn: Muss alles, was das Kameraobjektiv aufzeichnet, auch wahr sein?

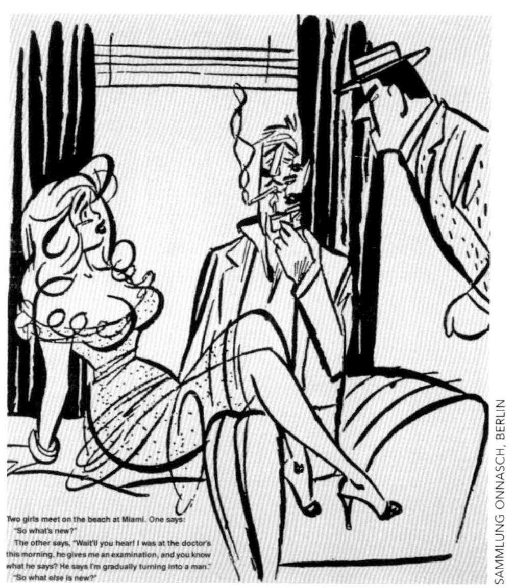

SAMMLUNG ONNASCH, BERLIN

Richard Prince, »WHAT'S NEW«, 1989, 175 x 122 cm, Acryl und Siebdruck auf Nessel

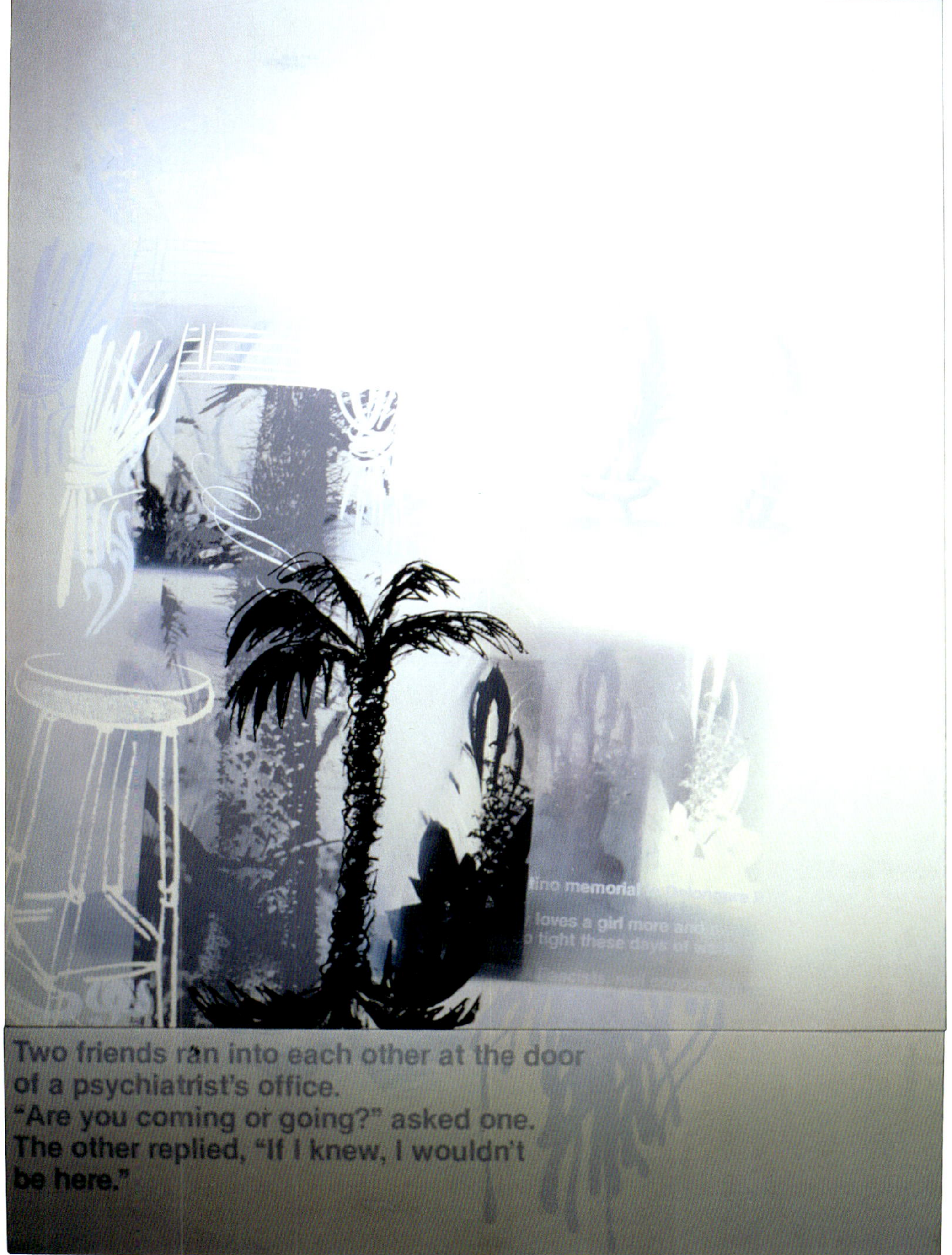

SAMMLUNG FALCKENBERG

Detail des Bildes von Richard Prince »Coming or Going?«, 1992, 173 x 122 cm, Acryl und Siebdruck auf Nessel

FOTOS: FRED DOTT

Jürgen Brockmann, »Ohne Titel«, 1995, 140 x 120 cm, Acryl und Mischtechnik auf Leinwand

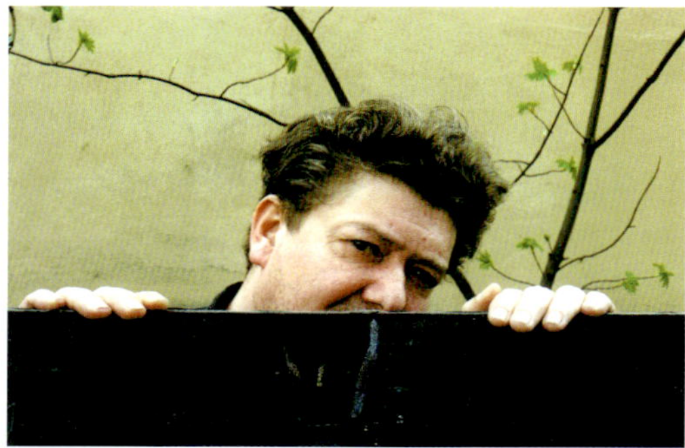

Jürgen Brockmann

Jürgen Brockmann

* 1951 Bremen
lebt und arbeitet seit 1979 in Hamburg

1973 bis 1977 Studium der Bildenden Kunst/Film in Bremen und Berlin
1983 Studienaufenthalt in Chicago und New York
Arbeitsstipendium der Stadt Hamburg
1987 Studienaufenthalt in Italien
1988/97 Studienaufenthalt in Vancouver/Kanada
Seit 1980 zahlreiche Ausstellungen im In- und Ausland

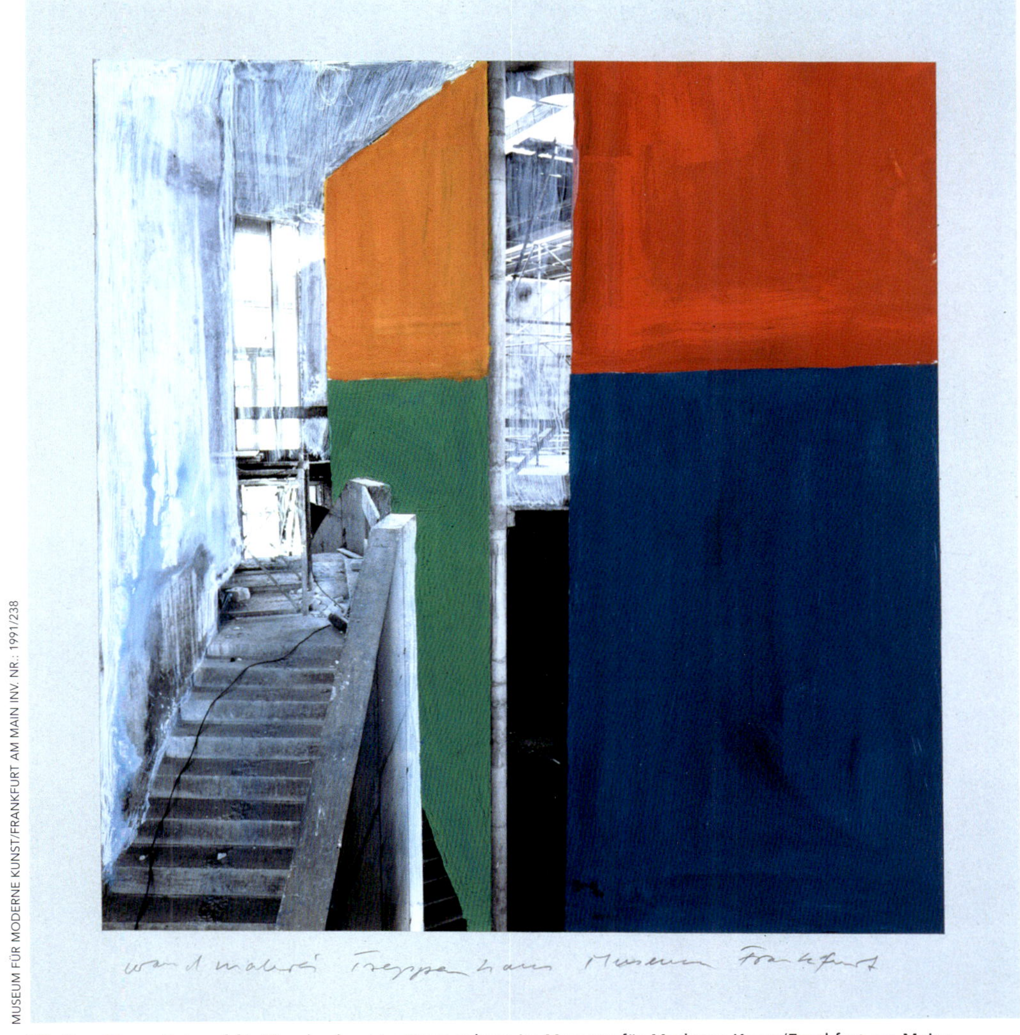

MUSEUM FÜR MODERNE KUNST/FRANKFURT AM MAIN INV. NR.: 1991/238

Günther Förg, »Entwurf für Wandmalerei im Treppenhaus im Museum für Moderne Kunst/Frankfurt am Main«, 1989, 79,8 x 60 cm (mit Graupappe), Acrylfarbe auf Schwarz-Weiß-Fotografie auf Graupappe kaschiert

Günther Förg

* 5.12.1952 Füssen
† 5.12.2013 Freiburg i. Br.

Nach diesem Entwurf von Günther Förg für den Innenraum des Museums für Moderne Kunst, Frankfurt am Main wurde die Farbgestaltung von Malern umgesetzt. Es wurde im so genannten »Kreuzgang« mit hochwertigen Künstlerwerkstoffen gearbeitet, weil dieses Verfahren dem künstlerischen Aspekt Förgs am ehesten gerecht wurde. Gleichsam über dieserart Wandmalerei wurden zudem in der ersten Präsentation oben an der Wand seine prominenten Bronzegüsse angebracht.

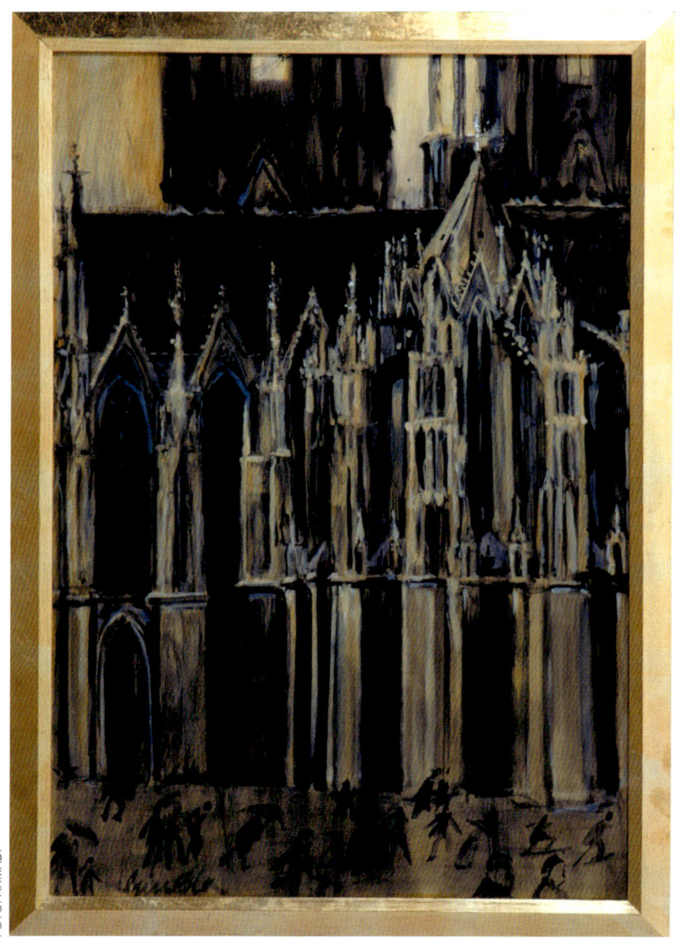

FOTO: AHMADI

Giulia Follina, »Auf der Domplatte/Köln«, 1989, 120 x 80 cm, Acrylfarben auf Leinwand

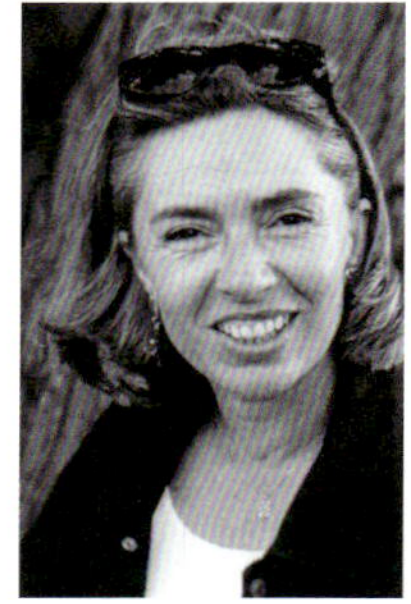

Giulia Follina

* 4.8.1952 Hamburg
lebt und arbeitet in Hamburg

1970 bis 1975 Kunststudium unter anderem an der Hochschule für Bildende Künste in Hamburg

Ihr beruflicher Weg entwickelte sich zunächst anders; Giulia Follina hatte schon in Kindertagen als Schauspielerin gearbeitet. Nach dem Kunststudium wurde sie am Theater engagiert und entschied sich danach ganz für die Schauspielerei. Aber der Malerei, der sie sich nach der Geburt ihres Sohnes Anton (1982) erneut zuwandte, blieb sie treu. Davon zeugen Ausstellungen in München und Hamburg (1992, 1997, 1998).

Waren es anfangs vor allem die Maltechniken Pastell, Tusche oder Gouache , in denen sie ihre Themen umsetzte, werden jetzt in den Malereien auf Leinwand und Malkarton überwiegend Acrylfarben eingesetzt. Das vorliegende Bild entstand in Köln nach Probearbeiten zu einem Theaterstück unter dem starken Eindruck des Doms, den Giulia Follina zunächst in einer kleinen Bleistiftskizze auf Pergament übernahm, um das Bild erst später in ihrem Hamburger Atelier auszuarbeiten.

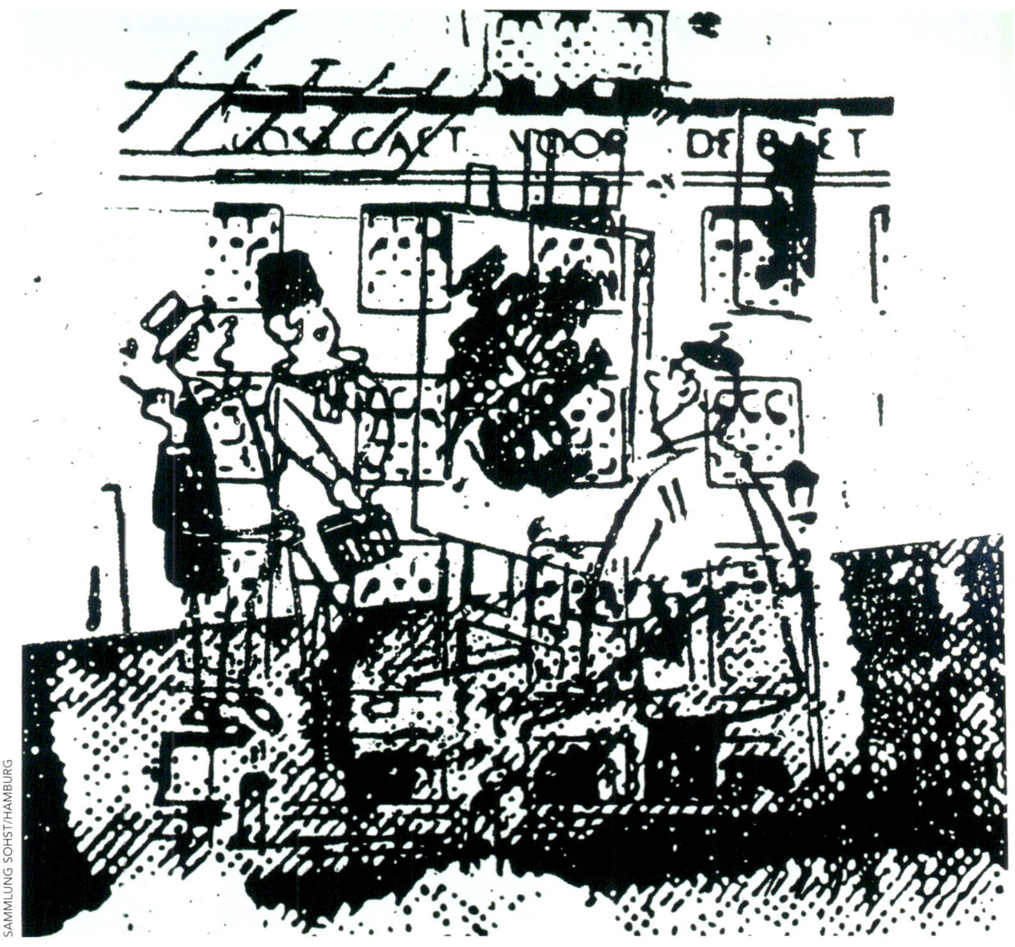

SAMMLUNG SOHST/HAMBURG

Walter Dahn, »Atelier«, 1988, 230 x 230 cm, Acryl auf Leinwand

Walter Dahn

* 8.10.1954 St. Tönis/Krefeld
lebt und arbeitet in Köln

Während seines Studiums an der Düsseldorfer Akademie von 1971 bis 1977 war Walter Dahn auch Meisterschüler von Joseph Beuys. Neben dem reinen Zeichnen beschäftigte sich Dahn nach dem Studium unter anderem mit dem Film und der Fotografie. Dabei wuchs seine Absicht, einem Gemälde oder einer Zeichnung stets eine weitere Bildebene hinzuzufügen.

In mehreren Stufen vollzieht sich die Arbeit Dahns. Anfangs malte er noch Bilder, Metamorphosen mit Deformationen, die er etwa gemeinsam mit seinem Künstlerfreund Jiří Dokoupil angefertigt hat. Dabei wurde das Dicke schmal, Dünnes breit gemalt, Kurzes in die Länge gezogen und vice versa. Das Ziel dieser zum überwiegenden Teil mit Lackspray angefertigten Bilder war es, eine neue Stufe der Malerei für die Darstellung zu finden, die eine für jeden zugängliche Ikonographie entwickelt. Mit weiteren Künstlerfreunden gründete Dahn 1980 die »Mülheimer Freiheit«. Bis zu ihrer Auflösung malten die Künstler gemeinsam Bilder. 1983/84 erhielt Dahn gemeinsam mit Jiří Dokoupil einen Lehrauftrag für Malerei an der Kunstakademie in Düsseldorf.

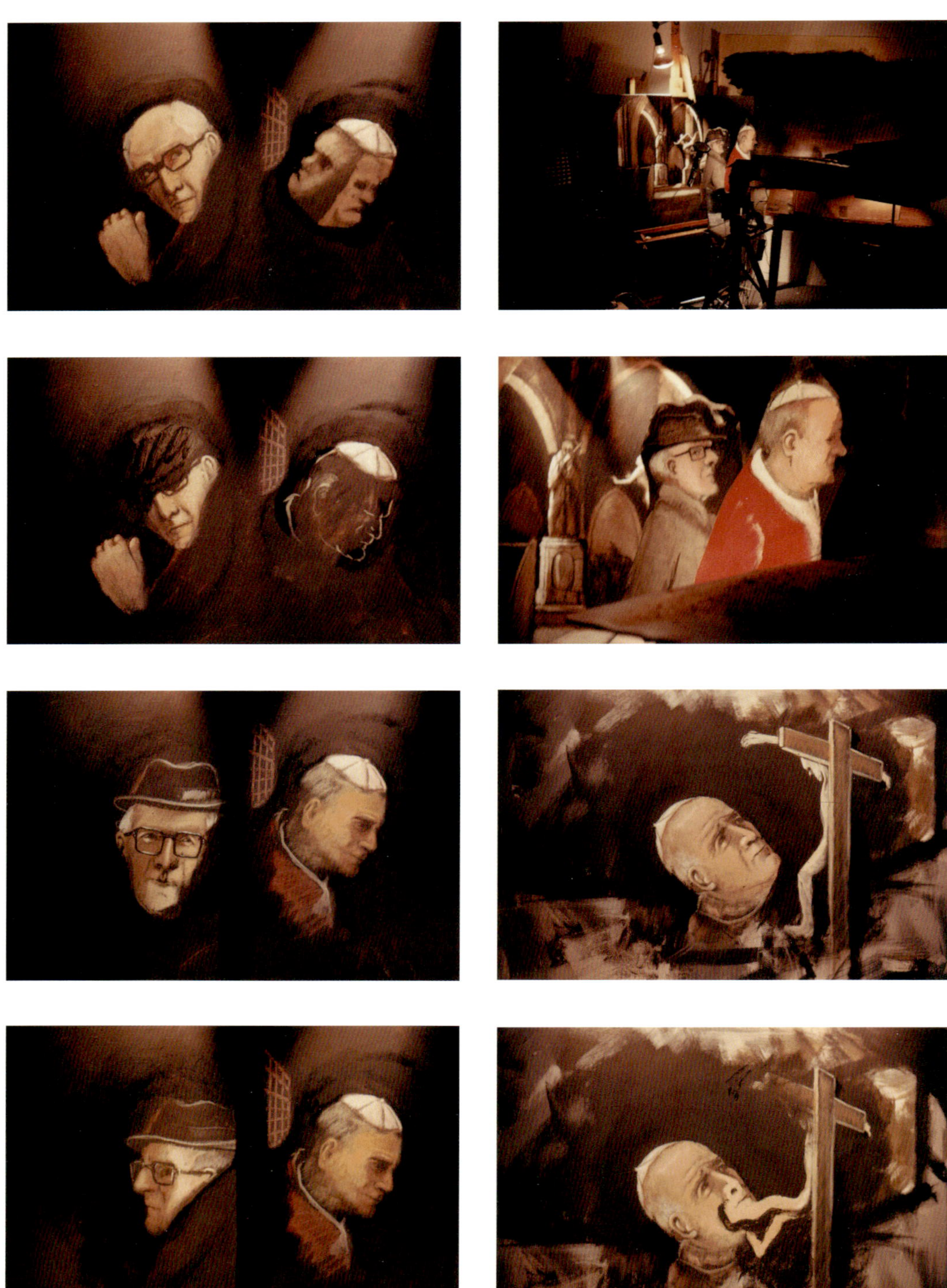

Jochen Kuhn, Sequenzen aus »Die Beichte«, BRD 1990, (10 Min. 30 Sek.), verschiedene Maße und Techniken, vor allem Acryl

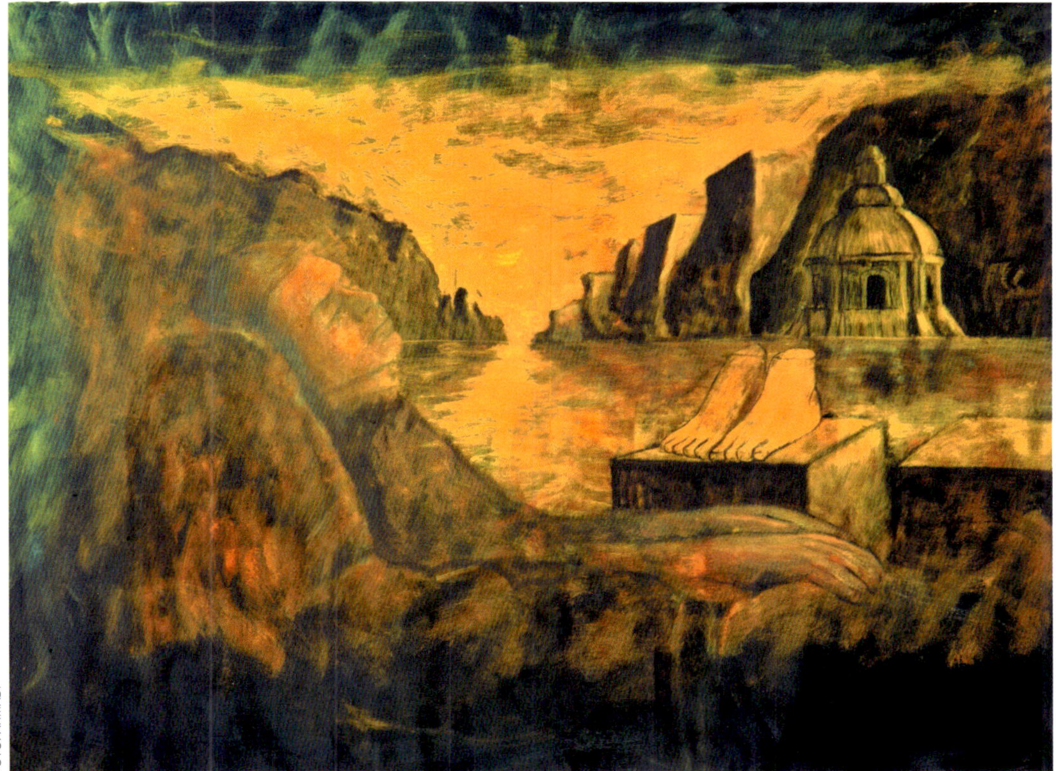

FOTO: AHMADI

Jochen Kuhn, »Schlaf, Villa Rosenberg«, 1998, 70 x 90 cm, Öl über Acryl auf Leinwand entnommen aus seinem Film »Fisimatenten«, BRD 1999

Jochen Kuhn

* 7.4.1954 Wiesbaden

Jochen Kuhn entwickelte schon während seines Studiums an der Hochschule für Bildende Künste in Hamburg, von 1975 bis 1980, seine neue Art der Malerei in Kombination mit den Medien Film und Fotografie. Inzwischen unterrichtet Kuhn als Lehrer an der Filmakademie in Ludwigsburg und arbeitet, sofern es ihm die Zeit erlaubt, als Drehbuchautor, Filmemacher und Maler. Die meisten der gemalten Filmbilder haben oft nur ein kurzes Dasein für den Moment der Aufnahme. Für einen rund zwanzigminütigen Film werden bis zu fünftausend Malvorgänge und dazu beinahe 15.000 Einzelbildschaltungen erarbeitet.

Hier kommt es auf eine maltechnisch möglichst unkomplizierte und schnelle Trocknung an, wobei ihn die Acrylmalerei in der Malarbeit sehr unterstützt. Die schnellere Übermalbarkeit der Acrylfarbe erlaubt es Jochen Kuhn, seinen maltechnischen Anspruch im ständigen Prozess des Übermalens und der Wandlung zu realisieren. Diese unkonventionelle Arbeitsmethode bedingt, dass kaum noch ein echtes Bild erhalten bleibt.

Die hier nach Farbfotografien wiedergegebenen Bildsequenzen stammen aus dem Film »Die Beichte« des Jahres 1990 und das obige Bild stammt aus seinem Spielfilm »Fisimatenten«.

Katja Kölle

* 1955 Hamburg

1975 bis 1978 Studium an der Hochschule für Bildende Künste/Hamburg: Malerei und Visuelle Kommunikation
1978 erste synästhetische Arbeiten
1978 bis 1983 Studium an der Universität Wuppertal
Musikstudium an der Staatlichen Kunstakademie Düsseldorf

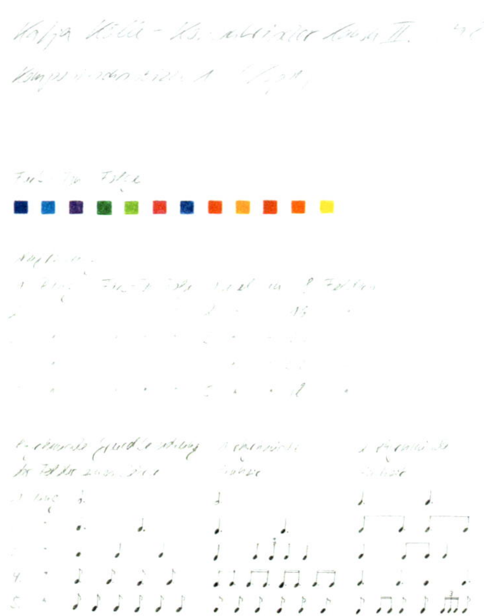

Katja Kölle, »Kompositionsskizze«, 1988, 29 x 21 cm, Graphit und Farbstift auf Papier

Katja Kölle arbeitet seit 1981 häufig, aber nicht ausschließlich, mit Acrylfarben auf Leinwand, Filz, Sisal, Papier oder Holz und sogar auf Schallplatten. Für die Arbeiten auf Filz verwendet sie eine steifere, kräftige und etwas fülligere Qualität, die aus zwei Filzlagen besteht. Während die dünnere Lage nur unbunte Fasern enthält und relativ gleichmäßig grau meliert ist, enthält die dickere Schicht zusammengepresste, gröbere und vielfach farbige Fasern, »sodass ein farbiges Grau entsteht«. Katja Kölle verwendet bei allen konzentrischen Kompositionen und Kanons die Seite mit dem farbigen Filzgrau, »weil die quadratischen Farbfelder nicht fremd auf dem Malgrund stehen, sondern in das gedämpfte Farbgespinst einbezogen sind«, bei anderen Filzarbeiten verwendet sie jedoch die unbunte Seite.

Die quadratischen Felder wurden zuerst mit Stiften in den kompositorisch vorbestimmten Buntfarben auf dem Filz aufgezeichnet. So entsteht später eine fein vermittelnde Zone zwischen Maluntergrund und Farbfeld. Danach folgte eine Grundierung mit weißer Acrylfarbe, und später wird das Farbfeld mit hochgesättigter Acrylfarbe ein- bis zweimal bemalt, bis »die Farben weich und höchst energetisch aus dem Filzgrund leuchten«.

Der »Konzentrische Kanon II.« gehört zu der umfangreichsten und in ihrer Erscheinungsform sich kontinuierlich wandelnden Werkgruppe der Farbnotationen Katja Kölles. Die eigens von ihr festgelegten Zuordnungen von Farbe und Ton basieren auf den Tönen in der Abfolge des Quintenzirkels, bei denen die spektralen Farben in einem von ihr gewichteten Farbkreis wiedergegeben werden. Dabei weist jede Farbe eines Farbfeldes auf einen bestimmten Ton bzw. eine Tonqualität hin, wobei die Bildkomposition gleichzeitig die Komposition abbildet (Farbnotation).

Katja Kölle bezeichnet die Form des Bildes selbst als »Tondo« (Rundbild), wobei sich der Bildtitel »Konzentrischer Kanon II.« auf die Kreisfuge (Kanon) als eine strenge Nachahmung eines Themas in mehreren nacheinander einsetzenden Stimmen bezieht. So ordnet sich hier eine von ihr bestimmte Farb-Ton-Folge in quadratischen Flächen zu konzentrischen Kreisen auf dem Filzgrund an. »Die fünf Kreise bilden einen fünfstimmigen Proportionskanon.« Diese malerische Aufzeichnung bzw. »bildnerisch-musikalische Komposition«, wie sie es selbst beschreibt, »ist nicht nur ein Bild zum Anschauen, sondern auch eine Aufforderung zur instrumentalen Interpretation«. Dazu müssen die farbigen und räumlichen Beziehungen in zeitliche Klangbeziehung umgesetzt werden (siehe rechte Seite unten).

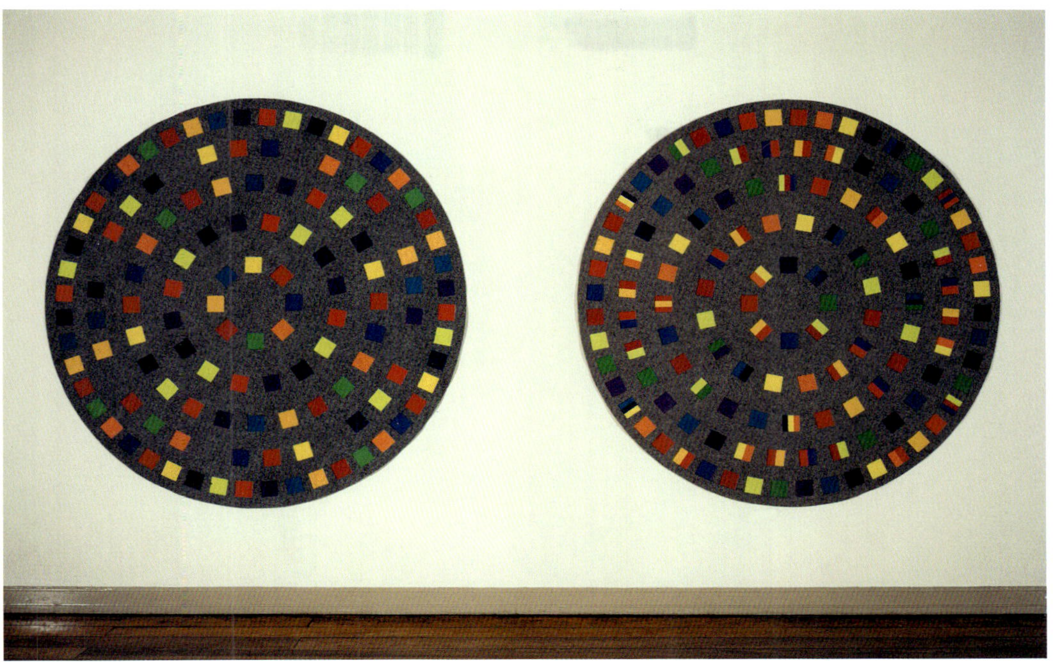

Katja Kölle, »Konzentrischer Kanon I.«, 1988, 200 cm ø, Acrylfarbe auf Filz, Städtisches Museum Flensburg [links]
»Konzentrischer Kanon II«, 1989, 200 cm ø, Acrylfarbe auf Filz, im Besitz der Künstlerin [rechts]

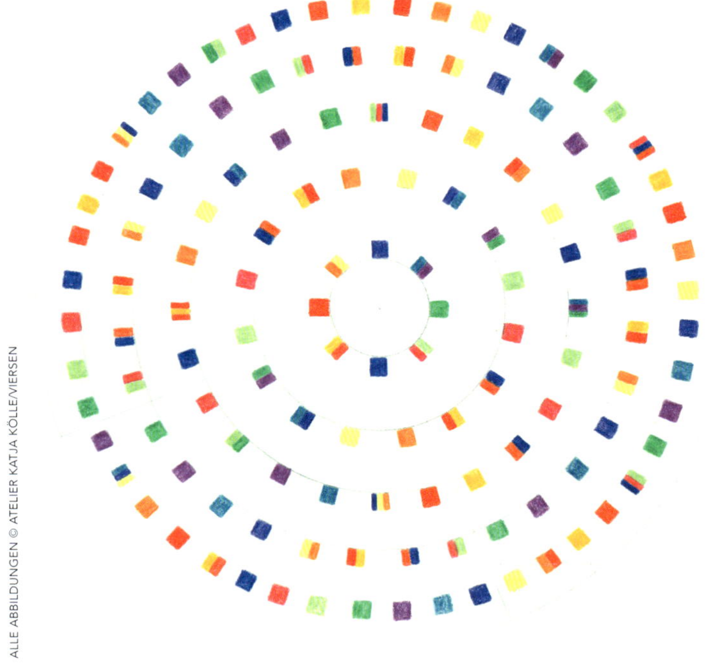

Katja Kölle, »Konzentrischer Kanon IV.«, 1988, Kompositionsskizze, DIN A4

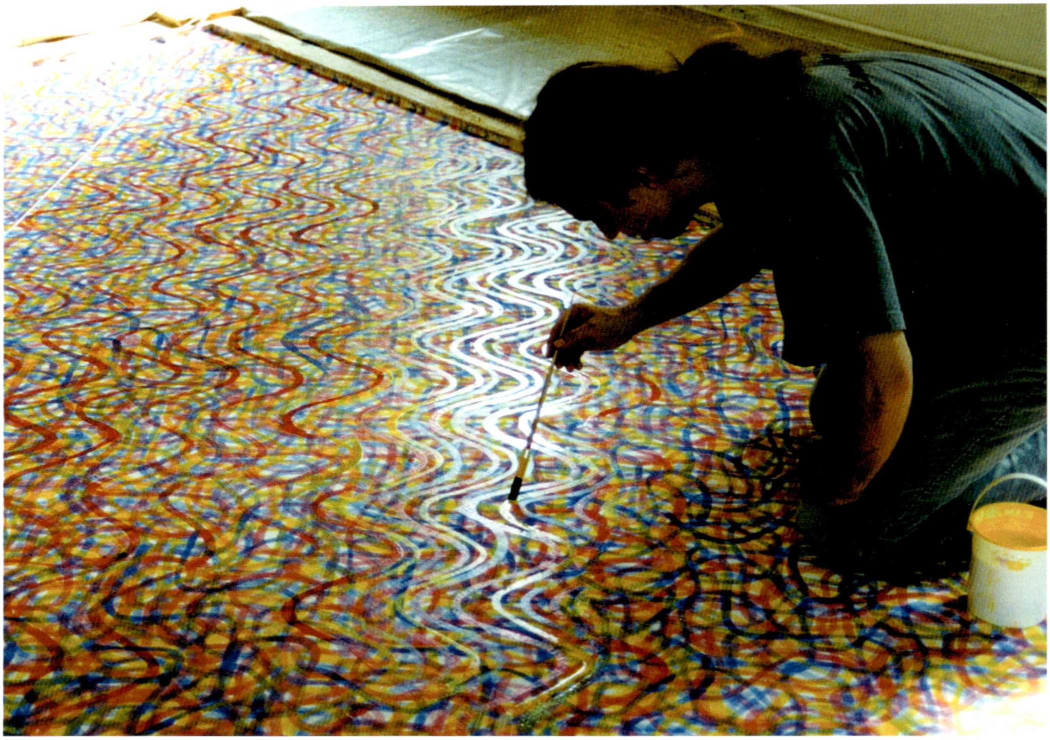

Der Künstler Petr Kvíčala beim Auftrag der ersten Schichten

Petr Kvíčala

* 20.4.1960 Svitavy, Tschechien

Petr Kvíčala wurde am 20. 4. 1960 in Svitavy-Mähren/Tschechische Republik geboren, studierte zunächst Chemie an der Fachhochschule, später aber an der Kunstgewerbefachschule in Brünn.

Bei meinem Besuch in Prag im Frühling 1998 sah ich in der Abteilung Moderne Kunst der Tschechischen Nationalgalerie im Palast der Handelsmesse ein mit 368 auf 794 Zentimetern wirklich großes Bild des Tschechen Petr Kvíčala. Wenn es auch in seiner Zeichenhaftigkeit modern wirkt und in seiner eigenartigen Farbigkeit an Computerpiktogramme erinnert, so stellt sich die Arbeit an diesem Bild doch als traditionelle Malerei mit Acryl in Schichtentechnik heraus.

In der ersten Schicht werden in noch wärmerem Farbduktus das vielfältige Gerüst von wellenförmigen Linien mit einem langhaarigen feinen Malerpinsel, wie er zum Plakatschreiben oder für Streifen in der Dekorationsmalerei verwendet wird, eingetragen. Dieses Netzwerk mäanderförmiger Linien erinnert an mathematische Gebilde, etwa an antike Formgebungen eines Euklid. Die Leinwand liegt auf dem Boden. Es wird über den Rand hinaus gemalt. In einer zweiten Schicht trägt Kvíčala die kühlere Struktur leicht verschoben über den ersten Farbauftrag nach. Fast scheint es, als ob man eine dieser fluktuierenden Linien in diesem regelmäßigen Bündel verfolgen könne, doch verliert sich ihre Spur und man ist unversehens einer ganz anderen Linie gefolgt. Die komplexe Kombination farbgebender Elemente und Schichten führt das Auge in die Irre. Als Trägermaterial wurde eine 240 cm breite Leinwand (100 % Leinen von Moravolen A.S., Jensenik/CZ) verwendet, die zu drei senkrechten Bahnen vernäht wurde. Nachdem die Leinwand genäht war, wurde sie auf den Fußboden gelegt und ein Arbeitsrahmen wurde – ohne Querverstrebungen – direkt aufgenagelt. Nach dem Trocknen des Grundierungsauftrags war die zu bearbeitende Bildfläche begehbar. Ohne Imprägnierung wurde direkt eine

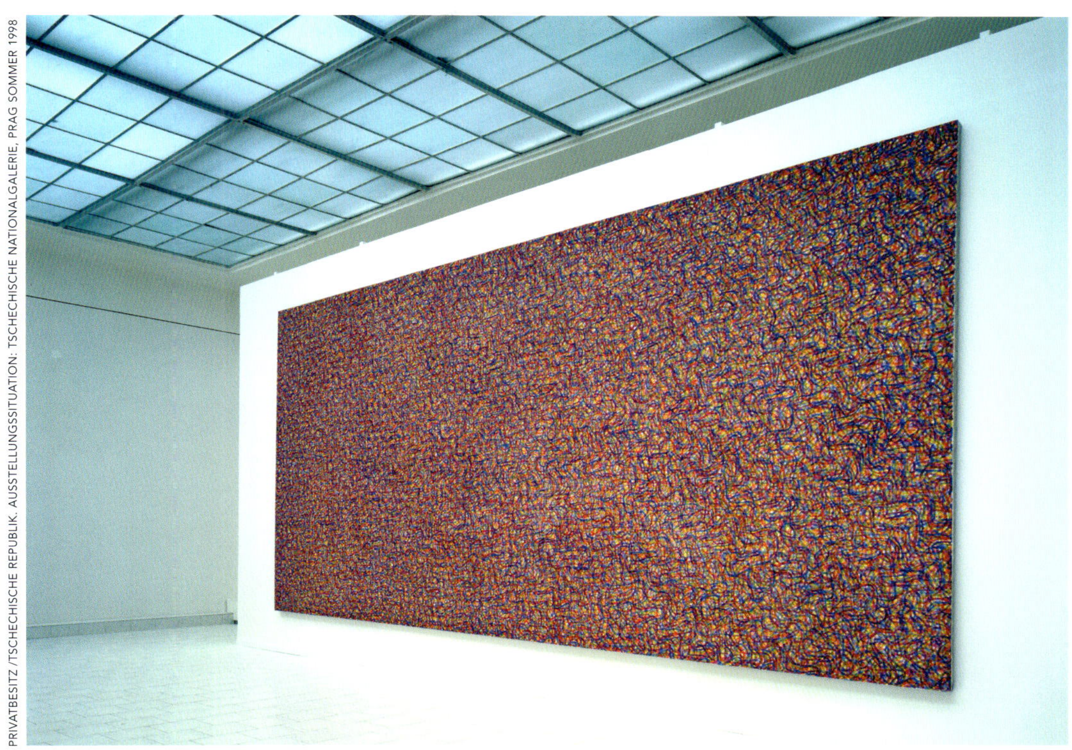

PRIVATBESITZ /TSCHECHISCHE REPUBLIK. AUSSTELLUNGSSITUATION: TSCHECHISCHE NATIONALGALERIE, PRAG SOMMER 1998

Petr Kvíčala, »60 days of red, blue and yellow«, 1996, 368 x 794 cm, Acryl auf Leinwand

Acrylgrundierung der Firma CHEDS (Zdiby/CZ) aufgetragen. Als Acrylfarben wurde hier der Typ Galeria von Winsor and Newton eingesetzt und nach der Fertigstellung kein Schutzfirnis verwendet. Bei anderen Arbeiten verwendet Kvíčala bei gleicher Grundierung vor allem Lascaux Studio in verschiedenster Verdünnung und als Schutz Transparentlack 2062-UV von Lascaux, je nach Satinierung matt oder glänzend.

Zunächst wurde die Acrylfarbe sehr stark, mit etwa einem Esslöffel Farbe auf einen Liter Wasser, verdünnt. Das geschah vor allem im Hinblick auf das Evozieren einer größtmöglichen Transparenz; Denn »... ein Blau erscheint nur dort wirklich blau, wo es ausschließlich in mehreren Schichten übereinander liegt«, berichtete mir der Künstler in einem Brief. Pro Tag wurde so über die gesamte Bildfläche jeweils nur eine Schicht bearbeitet. Die Bildfläche wurde bedeckt mit auf einer Geraden verlaufenden Wellen, die sich nicht kreuzen durften und sich in regelmäßigen Intervallen wiederholten. »Der Wellenfluss jeder darauf folgenden Schicht hat eine andere Richtung und wurde jedes Mal im Vergleich zur vorangegangenen im Winkel ein klein wenig gedreht.«

Der Malprozess jeweils einer Schicht zog sich meist über acht bis zehn Stunden hin. Mit zunehmender Schichtdicke wurde es aber auch immer schwieriger, die noch feuchte Pinselspur aufzufinden, da ein Pinselansatz erklärtermaßen nicht beabsichtigt war. Daher musste Petr Kvíčala stets ohne Unterbrechung arbeiten. Die Malarbeit verursachte ihm Schmerzen, die sich nicht nur körperlich, sondern auch psychisch äußerten. Meist setzte nach der Qual der eigentlichen Malarbeit zunächst ein Gefühl der Leere ein.

Nach Abschluss der Arbeit wurde die Malerei vom Arbeitsrahmen abgespannt und durch einen für diesen Zweck vorbereiteten Spannrahmen in der Galerie ersetzt.

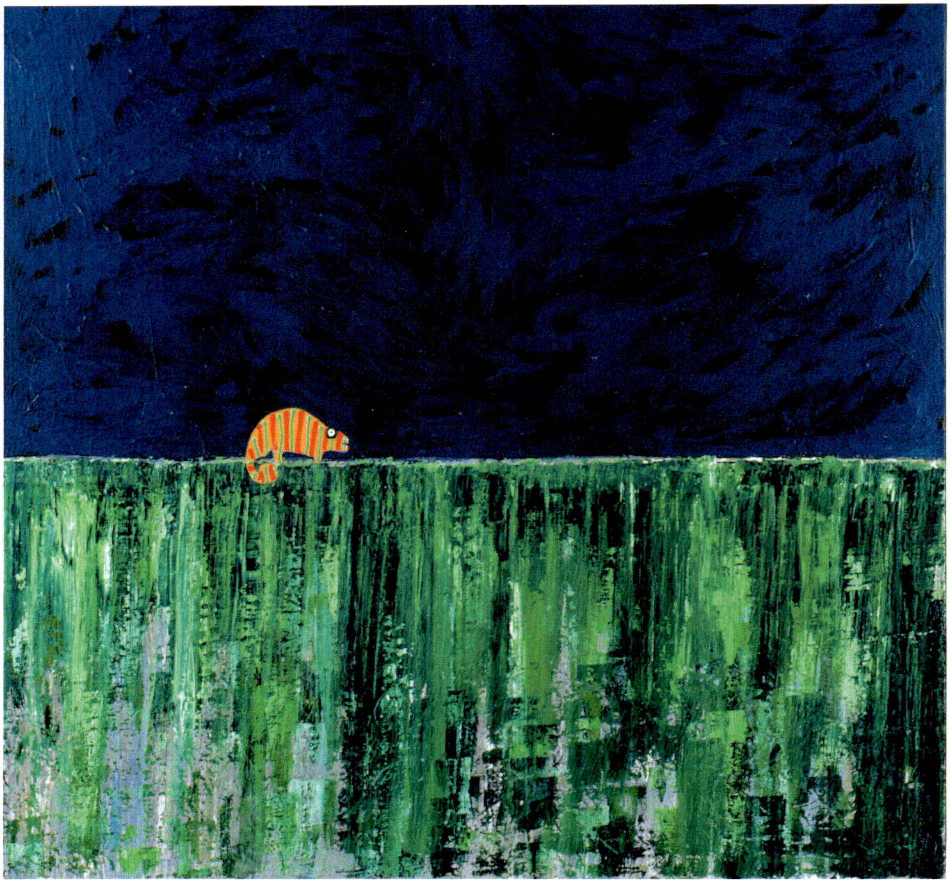

FOTO: PETER KRAHÉ

Christina Allamoda-Krahé, »Tierbild Blau-Grün«, 1995, 150 x 150 cm, Acryl/Ölpastell auf Leinwand

In gewisser Weise setzt Kvíčala auch hier den für ihn momentan wichtigen Themenkomplex monumental und in erweiterter Form um, denn »Verschwendung« ist einer der wichtigsten Aspekte in seiner Arbeit. In früheren Arbeiten, etwa dem Bildzyklus »Festive Tableclothes for Every Day« (Festliche Tischdecken für den Alltag) von 1993, zeigte er die Symbolhaftigkeit und ihre Rituale auf. In dem Bildzyklus »Within the Border« (Innerhalb der Grenze) von 1994 wurde durch Aufschichten wellenförmiger Ornamente mit ausschließlich roten Lasurfarben eine fast nicht mehr reproduzierbare Illusion einer leicht zerfallenden Wolkigkeit evoziert. Dabei wurde dem Künstler selbst erst während des Malprozesses das Pathos klar, das die »feierliche« Verschwendung von Materialien, Mitteln, Zeit und Energie hervorruft.

Christina Allamoda-Krahé

* 1965

Nach dem Studium der Freien Malerei an der Alanusschule der musischen und bildenden Künste in Alfter/Bonn schloss Christina Allamoda-Krahé ihre Ausbildung an der Fachhochschule Hannover 1993 mit dem Diplom für Malerei ab. Nach eigenen Aussagen lebt, liebt und arbeitet sie unterdessen in Hamburg.

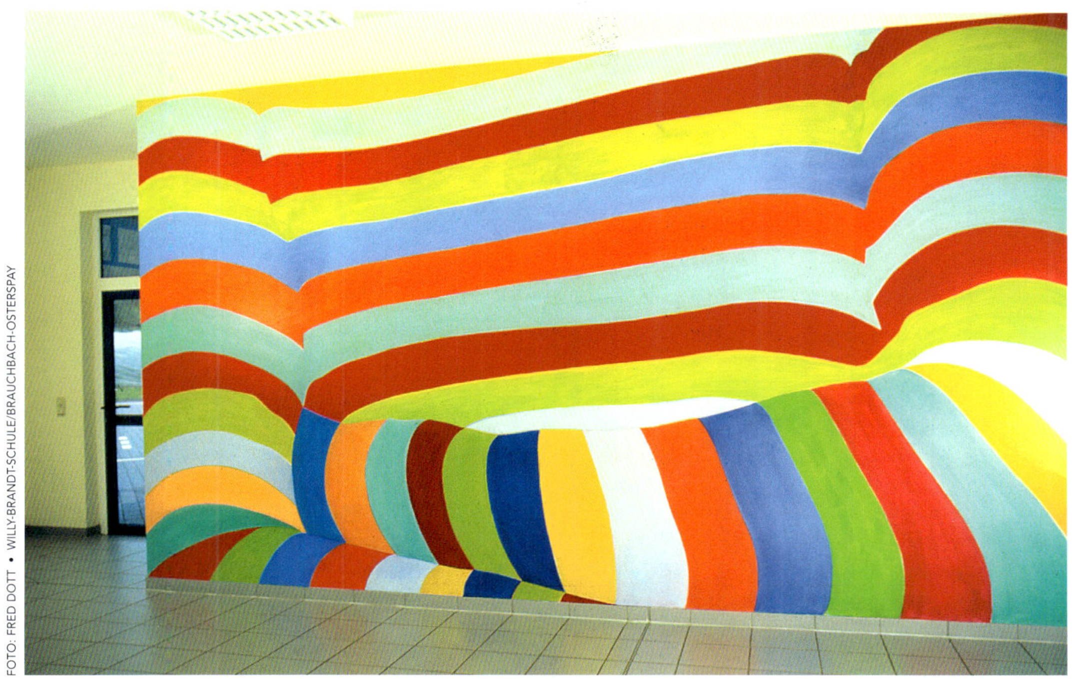

FOTO: FRED DOTT • WILLY-BRANDT-SCHULE/BRAUCHBACH-OSTERSPAY

Jochen Twelker, »I-Männchen«, 1996, 300 x 500 cm, Acryl auf Wand

Jochen Twelker

* 1957 Bielefeld, lebt in Berlin

1979 bis 1987 Studium
an der Kunstakademie Münster

Als Künstler ist Jochen Twelker vor allem an ganz besonderen Strukturen interessiert, die sich zu einer neuen Welt zusammenfügen. Ob es sich dabei um klassische »Wände und Böden« (so der Titel einer Ausstellung in Bremerhaven) handelt oder um die Ringelshirts und -Pullover von Anne, Nicole oder Sandra: Stets sind es die regelmäßig wiederkehrenden Musterungen, die auf Grund ständiger und ausgiebiger Nutzung, (zu sehen am Beispiel der Fußböden Pompejis oder des Schlosses Schönbrunn) abgenutzt sind. Oder es zeigen sich die wohl proportionierten Rundungen scheinbar altersloser Körper in quietschbunten Farben. Unsere Abbildung zeigt das »I-Männchen« als sehr groß gewählten Ausschnitt eines Brustporträts.

Wenn man sich in einigem Abstand zur Darstellung befindet, wird Folgendes sichtbar: Auf der Stirnwand eines eingeschobenen Gebäudeteils in einer Schule kann man die vor der Brust verschränkten Arme erkennen, die an den Bildrändern jeweils links, rechts und unten stark angeschnitten sind; Schulter, Hals oder Kopf fehlen gänzlich. Fast scheint es, als sei der linke Ärmel ein wenig in die Länge gezogen.

Nach einer fachgerechten Putzfestigung und Verspachtelung alter Risse wurde eine Isolierschicht mit einem Acrylbindemittel aufgetragen. Nach zwei Grundierungsaufträgen, nämlich je einem verdünnten und einem deckenden, wurde die Farbschicht zunächst lasierend angelegt. Erst im Lauf des Malprozesses wurden die Ringelstreifen zunehmend konkretisiert. Da die Malerei gerade im Schulbetrieb zum Teil starken Beanspruchungen ausgesetzt ist, wurde ein Schutzfilm aus Transparentlack in mehreren Schichten aufgetragen.

Pflege, Konservierung & Restaurierung von Acrylbildern

Zur möglichen Schädigung von Acrylbildern

Nicht nur bei Kunstwerken, die mit Acrylfarben ausgeführt wurden, lassen sich Schäden oftmals weniger auf maltechnisch bedingte Mängel – etwa durch falsch eingesetztes Material – als vielmehr auf äußere Einflüsse zurückführen. Nicht selten wird mit dem scheinbar so unverwundbaren Material im Vergleich zu anderen Kunstwerken nachlässiger umgegangen. Handelt es sich überdies noch um moderne, zeitgenössische Kunst, fehlt der Nimbus von Erlesenheit und die Ehrfurcht vor dem künstlerischen oder gar ökonomischem Wert.

MALTECHNISCHE FEHLERQUELLEN

Maltechnische Schäden, wie Rissbildung, Abschälen des Farbfilms, Kreiden oder Abpudern und Kraterbildung, sind kaum oder relativ selten anzutreffen. Maltechnische Fehler werden viel eher entweder irrtümlich verursacht – in wirklich seltenen Fällen absichtlich – und entstehen meist nicht etwa durch mangelhaftes Material, sondern durch falsche Verarbeitung oder schlechte Kenntnis des Materials. Dennoch können Schäden durchaus beabsichtigt und in den künstlerischen Prozess mit einbezogen worden sein; aber das gehört zur höheren »malkünstlerischen Philosophie«.

Wenngleich die Malarbeit, zumal der künstlerische, zugleich freie Umgang mit Farbe und Malmitteln aus Acrylharzen vordergründig wesentlich erleichtert wurde, jedenfalls im Vergleich zur Ölmalerei, so ist doch auch die Acrylmalerei bestimmten Gesetzmäßigkeiten unterworfen. Die spontane, unmittelbare Ausdrucksweise dieser noch immer modernen Maltechnik scheint dennoch mit einer umfassenden Auseinandersetzung mit dem Material und seinen Besonderheiten zu konkurrieren.

1. Beeinträchtigungen während der Trocknungsphase verhindern das Zusammenfließen der Kunststoffteilchen zu einem maltechnisch intakten Film. Dabei kann eine die gesamte Malschicht durchziehende Rissbildung aufkommen, die auf zunehmende Oberflächenspannung des Pigment-Bindemittel-Gemisches zurückgeführt wird und Filmspannung während der Koaleszenzphase anzeigt. Die Entstehung von Rissen und ihr Ausmaß verändert sich von Farbton zu Farbton und sogar auch von Hersteller zu Hersteller. Folgende Faktoren sind an Filmrissbildungen beteiligt:

1.1. Bei einer Verarbeitung der Acrylwerkstoffe unterhalb der angegebenen Mindestfilmbildungstemperatur entfalten sich netzartige, die gesamte Malschicht durchdringende Risse. Ausschlaggebend für derartige Prozesse sind nicht nur die Temperaturen während der Verarbeitung der Werkstoffe, sondern auch die des Untergrunds und ganz besonders während der Trocknungsphase selbst. Gerade in großen, kaum bzw. wenig wärmeisolierten oder schlecht beheizbaren Räumen, in sehr großen Ateliers, Lofts oder ehemaligen Fabrikationstätten etwa, ist das Erreichen oder gar das Einhalten vorschriftsmäßiger Temperaturen nicht immer von vornherein gegeben.

1.2. Auch bei Durchzug werden die eventuell ausgewogenen Klimawerte von Temperatur und Luftfeuchtigkeit aus dem Lot gebracht. Hier ist dann meist eine sehr unregelmäßige Rissbildung die Folge. Die Rissverteilung ist dann feiner und meist auch asymmetrisch, sicher auch ein Ergebnis von Bewegungen in flexibleren Bildträgern.

1.3. Auf dem Fußboden gemalte Bilder weisen ein ähnliches Schadensbild auf den bemalten Bildflächen auf; die abweichenden Temperaturwerte von Bildfläche zu Bildrückseite führen zu Unterkühlungen der unteren Bildschichten, während die Malschichten

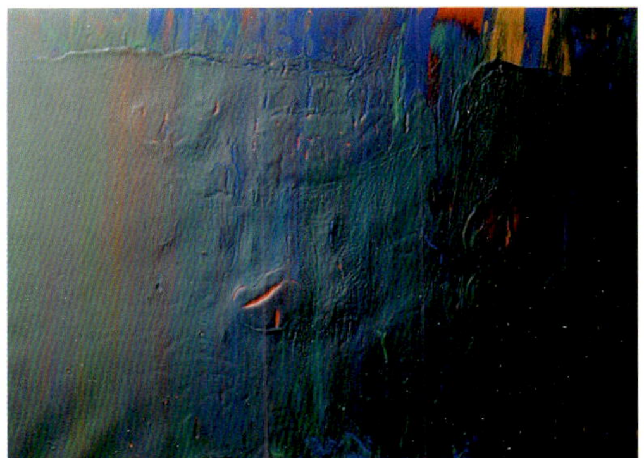
An diesem Bild wurde so ziemlich alles falsch gemacht, ...

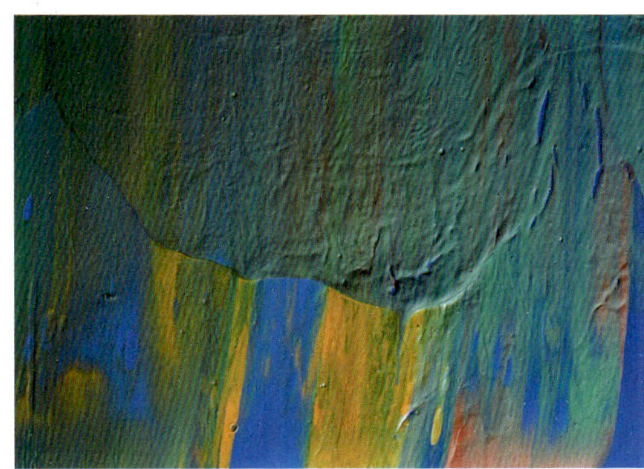
was man nur falsch machen kann (siehe Seite 98).

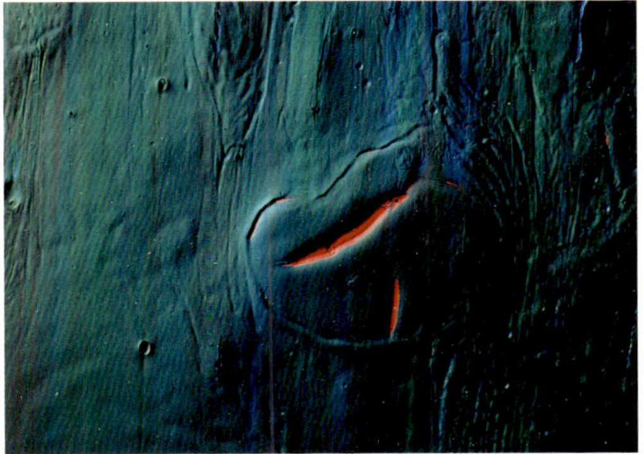
Rissbildung nach der Trocknung/Detail zum Bild oben

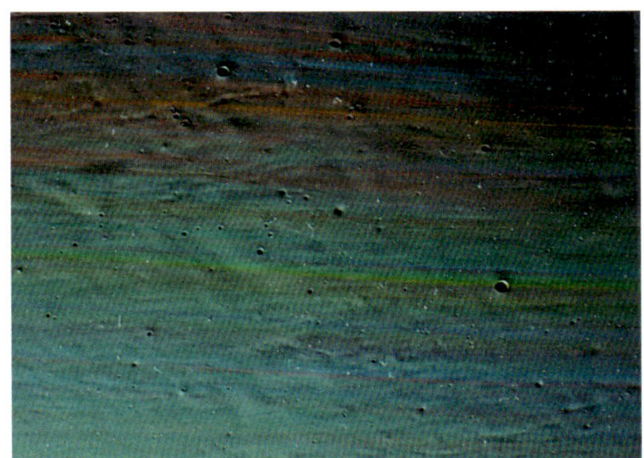
Beispiel von Bläschen- und Kraterbildung

höhere Temperaturwerte aufweisen. Temperaturdifferenzen solcher Art erzeugen eine gewisse Heterogenität im Bildgefüge, die beim Entweichen des Wassers mitunter zu gefährlichen Situationen für die Bildschichten führen können. Ein Schadenbild wäre hier uneinheitlich.

1.4. Stark pastose Farbaufträge ohne die Verwendung entsprechend konditionierender Hilfsmittel bzw. Malmittel, zum Beispiel von Gelen oder Pasten, können zuweilen zu Rissbildungen führen, etwa an den Anschlüssen verschiedener Farbaufbauten. Der unterschiedlich einsetzende und verlaufende, relativ hohe Volumenverlust bewirkt Spannungen im Gefüge von Farbschichten zur Grundierung und zum Bildträger.

1.5. Stark saugende oder auch generell saugende Untergründe entziehen dem Material sehr zügig das Wasser, sodass die Filmbildung nachhaltig gestört wird. Das muss nicht unbedingt eine Rissbildung nach sich ziehen, die Farbschichten können aber matt oder grisselig wirken. Das Tempo, in dem das Wasser frei wird, bewirkt ein »Aufbrennen« der Farbschichten, die sofort trocknen, sodass ein stetes Zusammenfließen der Kunststoffteilchen nun nicht gewährleistet ist.

2. Das Ablösen bzw. Abschälen der Acrylmalschichten vom Untergrund zeigt, dass die Kohäsion des Beschichtungfilms stärker ist als die Adhäsion mit dem Untergrund: Bei dieser maltechnisch sehr unangenehmen Erscheinung lassen sich die Acrylfarbschichten leicht abziehen oder schlimmer noch: Sie lösen sich von selbst ab!

2.1. Sehr glatte, fettige oder extrem saugende Untergründe können ebenfalls die Ursache für ein gefürchtetes Ablösen bzw. Abschälen von Acrylharzfarben sein, denn Acrylfarben können sich hier schlecht verankern.

- **Die Empfehlung kann daher nur lauten:**
- **Untergründe eingehend zu prüfen,**
- **nachzuarbeiten und, wo nötig, zu**
- **isolieren!**

Wenngleich für Acrylharzfarben gute adhäsive Eigenschaften bekannt sind, sollte von der Bearbeitung glasartiger Oberflächen oder mit ölhaltigen Substanzen beschichteter Hartfaserplatten – zum Beispiel Masonite® – abgesehen werden. Auch auf die Verwendung eventuell ölhaltiger Beschichtungen der im Fachhandel erhältlichen maschinengrundierten Leinwände sollte man verzichten. Die meisten, zumal pastosen Acrylfarbschichten ließen sich davon ohne weiteres abziehen! Die Farbschichten reißen sogar mit hoch, wenn überdies mit Acrylbindern nachgearbeitet wird.

Oft ist mangelnde Adhäsion nicht unmittelbar sichtbar. Sie wird erst nach mechanischer Einwirkung offensichtlich; das kann schon ein einfacher Transport sein oder das Aufrollen von Bildern.

3. Grundsätzlich sei erst einmal vor der Verwendung von Misch- oder gar Kombinationstechniken gewarnt und sogar davon abgeraten. Die alte Empfehlung, Ölmalerei sei auf Acrylmalschichten problemlos, sollte darum mit besonderer Vorsicht umgesetzt werden. Denn weil die Acryluntermalung dauerhaft flexibel bleibt, könnte der im Laufe der Zeit spröde werdende Ölfilm Rissbildungen aufweisen. Von Übermalungen im umgekehrten Fall (also Acryl auf Öl) ist aber ebenso eindringlich abzuraten, da aus den genannten Gründen keine Verankerungen stattfinden können.

4. Aufgrund ungewöhnlich hoher Pigmentkonzentration kann Malschicht-Kreidung auftreten. Das Pigment-Bindemittel-Gemisch aus der Farbenfabrikation der meisten Künstlerfarbenhersteller ist perfekt dosiert und auf die einzelnen, teils hochkompliziert aufgebauten Pigmente eingestellt. Vor weiteren Beimischungen von Trockenpigmenten sei eindringlich gewarnt. Solche Verfahren führen zwar kurzfristig, also während des Malens, zu einem »körperhaften« Farbauftrag. Langfristig aber ist mit mangelnder Wischfestigkeit und bei großer Verdünnung mit Wasser mit dem von Restauratoren bezeichneten »Abpudern« zu rechnen.

5. Um so genannte Kraterbildungen zu vermeiden, lassen die meisten Hersteller ihre Produkte bei der Herstellung über Walzenstühle laufen. So verleihen sie ihnen die beste Homogenität. Trotzdem könnte beim Umrühren in der Werkstatt oder im Atelier Luft in den flüssig-pigmentierten Acrylharzfarben eingeschlossen werden. Durch die Bildung von Luftblasen sind im Verlauf der Trocknung die Kunststoffteilchen so weit voneinander entfernt, dass sich kleine Inseln bilden, wo keine in sich geschlossene Filmbildung stattfinden kann. Darum muss bei lasierender Malweise statt des Wassers stets genügend Malmittel zugefügt werden. Denn Verdünnung zum Lasieren reicht nicht aus; es muss auch Lasurpigment in der Malfarbe vorliegen!

ÄUSSERE EINWIRKUNGEN:

Kunstwerke, deren Oberflächenbeschichtung hauptsächlich aus Acrylfarbschichten bestehen, werden immer wieder unzulänglich verpackt; oft werden nur die Rückseiten mit einem Schutz versehen, die Bildseiten kaum verglast. In besucherintensiven Ausstellungen sind als häufigste Schäden zu beobachten:

- Fingerabdrücke
- Bereibungen
- Kratzspuren
- Kritzeleien von Besuchern

Verschmutzungen an der Oberfläche werden u. a. hervorgerufen durch:

- Kohlenstoffe
- Fette
- Vergrauungen
- Staub

1. Staub stellt eine der größten Beeinträchtigungen der Bildflächen von Acrylarbeiten dar. Nach Prof. Hermann Kühn besteht Hausstaub aus einem sehr komplexen Gemenge von textilen Fasern, Teilchen menschlicher Haut, Fetten und Salzen und wird in der chemischen Analyse wie folgt dargestellt:

- 30 % Kalk
- 25 % Ruß
- 23 % amorphe glasige Bestandteile
- 20 % Quarz
- 2 % Eisenoxid

An Staubpartikeln haften die Sporen von Mikroorganismen oder Pilzen fest, die sich von den organischen Bestandteilen ernähren. Für die Vermehrung ausschlaggebend ist Art und Umfang des Klimas,

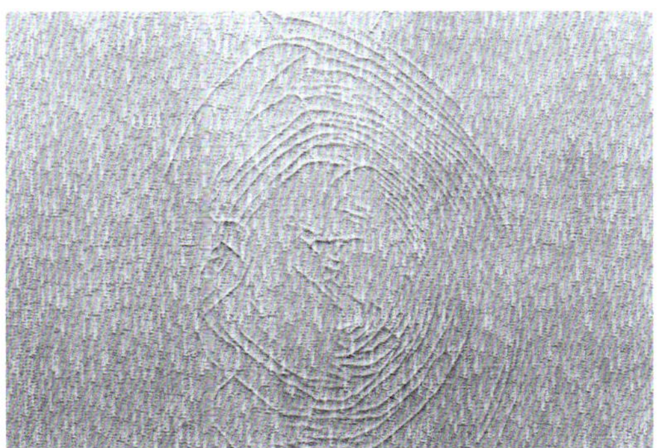

Craquelé an einem DETAIL von Roman Opalka

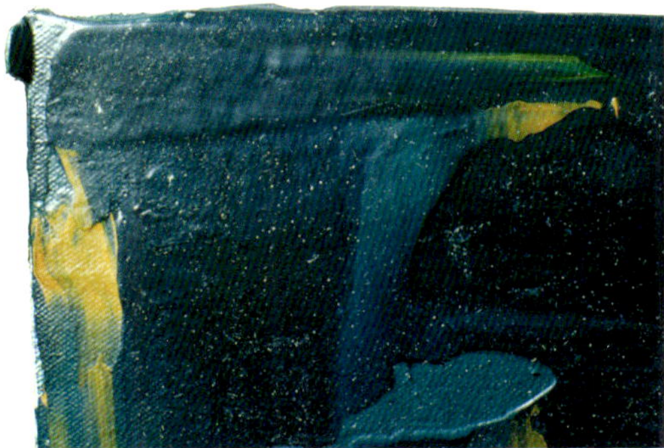

Das Absetzen von Staub auf Oberflächen

vor allem die Hygroskopizität. Ölige und teerige Bestandteile des Rußes legen sich in Form von mikrofeinen Schmutzpartikeln besonders innig auf den Bildoberflächen fest. Bei Anwesenheit von Eisenoxiden kann die Umwandlung zum besonders schädlichen Schwefeldioxid vonstatten gehen, das unter gewissen Umständen die chemische Veränderung bestimmter Pigmente nicht nur in Gang setzen, sondern sogar noch beschleunigen kann.

2. Eine Vergrauung auf Acrylbildern führt zu einer Verschiebung der Farbwerte, etwa aufgrund der Streuung des Lichts, hervorgerufen durch Staubablagerungen. Diese Erscheinung ist nicht etwa auf ein Ausbleichen der Farbmittel zurückzuführen, obwohl solche Prozesse auch in Gang gesetzt werden können. Die Staubteilchen werden durch den Strom der Umluft elektrostatisch aufgeladen und auf der Malschicht quasi »magnetisch« festgehalten. Solche Anziehungskräfte sind besonders gut auf Plexiglasscheiben zu beobachten und besonders unangenehm in der Kombination von Acryl und Plexiglas während einer Verglasungsmaßnahme!

3. Infolge dauerhafter, leichter Klebrigkeit auch bereits getrockneter Acrylfarbschichten kann die Bindung zum Untergrund ebenso groß sein wie die der Staubpartikel zur Oberfläche des Bildes. Dieses Phänomen erklärt sich durch die niedrige Glastemperatur und durch die thermoplastischen Eigenschaften der Acrylharze. Schon bei relativ niedrigen Temperaturen von + 20 °C in der Umgebung können diese Eigenschaften die Klebrigkeit verursachen. Dabei binden sich die Staubteilchen ähnlich wie Pigmentpulver in die Bildflächen ein.

4. Die genannten Phänomene können bei porösen oder ausgesprochen offenen Farboberflächen, wie es zum Beispiel bei unterbundenen Malschichten oder gespritzten Bildflächen der Fall ist, noch gesteigert werden. Die Fremdstoffe werden absorbiert und es bilden sich fast untrennbare Gefüge aus Acrylfarbschichten und Staubpartikeln.

5. Auch äußere Einflüsse können an den zuweilen sehr empfindlichen Oberflächen gravierende Schäden verursachen, sei es durch unbeabsichtigte Nachlässigkeit oder gar absichtliche Zerstörungswut (Vandalismus)!

- Moderner Kunst wird häufig aus Unverständnis mit Aggressionen begegnet.

- Die sehr freie Entfaltung faszinierender Bildoberflächen aus hauchzarten Farbtönen im Wechsel mit extrem dicken Farbaufträgen (Pastositäten), fordern geradezu die haptische Berührung durch die Betrachter heraus.

- Unfälle durch Spritzer von Getränken während Ausstellungseröffnungen sind ebenso häufig wie Verletzungen als Craquelés, Kratzer oder gar Risse durch Stoßeinwirkungen.

6. Die Bildung von Craquelés ist meist auf starke mechanische Belastung zurückzuführen. Durch wenig elastische Filme und Temperaturen unter + 15 °C wird die Craquelébildung noch gesteigert, weil die Farben spröde werden. Dieses Verhalten wird noch begünstigt, wenn stark saugende Grundierungen mit wenig Flexibilität eingesetzt wurden, die wiederum mit zunehmender Schichtdicke die Gefahr von

Rissbildung fördern. Ganz besonders die Verwendung von Leim-/Kreidegrund, Innen- oder Außenwandfarben, Caparol oder extrem verdünntem Acrylgrund ist äußerst riskant und führt zu Rissbildungen bereits im Stadium des Malens oder Trocknens.

• Grundierungen mit hochwertigem »Acrylic Gesso« oder erstklassigen Außenwanddispersionsfarben namhafter Hersteller sind in der Regel bei Verwendung entsprechender Bildträger derart widerstandsfähig, dass sie der Stoßeinwirkung unter Bildung gedehnter Malschichten und mehr oder weniger großer Beulen standhalten.

7. Das Aufkommen von Wasserrändern, zum Beispiel durch länger anhaltendes Einwirken von Wasser in bzw. durch die Acrylmalschichten, etwa beim eigentlichen Malprozess, bei der laienhaften Oberflächenreinigung oder bei der Beseitigung von Beulen rufen an porösen Oberflächen teilweise irreparable Schäden hervor.

• Gelöste Mineralien oder Salze werden sogar gelegentlich mit dem Schmutz in die Oberfläche hineingerieben, wo sie dann von der Malschicht aufgrund des Kapillareffektes gierig aufgenommen und regelrecht mit eingebunden werden. Ein leichter Glanz zeigt dann eine größere Oberflächenverdichtung der betreffenden Partie an, wo gleichsam eine Politur stattgefunden hat.

8. Einige Zusatzstoffe in Acrylfarben, zum Beispiel Äthylenglykol, sind hygroskopisch und können zu einer Anreicherung von Wassermolekülen in der Malschicht führen. Das tritt besonders eklatant zu Tage, wenn Acrylbilder in Folien luftdicht, eventuell zudem unter Kälteschock verpackt und aufbewahrt werden.

9. Transportschäden an Acrybildern werden meist durch unsachgemäße Verpackungen hervorgerufen. Das thermoplastische Verhalten von Acrylharzen und porösen Oberflächen ist darum in ganz außergewöhnlicher Weise einzukalkulieren.

• Der Einsatz von Kunststofffolien sollte allein schon wegen elektrostatischer Aufladung, oder der Entstehung von Glanzspuren vermieden werden.

• Auch der luftdichte Abschluss der Verpackung ist wegen Kondenswasserbildung zu vermeiden.

• Der Einsatz von einfachem Packpapier oder Ähnlichem kann an empfindlichen oder ausgesetzten Partien zu einer Anlagerung feiner Fusseln führen.

• Die harte und zuweilen auch spröde Oberfläche von Pergaminpapier kann zu Verletzungen an empfindlichen oder ausgesetzten Malschichtpartien, etwa zu Bereibungen, Brüchen an Pastositäten oder Kratzern, führen.

• Gesicherte Transporte verlangen behandschuhtes Tragen, weil sonst die gefürchteten fett- und schmutzhaltigen Fingerspuren auf Acrylgemäldeflächen dauerhaft platziert wären.

Prophylaxe und Pflege

Obwohl noch der erste Hersteller von Acrylharzfarben in Europa, die Firma Rowney & Co., proklamierte, Acrylharzfarben seien das »aufregendste Malmaterial ... und ... praktisch unzerstörbar [und es bedarf niemals einer Restauration]«, stellten sich dennoch Schäden ein, die die Restauratoren zuweilen vor schier unlösbare Probleme stellten. Viele Künstler erklären, das unmittelbare Kunsterlebnis sei wichtiger als prophylaktische Maßnahmen am Objekt, etwa die Verwendung eines Rückseitenschutzes oder gar ein Verglasen und vieles mehr. Doch, wie sich gezeigt hat, sind Arbeiten mit Acrylharzkünstlerfarben keineswegs unverwundbar. Schutzvorkehrungen sind auch hier unbedingt erforderlich.

Zu einer fachgerechten Betreuung von Kunstwerken, gefasst oder gemalt mit Acrylharzfarben, gehört eben auch ein kontrollierter Transport mit geeigneten Verpackungen und richtigen Materialien. Viele Erfahrungen aus dem Umgang mit öl- oder ölharzgebunden Malereien sind nicht übertragbar.

LICHT UND KLIMA

Die Malmaterialien sind aber auch Alterungsprozessen unterworfen, die sich unter anderem auf atmosphärische Einflüsse zurückführen lassen. Zu diesen Einflüssen gehören Licht, Sauerstoff und Feuchtigkeit. Die Moleküle der in Kunstwerken enthaltenen organischen Substanzen sind chemischen Prozessen unterworfen und werden im Lauf der Zeit polymerisiert, gespalten und oxidiert.

LICHT

Mit Licht, als Energieform, wird der für das menschliche Auge sichtbare Bereich des Spektrums elektromagnetischer Strahlung bezeichnet, dem jeweils eine bestimmte Lichtfarbe entspricht. Durch Energiezufuhr in Form von Licht können chemische Prozesse entweder in Gang gesetzt werden oder sie können schneller verlaufen. Die farbliche Veränderung eines Pigments im Licht ist als eine durch Lichtzufuhr hervorgerufene oder beschleunigt ablaufende chemische Veränderung des Pigments zu sehen. Bei der Lichtechtheitsprüfung von Pigmenten und den Bindemitteln wird man das berücksichtigen müssen, weil Pigmente allein – außer im ungefirnisten Pastellbild, denn hier haften sie nur durch Adhäsion – nicht verwendet werden. Die Anwesenheit eines Bindemittels oder anderer Hilfsstoffe kann – genau wie ihr Fehlen – die Lichtechtheit beeinflussen. Licht wirkt nicht nur auf Pigmente, sondern auch auf den Bindemittelanteil des Aufstrichs ein. Oberflächliche Filmzerstörungen, Bläschenbildungen im Film, Rissbildungen und Ausbleichungen sind von der Einwirkung bestimmter Wellenlängen aus dem Licht-Spektrum abhängig.

Vorbeugende Maßnahmen

Der infrarote Bereich ist langwellig und hat einen hohen Wärmeanteil. Der UV-Bereich ist hingegen der kürzerwellige Bereich mit zunehmenden Frequenzen, die das Licht »härter« erscheinen lassen. Das UV-Licht wirkt dadurch als Katalysator (Initiator) für chemische Reaktionen und könnte unkontrollierte Zerstörung der Farbmoleküle zur Folge haben. Es bedeutet speziell bei Kunstobjekten ein Ausbleichen empfindlicher Pigmente und Farbstoffe. Der beste Schutz wäre daher, die Kunstobjekte überhaupt keinem Licht auszusetzen. Ein gewisser Anteil der UV-Strahlung wird aber bereits durch einfaches Fensterglas abgefangen.

Man sollte bei empfindlichen Objekten die Tageslichteinwirkung noch weiter reduzieren und durch raue, matt-weiße Anstriche streuen. Bei der Verwendung von Vitrinen sollten die Lichtquellen immer außerhalb der Glaswände angebracht werden. Wenn nicht ein Einsatz von Kaltlichtquellen (etwa niedervoltige Halogenlampen) möglich ist, muss die Wärmeeinwirkung durch einen größeren Abstand der Lampen zum Kunstobjekt reduziert werden. Jede Beleuchtungsart sollte mit einer Durchlüftung versehen sein. Die Dauer der künstlichen Beleuchtung sollte zeitlich begrenzt und in der Helligkeit möglichst niedrig gehalten werden.

LUFTFEUCHTE UND TEMPERATUR

Unter Klima werden alle meteorologischen Erscheinungen verstanden, die eine Folge physikalischer Prozesse sind. Wichtigste Klimaelemente sind Sonnen- und Himmelseinstrahlung, Wind, Bewölkung, Niederschläge, Temperatur, Feuchte und andere. In der Kunsttechnik, Restaurierung und Konservierung sind für die Aufbewahrung von Kunstwerken im engeren Sinn nur die letzten beiden Elemente Temperatur und Feuchte von Bedeutung.

LUFTFEUCHTE

Die Luftfeuchte gibt den Gehalt von Wasserdampf in der Luft an. Die pro Kubikmeter Luft enthaltene Gewichtsmenge an Wasserdampf wird in Gramm gemessen und als absolute Luftfeuchtigkeit bezeichnet. Der maximale Wasserdampfgehalt der Luft wird in Abhängigkeit zur Temperatur gesetzt und in Prozent angegeben. Luft ist aber nur in der Lage, eine bestimmte Menge an Feuchtigkeit, bezogen auf eine bestimmte Temperatur, aufzunehmen. Bei einer relativen Luffeuchtigkeit beispielsweise von 100 % wäre die Luft mit Wasserdampf gesättigt: Überschüssiger Wasserdampf muss dabei als Tröpfchen kondensieren. Dagegen ist eine relative Luftfeuchtigkeit von null Prozent selbst in Wüsten mit sehr niedrigen Temperaturen so gut wie nie messbar.

AUSWIRKUNG UNTERSCHIEDLICHER LUFTFEUCHTEN

Organische hygroskopische Materialien, wie sie überwiegend noch in der Kunsttechnik eingesetzt werden, stellen sich auf die relative Luftfeuchtigkeit ihrer Umgebung ein. Je nach dem Grad der Material- bzw. Luftfeuchtigkeiten suchen sie ein Gleichgewicht mit der Aufnahme bzw. Abgabe von Feuchtigkeit zu schaffen. Diese Wasser[dampf]aufnahme bzw. -abgabe ist mit Volumenänderungen der Materialien verbunden, die dann als Quell- oder Schwunderscheinungen sichtbar werden. Diese Vorgänge sind für die meisten so genannten Klimaschäden verantwortlich. Das Ausmaß dieser Schädigungen ist dabei von materialspezifischen Eigenschaften abhängig. Klimaschäden können zum Beispiel als Spannrisse, Farbschichtablösungen, Verwerfungen, Schäden an Grundierungen, Malschichten, Überzügen oder Applikationen zutage treten. Kunstwerke, die in zentralbeheizten Räumen Temperaturschwankungen ohne gleichzeitige Befeuchtung ausgesetzt werden, sind gefährdet!

KONDENSWASSERBILDUNG

Kondenswasser kann nur an relativ dampfdichten Materialien sichtbar werden. Weil poröse Wandmaterialien allgemein eine Art Pufferwirkung besitzen, werden sie das entstandene Kondenswasser schon bald aufsaugen. Durch das Zusammenwirken verschiedener Faktoren wird es dann gleichmäßig verteilt. Wird aber beispielsweise die Innentemperatur durch Erwärmen erhöht, senkt sich die relative Luftfeuchtigkeit im Raum ab. Die aus der Wand verdunstende Feuchtigkeit staut sich beispielsweise im Luftraum hinter den Gemälden und muss erst langsam durch die Gemäldestrukturen diffundieren. Durch hygroskopische Quell- und Schwundvorgänge entstehen Vergrößerungen oder Verkleinerungen in den Materialien der Kunstwerke und führen dann zu den beschriebenen Deformationen oder Spannungszuständen.

VORBEUGUNG

Alle pflegenden und vorbeugenden Maßnahmen sind und bleiben bei den meisten Kunstwerken aus hygroskopischen Werkstoffen grundsätzlich gleich. Die besonders empfindlichen hölzernen Bildträger sollten in einem gleich bleibenden Klima bei Temperaturen zwischen 18 und 20 °C und einer relativen Luftfeuchtigkeit zwischen 55 und 60 % aufbewahrt werden! Die etwas weniger empfindlichen Leinwandgemälde können ohne Schaden auch relative Luftfeuchtigkeiten bis hinab zu 50 % vertragen, sofern die Klimawerte gleich bleibend, ohne so genannte Schockwirkung sind.

Neben dem Klima des Aufbewahrungsraums spielen die örtlichen meteorologischen Klimaverhältnisse eine große Rolle. Sie wirken sich über die Ausrichtung des Raumes ebenso aus wie über das Verhältnis Wand- bzw. Mauer- zu Glasflächen. Aus diesem Grund ist zunächst gute Wärme- bzw. Kälteisolierung besonders wichtig, um eine gleichmäßige Raumtemperatur zu erhalten. Temperaturwerte zwischen 12 und 18 °C wären geradezu optimal. Eine Verringerung der Sonneneinstrahlung kann durch Isolierungsverglasung oder Verkleinerung der Fensterflächen erreicht werden; das begrenzt die Klimaschwankungen. Außerdem sollte der künstliche Lichteinfall dosiert und in Abhängigkeit zu den Materialien gesetzt werden. Die Grenzwerte liegen hier bei 50 Lux für empfindliche Objekte, wie Aquarelle oder Pastelle auf Papier, und 70–150 Lux bei verglasten oder gefirnissten Bildträgern. Auch die Verwendung größerer Mengen an hygroskopischen Materialien in Depots oder Ausstellungsräumen stabilisiert die relative Luftfeuchtigkeit in hohem Maß: unbehandeltes Holz zum Beispiel, dessen Oberfläche keinen geschlossenen Anstrich haben darf, oder natürliche Gewebe. Diese Materialien sind kurzzeitig imstande, durch Feuchtigkeitsaufnahme bzw. -abgabe Feuchtigkeitsschwankungen auszugleichen. Mit Wasser gefüllte Schalen, die mit Schaumstoff ausgelegt sind, tragen dazu bei, die verdunstenden Oberflächen zu vergrößern.

EMPFEHLUNG FÜR EINE KONSERVATORISCH UNBEDENKLICHE LÜFTUNG

Im Sommer sind die Werte der Luftfeuchtigkeit höher, d. h., es ist in der Luft mehr Wasserdampf pro Kubikmeter Luft enthalten. Wenn die Temperatur in einem Raum niedriger ist als im Freien, erreicht man durch das Lüften dann eine gewisse Feuchtigkeitszufuhr. Im Winter wäre diese Maßnahme völlig falsch, weil bei kalter Witterung, selbst bei Regen, Nebel oder Schnee der Wasserdampfgehalt der Luft gering ist, die noch im Raum vorhandene Feuchtigkeit absorbiert wird und damit die Gegenstände austrocknen.
In beheizbaren Räumen kann man durch mäßiges Heizen die Luft trocknen, um so günstigere Bedingungen zu schaffen. In nicht heizbaren Räumen kann man durch Lüften etwa eine Stunde vor Sonnenaufgang einen gewissen Trocknungseffekt erreichen, wenn die Temperatur im Raum niedriger ist als im Freien, sonst muss der Raum verschlosssen bleiben. Im Winter bei Regen, Nebel oder Schnee kann durch Lüften ebenfalls eine Trocknung herbeigeführt werden, wenn die Temperatur im Raum höher ist als im Freien.

PILZ- UND INSEKTENBEFALL

Hohe Feuchtigkeitswerte sind auch eine wichtige Ursache für Pilzbefall, darum ist Pilzbefall in trockenen Räumen nahezu ausgeschlossen. Andere geeignete Lebensbedingungen und günstige Nährböden für Pilze und Insekten bieten zum Beispiel Holz, Papier und Gewebe. Folglich sollten alle Objekte regelmäßig auf Pilz- und Insektenbefall hin kontrolliert werden und möglichst rechtzeitig sollten dann auch geeignete Maßnahmen getroffen werden. Sehr häufig werden zur Behandlung flüssige oder gasförmige Biozide eingesetzt, die Schädlinge zwar mit Sicherheit abtöten, aber selten prophylaktischen

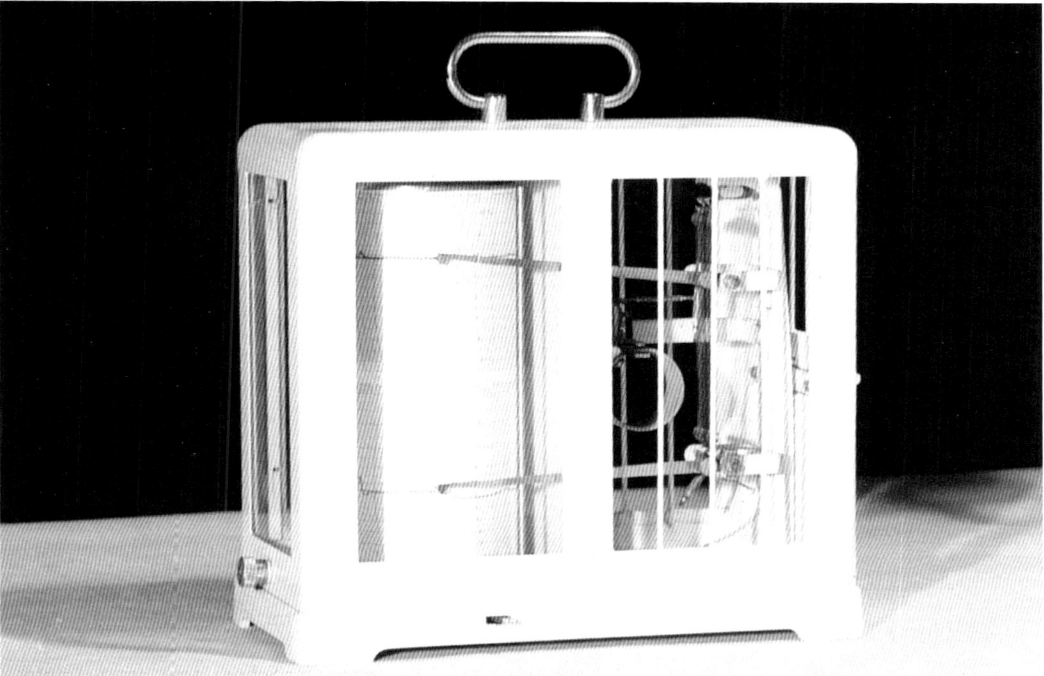

Mit Thermohygrographen kann das aktuelle Klima anhand von aufgezeichneten Kurven ermittelt und kontrolliert werden.

Schutz vor Mikroorganismen bieten. Bei Imprägnierungen mit Fungiziden oder Insektiziden sind Farbveränderungen – zum Beispiel ein Nachdunkeln – oft nicht zu vermeiden. Da es sich in jedem Fall um Gifte handelt, sollte ihr Einsatz von Restauratoren oder von geeigneten Fachfirmen vorgenommen werden.

Rahmung

Acrylbilder auf hölzernen Bildträgern oder Holztafeln dürfen nicht fest eingerahmt – etwa am Rahmen festgeschraubt, eingeklemmt oder gar eingeleimt – werden, denn das Holz muss die Möglichkeit haben zu »arbeiten«. Aus diesem Grund werden Federn auf den Bilderrahmen geschraubt, von denen dann die Tafel in den Bilderrahmenfalz leicht eingedrückt wird. Es empfiehlt sich, den Rahmenfalz mit einer Filzeinlage oder ähnlichem Material etwas auszupolstern. Bewährt hat sich ein Rückseitenschutz aus weichen Materialien und einer Hartfaserplatte.

Leinwandgemälde können in ähnlicher Weise wie Holztafeln am Bilderrahmen befestigt werden. Überdies besteht die Möglichkeit, Ringschrauben, Messingbleche mit Laschen oder die stabileren Metallverbindungen zu verwenden, die feste Verbindungen schaffen zwischen Bild und Rahmen.

OZ-CLIPS

Die so genannten Oz-Clips stammen ursprünglich aus den USA und sind inzwischen auch in Europa über den einschlägigen Fachhandel erhältlich. Sie lassen sich äußerst praktisch bei Bildern einsetzen, die entweder häufiger auf Reisen sind oder auch oft im Depot bewegt werden müssen. Von ihnen gibt es zwei bzw. vier Varianten, wenn man jeweils die Möglichkeit des Anschlagens rechts oder links als eigene Variable auffassen möchte. Man befestigt sie oben zum Aufhängen an der Wand oder für allfällige Transporte in Transportrahmen unten.

VERGLASEN VON ACRYLBILDERN

Bei einer Verglasung von Acrylbildern sollten nicht nur ästhetische Aspekte berücksichtigt, sondern auch technische Probleme gelöst werden, etwa wenn den Arbeiten mit Acrylharzfarben die nötige Form für Zierrahmungen fehlt. Das ist z. B. bei den »shaped canvases« der Fall, wo sogar die teilweise

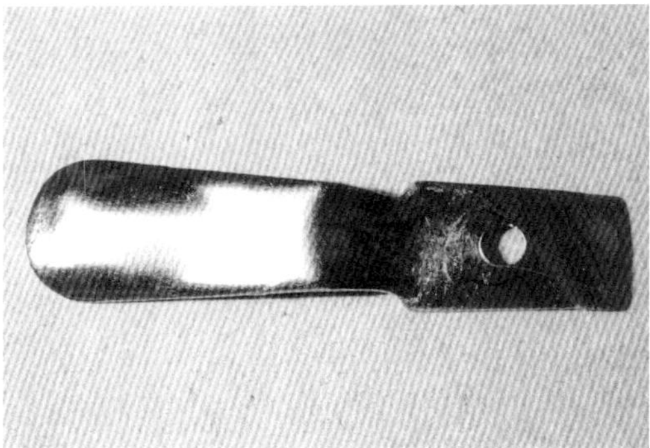

Befestigungsmöglichen am Zierrahmen: Vorreiber

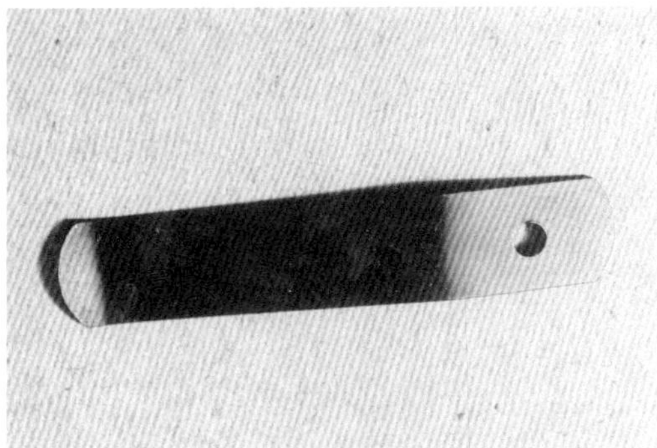

Feder

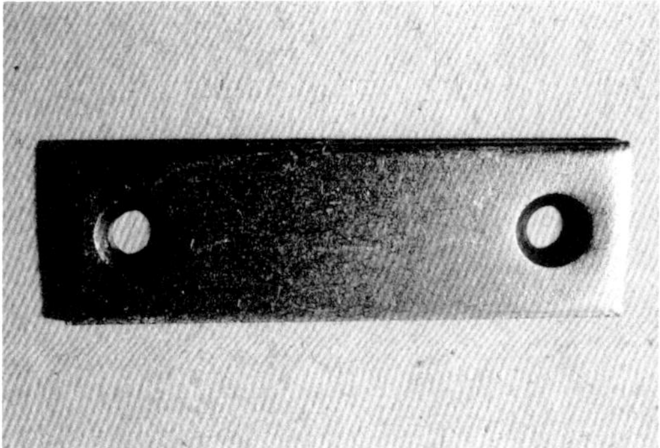

Metallverbindung

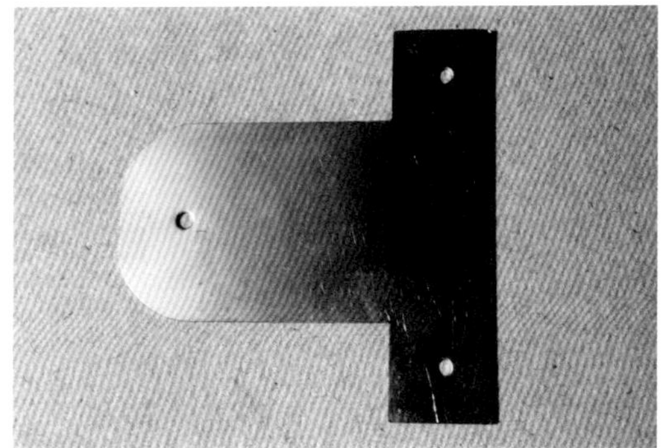

Messingblech

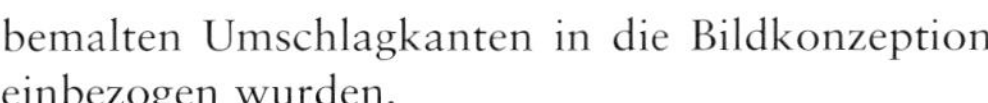

bemalten Umschlagkanten in die Bildkonzeption einbezogen wurden.
Die Verwendung von Plexiglas wurde bereits angesprochen und dennoch kann auf Verwendung dieses Materials nicht verzichtet werden. Mit großen, auf Abstand montierten Plexiglasscheiben können etwa die »shaped canvases« vor äußeren Beschädigungen ausreichend, wenn auch ästhetisch wenig befriedigend, geschützt werden. Weit weniger elegant erscheint das Einfügen von Acrylbildern in eigens hergestellte Plexiglaskästen.

Eine Verglasung kann mit verschiedenen »Gläsern« erfolgen. In jedem Fall ist zu beachten, dass die Bildschichten das Glas nicht berühren. Je nach Größe und Geschmack kann bei der einzelnen Anwendung oder Präsentation einfaches Fensterglas zur Anwendung kommen. Bei größeren Formaten sollten die Gläser besonders bruchgesichert sein. Gelegentlich empfiehlt sich aufgrund der Größe auch das leichtere Acrylglas oder ähnliche Kunststoffe. Zuweilen findet nicht nur in Museen das so genannte reflexfreie Museumsglas Verwendung. Es hat leider den unangenehmen Nebeneffekt, die Farben ein wenig verändert wirken zu lassen, überdies ist es aufgrund des aufwändigen Herstellungsverfahrens relativ teuer. Bei der Verglasung ist einerseits auf Staubdichte zu achten, andererseits aber muss Dampfdichte ausgeschlossen werden, denn das Kunstobjekt muss die Möglichkeit haben zu atmen. Das Prinzip für eine Verglasung von Leinwand- oder Tafelgemälden ist etwa wie folgt:

Das Glas wird in den Rahmenfalz eingelegt, darauf wird ein angemessen dimensionierter Abstandshalter befestigt, der an der Oberseite gepolstert ist. Damit ist das nachfolgende Gemälde, das im Rahmen befestigt wird, gegen äußere Verletzungen geschützt. Gegen Staub schützt dann der Rückseitenschutz.

RÜCKSEITENSCHUTZ

Die Verwendung eines Rückseitenschutzes bietet auf jeden Fall Schutz gegen mechanische Verlet-

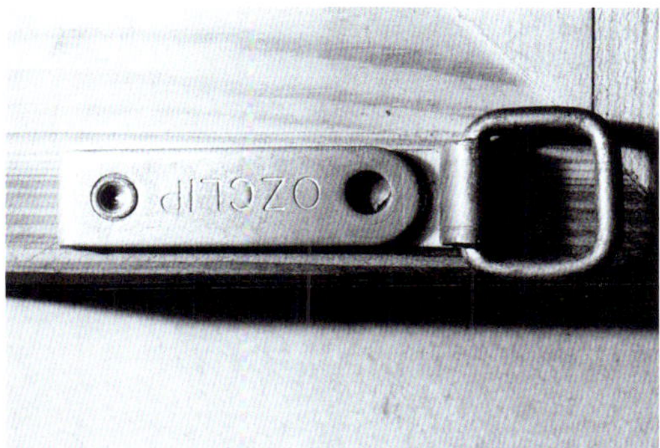

Der Oz-Clip mit der Schlaufe ist für eine »Hängung« gedacht.

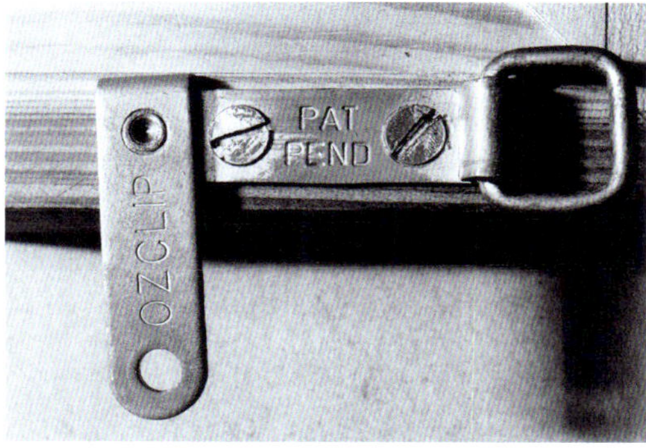

So lässt sich der Oz-Clip im Depot entriegeln.

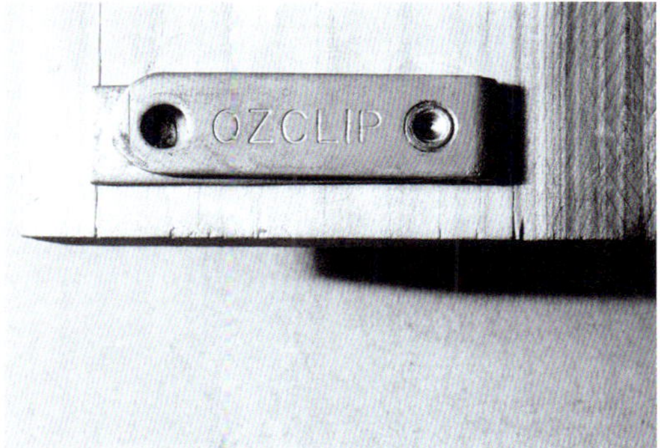

Dieser Oz-Clip ist nur für die Befestigung konstruiert …

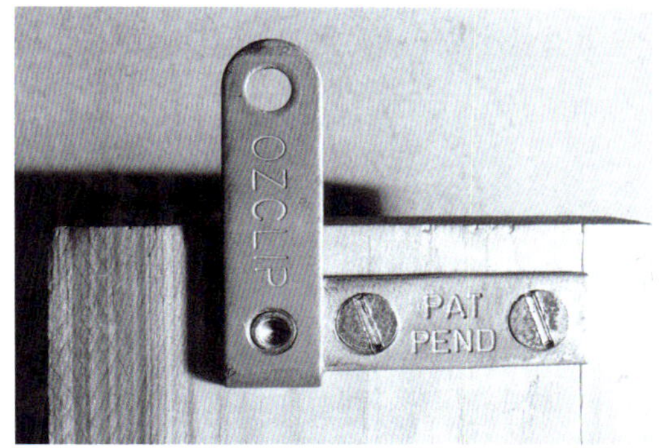

… und lässt sich lediglich aufklappen.

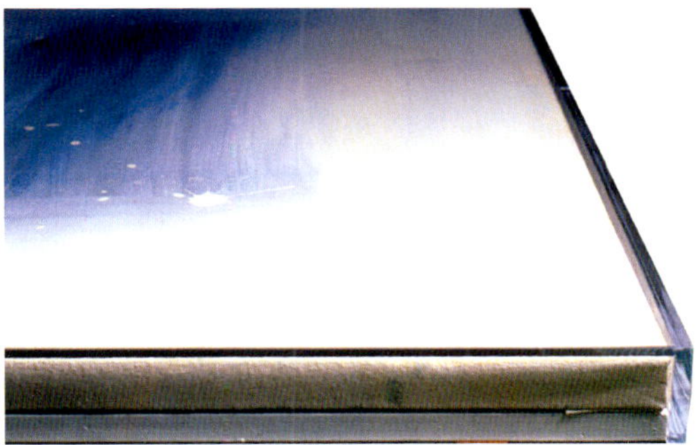
Ein Plexiglasrahmen ist ästhetisch, aber teuer.

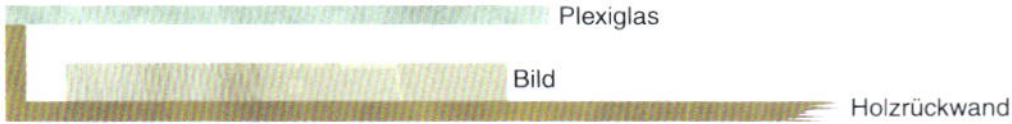

Schnitt durch eine Rahmung mit Plexiglasdeckel

zungen, gegen Verschmutzung und temporär auch gegen Klimaschwankung. Bei Leinwandgemälden wird diese Schutzvorrichtung direkt auf dem Keilrahmen befestigt. Als Materialien eignen sich schwach bzw. neutral geleimte Pappen und Kartons sowie Faserplatten. Alle luftundurchlässigen Stoffe, wie Metall, Kunststoff u. Ä., sollten nicht verwendet werden, da sich bei luftdichtem Abschluss zu hohe Luftfeuchtigkeit bilden kann und dadurch sogar die Gefahr der Kondenswasserbildung besteht. Das gilt besonders bei verglasten Gemälden.

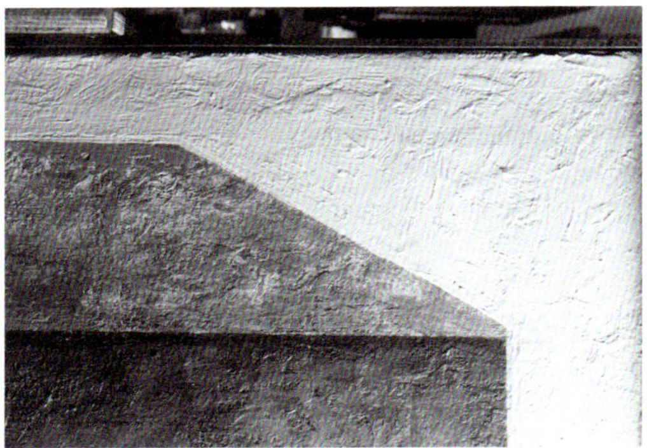

Eine schmale Rahmenleiste wird seitlich angenagelt.

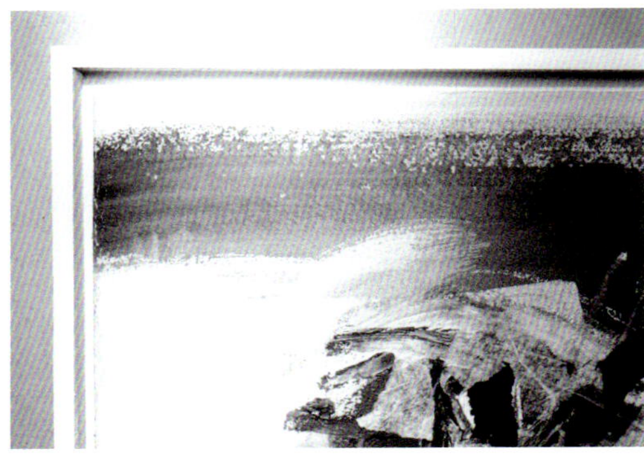

Rahmung eines Bildes mit Schattenfuge/Ausschnitt

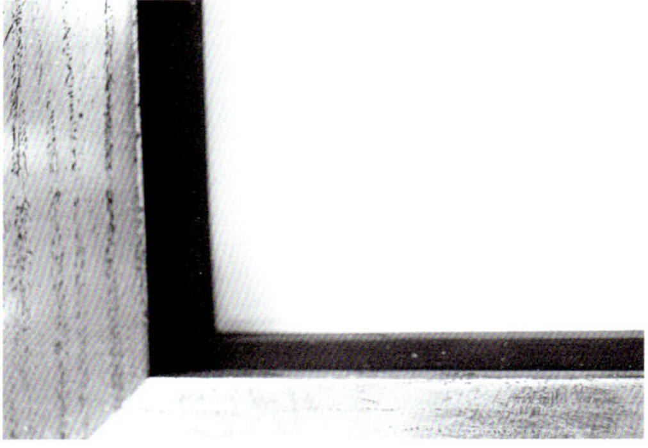

So kann Glas auf Abstand gehalten werden.

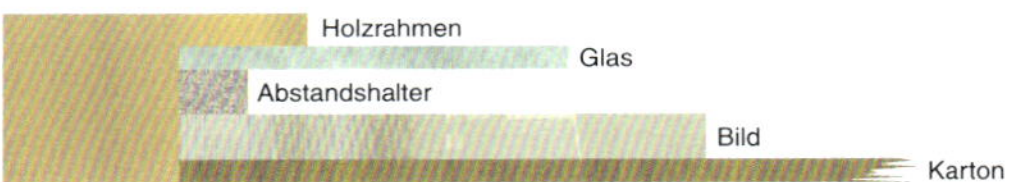

Prinzip einer einwandfreien konservatorischen Verglasungsmethode

Weniger aufwändige Möglichkeiten der Rahmung

RAHMENLEISTE

Sofern die seitliche Kante bei der Bildkonzeption nicht mit berücksichtigt wurde – also nicht bemalt ist oder entsprechend versäubert – kann man auf die einfachste und durchaus künstlerisch respektable Weise einen Rahmen anbringen, indem eine schmale Leiste seitlich angenagelt wird. In diesem Fall ist die Leiste ca. 5 mm breit und ca. 20 mm hoch und zudem auch noch farblich gefasst.

Etwas aufwändiger ist die Anfertigung eines Rahmens mit einer so genannten Schattenfuge. Zunächst müssen zwei Leisten zusammengeleimt werden, die im Profil der Bildgröße angelehnt sein sollten. Nach der Anpassung der Bildmaße werden der Gehrungsschnitt vorgenommen, die Rahmenschenkel zusammengesetzt und, nach eventuell farblicher Anpassung des Holzes, das Bild eingerahmt.

EINE RAHMUNGSMETHODE OHNE GLAS

Um kleinere Acrylbilder einfach und schnell einzurahmen und damit an die Wand zu bringen, eignet sich auch folgendes in vielen Künstlerateliers bewährte und günstige Prinzip, denn man braucht hier kein Glas mehr. Größere Arbeiten, z. B. auch auf Papier, müssen auf feste Unterlagen appliziert werden. In diesem Fall wurde mit dem Kleber 360 von Lascaux gearbeitet.

Nach ausreichender Zeit der Trockung wird der zwar dauerhaft klebrig bleibende Klebstoff mit Wärme – es sind mindestens +50 °C erforderlich – reaktiviert und das Bild kann angedrückt werden. Bei empfindlichen Bildoberflächen empfiehlt sich die Benutzung von (Stoff-) Handschuhen, denn die erwärmten Partien müssen bis zum Abkühlen an die Unterlage gepresst werden.

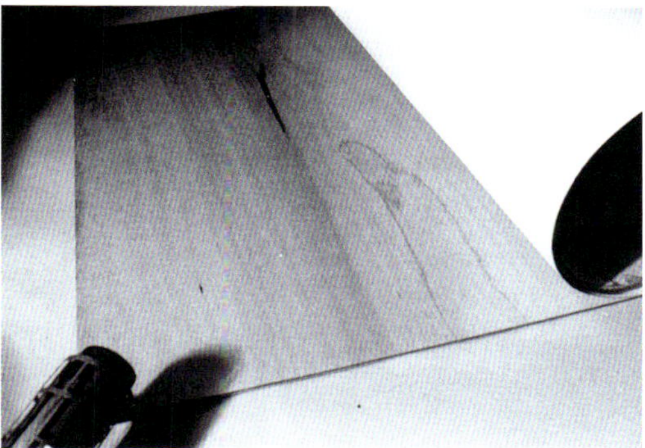

Der Klebstoff muss zweimal aufgerollt werden.

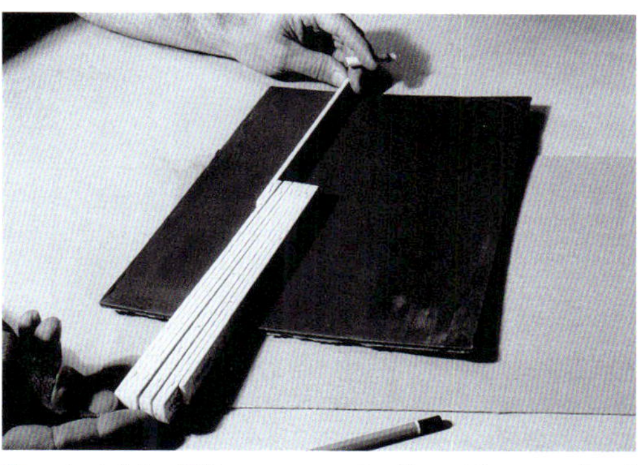

Zuerst wird das Bild vermessen, damit es sich proportional gut in die Rahmung einfügen kann.

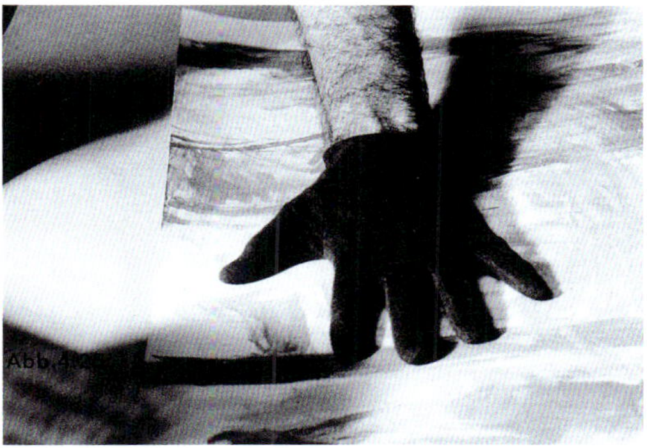

Mittels Druck wird dieses Objekt angepresst.

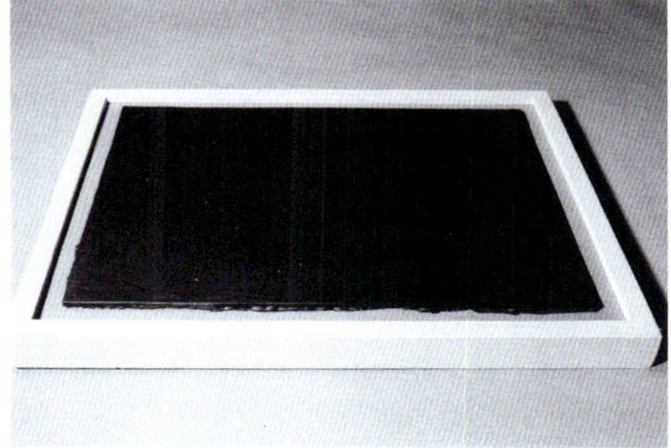

Ein aufgeheftetes Bild im Rahmen

RICHTIGE VERWENDUNG VON PASSEPARTOUTS UND ABSTÄNDEN

Sollen Bilder in Passepartouts gefasst werden, sind die Abstände richtig zu vermessen. Beim Einsetzen eines Passepartouts ist darauf zu achten, dass dessen untere Seite etwas breiter als die anderen Seiten angelegt wird. In dieser feinen Nuancierung wirkt das gerahmte Bild ausgewogen.

Zur Abbildung rechts unten:
Die Abstände links, oben und rechts sind gleich (mit dem Buchstaben x gekennzeichnet), unten muss dieser Abstand mindestens einen Zentimeter mehr betragen, damit das Passepartout in der Rahmung ausgewogen erscheint ($y \approx x + 1$ cm).

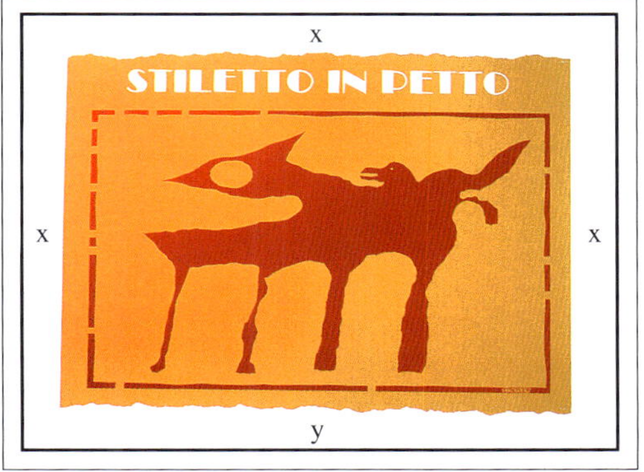

Verpackung, Lagerung und Transport

VERPACKUNG

Für einen Transport sollten empfindliche Kunstwerke ausreichend sicher verpackt werden. Von Vibrationen einmal abgesehen, sind Kunstwerke vielfältigen Risiken ausgesetzt. Häufig genug kommen Klimaschäden vor; überstarke Beanspruchungen führen zu größeren Verletzungen an Bildträgern und Bildschichten. Als sichere Verpackung muss daher eine gut gebaute, innen ausgepolsterte Kiste gelten, die dann sicher und vibrationsarm transportiert werden sollte. Besonderes Augenmerk ist auf stabile Eckverbindungen zu richten. Außerdem darf das Kunstwerk innerhalb der Kiste keine Möglichkeit zum Verrutschen haben; die Polsterung muss deswegen dicht und dennoch weich anliegen, darf empfindliche Teile nicht zerdrücken. Einen ausreichenden Schutz vor Klimaschäden bei Transporten bieten so genannte Klimakisten von qualifizierten Kunstspediteuren. Auch bei einfachen Transporten sollten Kunstobjekte mindestens vor Feuchtigkeit bewahrt werden.

Kunststofffolien dürfen keinen unmittelbaren Kontakt mit den Oberflächen von Acrylbildern haben, d. h., sie dürfen sie weder dauerhaft noch auch nur für kurze Zeit berühren. Die Bildung von Glanzstellen oder das Lösen der Malschichten könnten die Folge sein.

Die Anfertigung geeigneter Transportrahmen, die an den Rahmenseiten mit ausklappbaren Metallwinkeln (Oz-clips) befestigt werden und sich besonders leicht montieren lassen, ist sicherlich äußerst ratsam. So lässt sich das Gemälde frei schwebend in Transportbehälter legen und sogar mit mehreren anderen Bildern zuammen transportieren, ohne dass sie sich berühren könnten.

Auch der geringeren Temperaturbelastbarkeit von Acrylbildern sollte unbedingt Rechnung getragen werden, d. h. sie sollten während der kalten Jahreszeiten nicht ohne geeignete Schutzmaßnahmen transportiert werden.

ROLLEN VON GEMÄLDEN

Gemälde auf Leinwand sollten nach Möglichkeit nicht gerollt werden. Ist diese Maßnahme dennoch notwendig, zum Beispiel aus Platzmangel oder zu Transportzwecken, so muss unbedingt beachtet werden:

- Möglichst feste Holz- oder Papprollen mit einem möglichst großen Durchmesser verwenden.
- Für ausreichende, aber feste Polsterung sorgen.
- Bemalte Schicht immer nach außen, dabei
- Stauchungen (Gefahr der Absplitterung der Farbschicht) vermeiden.
- Um Verschmutzungen auszuschalten, empfiehlt sich die Verwendung von sauberen Papieren als Zwischenlagen.

Bei einer längeren Aufbewahrung ist eine regelmäßige Kontrolle anzuraten, da leicht Verwerfungen, Druckstellen, Stauchungen, Dehnungen und andere Schäden auftreten können. Dehnungen können vermieden werden, wenn die betreffende Rolle in eine geeignete Vorrichtung eingehängt bzw. aufgebockt wird. Bei der Verwendung von Kunststofffolien kann sich durch Kondenswasserbildung Pilz- und Insektenbefall einstellen.

Maßnahmenkatalog für Restaurierungen

RESTAURATORISCHE MASSNAHMEN

Kunstwerke sind vielfältigen Risiken ausgesetzt, die zu Schädigungen führen können. Ebenso vielfältig sind daher geeignete restauratorische und konservatorische Behandlungsmethoden und konservatorische Maßnahmen. Weil Künstlerinnen und Künstler oftmals selbst restauratorische Maßnahmen ergreifen müssen, sei hier eine kurze Auswahl der wichtigsten Methoden vorgestellt.

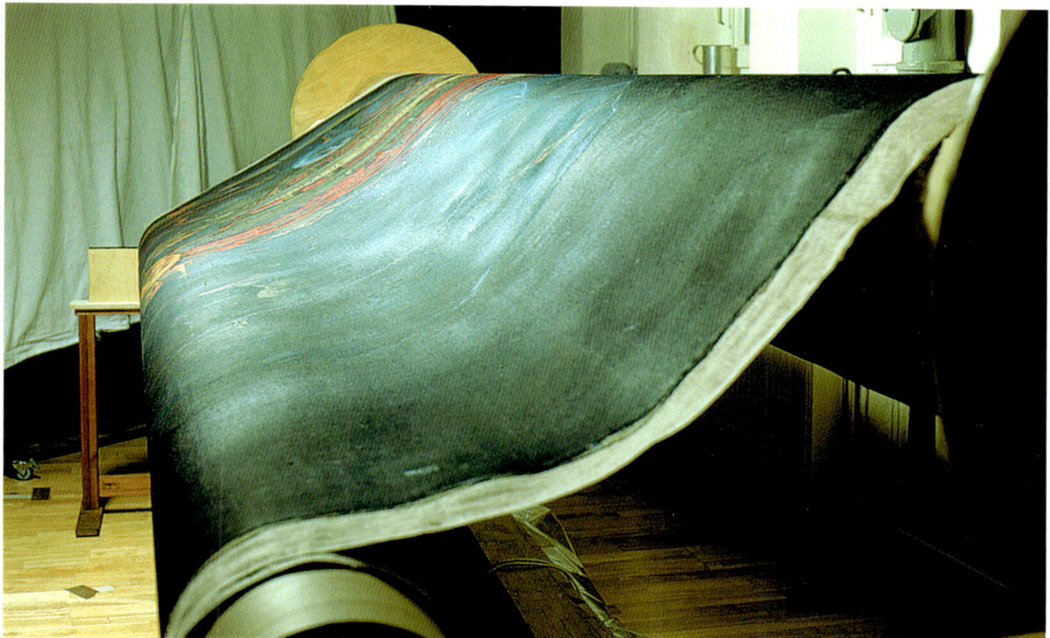

Ein großes Gemälde wird aufgerollt bzw. wie hier straff umgerollt.

Als selbst verordnete Gebote gehen heute jeder fortschrittlichen Restaurierungsmaßnahme folgende Maximen voraus:

- Reversibilitätsregel

Alle im Verlauf einer Restaurierungsmaßnahme eingesetzten Materialien müssen jederzeit wieder zu entfernen sein, ohne dass das Original erneut beschädigt wird, d. h., es muss auf Reversibilität geachtet werden.

- Hinzufügungen

Hinzufügungen sollten sich auf jene Partien beschränken, die beschädigt sind; sie sollten also nur dort eingesetzt werden, wo die ursprüngliche Materie fehlt.

- Dokumentation

Jeder Eingriff sollte in den verschiedenen Stadien einer Restaurierung durch eine aussagekräftige Dokumentation belegt werden können.

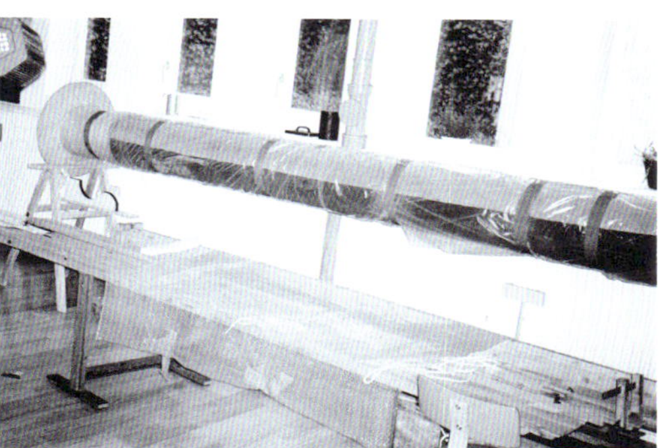

Zum Transport soll der Keilrahmen bereitgehalten werden.

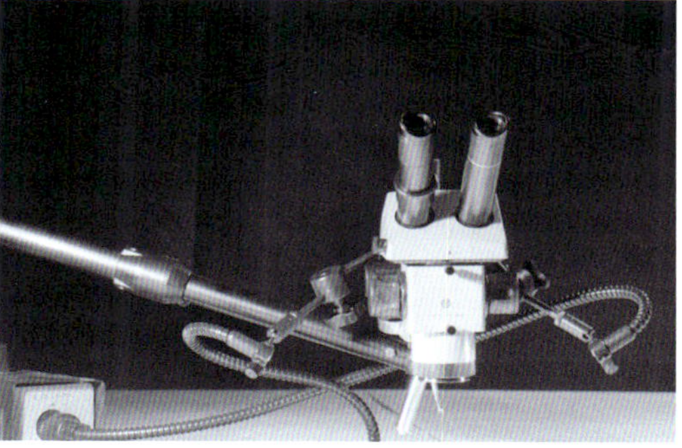

Operationsmikroskop

Untersuchung an Kunstwerken

Mit naturwissenschaftlichen Untersuchungen lässt sich der materielle Zustand von Kunstwerken häufig ergründen. Neben einer Echtheitsprüfung und der individuellen Restauriergeschichte lassen sich Mal- und Materialstil, pentimenti, Merkmale für die Stilkritik einzelner Epochen oder Künstler und auch ganzer Kunstlandschaften erforschen und dokumentieren. Die meisten Untersuchungsmethoden wurden in den Dreißigerjahren festgelegt und bis in die heutige Zeit kontinuierlich weiterentwickelt; sie gehören zum probaten Instrumentarium aller kunstwissenschaftlichen Institute und aller gut ausgebildeten Restauratoren.

Durch die fortschreitende technische Entwicklung konnten zahlreiche neue Untersuchungsmethoden herausgebildet werden, damit umweltbedingte Zerfallserscheinungen oder generell Veränderungen an den Malmaterialien zuverlässiger ermittelt werden können und so diesen Prozessen sogar entgegengewirkt werden kann. Die Naturwissenschaft bietet heute Untersuchungsmethoden, die tiefer gehende Erkenntnisse, zum Beispiel über die chemischen, physikalischen und biologischen Zusammenhänge eines Kunstwerks, aufzeigen können. Dabei erschließt jedes Verfahren neue Möglichkeiten, aber auch Grenzen, für eine zuverlässige Methodik; so bevorzugt man heute zerstörungsfreie Untersuchungen, denn selbst die kleinste Probenentnahme bedeutet ausnahmslos einen Eingriff in das Original. Stilkritische kunsttechnologische Methoden führen zu einer historischen Ansatzweise, etwa um Entstehungszeit, Meister und Werkstatt oder Umkreis genauer bestimmen zu können. Komplizierte technische Verfahren, wie Mikroanalysen, histochemische Nachweisverfahren, Elektronenstrahl-Mikrosonde usw., müssen aus einem anderen Wissensbereich hergeleitet werden.

Vor einer Restaurierung muss immer eine umfangreiche und sehr genaue Untersuchung erfolgen. Diese Untersuchung sollte den Originalbestand erfassen sowie die Geschichte, Funktion und auch die nähere Umgebung eines Kunstwerks erforschen. Dazu gehören auch die Auswertungen von Archivalien und die Erfassung späterer Veränderungen und Zutaten. Die Ergebnisse technologischer Untersuchungen können erweiternd einbezogen werden.

Technologische Untersuchungen dienen auch:

- der materiellen Bestandserfassung
- der Kenntnis vom maltechnischen Aufbau
- dem Überblick zum originalen Bestand
- den Schadensursachen und
- der Lokalisierung früherer restauratorischer Eingriffe.

Neben der visuellen Erhebung bilden chemische, physikalische und mikrobiologische Analysemethoden ein weites Instrumentarium. Dabei muss das Werk sowohl eigenständig als auch nach seinen Quellen untersucht werden, die Arbeitsweise des Künstlers, die Geschichte des Werkes und Alterserscheinungen usw. müssen berücksichtigt werden.

OBERFLÄCHENREINIGUNG

Schmutzablagerungen auf Gemälden entstehen durch Verschmutzungen aus der Luft. Meistens bestehen solche Schmutzablagerungen auf Gemäldeoberflächen aus teer- oder fetthaltigen Substanzen, in Form von Nikotin, Küchenausdünstungen usw. Die Abnahme eines solchen Oberflächenschmutzes mit geeigneten Lösemitteln sollte von erfahrenen Restauratoren durchgeführt werden. Lediglich die Entfernung von lose haftendem Staub kann man in bestimmten Fällen selbst vornehmen.

REINIGUNG VON ACRYLFARBSCHICHTEN

Aufgrund der noch kaum einsehbaren Widrigkeiten, die uns Acrylharzfarben bieten, ist eine Reinigung eher problematisch als wirklich einfach (elektrostatische Aufladung, hohe Empfindlichkeit gegenüber Lösemitteln, Klebrigkeit der Oberfläche schon bei Raumtemperatur usw.). Selbst Staub wird, ist er erst einmal auf der Oberfläche, kaum mehr zu entfernen sein! Denn jede Maßnahme wird, sei es durch Abwedeln oder Abpusten, erneut elektrostatische Aufladung hervorrufen. Eine Isolierung oder gar Vermeidung elektrostatischer Aufladung erweist sich theoretisch wie praktisch als überaus schwierig, müsste doch jeder Bildpunkt neutralisiert werden. Ein möglichst feuchtes Raumklima würde zwar kurzzeitig eine Entladung herbeiführen, jedoch die Bildung von Mikroorganismen provozieren. Auch die sonst übliche Reinigung mit einem feuchten Tuch würde beides eher verstärken, die Aufladung würde dennoch eintreten. Staub sollte daher am besten einfach nur abgesaugt werden.

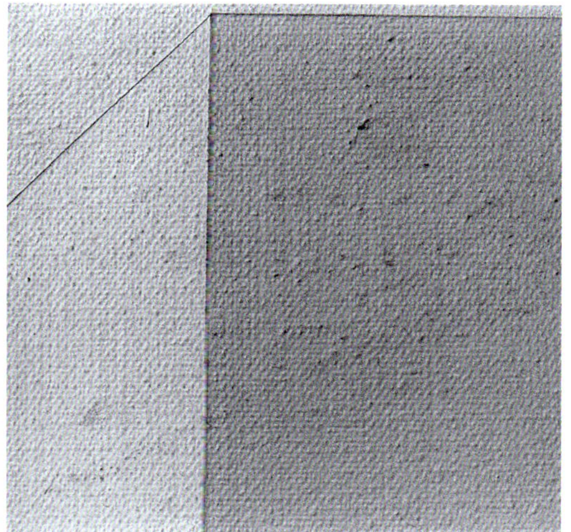
Makroaufnahme unten links

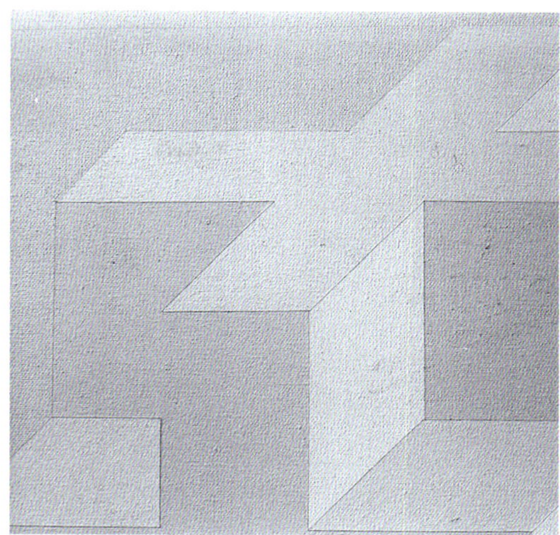
Makroaufnahme unten rechts

Detailaufnahme

Gesamtdarstellung

KONSERVATORISCHE BEHANDLUNG DES BILDES »VOM WÜRFEL ZUM KUBUS«

Das Bild war im Laufe der immerhin fast zwanzig Jahre meist in besucherintensiven Raumsituationen ausgestellt. Währenddessen entwickelte sich auf der Gemäldeoberfläche aufgrund der extensiven Beanspruchung ein relativ dunkel-gelb- bis bräunlicher Belag aus atmosphärischen Schmutzpartikeln, auch Zigarettenrauch (Kohlenstoff-, Teerrückstände), Rotweinflecken und Fliegendreck. Zwei kleine Risse sind etwa in der Mitte der Darstellung erkennbar.

Die Abnahme des Schmutzes erfolgte unter Zuhilfenahme milder wässriger Reinigungsmittel. Die Reste eines synthetischen Klebstoffes wurden mechanisch entfernt.

HD Schrader, »Vom Würfel zum Kubus«, 1975
160,2 x 160,3 cm (ohne Zierrahmung)
Acryl auf grundiertem Mischgewebe
Privatbesitz (vergleiche Seite 182)

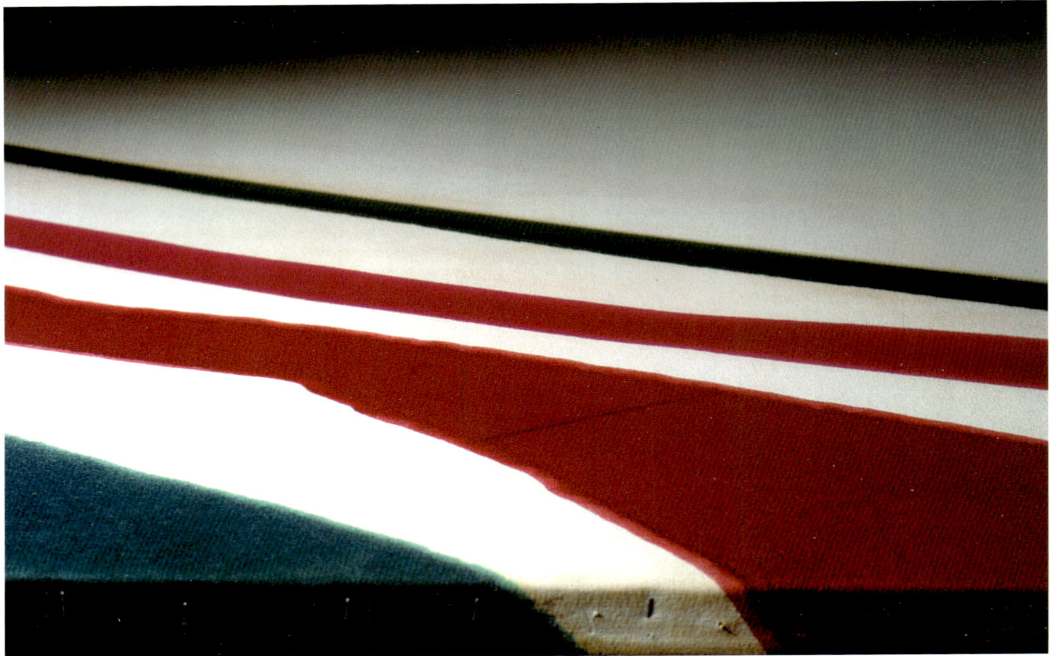

Gut erkennbar sind die mehrfachen Befestigungen am Bildrand.

Technische Merkblätter von Farbenherstellern empfehlen die Verwendung von Wasser und Seife. Weil sich aber wasserlösliche Hilfsstoffe in Acrylfarben befinden, können diese im Verlauf der Reinigung an die Oberfläche wandern und sogar herausgelöst werden und eine Veränderung der Zusammensetzung in der Farbschicht zur Folge haben. Zudem lässt sich bei besonders offenporiger Oberfläche das Reinigungsmedium nicht mehr rückstandslos entfernen. Scharfe Lösemittel führen sogar zum Anlösen der Malschichten (Ethanol, Isopropanol, Aceton, Toluol ...).

Die gefahrlose und sogar schadlose Entfernung von Flecken wird in der Literatur zuweilen erwähnt, es ist aber stets von Fall zu Fall zu analysieren und fachgerecht vorzugehen. Dennoch: Gefahren kann jede konservatorische Arbeit in sich bergen!

Die meisten maltechnischen Empfehlungen für eine gesicherte Zukunft eines Bildes gehen dahin, dass Künstler auf der Rückseite ihrer fertigen Gemälde einen Vermerk hinterlassen sollten, der Art und Umfang ihrer Malweise festhält.

Bei der Reinigung von gegenüber Lösemitteln empfindlich bleibenden Magna-Farben etwa kann sich auch wegen der hier oft nur gefärbten Leinwände der »colorfield-painting«-Malerei ein besonders delikates Problem ergeben.

Bei Morris Louis' Malerei beispielsweise, etwa den »vains«, ergeben sich die meisten Probleme neben- und nacheinander. Nicht nur der Einsatz von Testbenzin ist ausgeschlossen, zudem ist die Malschicht außergewöhnlich empfindlich. Die großen unbemalten Bereiche erweisen sich als äußerst problematisch und anfällig für Veränderungen, Flecken, Staub, die vom Künstler nun gar nicht beabsichtigt sind.

Reibungen mit Richtungswechseln führen unweigerlich zur Bildung von unbeabsichtigten Lichtbrechungen im Flor des Gewebes. Außerdem haben sich die Maße der Bilder von Morris Louis leicht geändert, denn die empfindlichen Bildträger sind eingelaufen (siehe Abbildung oben).

Die Abnahme normaler Firnis-Verbindungen, wie Dammar-, Mastix- oder Zyclohexanonharz, erweist

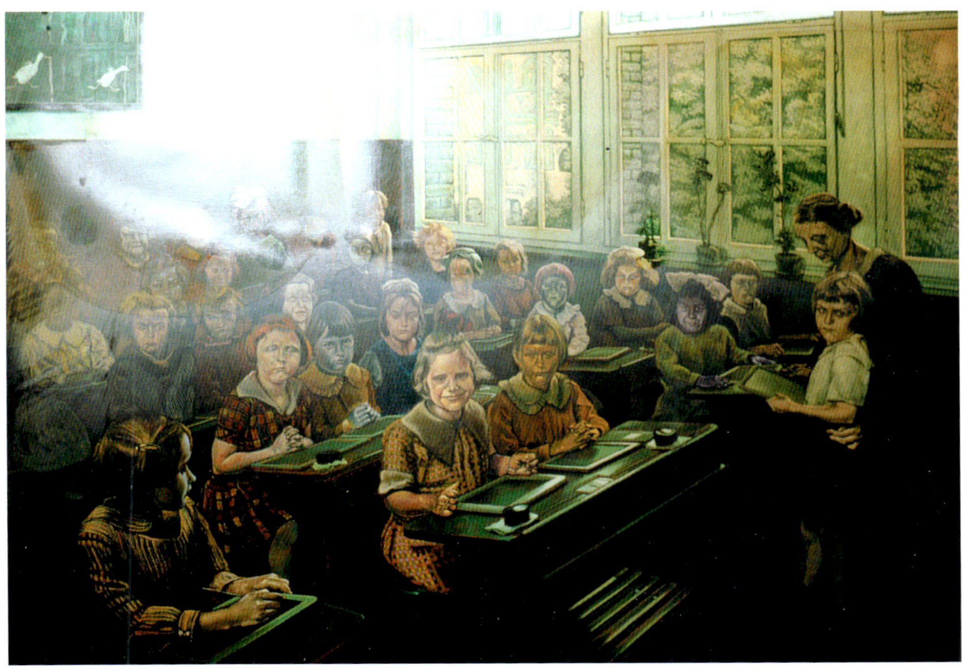

Das Gemälde »Hedwigschule Kl. 1b« von Peter Krahé mit Brandschaden vor der Restaurierung

sich als besonders schwierig, da die hierfür notwendigen Chemikalien Acrylharzfarbschichten ebenfalls mit anlösen würden. Selbst der Restaurator der Tate Gallery kann dieses Problem, etwa bei Hockneys »Bigger Splash«, nicht anders definieren: Eine Reinigung sei hier nicht möglich, denn Staubschicht, Malerei und Firnis hätten sich zu einer untrennbaren Einheit verbunden.

FIRNISABNAHME

Infolge von Oxidationsprozessen werden Harzfilme im Lauf der Zeit gelb. Die Intensität einer Vergilbung ist abhängig von der jeweiligen Zusammensetzung und Schichtdicke des Firnis und der Malschicht. Zum Teil wird durch einen vergilbten Firnisüberzug auch der Farben-Kontrast nivelliert. Ein häufig zu beobachtendes Phänomen ist eine Trübung des Firnis. Als Ursache lassen sich unter dem Mikroskop feine Risse erkennen, die das Licht streuen und dadurch die Malerei undurchsichtig wirken lassen. Das im Gegensatz zum Craquelé an Mal- und Grundierungschichten bei dickeren Firnisschichten sich bildende Firnis-Craquelé lässt sich häufig durch eine Firnisabnahme oder eine Firnisregenerierung beseitigen.

Die Abnahme oder Regeneration eines Firnis ist eine einschneidende Maßnahme, die aus ästhetischen Gründen erwogen wird, denn häufig fallen danach Farb- und Hell-Dunkel-Kontraste stärker auf. Diese Maßnahme ist von vielen Faktoren abhängig und nicht selten mit einem hohen Risiko behaftet. Die anzuwendenden Lösungsmittel müssen auf die Empfindlichkeit der Malschichten, Lasuren und auf den Firnis selbst eingestellt werden. Die Arbeit ist umso schwieriger, je mehr Malfarbe und Firnisfilm in ihrer Zusammensetzung chemisch übereinstimmen. Von der Zusammenstellung der Lösungsmittel und deren Anwendungsweise (Einwirkungszeit, Behandlungsmethode, Lösungs- und Quellfähigkeit) hängt das Ergebnis von Firnisabnahmen in jedem Fall ab.

Behandlungsmethoden von Kratzern oder anderen Schadstellen in Bildflächen, ganz besonders in Acrylbildern, stellen Restauratoren immer wieder vor die gleiche Problematik. Meist sind die Schadstellen selbst unter dem Mikroskop kaum zu erkennen oder sie sind zu dünn und klein zum Kitten. Aufrauungen oder Materialverdichtungen erscheinen glänzend bis dunkel oder milchig weiß. Ganz beson-

Detailaufnahme vor der Reinigung/oben links

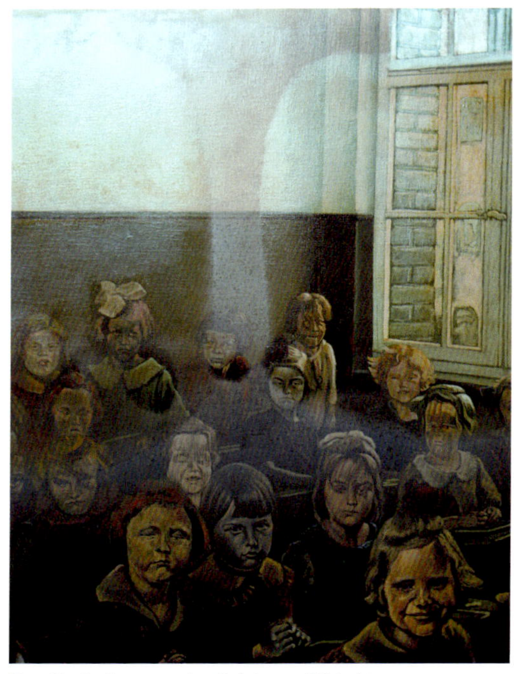

Detailaufnahme vor der Reinigung/Bildmitte

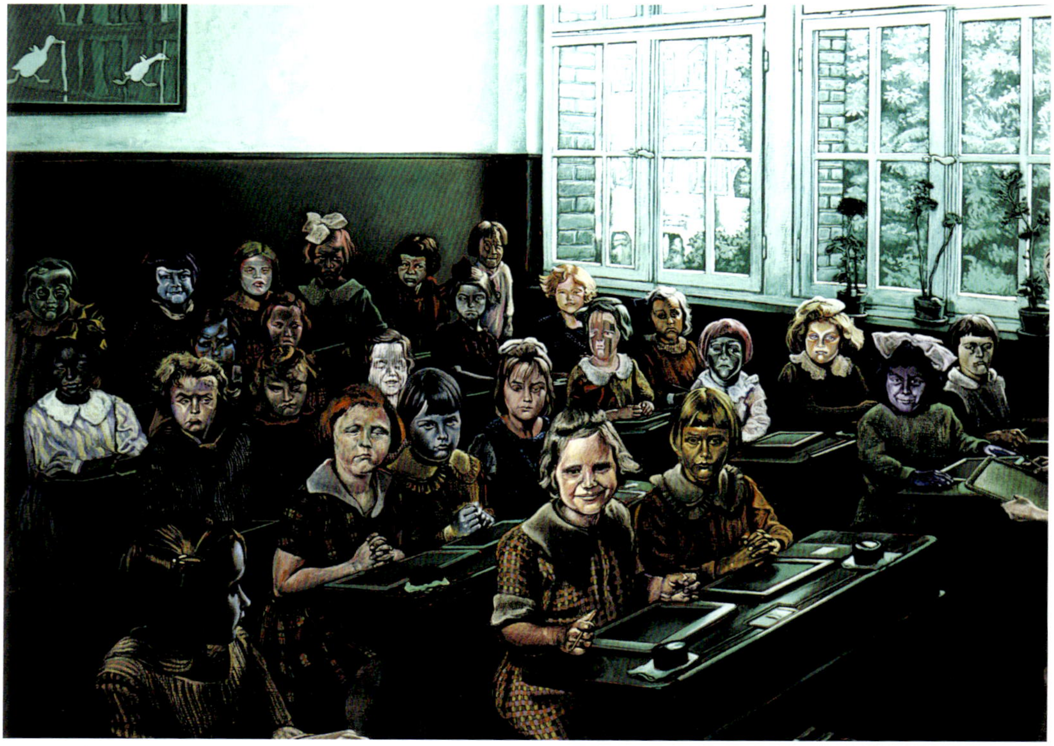

Peter Krahé, »Hedwigschule Kl. 1b«, nach der Restaurierung des Brandschadens

ders das Anbringen von Retuschen, ohnedies ein Problem in der Restauriertechnologie, ist in Acrylmalschichten, zumal bei matten Oberflächen, schwierig und nur von einem einzigen Betrachterstandpunkt aus befriedigend.

RISSVERKLEBUNG UND GLÄTTEN VON BEULEN

Gerade wegen der thermoplastischen Eigenschaften von Acrylharzprodukten sind die während einer Rissverklebung notwendigerweise angewandten relativ hohen Temperaturen skeptisch zu beurteilen. Deformationen beim Erweichen der Malschichten wären die Folge. Auch die Anwendung von Feuchtigkeit, etwa beim Ausgleichen oder Glätten von Beulen und Falten, kann unkontrollierbare Quellvorgänge im Malereigefüge hervorrufen. Die thermoplastische Eigenschaft von Acrylfarben kann aber umgekehrt bei der Integration bzw. beim Einebnen von Beulen vorteilhaft sein.

RISSE UND LÖCHER

Risse, Risskanten und sogar Schnitte fast jeder Art und Weise werden mit der so genannten Rissverklebung geschlossen. Diese Methode wird seit fast 20 Jahren immer dann verwendet, wenn eine Verklebung möglichst original und exakt Faden für Faden erscheinen soll. Risse und Löcher ließen sich dann auch übergangslos mit einer Doublierung in einem Zuge reparieren. Das Aufsetzen von bloßen Leinwandflicken ist wegen der Gefahr des Markierens auf der Rückseite jedoch zu vermeiden. Diese Markierungen zeigen sich auch, wenn das Gewebe der Flicken ausgefranst wurde. Sie sind auf die unterschiedlichen Verhaltensweisen bei Feuchtigkeitsschwankungen zurückzuführen. Neuerdings werden größere Löcher durch so genannte Gewebeintarsien ersetzt.

DOUBLIERUNG

Im Lauf der Zeit können Leinwände oft ihre ursprüngliche Aufgabe als Bildträger nicht mehr erfüllen. Häufig werden dann so genannte Doublierverfahren in der Restauriertechnik eingesetzt. Diese unterscheiden sich nach Art der zum Einsatz kommenden Bindemittel und nach Art der Methoden. Beim Doublieren wird der originale textile Bildträger mit einer zusätzlichen Leinwand (selten mehrerer Leinwände) hinterklebt und dadurch die geschwächte oder geschädigte Leinwand verstärkt. Dieser Eingriff stellt aber eine einschneidende Maßnahme in die Originalität eines Kunstwerkes dar und sollte erst dann erwogen werden, wenn Ausweichmöglichkeiten wie Randverstärkung, Randanstückung (strip lining) und Rissverklebung nicht ausreichen. Je nach Doublierverfahren können der originalen Bildsubstanz Strukurveränderungen, Verpressungen, Farbveränderung bei Tiefenlicht hinzugefügt werden. Ein heute ungebräuchliches Verfahren war früher das so genannte Rentoilieren, bei dem die originale Leinwand Faden für Faden mechanisch entfernt wurde. Mitunter wurden dazu auch Säuren eingesetzt, die die Grundier- und Malschichten teilweise erheblich schädigten. Nur in den seltensten Fällen war eine Leinwand allerdings derart zerstört, dass diese Methode wirklich angewandt werden musste.

DOUBLIERUNG UND STRIP-LINING MIT SYNTHETISCHEN KLEBSTOFFEN

In jüngerer Zeit (seit etwa 1930) werden auch Kunstharzdispersionen verwendet. Sie werden in der Regel auf das Trägergewebe gestrichen oder gespritzt. Nach dem Verdunsten des Wassers oder anderer Verdünnungsmittel werden dann Doubliergewebe und Gemälde unter schwachem Druck und mit Wärme (Heiztisch, Vakuumheiztisch, Infrarot, Bügeleisen, Heißluftfön) aneinander gepresst bzw. gesiegelt. Bei richtiger Verwendung lassen sich solche thermoplastischen Klebstoffe wieder von den originalen Geweben entfernen. Handelsübliche Universal- oder Kontaktkleber können nicht ohne Bedenken verwendet werden, da diese häufig Weichmacher oder andere Zusätze enthalten, die sich für die originale Bildsubstanz als höchst gefährlich erweisen.

BEVA

ist ein Gemisch verschiedener Kunstharze, Paraffine und Lösungsmittel, das von Gustav Berger in New York Anfang der Siebzigerjahre entwickelt wurde. Das Produkt BEVA 371, das eine besonders gute Klebekraft besitzt, wird bei Anränderungen gern verwendet. Wegen der hohen Klebekraft kann es nur mit speziellen silicon- und teflonbeschichteten Trennfolien verarbeitet werden.

MAROUFLAGE

Bei besonders stark beschädigten Bildträgern (mit größeren Beschädigungen in Form sehr langer Risse) wird zuweilen noch eine Doublierung auf starre Träger erwogen. Zuerst wurde dieses Verfahren nur in Verbindung mit Holz, dann auch auf Pappen oder Metall und später auch auf neuartigen Werkstoffen wie Tischlerplatten, Hartfaser- oder Spanplatten und Sperrholz eingesetzt. Diese so genannte Marouflage (von frz. maroufle = Malerleim, Klebstoff) verändert jedoch den ursprünglich originalen Charakter des Bildes in jeder Hinsicht. Denn sowohl die Rückseite als auch die Oberflächentextur werden selbst bei größter Umsicht transformiert, bis hin zum Verlust der Eigenart eines Leinwandgemäldes. Häufig wurde diese Methode auch aus Bequemlichkeit angewandt, zum Beispiel bei ovalen Bildformaten.

KITTEN VON FEHLSTELLEN

Herausgebrochene bzw. herausgefallene Mal- und Grundierschichten werden bis zum originalen Bildniveau auf- bzw. ausgekittet. Die als Kitt bezeichnete Füllmasse besteht in der Regel aus einem Bindemittel und dem Füllstoff. Sie wird mit spatelähnlichen Instrumenten aufgetragen und der Struktur der originalen Malerei angepasst.

Ein maltechnisch verursachter Kratzer

FIRNISÜBERZÜGE

Mit dem Auftragen von Firnisschichten wird meist auch ein hoher Glanzgrad assoziiert, zumal bei Acrylfirnissen. Ein leichter Glanz und die zudem noch befürchtete »plastikartige« Anlage hindern Künstler gerade in dieser Technik, ihre Arbeit in dieser Weise an der Oberfläche zu schützen. Den meisten Künstlern wird es unbekannt sein, dass Firnisse in fast jedem Satinierungsgrad zwischen matt und glänzend im Handel erhältlich sind. Dennoch wird die Wahl eines akzeptablen Materials gelegentlich problematisch.

Der Einsatz traditioneller Firnistypen ist zwar maltechnisch möglich; oft wird aber eine spätere Entfernung kaum möglich sein, vor allem wegen der Lösemittel-Empfindlichkeit von Acrylmalschichten. Die Verwendung wässrig gebundener Acrylharzfilme führt andererseits zu einer irreversiblen Verbindung der Mal- und Firnisfilme. Lösemittelgelöste Acrylharzfirnise, etwa Paraloid B 72 in Toluol oder Xylol, quellen die Acrylmalerei zuerst leicht an, was Farbverwischungen zur Folge haben kann. Auch dieser Firnistyp verbindet sich nach der Trocknung irreversibel und unlöslich mit den Acrylmalschichten.

Der Empfehlung, auf die benzinlösliche Variante, das Butylmethacrylat, zurückzugreifen, stehen die unter Umständen kaum kalkulierbaren Alterungseigenschaften entgegen. Zwar legt sich dieser benzinlösliche Firnistyp wie eine Haut auf die intakten Acrylbildflächen, ohne einzudringen. Er gilt jedoch nur bedingt als alterungsbeständig, weil er bei Lichteinwirkung vergilben und überdies unlöslich werden kann.

Darum sind die meisten kommerziell angebotenen Acrylharzfilme benzinlöslich und mit UV-Absorbern bzw. Lichtstabilisatoren (etwa Tinuvin) ausstaffiert. Sie werden mit Testbenzin oder Ähnlichem verdünnt und sollen in diesem Lösemittel wie auch in Toluol oder Xylol löslich bleiben, ein Umstand, der allerdings nach Anmerkungen der Firma Golden später abnehmen soll.

RETUSCHE

Die Meinungen über die Art und den Perfektionsgrad von Retuschen gehen in Fachkreisen weit auseinander. Diese rein restauratorische Maßnahme hat in früheren Zeiten eine teilweise sehr großzügige Auslegung erlebt und ist darum oft in Verruf geraten. Eine Retusche wird dem Original farblich angeglichen und streng nur auf die betreffende Fehlstelle beschränkt. Sie sollte sich optisch gut einfügen und sich nicht verändern. Überdies sollte bei der Wahl des Bindemittels auf Wiederlöslichkeit geachtet werden. Diese Unveränderlichkeit gilt auch für die Wahl der Pigmente. Häufig werden dazu entölte Künstlerölfarben mit Harzzusätzen eingesetzt.

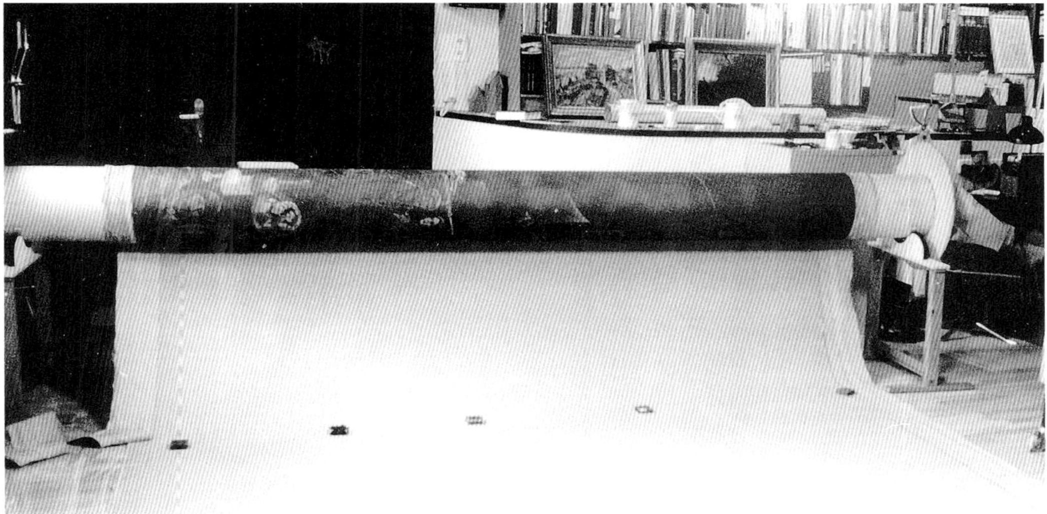

Links und rechts werden Streifen an das Gemälde appliziert: strip-lining.

Obwohl die ursprünglich verwendeten Pigmente durch Analyse oft bekannt sind, besteht kein Grund, diese auch bei der Retusche einzusetzen, da nur der optische Eindruck, nicht aber die originale Malfarbe rekonstruiert werden soll. Moderne Pigmente besitzen oft bessere Eigenschaften, wie Alterungsverhalten, Beständigkeit oder auch Deckfähigkeit.

ZUR ERHALTUNG EINES GEMÄLDES UND DESSEN BEURTEILUNG

Für die Erhaltung eines Gemäldes und dessen Beurteilung fallen neben Anzahl und Ausbreitung von Fehlstellen auch die originale Bildsubstanz von Vorder- und Rückseite ins Gewicht. Für die Bewertung sind auch Fehlstellen bildwichtiger Partien ausschlaggebend. Die Behandlung von Gemälden ist häufig genug subtile und zeitraubende Arbeit, die man besser den Restauratoren überlässt, da durch inadäquate Maßnahmen Gemälde nicht nur verdorben, sondern auch völlig entstellt werden können. Einige Veränderungen lassen sich selbst durch die restauratorische und konservatorische Praxis nicht mehr rückgängig machen. Dazu zählen Farbveränderungen (Nachdunkeln, Durchwachsen der Grundierung), Borkenbildung, verpresste Oberflächen usw. Nur hin und wieder lassen sich krepierte Mal- oder Firnisschichten durch Regenerierung wiederherstellen.

Restauratorische und konservatorische Maßnahmen werden am besten in die Hände von ausgebildeten Fachkräften gelegt, während pflegende und gewisse vorbeugende Maßnahmen von jedem selbst ausgeführt werden können. Den größten Schutz bietet immer noch eine geeignete Aufbewahrung; dazu gehört neben der Lagerung auch die Rahmung und die Präsentation. Das Restaurierungsfach und auch die Konservierungsmethoden haben in den zurückliegenden Jahren eine enorme Entwicklung durchlaufen. Die heute tätige Generation von Restauratorinnen und Restauratoren, gleich ob in den Museen, in der Denkmalpflege oder freiberuflich tätig, besteht mittlerweile zu einem überwiegenden Teil aus akademisch gebildeten Spezialisten. Mit ihrem chemischen, historischen, kunsttechnischen und ästhetischen Wissen im Verbund mit handwerklicher Geschicklichkeit und Know-how sind Restauratorinnen und Restauratoren heute befähigt, eine überaus verantwortungsbewusste Interpretation eines Kunstwerks zu liefern, die auch den strengen, international genau festgelegten ethischen Prinzipen genügt.

Bei einschneidenden Restaurierungseingriffen werden im günstigsten Fall Kunsthistoriker, Naturwissenschaftler verschiedener Sparten auf internationaler Ebene konsultiert, um so den Maßnahmen am Objekt bestens gerecht zu werden. Da die tätigen Restauratoren unvermeidliche Eingriffe am

Original vornehmen, müssen sich diese auf eine historisch verantwortbare Interpretation beschränken, die bei der Erhaltung des Originals in allen Aspekten vorrangig ist. Für den Restaurator ist die originale Substanz des Kunstobjekts unantastbar, und darum gelten auch die zuvor genannten strengen Maßstäbe.

Restaurierung eines Wandbildes von Jochen Twelker

Im Frühjahr 1994 wird ein erstes Mal über einen Erweiterungsbau an der Gesamtschule Lohbrügge/Hamburg nachgedacht; im Herbst des gleichen Jahres denken Anna Berger-Felix von Seiten der Schule und der Künstler Jochen Twelker, der sich in seiner Malerei mit Architektur auseinander setzt, über ein Wandbild nach »... und träumen von einem Mosaik«. Doch die Prozedur der Planung, Diskussion mit den Behörden und schließlich der Ausführung dauern.

Im Frühjahr (1995) stellt Jochen Twelker im Bauausschuss der Schule bei einem Diavortrag seine Arbeitsweise und die Möglichkeiten der Zusammenarbeit mit den Schülern vor; es werden bereits Sachmittel gespendet, die Schüler wissen jedoch noch nichts von dem Konzept. Ob die Schüler durch das Vorhaben und die Vorstellungen des Künstlers überfordert sein könnten, lautet später eine zulässige Frage aus der Planungsgruppe. Da dem Ornament in seiner Doppelfunktion, als Bestandteil der Realität an Bauten einerseits und als hierzu neue abstrakte Formengebung andererseits, eine neue Aufgabe zukommt, können Räume solcherart auch von Schülern bewältigt werden. Der Erweiterungsbau wird im November 1996 eingeweiht; bei dem Turm handelt es sich um einen Fluchtweg.

Aber erst im Frühjahr 1997 stellen unter der Leitung Jochen Twelkers zweiundzwanzig Schülerinnen und Schülern aller Jahrgänge nach rund zweihundert Skizzen drei Modelle im Maßstab 1:10 in einer Ausstellung vor. Nach den Sommerferien – und vielen Diskussionen – beginnt endlich die Übertragung des Modells innerhalb von zweieinhalb Wochen, für Twelker ein Ganztagsjob. Die »jungen Künstler« arbeiten ganz selbstbewusst auf dem Gerüst; die Arbeit wird jeden Abend in riesige Planen zum Schutz gegen die Witterung gewickelt und am nächsten Morgen wieder enthüllt: ein letztes Mal am 9. September 1997.

Vorgehensweise

Der Sichtbeton wird folgendermaßen behandelt:

- Tiefgrund (lösungsmittelhaltig)
- Voranstrich mit Uni-Primer (von Lascaux), zweimal
- fast weiße Untermalung
- Auftrag der Farben verschiedener Hersteller, jedoch nach vorheriger Prüfung auf die Eignung für den Außenbereich
- Acryl Transparentlack mit UV-Filter (von Lascaux), zweimal

DIE SCHADENSITUATION

Auf der zur Sonne ausgerichteten Seite des Turmes scheinen besonders nur die in Orange bemalten Partien geschädigt zu sein. Entweder wurde hier ein empfindlicher Pigmenttyp verwendet (wahrscheinlich aufgrund der besonderen Farbschönheit) zusätzlich oder mit einem Malmittel unterstützt. Denn die auf der Rückseite, im Schatten liegenden Ausschnitte sind in diesem Orangeton außerordentlich gut erhalten. Dass ausgerechnet diese Farbe eines ungenannten Herstellers trotz ausreichender Vor- und Nachbehandlungen in diesem ausgesetzten Außenbereich nicht so stabil ist wie die übrigen Partien, scheint als Schadensursache festzustehen.

ZUR RESTAURIERUNG

Wir gingen also davon aus, dass nur diese Bereiche mit einem ähnlichen Orange nachbehandelt (also restauriert) werden sollten. Es wurde zunächst die gesamte Fläche gereinigt. Die Vorgehensweise war im Übrigen die gleiche wie bei der eigentlichen Bemalung des Turmes. Dazu benötigten wir nun, neben der vor allem einwandfreien orangen Acrylfarbe, ein Gerüst, fachliche Beratung vor Ort und das Einverständnis des Künstlers (siehe Seite 199).

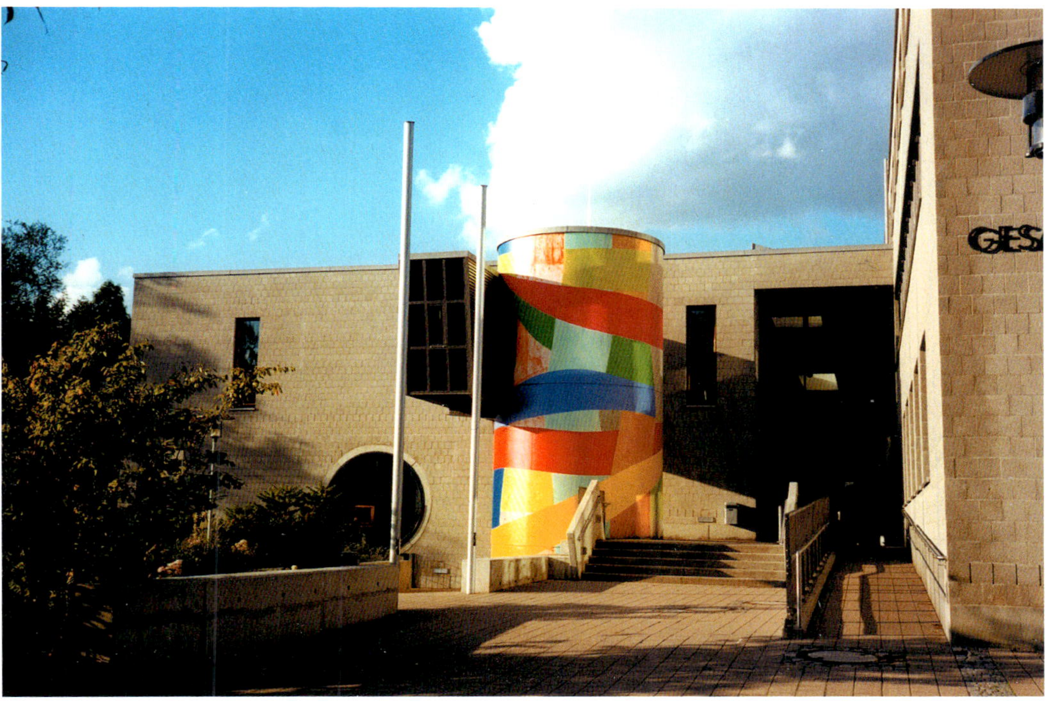

Eingangssituation am Turm der Gesamtschule Lohbrügge/Hamburg

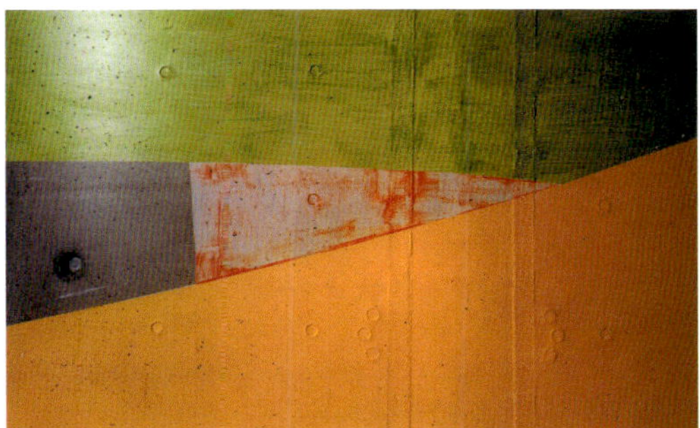

Die in Orange bemalte Partie am Turm vor der Restaurierung/Detail

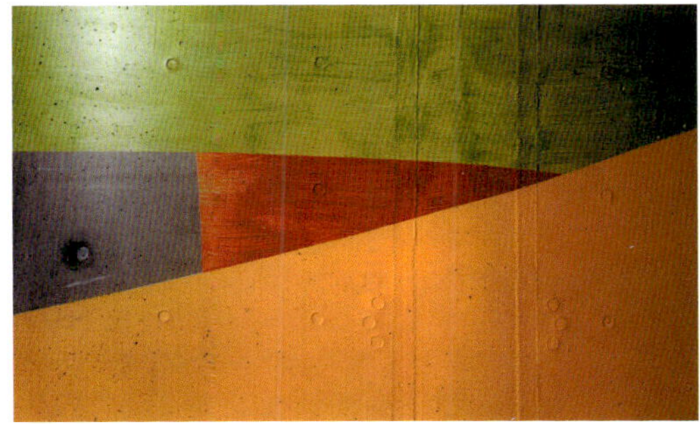

Die in Orange bemalte Partie am Turm nach der Restaurierung/Detail

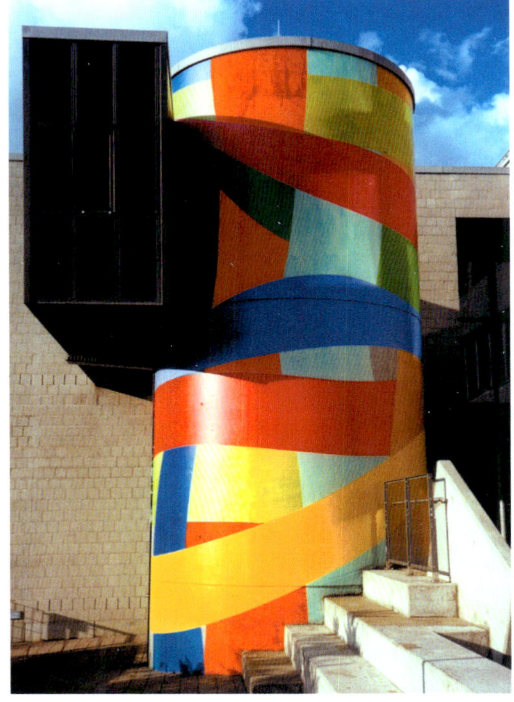

Der Turm nach der Restaurierung/Gesamtansicht

LITERATURNACHWEIS

Acrylharz- und Polyesterfarbe. In: Maltechnik. Technische Mitteilungen für Malerei, München 1968 – 1

Althöfer, Heinz: Restaurierung moderner Malerei: Tendenzen, Material, Technik. München, 1985

ders.: Die »schnellen« Bilder der Neuen Wilden. In: Maltechnik-Restauro 45/1984, S. 1

ders.: Moderne Kunst: Handbuch der Konservierung. Düsseldorf, 1980

ders.: Notizen zur Maltechnik und Restaurierung moderner Kunstobjekte. In: Maltechnik-Restauro 83/1977 – 1, S. 1 f.

ders.: Tod auf Reisen – Transport von Kunstwerken. In: Zeitschrift für Kunsttechnologie und Konservierung 5/1991 – 2, S. 31

ders.: Zur Restaurierung moderner Kunstobjekte. In: Maltechnik-Restauro 79/1973 – 4, S. 249

Beerhorst, Ursula: Studien zur Maltechnik von Willi Baumeister. In: Zeitschrift für Kunsttechnologie und Konservierung 6/1992 – 1, S. 55

Berndt, Brigitta: Über die Anfänge der Kunstharzdispersion als Bindemittel in der Tafelmalerei. Diplomarbeit, Bern, 1987

Boisonnas, Pierre B.; Pericval-Prescott, Westby: Acrylharze Paraloid B 72/Hydrogrund. In: ICOM Congr., 1984

Boissonas, Pierre; Diethelm, Alois K. u. a.: Moderne Materialien in der Restaurierung. In: Restaurierung Moderner Kunst. Düsseldorf, 1977

Bottler, Max: Über die Herstellung und Eigenschaften der Kunstharze. München, 1919

Brandenburger, Kurt: Herstellung und Verarbeitung von Kunstharzpressmassen. München, 1938/2

ders.: Im Zeitalter der Kunststoffe. München, 1938/2

Brasholz, Anton: Handbuch der Anstrich- und Beschichtungstechnik. Wiesbaden/Berlin, 1978

Cuany, Françoise: Überblick über die Entwicklung und Verwendung von Kunstharzen als Firnisrohstoff in der Restauriertechnik. Diplomarbeit HFG Bern, 1984

Decker, Friedrich: Historische Maltechniken und Kopie. Dresden, 1983

Denninger, Edgar: Kunststoffdispersion in Malerei und Restaurierung. In: Maltechnik-Restauro 1960/97 – 4, S. 12

Doerner, Max; Hoppe, Thomas [Bearb.]: Malmaterial und seine Verwendung im Bilde. Leipzig 2001/19

Durchschleiftechnik mit Dispersionsfarben. In: Maltechnik-Restauro 1968 – 4, S. 11

Eisenbarth, Barbara: Acrylmalerei für Einsteiger: Schritt für Schritt zum Erfolg. München, 2004

Elderfield, John: Morris Louis. New York, 1986

Fonrobert, Eald: Warum benutzen wir Kunstharze? Albertschrift Nr. 30, Amönebeurg bei Wiesbaden, 1938

Franz, Erich, Robert Barry: an artist book. Bielefeld, 1986

Fritz, Felix: Leinöl-Ersatzstoffe: Kunstharze. Berlin, 1938

Gantzert-Castrillo, Erich: Archiv für Techniken und Arbeitsmaterialien zeitgenössischer Künstler Bd. 1. Stuttgart, 1996

ders.: Ich möchte gerne moderne Kunst restaurieren. In: Zeitschrift für Kunsttechnologie und Konservierung 5/1991 – 1, S. 95

Goebel, Joseph: Malen mit Acrylfarben: eine Einführung in die technischen und gestalterischen Möglichkeiten von Kunstharz-Dispersionsfarben. Ravensburg, 1971

ders.: PRIMAcryl für Pâtepeinture. In: Maltechnik-Restauro 1968 – 4, S. 117

Goldschmidt, A. u. a.: Glasurit-Handbuch. Hannover, 1984

Graaff, Judith H. Hofenk de: Ein Bildträger: Karton. In: Mitteilungen des D.R.V. 1984/85, S. 18

Greth, A.: Die Kunstharze als Lackrohstoffe. München, 1938

Grosz, Andreas (Hrsg.): Petrus Wandrey »DIGITALISMUS«, Katalog zur Ausstellung Bilder – Skulpturen – Objekte. Braunschweigisches Landesmuseum. Braunschweig, 1990

Guratzsch, Herwig (Hrsg.) u. a.: Petrus Wandrey »Retrospektive«, Katalog zur Ausstellung im Museum der Bildenden Künste Leipzig, 1999

Gutiérrez, José; Roukes, N.: Painting with Acrylics. New York, 1966

Haaf, Beatrix: Industriell vorgrundierte Malleinen. In: Zeitschrift für Kunsttechnologie und Konservierung 1/1987–2, S. 7

Hackney, S.: Completing the Picture. Materials and techniques oft twenty-six paintings in the Tate Gallery. London, 1982

Hamburger Kunsthalle: Konzeptkunst in der Hamburger Kunsthalle. Die Sammlung Elisabeth und Gerhard Sohst. Hamburg, 1997

Hartung, Hans: Maltechnik für neuzeitliches Gestalten. In: Maltechnik-Restauro 1965–3, S. 73 f.

Heiber, Winfried: Kunstgriffe, Tüfteleien und Hilfsmittel aus Gemälderestaurierungswerkstätten. In: Mitteilungen des D.R.V. 5–1983/84, S. 34

Heimberg, Bruno: Grundsätzliche Überlegungen zu den Eigenschaften von Firnissen. In: Mitteilungen des D.R.V. 3–1981/82, S. 22

Herberts, Kurt: Die Maltechniken. Wuppertal, 1962

Herbst, Willy; Hunger, Klaus: Industrielle organische Pigmente. Weinheim 1995/3

Hess, M.: Anstrichmängel und Anstrichschäden. Stuttgart, 1954

Hesse, E. O.: Kunstharz für Künstler. In: Maltechnik-Restauro 1965–3, S. 86

ders.: »Novolake« – ein Beitrag zur Nomenklatur der Kunstharze. In: Technische Mitteilungen für Malerei, 1929/45–3, S. 35

ders.: Strukturweiß, neu im Schmincke-Programm. In: Technische Mitteilungen für Malerei, 1966–2, S. 54

HOECHST AG: 80 Jahre Kunstharze – Fast vergessene Erfinder. Frankfurt/Main, 1982

Hölscher, Friedrich: Chemie, Physik und Technologie der Kunststoffe in Einzeldarstellungen: »Dispersionen synthetischer Hochpolymerer«, Eigenschaften, Herstellung und Prüfung Teil 1. Berlin, 1969

ders.: Kautschuke, Kunststoffe, Kunstfasern – Schriftenreihe der BASF. Darmstadt, 1972

Hofmeister, Sabine: Der beabsichtigte Zufall und die gewollten Veränderungen im malerischen Werk Sigmar Polkes. In: Zeitschrift für Kunsttechnologie und Konservierung 9/1995–1, S. 50

Hoppe, Thomas: Malkunde: Grundlagen, Materialien, Techniken. Leipzig 2005

Houwink, Roloef: Chemie und Technologie der Kunststoffe. Leipzig, 3. verb. Auflg. 1956

ders.: Grundriss der Kunststofftechnolgie. Leipzig, 1943

ders.: Physikalische Eigenschaften und Feinbau von Natur- und Kunstharzen. Leipzig, 1934

Hummelen, Ysbrand: »Who's afraid of Red, Yellow and Blue III«, Barnett Newman. In: Zeitschrift für Kunsttechnologie und Konservierung, 6/1992–2, S. 215

Iden, Peter; Lauter, Rolf: Bilder für Frankfurt – Bestandskatalog des Museums für Moderne Kunst zur Ausstellung im Deutschen Architekturmuseum. München, 1985

Jahoda-Troschke; Banik, Gerhard: Street Head – I and the Big Man. In: Maltechnik-Restauro 91/1985–1, S. 46

Jaxtheimer, Bodo W.: Knaurs Mal- und Zeichenbuch. München, 1962

Jensen, L. N.: Synthetic Painting Media. New York, 1963

Kausch, Oskar: Handbuch der künstlichen plastischen Massen. München, 1939/2

Ketnath, Artur: Die Verwendung von Acrylharzen. In: Maltechnik-Restauro 1984–4

Kittel, Hans: Farben-, Lack- und Kunststofflexikon. Stuttgart, 1952

ders.: Lehrbuch der Lacke und Beschichtungen. Stuttgart, 1980

ders.: Pigmente. Stuttgart, 1960

Klein, Felicitas: Die Verwendung von Tagesleuchtfarben in der modernen Kunst am Beispiel von Rupprecht Geiger. In: Zeitschrift für Kunsttechnologie und Konservierung, 9/1995–2, S. 349

Klopfer, Hans: Anstrichschäden: Strukturen, Verhaltensweisen und Schadensformen von Anstrichen und Kunststoffbeschichtungen. Wiesbaden, 1976

Koller, Manfred: Das Staffeleibild der Neuzeit. In: Reclams Handbuch der künstlerischen Techniken Bd. 1, S. 261, Stuttgart, 1984

Koura, Adel: Untersuchungen zur Konservierung und Restaurierung von Papier durch eine Imprägnierung mit Acrylharzen. In: Maltechnik-Restauro 87/1981 – 4, S. 266

Kühn, Hermann: Erhaltung und Pflege von Kunstwerken und Antiquitäten, Bd. 1. München, 1981

Künstlerfarben aus Kunststoff. In: Maltechnik-Restauro 1968 – 3, S. 117

Künstlerfarben auf Kunststoffbasis. In: Maltechnik-Restauro 1965 – 3, S. 86 f.

Kunststoffe Forschungsberichte: Natürliche und künstliche Alterung von Kunststoffen. Teil 1. Würzburg, 1975 [1976]

Learner, Tom; Smithen, Patricia (Hg.): Modern Paints Uncovered. Proceedings from the Modern Paints Uncovered Symposium London, 2008. Getty Conservation Institute, Los Angeles 2007

Marijnisen, Rogier Hendrik: Das wehrlose Kunstwerk. In: Zeitschrift für Kunsttechnologie und Konservierung, 8/1994 – 2, S. 183

Mayer, Ralph: The Artists Handbook of Materials and Techniques. London, 1973/3

Mehra, V. R.: Cold Linig and its scope. ICOM CONGr., 1984

Meyer-Abich, Klaus Michael: In Würde altern dürfen – Überlegungen zur Leibhaftigkeit der Kunst. In: Zeitschrift für Kunsttechnolgie und Konservierung, 5/1991 – 1, S. 86

Müller, Hans Gert: Einführung in die Technologie der Malfarben. München, 1964

Neufang, Heinrich; Müller-Sköld, Friedrich: Die Verwendung von Kunststoffen für künstlerische Zwecke. In: Technische Mitteilungen für Malerei, 60/1944 – 4, S. 27 – 29

Nicolaus, Knut: Du Mont's Bildlexikon zur Gemäldebestimmung. Köln, 1982

ders.: Du Mont's Handbuch der Gemäldekunde. Köln, 1979

ders.: Handbuch der Gemälderestaurierung. Köln, 1998

Partsch, Susanna: Mit Bildern leben. Sammlung moderner Kunst im Georg Thieme Verlag. Stuttgart, 1986

Penell, G.: Produkte der deutschen Amphibolin-Werke für Künstler. In: Maltechnik-Restauro 1965 – 2, S. 50 f.

Pommerantz, D. C. Goist; Feller, Robert L.: Conservators advice artists. In: Art Journal, No. 1, 1977, S. 37

Quiller, Stephen: Acrylic Patining Techniques. New York City, 1999/5

Reinhard, Hans: Chemie, Physik und Technologie der Kunststoffe in Einzeldarstellungen: »Dispersionen synthetischer Hochpolymerer«. Berlin, 1969

Reinkowski-Häfer, Eva: Tempera – Zur Geschichte eines maltechnischen Begriffs. In: Zeitschrift für Kunsttechnologie und Konservierung, 8/1994 – 2, S. 297

Riemschneider, Burkhard u. a.: (Martin) Kippenberger. Köln, 1997

Riese, W. A.: Lösefreie Anstrichsysteme. Hannover, 1967

Rink, Gisela: Einführung in die Kunststoffchemie. Disterweg, 1983/2

RÖHM GmbH: Wässrige Acryldispersionen: Anwendung, Eigenschaften, Anwendung. Darmstadt, o. J.

Rohm and Haas Company: Acrylic for paint in the fine Art. In: Resin Review, No. 3, 1966, S. 13

Rothe, H. G.: Polymermalerei der Surrealisten. In: Maltechnik-Restauro 1972 – 2, S. 108

Rouba, Bogumila; Wolski, Jerzy: Retusche mit Acrylharzfarben; Teil I. In: Maltechnik-Restauro 1977 – 3, S. 172

dies.: Retusche mit Acrylharzfarben; Teil II. In: Maltechnik-Restauro 1977 – 4, S. 234

Ruurs, Ron: Matt oder glänzend? In: Maltechnik-Restauro 1983 – 3, S. 169

Saechtling, Hansjürgen: Kunststoff-Taschenbuch. München, 2001/28

Schaefer, Iris: Pappe und Karton als Bildträger für Ölmalerei im 19. und frühen 20. Jahrhundert. In: Zeitschrift für Kunsttechnologie und Konservierung, 7/1993 – 1, S. 155

Scheiber, J.; Sändig K.: Die künstlichen Harze. Stuttgart, 1929

Scheiber, Johannes: Chemie und Technologie der künstlichen Harze. Stuttgart, 1961/2

ders.: Einige Fortschritte der Anstrichstoffe und deren Entwicklungsmöglichkeiten. Berlin, 1935

Schramm, Hans Peter: Historische Malmaterialien und ihre Identifizierung. Stuttgart, 1988

Schütte, Reiner: Restaurierungen aus der Sicht des Kunsthandels. In: Zeitschrift für Kunsttechnologie und Konservierung, 1/1987 – 2, S. 77

Sedlacek, Franz: Kunststoffe in der Malerei. In: Technische Mitteilungen für Malerei, 1941 – 2, S. 6

Seuffert, Carmen: Untersuchungen zum Verhalten von Acrymalschichten bei der Oberflächenreinigung. Diplomarbeit FH Köln, 1993

Sheaks, Barclay: The Acrylics Book. New York, 1996

Simmert, Dorothée: Acrylharzkünstlerfarben – Studien zu einem Malmaterial des 20. Jahrhunderts. In: Zeitschrift für Kunsttechnologie und Konservierung, 9/1995 – 1, S. 78

Siqueiros, David Alfaro: Cómo se pinta un mural. Mexiko, 1998

Stock, Erich: Taschenbuch für die Farben- und Lackindustrie sowie für den einschlägigen Handel. Stuttgart, 1954/13

ders.: Technik der neuzeitlichen Lackherstellung. München, 1965

ders.: Die Harze. Berlin, 1936

Stühler, Waldemar: Möglichkeiten zur Reduzierung der Einwirkung von Erschütterungen beim Transport von Kunstgegenständen. In: Zeitschrift für Kunsttechnologie und Konservierung, 4/1990 – 1, S. 107

ders.: Schwingungstechnische Untersuchungen an gängigen Kunst-Transportbehältern. In: Mitteilungen des D.R.V. 7/1985/86, S. 106

Tibol, Raquel (Hrsg.): David Alfaro Siqueiros: Der neue mexikanische Realismus. Reden und Schriften zur Kunst. Dresden, 1975

Upright, U.: Morris Louis. The complete paintings. New York, 1985

Wagner, Hans: Die neuen Werkstoffe und die Malerei. In: Technische Mitteilungen für Malerei, 60/1944 – 4, S. 23 ff.

Wagner, Hans: Lackkunstharze. München, 1971

Wagner, Hans; Kittel, Hans: Taschenbuch der Farbe- und Werkstoffkunde. Stuttgart, 1953

Wagner, Hans; Sarx, Friedrich: Kunstharze. Chemismus, Wesen und ihre Eigenschaften. München, 1946

dies.: Lackkunstharze. München, 1971/5

Wanderberg, E.: Kunststoffe; Ihre Verwendung in Industrie und Technik. Berlin, 1959

Watherson, M.: Problems presently by Colorfield Field Painting. In: IIC Congress Lissabon, 1972

Wehlte, Kurt: Anstrich-Titanweiß. In: Maltechnik-Restauro 1970 – 3, S. 88 f.

ders.: Aquarellieren mit Dispersionsfarben. In: Maltechnik-Restauro 1969 – 2, S. 51

ders.: Grobstruktur von Malgründen. In: Maltechnik-Restauro 1965 – 2, S. 50

ders.: Werkstoffe und Techniken der Malerei. Leipzig, 2001/8

Willisch, Susanne: Materialveränderungen an modernen Kunstwerken. In: Zeitschrift für Kunsttechnologie und Konservierung, 5/1991 – 1, S. 106

Witte, Eddy de: Die Anwendung moderner Kunststoffe in der Konservierung und Restaurierung: neue Erkenntnisse. In: Mitteilungen des D.R.V. 1980/81, S. 46

Woody, R. O.: Painting with Synthetic Media. New York, 1965

Würth, Karl: Die Acrylharze (Sonderheft der Maltechnischen Vereinigung Nr. 35). Leverkusen-Schlehbusch, 1936

ders.: Die Kunstharze als Rohstoffe für neuzeitliche Lacke (Sonderschrift der deutschen Maltechnischen Vereinigung Nr. 33). Düsseldorf-Schlehbusch, 1939

KATALOGE

Baechter, Donald: My name: Die Sammlung Falckenberg. Köln, 1999

Deutsche Bank AG: Zeitgenössische Kunst in der Deutschen Bank. Köln, 1994

Allamoda, Christina: Galerie Esplande. Hannover, 1995

Brandes, Matthias: Quadri/Bilder 1997 – 99. Spinea (Venetien), 1999

Brockmann, Jürgen: Malerei und Texte. Hamburg

Dorazio, Piero: Katalog, Galerie Uwe Sacksofky. Heidelberg, 1998

Dubuffet, Jean. Stuttgart, 1990

Francis, Sam: Austellung in der Kunst- und Ausstellungshalle der BRD. Bonn, Stuttgart, 1993

Graubner, Gotthard: Ausstellung seines Beitrages zur Biennale Venedig 1982. Städtisches Museum Abteiberg. Mönchengladbach, 1982

Hockney, David: Completing the Picture. Materials and techniques oft twenty-six paintings in the Tate Gallery. London, 1982

Kuhn, Jochen: Silvester: Film, Malerei, Fotografie. Saarbrücken, 1993

ders.: Hotel Acapulco. Hamburg, 1987

Krahé, Peter: erstarrt zum Leben: reale Malerei. Hamburg, 1987

Krieg, Dieter: Bilder 1966 – 1983. Von-der-Heydt-Museum/Badischer Kunstverein. Wuppertal/

Karlsruhe, 1983/84

Kvíčala, Petr: Katalog. Prag, 1996

ders.: Katalog. Brün, 1995

Kölle, Katja: Katalog. Flensburg, 1992

Labin, Clemencia: Galeria Anna Maria Niemeyer. Río de Janeiro, 1996

Lichtenstein, Roy: Ausstellung Haus der Kunst/ München; Deichtorhallen/Hamburg (Diane Waldman u. a.). München/Hamburg, 1994/95

Louisiana: The Collection and Buildings. Louisiana, Museum of Modern Art. Humlebæk, 1987/2

Marioni, Joseph: Malerei. Städtisches Museum Abteiberg. Mönchengladbach, 1988

ders.: Painter. Städtisches Museum Abteiberg. Mönchengladbach, 1994

Miró, Joan. Düsseldorf/Zürich, 1987

ders.: Palma territori Miró. Barcelona, 1996

Opalka, Roman: 16 Details aus dem Werk 1965/I – Museum Haus Lange. Krefeld. 1999

ders.: 1965/I – ∞ Details 1987108 – 2010495 und Detail 2136352 – 2154452, Editon René Block. Berlin, 1977

ders.: 1975 – ∞. München, 1975

ders.: Mulas, Antonia (Fotos), Recontre par la séparation = Begegnung durch Trennung. München, 1991

Rose, Rolf: Malerei. Oldenburger Kunstverein. Oldenburg, 1995

ders.: Ausstellung Galerie Sfeir-Semler. Kiel, 1993

Sanovec, Victor: Bilder und Aquarelle, Städtisches Museum Abteiberg. Mönchengladbach, 1988

ders.: Thema Farbe. Städtische Galerie im Städel. Frankfurt/Main, 1985

Schrader, HD: Bilder aus dem Kubusraum. Galerie Renate Kammer. Hamburg, 1995

ders.: Bilder aus dem Kubusraum. Wilhelm-Hack-Museum. Ludwigshafen, 1992

ders.: Landesschau Preissträger Brunswiker Pavillon. Kiel, 1991

Stella, Frank: Werke 1958 – 76. Kunsthalle Bielefeld. Bielefeld, 1977

Twelker, Jochen: Dressed to Kill. Lüneburg, 1998

REGISTER

A

Abdeckgrund, 117
Abdunklung, 65
Ablösungen, 201f.
Absetzen der Pigmente, 25
Absetzen von Staub, 203
Abstrakter Realismus, 143
Acrilato, 127
Acrolein, 10
Acronal, 13, 27
Acryl, 10
Acryl-Aquarellfarben, 31, 46
Acrylatbinder, 33
Acryl-Dispersionsfarben, 33
Acrylemulsion, 34
Acrylemulsion D 498-M, 92, 104
Acrylfirnis, 220
Acrylgel transparent von Lukas, 104
Acrylglas, 12, 13, 27
Acrylgrundierung, 102, 196
Acrylharz, 33
Acrylharz 550/675, 111
Acrylharz N 742-33, 110
Acrylharz rein, thermoplastisch, 111
Acrylharzbinder, 33
Acrylharzdisperionsfarbe, 30
Acrylharzemulsion, 34
Acrylharzfarbe, 29
Acrylharzfarbe, lösemittelhaltig, 26, 29
Acrylharzfirnis, 45
Acrylharz-Fixativ, 110
Acrylharzkombination, 111
Acrylic Gesso, 204
acrylic resist etching, 117
Acrylkleber, 114
Acryl-Künstlerfarbe, 13
Acryllacke, 47, 109
Acryl-Leim, 109
Acrylmalfarben, 38
Acrylmalmittel von Lukas, 104
Acrylnitril, 10
Acryloid B-72, 26
Acryloid F-10, 26, 29, 30, 133
Acryloid/Rohm and Haas, 114
Acrylreliefpaste, 86, 104
Acrylsäure, 10, 33
Acrylsäureamid, 10
Acrylsäureester, 10
Acrylstrukturpaste, 49
Acryl-Studiofarben, 31
Acrylverbindungen, 10
action-painting, 143
Adhäsion, 201
Aerosil, 31
Airbrush, 116
Alaun, 41
Albers, Joseph, 141, 143
Alizarin, 32
Alkoholrest, 30
Allamoda-Krahé, Christina, 198
alla-Prima-Technik, 45
Alterungsbeständigkeit, 37
Aluminium-series, 164
Aluminiumsilikat, 22, 23, 31, 32
American Way of Life, 128
Ammoniak, 31
Ammoniumsalz, 109
Anbringen von Retouchen, 219
Andickungsmittel, 20
Andover, 164
anionaktive Substanz, 20
anonyme Oberflächen, 38
Anränderungsverfahren, 114
Anthrazitschwarz, 48, 96
Antrocknung, 109
Apeldoorn, 124
Appreturen von textilen Geweben, 41
Aquacryl, 31, 46, 48, 96, 114
Aquacryl Medium, 96
Aquacrylfarben, 46, 107
Aquarellfarben, 31
Aquarelltechnik mit Acrylfarben, 46
Aqua-Tec, 28, 38, 121, 144, 184
Aquatint spray resist, 117
Aquatinta Spritzgrund, 117
ARE Set, 118
Artists' Acrylic Colour, 28, 121
Ashville, 141
Ätzgrund, 117f.
Aufbrennen, 201
Aufhellung, 65, 119
Aufladung, elektrostatisch, 204
Aufsprühen von Wasser, 45
Ausbesserung, 107
Ausflocken, 32
Ausflockung, 17
Ausmischen der Farbtöne, 38
Aussehen einer Dispersion, 17
Außenwanddispersionsfarben, 204
AW2-Harz, 114
Azurblau, 48, 96

B

B 500, Röhm GmbH/Darmstadt, 30
B 72, Paraloid, 113
Bad Klosterlausnitz, 182
Bakterien, 25
Bakterizide, 25
Baltimore, 133
Barcelona, 127, 130
Bariumsulfat, 22, 30
Barry, Robert, 162
BASF, 13, 26, 114
Bastelkleber, 114
Batch, 15
Baumwollgewebe, 40
Benday, 139
Benetzungsschwierigkeiten, 44
Bentonetyp, 20
Bentonit, 23
Bercy, 130
Bereibungen, 204
Berger-Felix, Anna, 222
Berkshire/GB, 124
Berlin, 132
Bern, 179
Beulen, 204
Beuys, Joseph, 172, 191
BEVA 371, 219
Bienenwachs, 29, 133
Biennale, 132, 152
Bildbeispiele, 59
Bilderrahmen, 207
Bildvorlage, 96
Bindemittelanreicherung, 105, 107
Bindemittelbedarf, 28
Biozide, 25
black coating for hard resist, 117
Blanc-Fixe, 22
Bläschenbildung, 201
Blasenbildung, 98
Bleichromat, 32
Bleiweiß, 32
Blockpolymerisation, 14
Blow-Up, 152
Bochum, 185
Bocour Artist Colors, 26ff., 121, 133, 184
Bocour, Leonard, 29
Bocours aqua-tec, 94
Bodensee, 167
Bonn, 198
Borax, 32
Brandes, Matthias, 185
Brandt, Willy, 199
Brechungsindex, 120
Brockmann, Jürgen, 188
Bronze, 47
Brüche, 204
Brünn, 196
Brushstroke, 139
Brüttisellen/Schweiz, 121
Buenos Aires, 127, 130
Buntfarben, 106
Butylmethacrylat, 26, 111, 220
Butyldiglykolacetat, 30
Butylester, 30

C

Calcit, 22
Calciumcarbonat, 22
Calcium-Magnesium-Carbonat, 22
Calgon®, 20
California Products Corp., 27
Caparol, 114, 144, 204
Cartoon, 135
Cellosolve, 112
Cellulosederivat, 31
Celluloseether, 20
Cherokee, 163
Chester, 148
Chicago, 130

Chillán, 127
China Clay, 22
Chinacridonreihe, 32, 36
Cincinnati, 175
Cleveland, 168
Collage, 36, 105, 116
colorfield painting, 133, 216
Colour Painting, 141
Comic, 135
Comic-strips, 139
Computerpiktogramm, 196
Connecticut, 148
Copley, William Nelson, 135
copolymer emulsion, 27
Copolymere, 30
Copolymerisation, 16, 33
Copper-series, 164
Corialgrund, 26
Cotton Duck Canvas, 40, 64 ff., 86, 128, 166
Craquelé, 112, 203
Crimson Naphthal, 69
Cryla Artists' Acrylic Colour, 28, 124

D

D 498-M, Acrylemulsion, 104
D.R.P. Nr. 29.53.40, 10
Dada, 139
Dahn, Walter, 191
Dammarfirnis, 45
Deckkraft, 39
Decklack für den Hartgrund, schwarz, 117
Deckvermögen, 18
Decora, 114
Deformation, 219
Detergens, 41
Deutsche Amphibolin-Werke, 114
Diapositiv, 151
Diekhoff, Artur, 51
Diethelm, Alois K., 9, 28, 31, 114, 121
Dine, Jim, 150
diskontinuierliche Phase, 11
diskrete Phase, 11
Disolver, 16, 124
Dispergierung, 14
disperse Phase, 11
Dispersion, 11, 12, 15, 30, 33
Dispersionsfarbe, 34, 16
Dispersionsmedium, 11
Dispersionspolymerisation, 14
documenta, 135
Dokumentation, 213
Dolomit, 22
Dorazio, Piero, 144, 146
Doublierung, 114
Doublierverfahren, 219
Dokoupil, Jiří, 191
Dreiphasen-Basismaterial, 34
Drouin, René, 132
Druckgraphik, 51
Druckpaste, 28
Dubuffet, Jean, 130
Duchamp, Marcel, 139
Duco, 127
Dupont de Nemours, 26
Düsseldorf, 122, 152, 179

E

Easton/USA, 122
Echtrot, 64, 67
Ei-Emulsion, 33
Eindickung, 23
Einfärbetechnik, 29
Einschlagen, 45
Eintopfverfahren, 15
Eisenoxide, synthetische, 32
Eisenoxidpigmente, 24, 47
Elastizität, 37
elektrostatische Aufladung, 37
Elvacite 2044, 30
Elvacite/DuPont, 114
Emulgator, 14, 21
Emulsion, 11, 33
emulsion paints, 12
Emulsion, Acrylemulsion, 104
Emulsion, ölfrei, 33
Emulsion, wässrige, 14
Emulsionsfarbe, 33
Emulsionspolymerisation, 14, 15, 34
Emulsionszulaufverfahren, 15
Entfernung von Flecken, 216
Entschäumer, 16, 21, 31
Episkop, 96
Epoxyweichmacher, 22
Erben, Ulrich, 38, 170
Erdfarben, 32
Erkrath, 124
Ernst, Max, 130, 135
Erscheinungsform, optische, 17
Erweichungspunkt, 112
Esterweichmacher, 22
Ethylacrylat, 26
Ethylmethylmethacrylat, 26
Experimental Painting Workshop, 128
Expressionismus, abstrakter, 128
Extender, 21 ff.
Extenderbindevermögen, 23

F

Fachhochschule/Hamburg, 185
Falckenberg, Harald, Sammlung, 227
Farbabrutschung, 98
Farbfeldmalerei, 128, 133
Farbflächen, 39
Farbintensität, 39
Farbkreis, 126
Farbpaste, 24
Farbspektrum, 120
Farbstoffe, 24
Farbteig, 24
Farbtiefe, 38
Farbtonbezeichnung, 24
Farbtöne, lasierend, 47
Farbtonveränderung, 38
Faserverfusselung, 204
Fassadenfarben, 33
Feder, 208
feinsandiger Untergrund, 107
Feller, Robert L., 36
Festigkeit, 104
Festigung, lösemittelfrei, 112
Festkörpergehalt, 17, 37
Feuchthaltemittel, 109
Feuchtigkeit, 21
Film, 193
Filmbildung, 18, 30, 35
Filmbildung von Acrylfarbe, 36
Filmbildungsmittel, 25
Filmrissbildung, 200
Filmtrocknung von Acrylfarbe, 36
Filz, 194
Fingerspuren, 204
Firnis, 110, 111
Firnisabnahme, 217
Fischaugen, 21
Fischer, Konrad, 179
Fixativ, 110, 113
Fixierung, 110
Flecken, 37
Florida, 71
flow formula, 98
Fluatieren, 40
Follina, Giulia, 190
Förg, Günther, 189
Foto, 71
Fotografie, 151, 152, 193
Fotokopiergerät, 74
Fotorealismus, 152
Fotoschablonen, 116
Francis, Sam, 136
Frankenthaler, Helen, 128, 141
Frankfurt/Main, 176
frescoartiger Farbauftrag, 103
freskoartige Grundierung, 107
Füllstoffe, 22
Fundació Pilar Joan Miró, 130
Fungizide, 25

G

Galeria, 196
Galí, Frances, 130
Gamme Arno Stern, 122
Geiger, Rupprecht, 39
Gele, 28
Geliermittel, 104
Gertsch, Franz, 151
Geruchsbildung, 25
Gesso, 42, 102
Giese, Imi [Rainer], 172
Gilbung, 29
Gipsplatten, 42
Gipsputz, 42
Glanz, 204
Glanzbildung, 23
Glanzgrad, 104, 105
Glanzmittel-Emulsionen, 12
Glanzstufen, 28
Glanz-Wirkstoff, 107
glasartige Oberflächen, 202
Glasgow, 179
Glaskleber, 113
Glastemperatur, 110
Glaszustand, 18

Glimmer, 22, 32
Glossy Color & Co., 184
Glutolin®, 20
Glutolinleimlösung, 45
Goethe, Johann Wolfgang, 120
Golden acrylics, 121
Golden Artist Colors, 26, 121, 220
Golden, Mark, 31
Goldschmidt, U. A., 35
Götz, Karl Otto, 173
Gouache, 31, 115, 122
Gouachefarbencharakter, 106
Grau, 92
Graubner, Gotthard, 152
Grieshaber, HAP, 167
Grisaille-Technik, 96
große Bildformate, 39
Grundfarben, 120
Grundierung, 42
Grundierweiß, 102
Grundierweiß Gesso, 86
Grundierweiß-Haftgrund, 102
Grünspan, 32
Gutiérrez, José, 28, 128

H

Haarrisse, 112
Haas, O., 10
Haftungsproblem, 201
Halbkreidegrundierung, 102
Hallerndorf, 124
Hamburg, 160, 185, 190, 193
Hannover, 198
hard resist, 117
hard-edge, 128, 141, 164
Harring, Keith, 135
Harrow/GB, 121
Hartfaserplatte, 61
Hartfaserplatten, 202
Hartford, 148
Hartgrund, 118
Hartgrund, flüssig, 117
Harze, 12
Harzfarbe, 43
Havanna, 127
Helioechtblau, 63, 66
Hemingway, Ernest, 130
Herberts, Kurt, 27
Hernández, José Gregorio, 184
Herstellung von Acrylfarben, 104
Hesse, E. O., 27
High Load Acrylics, 121
Hilfsmittel, 20, 47, 201
Hillside/USA, 121
Hinzufügungen, 213
Hochpolymerdispersionen, 12
Hochschule für Bildende Künste Hamburg, 185, 190
Hockney, David, 38, 166, 217
Hoehme, Gerhard, 173
Holz, 41
Hooksiel, 185
Howards of Illford Ltd., 114
Hydro-Grund, 103, 112
Hydrosolsystem, 12
Hydroxyethylzellulose, 20
Hydroxypropylzellulose, 20
Hygroskopizität, 203

I

Impasto, 107
Impasto Gel Medium, 105
Imprägnierung, 100, 102
Imprägnierung, lösemittelfrei, 112
Indischgelb, 66, 67
Informell, 144
Infrarot, 205
Initiator, 15
innere Phase, 11
Innsbruck, 158
Insektenbefall, 206
Inseln bilden, 202
interne Phase, 11
Iowa, 163
iridiscent tinting medium, 122
Isobuthylmethacrylat, 26, 220
Isolieranstrich, 77
Isolierer für Malgründe, 102
Isoliergrundierung, 71
Isoliermittel, 33
Italien, 185

J

Jacobi, Richard, 27
Jenney, Neil, 180
Jochims, Raimer, 38
Johns, Jasper, 143
Juárez, 127

K

Kadmiumgelb, 80
Kadmiumrot, 79
Kadmiumrot/dkl., 94
Kalkputz, 40
Kalkspat, 22
kalter Fluss, 18
Kälteschock, 204
Kaolin, 22
Kapillardruck, 36
Kapillareffekt, 204
Karlsruhe, 167
Karmesin, 86, 98
Karmin, 32
Karow, Alan, 150
Kartoffeldruck, 50
Kasein, 127
Kasein-Emulsion, 33
Kassel, 135
Kautschuk-Latex, 12
Kawara, On, 156
Kennedy, John F., 143
Keramikkleber, 113
Kieselgur, 22
Kieselsäure, 22
Kitten, 219
Klebrigkeit, 203
Klecksographie, 46
Klima, 205
Klimaschäden, 205
Klimawerte, 200
Klischee, 52
Knoebel, Imi (=Wolfgang), 172
Koagulation, 17, 23, 32, 40
Koaleszenz, 36, 200
Kobaltblau, 96, 100
Kobaltgrün, 32
Kohäsion, 39, 201
Kohlestift, 96
Kölle, Katja, 194
kolloiddisperse Systeme, 11
Köln, 132, 167
Kombinationstechnik, 202
Komplementärfarben, 120
Komposition, 194
Kondenswasser, 206
Kondenswasserbildung, 204, 206
Konservierung, 31
Konservierungsmittel, 26
Konservierungsstoff, 31
Konzentrate, 24
Konzeptänderung, 39
Köperbindung, 40
körperhafter Farbauftrag, 202
KPVK = Kritische-Pigment-Volumen-Konzentration, 23
Krahé, Peter, 170f
Krapplack/KreulAcryl, 70
Kraterbildung, 21, 201, 202
Kratzer, 92, 204, 217, 220
Kreide, 22
Krempe, 160
KreulArcyl, 124
Krieg, Dieter, 167
Kritische-Pigment-Volumen-Konzentration, 23
Kühn, Hermann, 202
Kuhn, Jochen, 193
Kunststofffolie, 212
Kunststofffilm, 34
Kupfer, 83, 92
Kvíčala, Petr, 196

L

Labin, Clemencia, 184
Laboratory of Modern Techniques, 127
LacuFa AG, 124
Lascaux, 28, 46, 48, 120, 144, 199, 212
Lascaux Acrylfarben, 122
Lascaux Colors & Restauro, 30
Lascaux Colors & Restauro = Diethelm, Barbara AG, 114
Lascaux Decora, 100
Lascaux Lift Solution, 116
Lascaux Plastik B, 103
Lascaux Remover, 118
Lascaux Studio, 184, 196
Lascaux Transparentlack 2062-UV, 197
Lasieren, 202
lasierende Effekte mit Acrylfarbe, 47
Latex, 11, 12, 15
Lavierungen, 116
Lavurgrund, 117

Le Havre, 130
Lefranc et Bourgeois, 184
Léger, Fernand, 139
Leimfarbe, 18
Leim-Malmittel, 45
Leinen, 41
Leinwandgrundierung, halbsaugend, 102
Leuchtkraft, 39
Levinson, Henry, 27
LeWitt, Sol, 148
Licht, 205
Lichtenstein, Roy, 26, 139, 186
Lichtstabilisator, 220
Lindau, 167
Linolschnitt, 50, 51
liquid, 104
Liquitex, 27, 122, 123, 144, 150, 166, 184
Lithographie, 56, 116
London, 179
Los Angeles, 127, 135
Lösemittel, 25
Lösemittelretention, 113
Lösungspolymerisation, 14
Louis, Morris, 29, 127, 128, 133, 141, 168, 216ff.
Lucascryl, 98
Lucite, 26, 30, 44f.
Ludwigsburg, 193
Ludwigshafen, 183
Luftbläschen, 28
Luftfeuchte, 200
Luftfeuchtigkeit, 205
LUKAS Cryl, 28, 31, 122, 144
LUKAS Cryl Firnisse, 110f.
LUKAS Cryl liqiud, 31
LUKAS Cryl Studio, 122

M

Magna, 139, 140
Magna Plastic Artist Colors, 26, 29, 30
Magna Varnish, 29
Magnesiumsilikat, 22
Magritte, René, 135
Mahlmann, Max, 182
Mal- und Hilfsstoffe, 115
Malden, 164
Malgrundierung, 102
Malleinen, 41
Mallorca, 129
Malmittel, 33
Malpapier, 41
Malpappe, 41
Malraux, André, 132
Malschicht-Kreidung, 202
maltechnische Fehlerquellen, 38
Maltücher, 41
Mangold, Robert, 168, 169
Marioni, Joseph, 175
Marokko, 164
Marouflage, 114, 219f.
Masonite, 61, 127, 202
Massachusetts, 164
Mastixfirnis, 45
Materialverdichtung, 219
Mateos, Adolfo López, 127
Matta, Roberto, 135
Mattieren, 106
Mattierung, 23
Mattierungsmittel, 106f.
Mattwerden, 114
McLean, Bruce, 179, 180
Meolo, 185
Messingblech, 208
Metalleffektpigmente, 32
Metallisierung, 79, 92
Metallverbindung, 208
Methacrolein, 11
Methacrylnitril, 11
Methacrylsäure, 33
Methacrylsäureamid, 11
Methacrylsäureester, 11
Methacrylverbindungen, 10
Methylacrylamid, 11
Methylacrylat, 26
Methylcellulose, 18
Methylgruppe, 30
Methylzellulose, 20
Mexiko, 71
Mexiko-Stadt, 127
MFT = Mindestfilmbildungstemperatur, 36
Mikroorganismen, 25, 203
Miller, Henry, 130
Mindestfilmbildungstemperatur, 19, 36, 200
Mineral Spirit Color, 26
Minimal Art, 162, 169
Minimalretouche, 72
Miró, Joan, 129, 130, 131
Mischtechnik, 43
Mischweiß von Lascaux, 106
modellierende Malweise, 38
Modellierpasten, 28
Mondrian, Piet, 128
Monomerenzulaufverfahren, 15
Montagearbeiten, 114
Montmorillonit, 20
Mosaik, 105
Mowilith, 27
MS2-A-Harz, 114
MSA-Colors, 26, 30, 121
MSA-Varnish, 220
Mülheimer Freiheit, 191
Müller, Hans Gert, 9, 28
Muralista, 127

N

Näpfchen, 44
Nass-in-Nass-malen, 45, 109
National Politec Institute, 128
Natriumpolyphosphat, 20
Naturholzimprägnierung, 109
Naturholzlackierung, 109
naturwissenschaftliche Untersuchung, 214
Nerchau, 92, 98, 124
Nessel, 40, 95
Nesterbildung, 44
Netzmittel, 16, 20, 30
New Berlin/USA, 121
New Jersey, 164
New Masters, 27
New York, 127, 128, 130, 132, 139, 148, 164, 175
Newman, Barnett, 128, 162
Newton, Sir Isaac, 120
Nichtlösungsmittel, 14
Nitrocellulose, 127
Noland, Kenneth, 128, 133, 141
North Carolina, 141

O

Oberflächenschutz, 45
Oberflächenspannung, 14, 20, 200
Oberflächenstruktur, 107
Oberflächenverdichtung, 204
Ocker, 32, 80
Offenzeit, 45
offsetting, 116
Ohio, 139
Ohlson, Doug, 163
Oldenburg, Claes, 150
Ölfarbe, 28f., 38, 43
Ölfarbe – Acrylfarbe, 36
ölhaltigen Substanzen, 202
Ölharzfarben, 29
Oligomerradikal, 15
Ölkreide, 182
Olmütz, 176
Opalka, Roman, 154, 203
Ostwald, Wilhelm, 120
Oxidierung, 128
Oxidschwarz, 92
Oz-Clip, 207, 209, 212

P

Packpapier, 204
Palazzo Grassi, 132
Palermo, Blinky, 172
Paletten mit Vertiefungen, 44
Palma de Mallorca, 130
Palstomuls, 27
Paraloid B 72, 112, 113, 220
Paraloid/Röhm und Haas, 114
Paris, 130, 132, 135
Passepartout, 211
pastos, 104
Pastositäten, 28
Pâtepeinture, 46
pattern making, 116
Pechmann, Hans Freiherr von, 10
Penetration, 113
Pentimenti, 29
Peracryl, 115
Performance, 179
Pergaminpapier, 204
Perlacrylfarbe, 47, 49
Perlglanzpigmente, 47
Perlpolymerisation, 14
Permanent Pigments, Inc., 27
Permanentschwarz, 96

Pfahler, Georg Karl, 144
Pflege, 206
pH-Puffer, 24
Phtaylocyaninpigmente, 32
Phthalogrün, 90
pH-Wert, 20
Picabia, Francis, 135
Picasso, Pablo, 130, 139
Pigment-Bindemittel-Gemisch, 200
Pigmentbindevermögen, 18
Pigmentbrei, 44
Pigmente, 21, 24, 30
Pigmentfarbstoffe, 32
Pigmentkonzentration, 202
Pigmentpräparate, 30
Pigmentsausfällung, 23
Pigment-Volumen-Konzentration, 18, 23
Pilzbefall, 206
Pilze, 25, 203
Pinselstiel, 66
Pinselstrich, 38, 139
Planung eines Kunstwerks, 39
Plastik, 79
Plastikmasse A & B, 106, 107
Plastodur, 27
Plate-backing resist, 117
Plett, 56
Plexiglas, 12, 13, 26, 33, 36, 208
Plexigum, 13, 26
Plexigum 675, 111
Plexigum KD 1, 26
Plexisol P 550, 111
Plextol, 26
Plextol B 500, 30
PM Cellosolve, 112
Pointilismus, 152
Politec, 28, 128
Politur, 204
Polke, Sigmar, 173f
Pollock, Jackson, 127, 162, 175
Polyacrylate, 30f
Polyacrylatharze, 14
Polyacrylatverdicker, 20
Polyacrylprodukte, 30
Polycarbonsäure, 20
Polycyclohexanonharz, 114
Polymerdispersion, 12
Polymerisatharze, 13f
Polymerlatices, 12
PolymerLatex, 27
Polymerweichmacher, 22
Polyurethan, 108
Polyvinyle, 26
Polyvinylalkohol, 32
Polyvinylazetat, 14, 29, 43
Polyvinylchlorid, 14
Pompeji, 199
Pop Art, 39, 139, 143, 152
Port Arthur/Texas, USA, 143
postpainterly abstraction, 128
Prachensky, Markus, 158, 159
Prag, 196
Preußischblau, 32
Primacryl, 28, 124, 144
Primärfarben, 118
Primer, 67
Primer weiß 765, 107
PRIMER, weiß, 102
Prince, Richard, 186, 187
Princeton, 164
Produkte, chlorierte, 22
Projektion, 151
Propensäure, 10
Propylen-Glykoläther, 112
Punktrasterverfahren, 139
Purpurrot/KreulAcryl, 70
PVK = Pigment-Volumen-Konzentration, 23
Pyroxilin, 127

Q

Quarzmehl, 22
Querformat, 211

R

Raasch, Klaus, 50f.
Rabat, 164
Radikale, 15
Rahmen, 210
Rauschenberg, Robert, 143
Raynal, Maurice, 130
Realisten, 127
Recife, 96
Regenbogen, 120
Reinacrylat, thermoplastisch, 112
Reinhardt, Ad, 136
Reinigung, 28, 216
Reinigungsmedium, 216
Rembrandt Acrylfarbe, 28
Rembrandt-Firnis, 114
Remover, 118
Restauriertechnik, 33
Restaurierung, 213
Restaurierung moderner Kunst, 113
Retarder, 47
Retarder-Gel, 109
Retouche, 106, 220
Reversibilität, 213
Rhoplex AC 234, 30
Rhoplex AC-33, 26, 128
Ripolin, 127
Rissbildung, 98, 200, 201
Rissverklebung, 219
Rohagit®, 20
Rohm and Haas Company, 26, 128
Röhm, Otto, 10, 12, 26
Röhm und Haas, Darmstadt, 13, 26
Rohrschach, 46
Rolle, 65
Rom, 144
Rose, Rolf, 160
Rothko, Marc, 136, 162
Rowney & Co., 28, 166, 204
ROWNEY CRYLA, 124
Rowney Ltd., 124
Rubens Atelier Studien-Acrylfarben, 124
Rubensstudio/Nerchau, 96
Rückseitengrund, 117
Rückseitenschutz, 207f.
Runge, Ph. Otto, 120

S

Sainsbury, 179
San Francisco, 175
Sanibel Island, 71
Sanovec, Victor, 176
Satinierung, 219, 220
Saturierung, 113
Saugfähigkeit, 102
Schäden, 200
Schallplatten, 194
Schattenfuge, 210
Schäumen, 21
Schiefergrau, 92, 96
Schlagmetall, 79, 92
Schleswig-Holstein, 160
Schmelz, 38
Schmincke & Co., 28, 124
Schoenfeld, Dr. Franz, 28
Schoenfeld GmbH & Co., 122
Schönbrunn, 199
Schrader, HD, 182, 215
Schutzfirnis, 110
Schutzlackierung, 109
Schutzüberzug, 107
Schwachstellen, 38
Schwarz, 96
Schwarze Kunst, 50
Schweden, 150
Schwefeldioxid, 203
Schwerspat, 22
Screen filler, 116
Screen painting fluid, 116
Sealer, 40
Seifert, Dr. Ernst, 28
Sekundarbindung, 22
Sekundärfarben, 118, 120
Selbstherstellen von Acrylfarben, 34, 104
Shahara, 132
shaped canvases, 128, 207, 208
Siebdruck, 59, 114, 143
Siebdruckpaste, 59, 70, 114
silk-screen, 143
Siqueiros, David Alfaro, 127, 128
Sirius® Primary System, 115, 120ff., 126
Smith, Tony, 163
Soft resist, 117
Soft-Gele, 108
Sol, 12
Solnhofen, 56
Solo Goya, 124
Solo Goya ART ACRYL PREMIUM pastos, 95
Sonneneinstrahlung, 47
Spachtelarbeit, 106
Spachteltechnik, 46, 105
Spachteltechnik mit Acrylfarbe, 46
Spannungen, 38
Spannungsrisse, 29
spektrale Farben, 194
Spektralfarben, 120

Spektrum, 120
Sperrholz, 41
Spielzeuglack, 109
Spoleto, 148
St. Martin's School of Art, 179
staining, 128
Standard-Weißpigment, 106
Staub, 202, 203
Stella, 165
Stella, Frank, 39, 128, 164, 165, 168
Sternenhimmel, 77
Still, Clyfford, 136
Stockholm, 150
Stop-out resist, 117
Stoßeinwirkung, 204
Streifen, 66
strip-lining, 114
Structura/Lascaux, 107
Struktur, 104
Struktureffekt, 105
Struktur-Gele, 108
Strukturpaste, 106
Strukurveränderung, 219
Strukturwirkung, 49
Studio, 115
Substrate, 45
Successió Miró, 129
sugar-lift, 116
Surrealismus, 135
Systematic Painting, 162

T

Tachismus, 144, 158
Tagesleuchtfarben, 122
Talens, 28, 114, 124
Talkum, 22
Taller Experimental Siqueiros, 127
Tanguy, Yves, 135
Teilchengröße, 17
Temperafarbe, 33, 43, 127
Temperatur, 200
Temperaturbelastbarkeit, 212
Terra di Siena, 24
Textilverklebung, 114
Texturpaste, 107
Thek, Paul, 158
Thermohygrograph, 207
Thermoplaste, 30, 35
thermoplastisch, 112
thermoplastische Eigenschaft, 37
Thixotropie, 115
Tiefgrund, 42
Tiefgrund, lösemittelfrei, 112
Tiefschwarz, 94
Tinuvin, 220
Tischlerplatten, 41
Titandioxid, 23, 24, 32, 106
Titanweiß, 92, 96
Todi, 144
Tollens, Bernhard, 10
Toluol, 220
Tondo, 194
Tonerdehydrat, 23
Toskana, 158
Träger-Klebstoff, 105
Tranparentlack, 199
Transoxid Gelb, 48
Transoxide (Marron, Olivbraun, Orange, Rot, Sepia), 48
Transparent 1-UV, 82
Transparent-Effekt, 108
Transparentlack 2062 Glanz und Matt, 109
Transport, 204, 212
Transportschäden, 204
Trennung der Farbmittel, 28f., 124
Trocknung von Acrylfarbe, 35f., 38
Trocknungsverzögerer, 28, 37, 45, 59, 104., 108 ff., 114
Tschechische Republik, 176, 196
Türkisblau, 48, 96
Tusche diluting liquid, 117
Tusche soft-ground effect, 116
Tusche wash, 116
Tusche wash/spray, 116
Tusche waterproof, 116
Tusche water-soluble, 116
Twelker, Jochen, 199, 222

U

Übermalung, 39, 202
Übertragungstechnik, 74
Überzüge, 110
Ultramarinblau, 48, 83, 86, 96, 100
Ultrarot, 205
Ultraviolett, 205
Umbra, 24
Umweltschutzanforderung, 31
Union Carbide Corp., 128
Uni-Primer, 103
United Kingdom, 179
Unterkühlung, 200
Untersuchung, 214
UV-Absorber, 220
UV-Filter, 121
UV-Inhibitor, 122
UV-Wellenlänge, 205

V

Vakuumverfahren, 112
Venedig, 132, 152
Venezuela, 184
Veränderung, chemische, 203
Verarbeitungstemperatur, 36
Verarbeitungszeit, 35
Verdicker, 20, 31, 96
Verdickungsmittel, 16, 20, 24, 28, 108
Verdünnung, 28, 202
Verglasung, 207, 208, 210
Vergoldermilch, 79
Vergrauung, 203
Vergrößerung, 96
Verklebungen, 105
Verlaufmittel, 31
Verpackung, 204
Verschiebung des Farbtones, 36
Verschmutzung, 214
Verschnittmittel, 22
Verschweißen, 35
Verteilungsmittel, 11
Verträglichkeit, 17
Verwendung von Passepartouts, 211
Verzögerer, 18, 70, 86, 109, 116
Vida americana, 127
Vinylacetat, 31
Vinylemulsion, 32
Viskosität, 17, 25, 28, 29
Viterbo, 74
Volumenverlust, 201
Vorreiber, 208

W

Wachs, 12, 86
Wachskreide, 182
Wandmaler, 127
Warhol, Andy, 38, 147, 186
Wärme-Versiegelung, 114
Wartezeit, 39
Wash resist, 117
Washington, 130
Washington D. C., 133
Washington, George, 139
Wasser, 14, 20, 36, 37
Wasseraufnahmefähigkeit, 18
Wasserdampfdurchlässigkeit, 36, 38
Wasserenthärter, 20
Wasserquellbarkeit, 18
Wasserränder, 204
Wehlte, Kurt, 46, 114
Weichgrund, 117
Weichharze, 22
Weichmacher, 13, 21, 25
Weißaufhellung, 106
Weißfarben, 106
Weißpunkt, 19
Weißwerden des Films, 18
Werbung, 139
Werkkunstschule Hamburg, 182
Wetterbeständigkeit, 37
When attitudes become form, 179
White Coating, 118
White Spirit, 113
Wien, 132, 158
Wiesbaden, 193
Wilhelm-Hack-Museum, 183
Winsor & Newton, 28, 121, 196
Winsor & Newton Acrylic, 98
Winsorblau, 86
Wolski, Jerzy, 114

X Y Z

Xylol, 114, 22
Yale, 168
Zadkine, Ossip, 141
Zaugg, Rémy, 178
Zementputz, 40
Zinkgrün, 32
Zinkweiß, 32
Zinnoberrot dunkel, 94
Zinnoxid, 31
Zusatzmittel, 28
Zusatzstoffe, 21, 204
Zwischenfirnis, 82
Zyklohexanonharzfirnis, 45

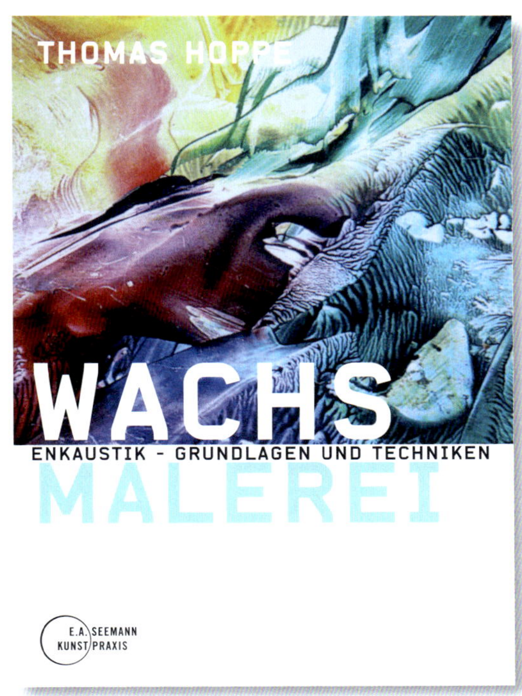

Thomas Hoppe
Wachsmalerei
Enkaustik – Grundlagen und Techniken

240 Seiten mit
250 farbigen und s/w Abbildungen
Hardcover, 17 x 24 cm
ISBN 978-3-86502-323-0

Enkaustik wird immer beliebter: Dies ist eine künstlerische Technik, bei der in Wachs gebundene Farbpigmente heiß auf den Maluntergrund aufgebracht werden. Der Band beschreibt diese Methode sehr ausführlich, erläutert ihre Geschichte und Anwendung und gibt konkrete Anleitungen für die eigene künstlerische Praxis. Wie stellt man Wachskünstlerfarben und Kinderwachsfarben her? Wie funktioniert die Spachteltechnik? Wie entstehen Aquarelle und pastellartige Effekte? Eingebettet in die leicht verständlichen Erklärungen des ehemaligen Hochschullehrers für Maltechnik und Restaurators Thomas Hoppe sind auch zahlreiche Bildbeispiele von Jasper Johns, Paul Klee, Anish Kapoor, Nikolaus Lang und Jerry Zeniuk. Das Buch liefert auch Tipps für die Pflege und Restaurierung von Wachsbildern und listet Anschriften von Farbherstellern auf.

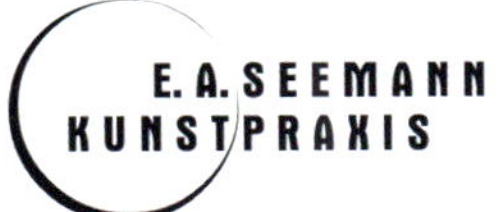

GOYA und KREUL

Francisco José de Goya y Lucientes (1746-1828), einer der bedeutendsten Künstler überhaupt, wird in der Kunstgeschichte als der „Vater der Moderne" bezeichnet. Das liegt sicherlich an seiner vitalen, aber auch kompromisslosen bis nahezu zur Satire sich erstreckenden Beobachtungsgabe und seinem psychologischen Scharfblick.

Analytische und zukunftsorientierte Denkweise lässt sich auch bei seinem Zeitgenossen, dem fränkischen Künstler und Genremaler Carl Johann Dietrich Kreul, wieder finden.

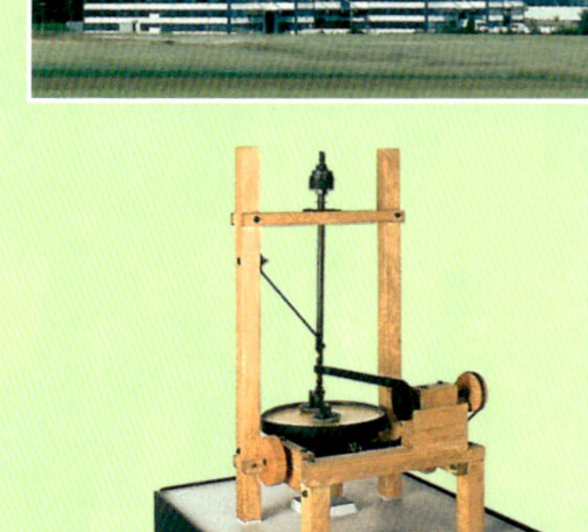

Modell der von Carl Kreul erfundenen Farbreibemaschine von 1838

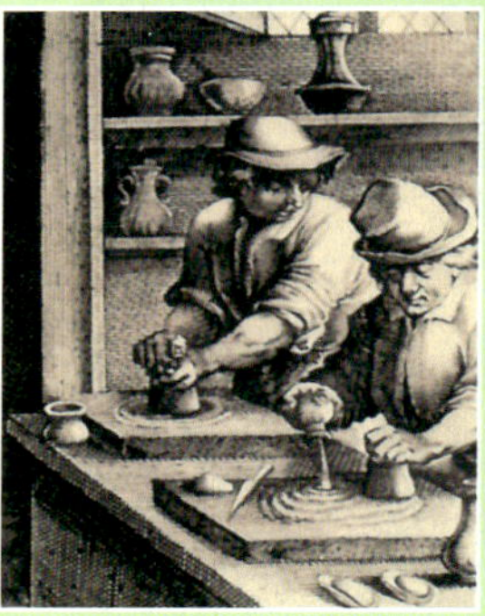

Farbenzubereitung im 16. Jhdt. mit dem Läufer auf dem Reibestein, Muscheln dienen als Gefäße. Kupferstich nach einem Bild von Stradanus, 1570

Er gründete 1838 in Nürnberg die erste deutsche Künstlerfarbenfabrik. Mit der von ihm entwickelten Farbreibemaschine war es erstmals möglich, feinste Künstlerfarben maschinell herzustellen. Dass die Farben von C. KREUL eine europäische Reputation bei den zeitgenössischen Künstlern erfuhren, beweisen deren zahlreiche, noch erhaltene Schreiben an C. Kreul.

Aus dieser Tradition heraus entstand die Produktphilosophie. Nach wie vor befindet sich das 130 Mitarbeiter starke Unternehmen C.KREUL in Hallerndorf bei Forchheim im Familienbesitz.

Dr. Florian Hawranek, Geschäftsführer

Nach den Leitlinien Qualität, Ökologie und Emotion stellt das Unternehmen Flüssigfarben und Medien für Kinder, Künstler und Kreative her, die weltweit vertrieben werden. Mit der Kompetenz einer Künstlerfarbenfabrik und über 175 Jahren Herstellererfahrung werden die C.KREUL Künstlerfarben produziert. Sie geben Antwort auf die sich ständig verändernden und facettenreichen künstlerischen Ideen.

Das Produktprogramm von SOLO GOYA überzeugt Künstler und anspruchsvolle Kreative durch seine Vielfalt: Acrylfarbensysteme für unterschiedliche Techniken und Ansprüche und Ölfarben werden durch hochwertige Pinsel, Keilrahmen, Malmittel und Zubehör ergänzt.

„Wir wollen die Menschen dabei unterstützen ihrer Kreativität Ausdruck zu verleihen. All unser Tun ist auf die Bedürfnisse der Anwender und ihre Wünsche nach kreativer Selbstverwirklichung ausgerichtet", so Geschäftsführer Dr. Florian Hawranek.

Forschungslabor von C. KREUL

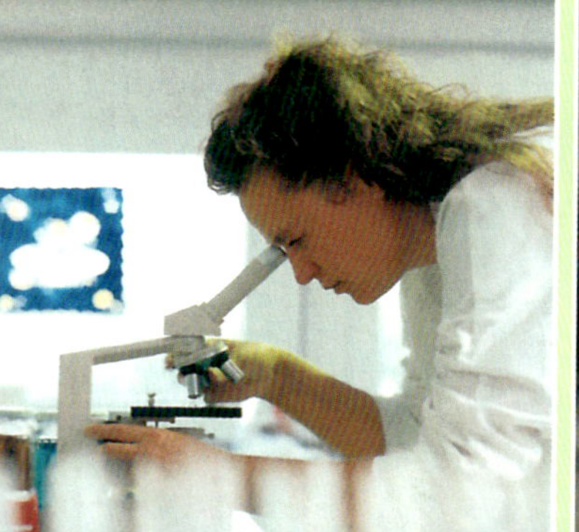

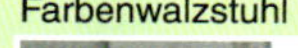

Farbenwalzstuhl

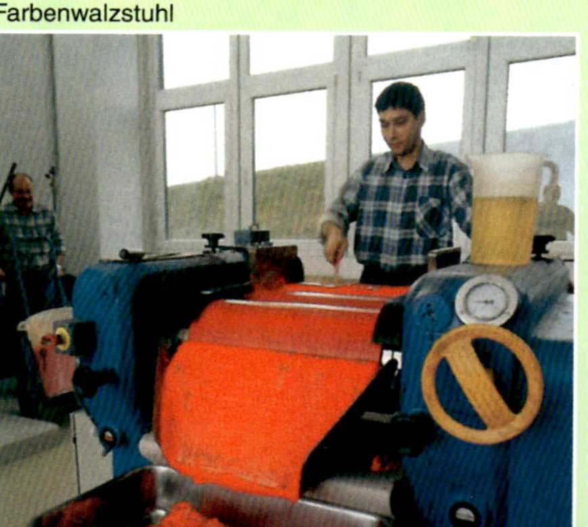

Farbabfüllung

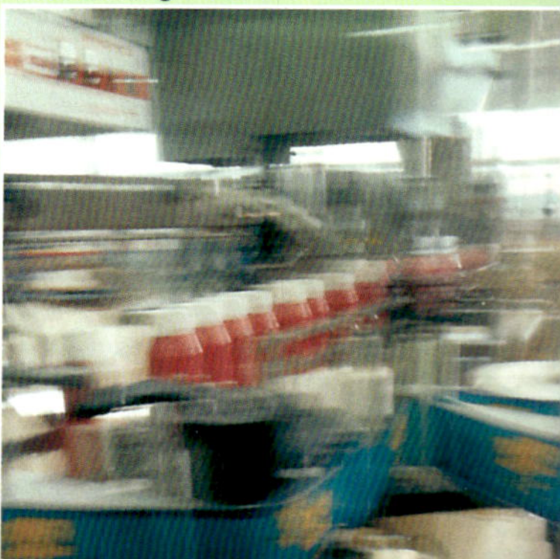

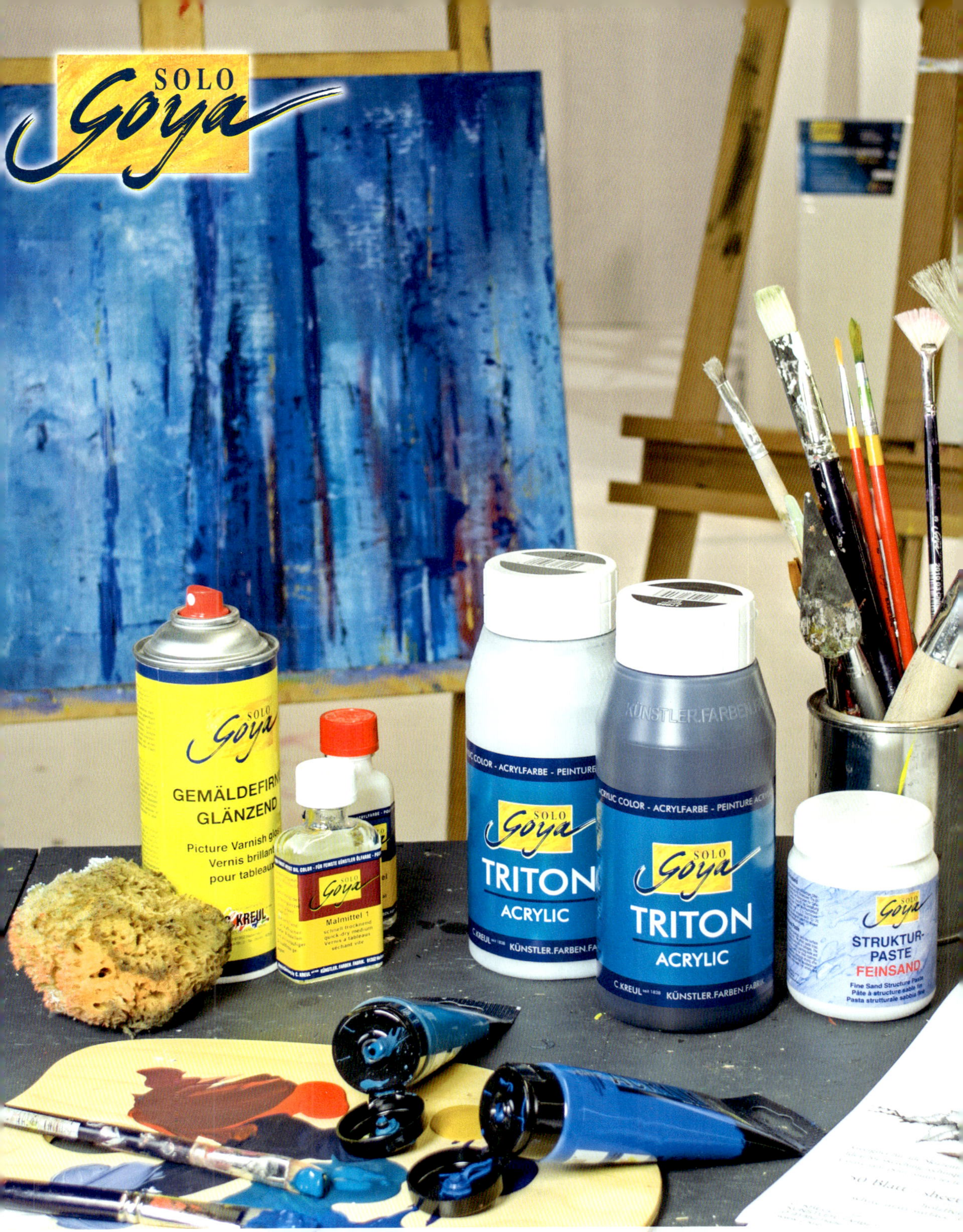

Lascaux Artist Künstler Acrylfarben

- höchste Pigmentierung
- buttrige und pastose Konsistenz (Ölfarben vergleichbar)
- gleichmässig seidenmatter Glanzgrad
- für delikate Lasuren und schwere Impastos
- hervorragende koloristische und Verarbeitungseigenschaften
- kontrollierte und präzise Pinsel- und Spachtelführung
- überschaubares Sortiment von deckenden und lasierenden Tönen
- leicht zu verarbeiten mit den vielseitigen Lascaux Malmitteln

Nr.	Preisgruppe / Lichtechtheit / Deckkraft	Name	Pigment
111	2 ** ◩	Hansagelb	PY3
112 (101)	4 ** ■	Kadmiumgelb hell	PY35
113 (102)	4 ** ■	Kadmiumgelb mittel	PY35
114	2 ** ◩	Diaryl Gelb	PY110
121 (103)	4 *** ■	Kadmiumorange hell	PO20
122 (104)	4 *** ■	Kadmiumorange mittel	PO20
123	3 *** ◩	Pyrrol Orange	PO73
124 (105)	4 *** ■	Kadmiumorange dunkel	PO20
125 (106)	4 *** ■	Kadmiumrot hell	PR108
126	3 *** ◩	Pyrrol Rot	PR254
127 (107)	4 *** ■	Kadmiumrot mittel	PR108
128 (108)	4 *** ■	Kadmiumrot dunkel	PR108
129 (109)	4 *** ■	Kadmiumrot Bordeaux	PR108
131	3 *** ◩	Quinacridon Crimson	PR202 PV19
132 (110)	3 *** ◩	Quinacridon Rosa hell	PV19 PW6
133 (111)	3 *** □	Quinacridone Rosa dunkel	PR122
134 (112)	3 *** ◩	Quinacridone Magenta	PR122 PW6
135 (115)	3 *** ■	Dioxazin Violett hell	PR122 PV23 PW6
136 (116)	3 *** ◩	Dioxazin Violett dunkel	PV23
141 (117)	3 *** ◩	Indanthrone Blau	PB60
142 (118)	2 *** □	Utramarinblau	PB29
143 (119)	4 *** ◩	Kobaltblau	PB28
144 (120)	3 *** ■	Kobaltblau Coelin	PB29 PB15 PW6
145 (121)	2 *** □	Phthalo Blau dunkel	PB15
146 (122)	2 *** ■	Phthalo Blau mittel	PB15 PW6
147 (123)	2 *** ■	Phthalo Türkisblau	PB15 PY3 PW6
151 (124)	2 *** ■	Phthalo Türkisgrün	PG7 PW6
152 (125)	2 *** ◩	Phthalo Grün dunkel	PG7
153 (126)	3 *** ◩	Phthalo Grün mittel	PY35 PG7
154 (127)	2 *** ■	Phthalo Grün hell	PG36 PW6
155 (128)	3 ** ■	Kadmiumgrün dunkel	PY35 PG36
156 (129)	3 ** ■	Kadmiumgrün mittel	PY35 PG7
157 (130)	3 ** ■	Kadmiumgrün hell	PY35 PG7
158 (131)	3 ** ■	Kadmiumgelbgrün	PY35 PG7
161	3 ** ■	Kobaltnickelgrün	PG50
162 (132)	2 ** ■	Chromoxidgrün	PG17
163 (133)	2 *** ■	Chromoxidgrün Oliv	PG17 PY3
164 (134)	2 *** ■	Oxid Olivbraun	PY42 PBk11
165 (135)	1 *** ■	Oxidgelb	PY42
166	2 *** □	Transoxid Gelb	PY42
167 (136)	2 *** ◩	Oxidrot	PY154 PO36 PBk7
168 (137)	1 *** ■	Oxidrot hell	PR101
171	2 *** □	Transoxid Rot	PR101
172 (138)	1 *** ■	Oxidrot dunkel	PR101
173 (139)	3 *** ◩	Perylene Marron	PR179
174 (141)	2 *** ■	Oxidbraun mittel	PBr6
175	1 *** ◩	Transoxid Braun	PR101 PBk28
176 (140)	1 *** ■	Oxidbraun dunkel	PRr6PBk28
181 (142)	1 *** ■	Carbonschwarz	PBk7
182 (143)	1 *** ■	Marsschwarz	PBk11
183	1 *** ◩	Transoxid Schwarz	PBk28
184 (144)	1 *** ■	Grau	PBk7 PW6
191 (145)	1 *** ■	Titanweiss	PW6
192 (146)	1 *** ◩	Mischweiss	PW6PW5

111 + 183 | 114 + 183 | 123 + 183 | 126 + 183 | 161 + 183 | 166 + 183

112 (101)
neue und alte Artikel Nummer

1 - 2 - 3 - 4
Preisgruppen

*** maximale Lichtechtheit
** sehr gute Lichtechtheit

■ deckend
◩ halblasierend
□ lasierend

BAG T 33686 + 52795 - giftklassenfrei
U.S.A.: conforms to ASTM D 4236. "No health labeling required" Do not spray apply colours containing cadmium pigments without a mask.

swiss made
Lascaux Colours & Restauro, Barbara Diethelm AG, Zürichstrasse 42, CH-8306 Brüttisellen
Telefon +41 44 807 41 41, Fax +41 44 807 41 40, info@lascaux.ch, www.lascaux.ch

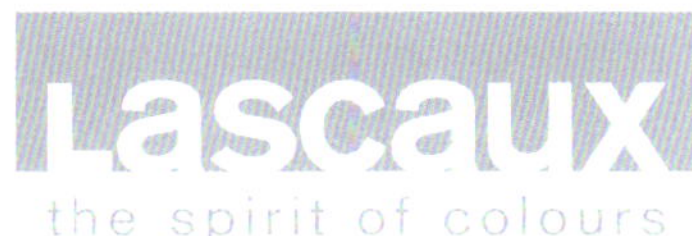

Lascaux Studio ©riginal Künstler Acrylfarben

- hoch pigmentiert
- hohes Deckvermögen
- gleichmässig seidenmatt
- übermalbar ohne Veränderung des Farbtones
- auf Wetterechtheit optimiert
- ideal für Wandmalereien

Nr.		Lichtechtheit	Deckkraft	Farbton	Pigmente
911		***	◩	Neapelgelb	PY53
912		**	◩	Zitrongelb	PY3 PW6
913		**	◩	Permanentgelb hell	PY74 PW 6
914		**	◩	Permanentgelb mittel	PY1 PY1:1 PW6
915	Neu	***	◩	Permanentgelb dunkel	PY139 PO73
921	Modifiziert	***	◩	Permanentorange	PO73 PY139
922		**	◩	Zinnoberrot	PR9 PY1:1 PW6
923		**	◩	Signalrot	PR9 PR170 PW6
924		***	◩	Permanentrot dunkel	PR170
925		**	■	Karminrot	PR170 PR257 PW6
926		**	■	Bordeaux	PR184 PR257 PV23 PW6
930	Neu	***	◩	Magenta dunkel	PR122 PR184 PW6
931		***	◩	Magenta	PR122 PW6
932		***	■	Purpurrot	PR122 PV23 PW6
933		***	■	Violett	PV23 PR122 PW6
941	Modifiziert	***	■	Indigo	PB60 PBk11
942		***	■	Ultramarinblau dunkel	PB29 PW6
943		***	■	Ultramarinblau hell	PB29 PW6
944		***	■	Kobaltblau	PB15:1 PW6
945		***	■	Coelinblau	PB15:3 PW6
946		***	■	Türkisblau	PB15:3 PG7 PW6
947	Neu	***	■	Hellblau	PB29 PW6
948	Neu	**	◩	Türiksblau hell	PB15:3 PW6
950	Neu	***	■	Smaragdgrün dunkel	PG7 PB15 PW6
951		***	■	Smaragdgrün	PG7 PW6
952		***	■	Chromoxydgrün stumpf	PG17 PG7
953		**	■	Permanentgrün dunkel	PG7 PY3 PW6
954		**	■	Permanentgrün hell	PG36 PY3 PW6
955		***	■	Olivgrün	PG26 PBr24 PBk28
956	Modifiziert	***	■	Umbra natur	PY42 PBk11
957	Neu	***	■	Umbra gebrannt	PY42 PBr6 PBk11
961		***	■	Lichter Ocker	PY42
962		***	■	Gold Ocker	PBr24
963		***	■	Siena gebrannt	PY42 PR101
964		***	■	Englischrot	PR101
965		***	■	Oxidbraun hell	PBr6
966		***	■	Oxidbraun dunkel	PBr6
971	Modifiziert	***	■	Anthrazit	PBr6 PBk11 PW6
972		***	■	Oxidschwarz	PBk11
973	Neu	***	■	Carbonschwarz	PBk7
974	Neu	***	■	Paynesgrau	PBk7 PB60
977	Neu	***	■	Neutralgrau dunkel	PBk7 PW6
978	Neu	***	■	Neutralgrau mittel	PBk7 PW6
979	Neu	***	■	Neutralgrau hell	PBk7 PW6
981		***	■	Altweiss	PW6 PBr24
982		***	■	Titanweiss	PW6
983		***	◩	Mischweiss	PW5 PW6
984	Neu	***	■	Kobaltgrün hell	PG26 PW6
985	Neu	**	■	Neapelrosa	PR9 PW6
986	Neu	**	■	Neapelorange	PO34 PW6

Vollton	weiss Aufhellung

*** maximale Lichtechtheit
** sehr gute Lichtechtheit
■ deckend
◩ halblasierend

Lascaux Studio Bronze Original erhältlich in 8 leuchtenden Bronzetönen.

Die Brillanz der Lascaux Studio Original wird in dieser Drucktechnik nicht erreicht.

Entspricht der europ. Sicherheitsnorm EN71-3 CE
U.S.A.: conforms to ASTM D-4236. «No health labeling required»

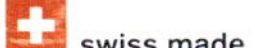
swiss made

Lascaux Colours & Restauro, Barbara Diethelm AG Zürichstrasse 42, CH-8306 Brüttisellen
Tel. +41 44 807 41 41, Fax +41 44 807 41 40, info@lascaux.ch, www.lascaux.ch

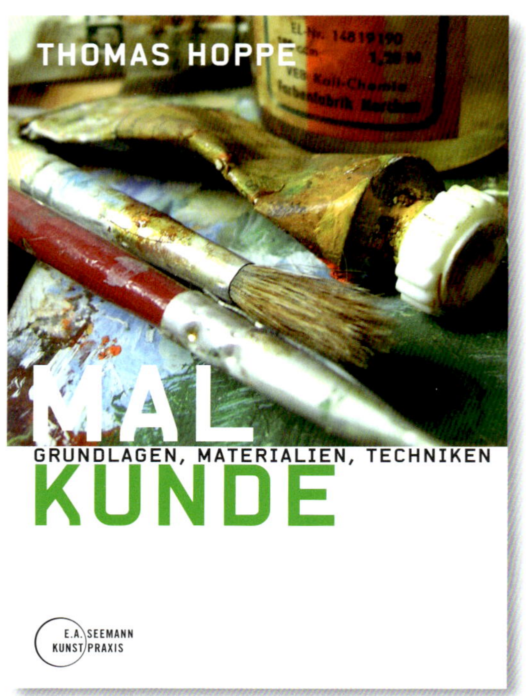

Thomas Hoppe
Malkunde
Grundlagen, Materialien, Techniken

3. aktualisierte Auflage 2014
272 Seiten mit
218 farbigen und 25 s/w-Abbildungen,
Hardcover, 17 x 24 cm
ISBN 978-3-86502-108-3

Thomas Hoppe bietet in diesem Buch einen umfassenden Überblick über alle Malmaterialien und -techniken, die bei Kunstwerken Verwendung finden. Das Spektrum reicht von antiken Wachsfarbenmalereien bis hin zu den neuesten Entwicklungen wie Alkydmaltechnik oder wasservermalbaren Ölfarben. Neben theoretischen Grundlagen vermittelt das Buch zahlreiche Beispiele zur praktischen Anwendung und richtet sich als Lehr- und Praxisbuch an Dozenten und Studierende von Kunsthochschulen, Künstler und anspruchsvolle Laien.

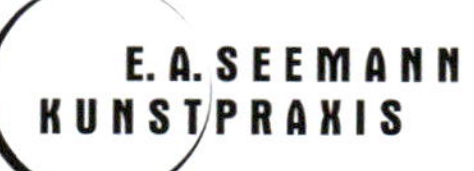